요한계시록

ESV 성경 해설 주석

편집자 주

• 성경의 문단과 절 구분은 ESV 성경의 구분을 기준하였습니다.
• 본문의 성경은 《성경전서 개역개정판》과 ESV 역을 주로 사용하였습니다.

요한계시록

ESV 성경 해설 주석

토머스 R. 슈라이너 지음

이언 두기드·제이 스클라·제임스 해밀턴 편집

박문재 옮김

국제제자훈련원

추천의 글

성경은 하나님의 생명의 맥박이다. 성경은 사망에서 생명으로 옮겨 주는 생명의 책이다. 성경은 하나님의 창조와 구원 디자인에 따라 삶을 풍요롭게 하는 생활의 책이다. 성경을 바로 이해하고 적용해서 그대로 살면 우선 내가 살고 또 남을 살릴 수 있다. '하나님의 생기'가 약동하는 성경을 바로 강해하면 성령을 통한 생명과 생활의 변화가 분출된다. 이번에 〈ESV 성경 해설 주석〉 시리즈가 나왔다. 미국 필라델피아 웨스트민스터신학교의 이언 두기드 교수와 남침례교신학교의 제임스 해밀턴 교수와 커버넌트신학교의 제이 스클라 교수 등이 편집했다. 학문이 뛰어나고 경험이 많은 신세대 목회자/신학자들이 대거 주석 집필에 동참했다. 일단 개혁주의 성경신학 교수들이 편집한 주석으로 신학적으로 건전하다. 〈ESV 성경 해설 주석〉은 또한 목회와 신앙생활 전반에 소중한 자료다. 성경 내용을 총체적으로 이해하고 적용한 주석으로 읽고 사용하기가 쉽게 되어 있다. 성경 각 권의 개요와 주제와 저자와 집필 연대, 문학 형태, 성경 전체와의 관계, 해석적 도전 등을 서론으로 정리한 후 구절마다 충실하게 주석해 두었다. 정금보다 더 값지고 꿀보다 더 달고 태양보다 더 밝은 성경 말씀을 개혁주의 성경 해석의 원리에 따라 탁월하게 해석하고 적용한 〈ESV 성경 해설 주석〉이 지구촌 각 교회 지도자들과 성도들에게 널리 읽혀서 생명과 생활의 변화를 통해 하나님의 영광이 극대화되기 바란다.

권성수 | 대구 동신교회 담임목사

〈ESV 성경 해설 주석〉은 미국의 건전한 개혁주의 전통에 서 있는 젊고 탁월한 학자들을 중심으로 집필된 해설 주석이다. 이 책은 매우 읽기 쉬운 주석임에도 세세한 부분까지 놓치지 않고 해설을 집필해 놓았다. 성경 전체를 아우르는 신학적 큰 그림을 견지하면서도 난제는 간결하고 핵심을 찌르듯 해설하고 있다. 목회자들이나 성경을 연구하는 이들은 이 주석을 통해 성경 기자의 의도를 쉽게 파악하여 설교와 삶의 적용에 적절하게 활용할 수 있을 것이다.

김성수 | 고려신학대학원 구약학 교수

ESV 성경은 복음주의 학자들이 원문에 충실하게 현대 언어로 번역한다는 원칙으로 2001년에 출간된 성경이다. ESV 번역을 기초로 한 이 해설 주석은 성경 본문의 역사적 의미를 밝힘으로써 독자로 하여금 하나님의 영감된 메시지를 발견하도록 도울 목적으로 기획되었다. 각 저자는 본문에 대한 학문적 논의에 근거하여 일반 독자가 이해하고 적용할 수 있도록 충실하게 안내하고 있다. 또한 성경 각 권에 대한 서론은 저자와 본문을 이해하는 데 큰 도움을 준다. 이 주석은 말씀을 사모하는 모든 사람들, 특별히 말씀을 선포하고 가르치는 책임을 맡은 이들에게 신뢰할 만하고 사용하기에 유익한 안내서다.

김영봉 | 와싱톤사귐의교회 담임목사

〈ESV 성경 해설 주석〉은 성경 해석의 정확성, 명료성, 간결성, 통합성을 두루 갖춘 '건실한 주석'이다. 단단한 문법적 분석의 토대 위에 문학적 테크닉을 따라 복음 스토리의 흐름을 잘 따라가며, 구약 본문과의 연관성 속에서 견고한 성경신학적 함의를 제시한다. 성경을 이해하는 데 관심 있는 일반 독자들은 이 책을 통해 최신 해석들을 접할 수 있으며, 설교자들은 영적 묵상과 현대적 적용에 통찰을 얻을 수 있을 것이다.

김정우 | 총신대학교 명예교수, 한국신학정보연구원 원장

〈ESV 성경 해설 주석〉은 단락 개요, 주석 그리고 응답의 구조로 전개되기 때문에 독자는 성경의 말씀들을 독자 자신의 영적 형편에 적합하게 적용할 수 있다. 특히 절 단위의 분절적인 주석이 아니라 각 단락을 하나의 이야기로 묶어 해석하기 때문에 본서는 성경이라는 전체 숲을 파악하는 데 더없이 유익하다. 목회자, 성경 교사, 그리고 성경 애호적인 평신도들에게 추천할 만하다.

김회권 | 숭실대학교 기독교학과 구약신학 교수

성경 주석의 가장 중요한 사명은 하나님의 말씀을 바르게 해석하고 오늘날 청중에게 유익하게 적용할 수 있도록 안내하는 일이다. 〈ESV 성경 해설 주석〉은 목회자와 성도 모두에게 성경에 새겨진 하나님의 마음을 읽게 함으로 진리의 샘물을 마시게 할 뿐 아니라 하나님을 더욱 사랑하는 마음을 불러일으킨다. 성경과 함께 〈ESV 성경 해설 주석〉을 곁에 두라. 목회자는 강단에 생명력 있는 설교에 도움을 얻을 것이고 일반 독자는 말씀을 더 깊이 깨닫는 기쁨을 누릴 것이다.

류응렬 | 와싱톤중앙장로교회 담임목사, 고든콘웰신학교 객원교수

주석들의 주석이 아니라 성경을 섬기는 주석을, 학자들만의 유희의 공간이 아니라 현장을 섬기는 주석을, 역사적 의미만이 아니라 역사 속의 의미와 오늘 여기를 향하는 의미를 고민하는 주석을, 기발함보다는 기본에 충실한 주석을 보고 싶었다. 그래서 책장 속에 진열되는 주석이 아니라 책상 위에 있어 늘 손이 가는 주석을 기다렸다. 학문성을 갖추면서도 말씀의 능력을 믿으며 쓰고, 은혜를 갈망하며 쓰고, 교회를 염두에 두고 쓴 주석을 기대했다. 〈ESV 성경 해설 주석〉은 나를 성경으로 돌아가게 하고 그 성경으로 설교하고 싶게 한다. 내가 가진 다른 주석들을 대체하지 않으면서도 가장 먼저 찾게 할 만큼 탄탄하고 적실하다. 현학과 현란을 내려놓고 수수하고 담백하게 성경 본문을 도드라지게 한다.

박대영 | 광주소명교회 책임목사, 《묵상과 설교》 편집장

또 하나의 주석을 접하며 무엇이 특별한가 하는 질문부터 하게 된다. 먼저 디테일하고 전문적인 주석과 학문적인 논의의 지루함을 면케 해주면서도 성경 본문의 흐름과 의미 그리고 중요한 주제의 핵심을 잘 파악하게 해 준다는 점을 들 수 있다. 그래서 분주한 사역과 삶으로 쫓기는 이들의 시간과 에너지를 절약해 준다는 이점이 있다. 또한 본문에 대한 충실한 해석뿐 아니라 그 적용까지 이끌어낼 수 있도록 돕는다는 점이 유익하다. 더불어 가독성이 뛰어나다는 점에서 설교를 준비하는 이들뿐 아니라 성경을 바로 이해하기 원하는 모든 교인들에게 적합한 주석이다.

박영돈 | 작은목자들교회 담임목사, 고려신학대학원 교의학 명예교수

성경이 질문하고 성경이 답변하게 하는 방법을 찾는 것은 이 시대에 성경을 연구하거나 가르치거나 설교하는 이들의 가장 큰 고민거리라고 할 수 있다. 그동안 접했던 많은 성경 주석서들은 내용이 너무 간략하거나 지나치게 방대했다. 〈ESV 성경 해설 주석〉은 이 시대의 목회자들뿐만 아니라 진리를 갈망하는 모든 신자들, 특히 제자

훈련을 경험하는 모든 동역자들에게 매우 신선하고 깊이 있는 영감을 공급하는 주석이다. 첫째, 해석이 매우 간결하고 담백하면서도 깊이가 있다. 둘째, 영어 성경과 대조해서 본문을 폭넓게 이해할 수 있다. 셋째, 성경 원어 이해를 돕기 위한 세심한 배려는 목회자뿐만 아니라 성경의 깊이를 탐구하는 모든 신앙인들에게도 큰 유익을 준다. 넷째, 이 한 권으로 충분할 수 있다. 성경이 말하기를 갈망하는 목회자의 서재뿐만 아니라 말씀을 사랑하는 모든 신앙인들의 거실과 믿음 안에서 자라나는 다음 세대의 공부방들도 〈ESV 성경 해설 주석〉이 선물하는 그 풍성한 말씀의 보고(寶庫)가 되기를 염원한다.

박정식 | 은혜의교회 담임목사

〈ESV 성경 해설 주석〉는 성경 본문을 통해 저자가 드러내기 원하는 사고의 흐름을 따라가면서 예수님을 중심으로 하는 구원계시사적 관점에서 친절히 해설한다. 《ESV 스터디 바이블》의 묘미를 맛본 분이라면, 이번 〈ESV 성경 해설 주석〉을 통해 복음에 충실한 개혁주의 해설 주석의 간명하고도 풍성한 진미를 기대해도 좋다. 설교자는 물론 성경을 진지하게 읽음으로 복음의 유익을 얻기 원하는 모든 크리스천에게 독자 친화적이며 목회 적용적인 이 주석 시리즈를 기쁘게 추천한다.

송영목 | 고신대학교 신학과 신약학 교수

일반 성도들이 성경을 읽을 때 곁에 두고 참고할 만한 자료가 의외로 많지 않다. 그런 점에서 〈ESV 성경 해설 주석〉이 한국에 소개되는 것을 매우 기쁘게 생각한다. 학술적이지 않으면서도 깊이가 있는 성경 강해를 명료하게 담아내고 있기 때문이다. 성경을 바르고 분명하게 이해하려는 모든 성도들에게 큰 도움이 되리라 확신하며 추천한다.

송태근 | 삼일교회 담임목사, 미셔널신학연구소 대표

본 시리즈는 장황한 문법적 · 구문론적 논의는 피하고 본문의 흐름을 따라 단락별로 본문의 핵심을 파악할 수 있도록 도와주는 매우 간결하고 효율적인 주석 시리즈다. 본 시리즈는 석의 과정에서 성경신학적으로 건전한 관점을 지향하면서도, 각 책의 고유한 신학적 특성을 드러내 보여주는 것도 소홀히 하지 않는다. 특히 본 시리즈는 목회자들이 설교를 준비할 때 본문 이해의 시발점으로 사용하기에 적절하며, 평신도들이 읽기에도 과히 어렵지 않은 독자 친화적 주석이다. 본 시리즈는 성경을 연구하는 모든 이들에게 매우 요긴한 동반자가 될 것이다.

양용의 | 에스라성경대학원대학교 신학학 교수

메시아적 시각을 평신도의 눈높이로 풀어낸 주석이다. 주석은 그저 어려운 책이라는 편견을 깨뜨리고 성경을 사랑하는 모든 이의 가슴 속으로 살갑게 파고든다. 좋은 책은 평생의 친구처럼 이야기를 듣고 들려주면서 함께 호흡한다는 점에서 〈ESV 성경 해설 주석〉은 가히 독보적이다. 깊이에서는 신학적이요, 통찰에서는 목회적이며, 영감에서는 말씀에 갈급한 모든 이들에게 열린 책이라고 할 수 있다. 서사적 구조와 시의 적절한 비유적 서술은 누구라도 마음의 빗장을 해제하고, 침실의 머리맡에 두면서 읽어도 좋을 만큼 영혼의 위로를 주면서도, 말씀이 주는 은혜로 새벽녘까지 심령을 사로잡을 것으로 믿는다. 비대면의 일상화 속에서 말씀을 가까이하는 모든 이들이 재산을 팔아 진주가 묻힌 밭을 사는 심정으로 사서 평생의 반려자처럼 품어야 할 책이다.

오정현 | 사랑의교회 담임목사, SaRang Global Academy 총장

〈ESV 성경 해설 주석〉 시리즈의 특징은 신학자나 목회자들에게도 도움이 되겠지만 평신도 지도자인 소그룹 인도자들의 성경본문 이해에 대한 통찰력을 제공한다. 건강한 교회의 공통분모인 소그룹 활성화를 위하여 인도자의 영적 양식은 물론 그룹원들의 일상을 새로운 각도에서 조명하는 원리를 찾아주는 데 도움을 준다. 서로 마음이 통하는 반가운 친구처럼 손 가까이 두고 싶은 책으로 추천하고 싶다.

오정호 | 새로남교회 담임목사, 제자훈련 목회자네트워크(CAL-NET) 이사장

〈ESV 성경 해설 주석〉은 내용이 충실하여 활용성이 높고, 문체와 편집이 돋보여 생동감을 주기에 충분하다. 이와 함께 본문의 의미를 최대한 살려내는 심오한 해석은 기존의 우수한 주석들과 어깨를 나란히 할 만큼 정교하다. 또한 본 시리즈는 성경 각 권을 주석함과 동시에 성경 전체를 관통하는 그리스도 중심의 구속사적 관점을 생생하게 적용함으로써 탁월함을 보인다. 설교자와 성경 연구자에게는 본문에 대한 알찬 주석을 제공한다는 차원에서 오아시스와 같고, 실용적인 주석을 기다려온 평신도들에게는 설명이 뛰어나다는 점에서 가장 이상적인 해설서로 적극 추천한다.

윤철원 | 서울신학대학원 신약학 교수, 한국신약학회 회장

설교자들은 늘 신학적으로 탄탄하면서도 성경신학적인 주석서가 목말랐다. 학문적으로 치우쳐 부담되거나 석의가 부실한 가벼운 주석서들과는 달리 〈ESV 성경 해설 주석〉은 깊이 있는 주해와 적용에 이르기까지 여러 면에서 균형을 고루 갖춘 해설 주석서다. 한국 교회 강단을 풍성케 할 역작으로 기대된다.

이규현 | 수영로교회 담임목사

ESV 성경은 원문을 최대한 살려서 가장 최근에 현대 영어로 번역한 성경이다. 100여 명의 대표적인 복음주의 학자와 목회자들로 구성된 팀이 만든 ESV 성경은 '단어의 정확성'과 문학적 우수성뿐만 아니라 그 의미를 깊이 있게 드러내는 영어 성경이다. 2001년에 출간된 이후 교회 지도자들과 수많은 교파와 기독교 단체에서 널리 사용되었고, 현재 전 세계 수백만의 그리스도인들이 사용하고 있다. 〈ESV 성경 해설 주석〉은 무엇보다 개관, 개요, 주석이 명료하고 탁월하다. 포스트모던 시대에도 진지한 강해설교를 고민하는 모든 목회자들과 성경공부 인도자들에게 마음을 다하여 추천하고 싶다. 이 책을 손에 잡은 모든 이들은 손에 하늘의 보물을 잡은 감사를 느끼게 될 것이다.

이동원 | 지구촌교회 원로목사, 지구촌 목회리더십센터 대표

〈ESV 성경 해설 주석〉은 '성경'을 '말씀'으로 대하는 신중함과 경건함이 부드럽지만 강렬하게 느껴지는 서술이다. 본문의 흐름과 배경을 알기 쉽게 보여주면서 본문의 핵심을 명확하게 제시하는 묘한 힘을 가지고 있다. 연구와 통찰이 질서 있고 조화롭게 제공되고 있어, 본문을 보는 안목을 깊게 해 주고, 말씀을 받아들이는 마음을 곧추세우게 해 준다. 주석서에서 기대하는 바가 한꺼번에 채워지는 느낌이다. 설교를 준비하는 목회자, 성경을 연구하는 신학생, 말씀으로 하나님을 만나려는 성도 모두에게 단비 같은 주석이다.

이진섭 | 에스라성경대학원대학교 신약학 교수

ESV 성경 간행에 이은 〈ESV 성경 해설 주석〉의 발간은 이 땅을 살아가는 '말씀의 사역자'들은 물론, 모든 '한 책의 백성'들에게 주어진 이중의 선물이다. 본서는 구속사에 대한 거시적 시각과 각 구절에 대한 미시적 통찰, 학자들을 위한 학술적 깊이와 설교자들을 위한 주해적 풀이, 그리고 본문에 대한 탁월한 설명과 현장에 대한 감동적인 적용을 다 아우르고 있는 성경의 '끝장 주석'이라 할 만하다.

전광식 | 고신대학교 신학과, 전 고신대학교 총장

〈ESV 성경 해설 주석〉은 처음부터 그 목적을 분명히 하고 집필되었다. 자기 스스로 경건에 이르도록 성장하기 위해서, 또 다른 사람들을 가르치기 위해서, 성경을 진지하게 연구하는 모든 사람들에게 도움을 주기 위해서라고 밝히고 있다. 목사들에게는 목회에 유익한 주석이요, 성도들에게는 적용을 돕는 주석이다. 또 누구에게나 따뜻한 감동을 안겨주는, 그리하여 주석도 은혜가 된다는 것을 새삼 확인할 것이다.

학적인 주석을 의도하지 않았지만, 이 주석의 구성도 주목할 만하다. 한글과 영어로 된 본문, 단락 개관, 개요, 주해, 응답으로 구성되어 있다. 만약 신구약 한 질의 주석을 곁에 두길 원하는 성도라면, 〈ESV 성경 해설 주석〉 시리즈는 틀림없이 실망시키지 아니할 것이라고 확신한다.

정근두 | 울산교회 원로목사

말씀을 깊이 연구하는 일부의 사람들에게는 원어 주해가 도움이 되겠지만, 강단에서는 설교자들에게는 오히려 해설 주석이 더 요긴하다. 〈ESV 성경 해설 주석〉은 본문 해설에 있어 정통 신학, 폭넓은 정보, 목회적 활용성, 그리고 적용에 초점을 두었다. 이 책은 한마디로 설교자를 위한 책이다. 헬라어나 히브리어에 능숙하지 않아도 친숙하게 성경 본문을 연구할 수 있다는 점에서 주변 목회자들에게 적극적으로 추천하고 싶다. 목회자가 아닌 일반 성도들도 깊고 풍성한 말씀에 대한 갈증이 있다면, 본 주석 시리즈를 참고할 것을 강력하게 권하고 싶다.

정성욱 | 덴버신학교 조직신학 교수

입고 있는 옷이 있어도 새 옷이 필요할 때가 있다. 기존의 것이 낡아서라기보다는 신상품의 맞춤식 매력이 탁월하기 때문이다. 〈ESV 성경 해설 주석〉 시리즈는 분주한 오늘의 목회자와 신학생뿐 아니라 성경교사 및 일반 그리스도인의 허기지고 목마른 영성의 시냇가에 심길 각종 푸르른 실과나무이자 물 댄 동산과도 같다. 실력으로 검증받은 젊은 저자들은 개혁/복음주의 신학과 신앙의 깊은 닻을 내리고, 성경 각 권의 구조와 문맥의 틀 안에서 저자의 의도를 핵심적으로 포착하여 침침했던 본문에 빛을 던져준다. 아울러 구속사적 관점 아래 그리스도 중심적 의미와 교회-설교-실천적 적용의 돛을 바라보게 함으로써 본문의 지평을 가일층 활짝 열어준다. 한글/영어 대역으로 성경 본문이 제공된다는 점은 한국인 독자만이 누리는 보너스이리라. "좋은 주석은 두텁고 어렵지 않을까"라는 우려를 씻어주듯 이 시리즈 주석서는 적절한 분량으로 구성된 '착한 성경 해설서'라 불리는 데 손색이 없다. 한국 교회 성도의 말씀 묵상, 신학생의 성경 경외, 목회자의 바른 설교를 업그레이드하는 데 〈ESV 성경 해설 주석〉 시리즈만큼 각 사람에게 골고루 영향을 끼칠 주석은 찾기 어려울 듯싶다. 기쁨과 확신 가운데 추천할 수 있는 이유다.

허주 | 아세아연합신학대학교 신약학 교수, 한국복음주의신학회 회장

〈ESV 성경 해설 주석〉은 정확무오한 하나님의 말씀을 전하는 설교자와 전도자들에게 훌륭한 참고서다. 성경적으로 건전하고 신학적으로 충실할 뿐 아니라 목회 현장에 실질적인 도움이 된다. 나 또한 나의 설교와 가르침의 사역에 활용할 수 있기를 고대한다.

대니얼 에이킨(Daniel L. Akin) | 사우스이스턴침례신학교 총장

하나님은 그의 아들에 대해 아는 것으로 모든 열방을 축복하시려는 영원하고 세계적인 계획을 그의 말씀을 통해 드러내신다. 이 주석이 출간되어 교회들이 활용할 수 있게 된 것만으로 행복하고, 성경에 대한 명확한 해설로 말미암아 충실하게 이해할 수 있게 해 준 것은 열방에 대한 축복이다. 물이 바다를 덮음같이 하나님의 영광에 대한 지식이 온 땅에 충만해지는데 이 주석이 사용되길 바란다.

이언 추(Ian Chew) | 목사, 싱가포르 케이포로드침례교회

〈ESV 성경 해설 주석〉은 탁월한 성경 해설과 깊이 있는 성경신학에 바탕한 보물 같은 주석이다. 수준 높은 학구적 자료를 찾는 독자들뿐만 아니라 읽기 쉽고 이해하기 쉽도록 잘 정리된 주석을 원하는 사람들에게도 적합하다. 목회자, 성경교사, 신학생들에게 이 귀한 주석이 큰 도움이 되고 믿을 수 있는 길잡이가 되리라 확신한다.

데이비드 도커리(David S. Dockery) | 사우스이스턴침례신학교 석좌교수

대단한 주석! 성경을 배우는 모든 학생들에게 도움이 될 수 있도록 최고 수준의 학자들이 성경의 정수를 정리하여 접근성을 높여서 빠르게 참고하기에 이상적인 주석이다. 나 또한 설교 준비와 성경 연구에 자주 참고하고 있다.

아지스 페르난도(Ajith Fernando) | 스리랑카 YFC 교육이사, *Discipling in a Multicultural World* 저자

〈ESV 성경 해설 주석〉은 성경교사들의 기초 자료로서 활용성 높은 최고의 주석 중 하나다. 일반 독자들도 쉽게 이해할 수 있는 동시에 강해설교가들에게 충분한 배움을 제공한다. 이 주석 시리즈는 성경을 제대로 배우고자 하는 전 세계 신학생들에게도 표준 참고서가 될 것이다.

필립 라이켄(Philip Graham Ryken) | 휘튼칼리지 총장

〈ESV 성경 해설 주석〉에 대하여

성경은 생명으로 맥동한다. 성령은 믿음으로 성경을 읽고 소화해서 말씀대로 살아가는 사람들에게 맥동하는 생명력을 전해 준다. 하나님이 성경안에 자신을 계시하셨기 때문에 성경은 꿀보다 달고 금보다 귀하며, 모든부(富)보다 가치 있다. 주님은 온 세상을 위해 생명의 말씀인 성경을 자신의 교회에 맡기셨다.

또한 주님은 교회에 교사들을 세우셔서 하나님의 말씀이 무엇을 의미하는지를 설명해 주고 각 세대에 어떻게 적용해야 하는지를 분명하게 보여주도록 하셨다. 우리는 이 주석이 하나님의 말씀을 진지하게 공부하는모든 사람들, 즉 다른 사람들에게 가르치기 위해 성경을 연구하는 사람들과 스스로 경건에 이르도록 성장하기 위해 성경을 공부하는 사람들에게큰 유익을 주길 기도한다. 우리의 목표는 성경 본문을 그리스도 중심적으로 명료하고 뚜렷하게 설명하는 것이다. 모든 성경은 그리스도에 대해 말하고 있으며(눅 24:27), 우리는 성경의 각 책이 우리가 "예수 그리스도의 얼굴에 있는 하나님의 영광을 아는 빛"(고후 4:6)을 보도록 어떻게 돕고 있는지 알려주길 원한다. 그런 목표를 이루고자 이 주석 시리즈를 집필하는 저자들에게 다음과 같은 원칙을 제시했다.

- 올바른 석의를 토대로 한 주석 성경 본문에 나타나 있는 사고의 흐름과 추론 방식을 충실하게 따를 것.
- 철저하게 성경신학적인 주석 성경은 다양한 내용들을 다루지만, 그리스도 안에서 완성된 구속이라는 단일한 주제를 말하고 있다는 점에서 성경 전체를 하나의 통일된 관점으로 볼 수 있게 할 것.
- 전 세계를 대상으로 한 주석 성경과 신학적으로 신뢰할 만한 자료들을 가능한 한 많은 사람들에게 공급하겠다는 크로스웨이(Crossway)의 선교 목적에 맞게 전 세계 독자들이 공감하고 필요로 하는 주석으로 집필할 것.
- 폭넓은 개혁주의 주석 종교개혁의 역사적 흐름 안에서 오직 은혜와 오직 믿음으로 말미암아 오직 그리스도 안에서 오직 성경의 가르침을 따라 오직 하나님의 영광을 위한 구원을 천명하고, 큰 죄인에게 큰 은혜를 베푸신 크신 하나님을 높일 것.
- 교리 친화적인 주석 신학적 담론도 중요하므로 역사적 또는 오늘날 신학적으로 중요한 문제들과 성경 본문에 대한 주석을 서로 연결하여 적절하고 함축성 있게 다룰 것.
- 목회에 유익한 주석 문법적이거나 구문론적인 긴 논쟁을 피하고, 하나님을 경외하는 마음으로 '성경 본문 아래 앉아' 경청하게 할 것.
- 적용을 염두에 둔 주석 오늘날 서구권은 물론이고 그 밖의 다른 세계에서 살아가는 사람들이 처한 상황과 성경 본문이 어떻게 연결되는지를 간결하면서도 일관되게 제시할 것(이 주석은 전 세계 다양한 상황 가운데 살아가는 사람들을 대상으로 하기 때문에).
- 간결하면서도 핵심을 찌르는 주석 성경에 나오는 단어들을 일일이 분석하는 대신, 본문의 흐름을 짚어내서 간결한 언어로 생동감 있게 강해할 것.

이 주석서에서 기본적으로 사용한 영역 성경은 ESV이지만, 집필자들에게 원어 성경을 참조해서 강해와 주석의 집필하도록 요청했다. 또한 무조건 ESV 성경 번역자들의 결해(結解)를 따르라고 요구하지도 않았다.

인간이 세운 문명은 시간이 흐르면 무너져서 폐허가 되지만, 하나님의 말씀은 영원히 서 있다. 우리 또한 바로 그 말씀 위에 서 있다. 성경의 위대한 진리들은 시간과 공간을 뛰어넘어 말하고, 우리의 목표는 전 세계적으로 적용될 수 있는 방식으로 그 진리들을 전하는 것이다.

하나님께서 자신의 말씀을 연구하는 일에 복을 주시고, 그 말씀을 강해하고 설명하려는 이 시도에 흡족해 하시기를 기도한다.

차례

약어표

참고 자료 |

CSB Christian Standard Bible

JETS *Journal of the Evangelical Theological Society*

KJV Kimg James Version

LCL Loeb Classical Library

NIV The New International Version

NKJV New King James Version

NRSV The New Revised Standard Version

WBC Word Biblical Commentary

사본 기호 |

p18 파피루스 18번 사본

ℵ 시내 사본(Codex Sinaiticus)

A 알렉산드리아 사본(Codex Alexandrinus)

C 에브라임 재생 사본(Codex Ephraemi Rescriptus)

성경 |

구약 ▶

창	창세기	사	이사야	행	사도행전
출	출애굽기	렘	예레미야	롬	로마서
레	레위기	애	예레미야애가	고전	고린도전서
민	민수기	겔	에스겔	고후	고린도후서
신	신명기	단	다니엘	갈	갈라디아서
수	여호수아	호	호세아	엡	에베소서
삿	사사기	욜	요엘	빌	빌립보서
룻	룻기	암	아모스	골	골로새서
삼상	사무엘상	옵	오바댜	살전	데살로니가전서
삼하	사무엘하	욘	요나	살후	데살로니가후서
왕상	열왕기상	미	미가	딤전	디모데전서
왕하	열왕기하	나	나훔	딤후	디모데후서
대상	역대상	합	하박국	딛	디도서
대하	역대하	습	스바냐	몬	빌레몬서
스	에스라	학	학개	히	히브리서
느	느헤미야	슥	스가랴	약	야고보서
에	에스더	말	말라기	벧전	베드로전서
욥	욥기			벧후	베드로후서
시	시편	**신약 ▶**		요일	요한일서
잠	잠언	마	마태복음	요이	요한이서
전	전도서	막	마가복음	요삼	요한삼서
아	아가	눅	누가복음	유	유다서
		요	요한복음	계	요한계시록

ESV Expository Commentary
Revelation

요한계시록 서론

개관

G. K. 체스터턴(Chesterton)은 요한계시록에 대해 우스갯소리로 다음과 같이 말했다. "복음서를 쓴 성 요한은 환상 속에서 많은 기이한 괴물들을 보았지만, 그가 쓴 글을 주석한 사람들 같이 사납고 야만적인 짐승은 전혀 보지 못했다."[1] 그의 이 말은, 요한계시록의 광채와 아름다움이 이루 말할 수 없이 찬란하기 때문에 어떤 주석자도 제대로 해설해낼 수 없음을 우리에게 제일 먼저 상기시킨다.[2] 요한은 박해를 직면하여 로마 제국의 세력과

---

1   Gilbert K. Chesterton, *Orthodoxy* (New York: John Lane, 1909), 29.

2   이 주석서는 평신도들도 읽을 수 있는 수준으로 쓰였기 때문에, 요한계시록에 관해 쓴 다른 학자들과 상호작용을 하지 않는다. 필자는 처음에 세대주의적 관점에서 요한계시록을 배웠다. 필자는 그 관점에서 많은 것을 배웠는데(비록 최종적으로는 그런 관점에 매우 동의하지 않지만), 그런 관점은 John Walvoord, Robert Thomas, Paige Patterson의 주석서에서 찾아볼 수 있다. 또한 필자는 그 밖의 다른 여러 주석서에도 빚을 졌다. 특히 Leon Morris, Dennis Johnson, G. B. Caird, Bruce Metzger, Robert Mounce, George Eldon Ladd, Vern Poythress, James M. Hamilton Jr., David Aune, Greg Beale, Grant Osborne, George Beasley-Murray의 주석서를 보라. 또한 Richard Bauckham이 요한계시록의 신학에 관해 쓴 두 권의 책에서도 영향을 받았다. 그의 책 *The Theology of the Book of Revelation* (Cambridge: Cambridge University Press, 1993)과 *The Climax of Prophecy: Studies on the Book of Revelation* (London: T/T Clark, 1993)을 보라.

타협하고 이교 사회의 압력에 굴복하고 싶은 유혹을 받고 있던 교회들에 요한계시록을 써 보냈다. 그는 이 교회들에게 하나님과 그리스도께서 그들이 겪고 있는 박해를 주관하고 계신다는 것을 일깨워주면서 끝까지 믿음을 지키라고 호소한다. 신자들은 대적들에게 박해와 차별을 당하더라도 즐거워해야 한다. 왜냐하면 신자들은 어린양의 피로 깨끗하게 씻겼기에 하늘의 성에 그들의 자리가 있다는 것을 확신할 수 있기 때문이다. 신자들이 끝까지 믿음을 지킨다면, 하나님과 어린양을 영원토록 누리게 될 것이다. 궁극적으로 하나님은 그분의 백성을 신원해주실 것이다. 또한 하나님은 역사를 다스리고 계시고, 그분의 통치는 그분이 이 땅에 퍼붓는 심판들로 표현된다. 그러한 심판들은 최후의 심판에서 절정에 도달할 것이며, 그때 악인들은 불 못에 던져지고 의인들은 새 예루살렘으로 입성하게 될 것이다. 그리고 의인들을 신원하시고 악인들을 벌하심으로써 하나님의 이름은 영원토록 높임과 찬송을 받을 것이다.

제목

요한계시록이라는 제목은 이 책의 헬라어 본문에 나오는 첫 번째 단어인 "계시"[아포칼룁시스(*Apokalypsis*)]에서 왔다. 이 책은 '예수 그리스도에 관한' 계시이자 '예수 그리스도로부터 온' 계시다(참고. 계 1:1 주석). 예수 그리스도는 이 책의 주제다. 이 책은 아주 철저하게 기독론적이다. 아울러 예수님은 자신에게 주어진 것을 한 천사에게 전해주셨고 그 천사는 그것을 요한에게 전해주었으며, 요한은 그것을 교회들에 전해주었다.

---

3 요한계시록의 구문과 어휘에 대해서는 David E. Aune, *Revelation 1-5*, WBC (Dallas: Word, 1997), clx-ccxi 을 보라. 필자는 사도 요한이 요한복음도 썼다고 믿지만, 본서가 요한계시록을 다루고 있기 때문에 그러한 견해를 자세하게 제시하지 못하였다.

저자

요한계시록의 저자는 자신을 요한이라고 밝히지만(1:1, 4, 9: 22:8) 사도라고는 말하지 않는다. 그는 오늘날 터키의 해안 도시인 밀레도 반대편 에게해에 있는 밧모라는 섬에서 이 서신을 썼다고 말한다. 저자에 관해 여러 가지 견해가 제시되어 왔지만, 가장 유력한 것은 사도 요한 또는 '장로 요한'이라는 특정 인물이 이 책을 썼다는 것이다. 사도 요한이 저자라는 견해가 여러 가지 이유로 가장 설득력이 있다. 첫째, 저자는 이 책에서 자신의 권위를 언급하지 않는데, 이는 그가 이미 명성이 있는 사람이어서 자신의 직분을 굳이 언급할 필요를 느끼지 못했기 때문일 것이다. 이러한 설명에 가장 부합하는 인물이 사도 요한이다. 둘째, 교부들이(순교자 저스틴, 이레니우스, 터툴리안, 알렉산드리아의 클레멘트를 포함하여) 가장 이른 시기이자 가장 공통되게 제시하는 견해다. 셋째, 가이사랴의 유세비우스는 파피아스의 증언을 토대로 해서 요한계시록의 저자를 장로 요한이라고 말했는데(교회사 3.39.2-4), 오늘날 몇몇 저명한 학자들도 이 견해를 지지해 왔다. 그러나 유세비우스가 파피아스의 말을 잘못 해석했을 가능성이 높다. 왜냐하면 파피아스는 두 명의 요한에 대해 말하지 않았기 때문이다. 파피아스의 글을 주의 깊게 읽어보면 그가 사도들을 '장로들'이라고 부르는 것을 볼 수 있으며, 따라서 장로 요한과 사도 요한이 동일인이었음을 알 수 있다. 또한 유세비우스는 요한계시록에 대해 좋지 않은 선입견을 지니고 있었기 때문에, 그가 개인적으로 사도 요한이 요한계시록의 저자라고 말하기를 꺼려할 만한 이유들도 있었다.

사도 요한이 저자임을 반대하는 근거 중에서 가장 중요한 것은, 요한계시록의 문체가 요한복음의 문체와 두드러지게 다르다는 것이다.[3] 하지만 그러한 반론이 결정적인 것은 아니다. 그러한 문체의 차이는 요한계시록이 묵시라는 장르에 속한 글이라는 사실에 의해 설명되기 때문이다. 요한복음과 요한계시록 사이에 주목할 만한 차이들이 분명히 존재하지만,

요한계시록이 보여주는 단순한 헬라어 문체는 우리가 요한복음에서 발견
하는 문체와 잘 부합한다.[4] 어떤 사람들은 요한계시록의 신학이 요한복음
의 신학과 상반된다는 반론을 제기해왔다. 요한계시록은 하나님의 원수들
에 대한 심판을 선언하는 반면에, 요한복음은 하나님의 사랑을 선포한다
는 것이다. 그러나 그런 식의 이분법은 잘못된 것이다. 왜냐하면 요한복음
에도 심판에 대한 경고가 나오고(요 3:36; 5:22, 29; 12:48), 요한계시록에도
회개하고 자신의 옷을 어린양의 피로 씻는 자들에 대한 구원의 약속이 나
오기 때문이다(계 3:19-21; 7:13-14; 9:20-21; 22:14). 또한 요한계시록과 요한
복음 사이에는 꽤나 주목할 만한데다 범상치 않은 연결점들도 있다. 이 두
책 모두에서 예수님은 하나님의 말씀이고(요 1:1, 14; 계 19:13) 하나님의 어
린양이며(요 1:29, 36; 계 5:6; 19:7, 9; 21:9), 인자다(요 1:51; 3:13, 14; 계 1:12-16).
가장 간단하면서도 설득력 있는 해법은 사도 요한이 요한계시록을 썼다는
것이다.

저작 연대와 배경

학자들은 요한계시록이 네로 황제(주후 54-68년)가 통치했던 주후 60년대
에 기록되었는지, 아니면 도미티아누스 황제(주후 81-96년)가 통치했던 90
년대에 기록되었는지를 두고 논쟁을 벌이고 있다. 저작 연대를 확정하는
것은 불가능하지만 적어도 세 가지 이유에서 90년대설이 더 설득력이 있
는 것으로 보인다. 첫 번째 이유로 이레니우스의 말은 요한계시록이 도미
티아누스 황제 치하에서 기록되었다는 것으로 타당하게 해석된다는 점이
다. 왜냐하면 그가 주후 180년경에 요한계시록이 도미티아누스 황제 치

---

4   필자는 대부분의 경우에 요한계시록을 "계시록"이라고 간단하게 지칭할 것이다. 계시록이 요한계시록을 가리킨
    다는 것은 문맥에 의해 분명하게 알 수 있을 것이다.

세의 말기에 기록된 것으로 보인다고 말하기 때문이다(유세비우스, 교회사 3.18.3; 이레니우스, 이단논박 5.30.3). 이레니우스는 사도 요한에게서 그리 멀지 않은 시대에 살았으므로 그의 증언은 신빙성이 있다. 이레니우스는 폴리캅(주후 70년경-160년)에게 가르침을 받았고, 전승에 의하면 폴리캅은 사도 요한의 제자였다. 두 번째 이유는 논란이 있기는 하지만 황제 숭배에 대한 압력이 도미티아누스 시대에 커졌을 가능성이 있고, 요한계시록의 내용은 그러한 현실과 잘 부합한다는 것이다. 요한계시록에 나오는 산발적인 박해는 도미티아누스의 치세에 관한 증거와 일치한다. 박해가 국가의 비호 아래 또는 공식적으로 이루어진 것은 아니었지만, 언제든지 일어날 가능성이 있었으며 종종 거세게 일어나곤 했다(참고. 표1).

1:9	밧모섬으로 추방된 요한
2:13	안디바가 죽임을 당함
3:10	온 세상에 임한 시험
6:9-11	제단 아래에 있는 순교자들
16:6	바벨론이 하나님의 백성의 피를 쏟아냄
17:6	성도의 피를 마신 바벨론
18:24	성도의 피를 마신 바벨론
19:2	하나님이 자기 종들의 피에 대해 복수하심
20:4	목 베임을 당한 순교자들

표1. 요한계시록에 나오는 박해의 증거들

세 번째 이유로 라오디게아는 부유한 도시로 묘사되는데(계 3:14-21), 주후 60-61년에 지진으로 피해를 입었기 때문에 60년대에 이 도시가 부를 회복했을 가능성이 거의 없다는 점이다.

따라서 사도 요한은 주후 90년대에 황제 숭배의 압력 아래에서 구체적인 위협을 받는 가운데 로마 제국으로부터의 산발적인 박해에 직면해 있던 교회들에게 요한계시록을 썼을 가능성이 높다. 각지의 유대인들도 그리스도인들을 차별했고, 심지어 당국에 고발하기까지 했을 것이다(2:9; 3:9). 또한 그리스도인들은 각지에서 여러 신을 위한 축제를 거행하고 제의를 행하였던 상인 조합(guild)들로부터 사회적인 압력도 받았다. 그리스도인들은 그러한 활동에 참여하지 않았기 때문에, 불신자들에게 선량한 시민들이 아니라는 인상을 주었을 것이다. 요한은 신자들에게 그들이 계속해서 인내로써 믿음을 지킨다면 장차 새 예루살렘에 들어가게 될 것임을 약속하면서 끝까지 견디라고 격려하기 위해 요한계시록을 썼다.

장르와 문학적 구조

요한계시록은 묵시적(apocalyptic)인 성격이 특히 두드러지지만, 서신과 예언의 요소도 포함하고 있어서 혼합된 장르라고 말할 수 있다. 저자는 이 책이 예언이라고 구체적으로 밝힌다(1:3; 22:7, 9, 10, 18, 19, 참고. 10:8-11). 그리고 이 책에는 교회에 보내는 일곱 서신이 포함되어 있다(2:1-3:22). 계시록이 서신의 성격을 지닌다는 점은 이 책 전체가 교회들에서 봉독되었을 것임을 시사한다(1:3). 그러할지라도 이 책에서 가장 두드러지는 장르는 묵시이다. 그런데 요한계시록은 예언이 가미된 묵시이기 때문에, 위태로운 시기에 교회를 향해 믿음과 행동을 촉구하기 위해 쓰인 예언적이고 묵시적인 책이다. 묵시 장르는 요한이 새롭게 개척한 장르가 아니었다. 이사야(24:1-27:13), 에스겔(37:1-39:29), 다니엘(7:1-12:14), 스가랴(특히 9:1-14:21)의 일부도 묵시이기 때문이다. 제2성전 시대에 기록된 유대 문헌들 중에서 에녹1-2서, 바룩2-3서, 에스라4서, 아브라함묵시록 등이 묵시에 속한다. 성서학회(Society of Biblical Literature)는 묵시 문헌 세미나에서 여러 해 동안 묵시 장르를 연구하여 다음과 같은 정의를 제시하였다. 묵시 문헌의 전문가들로 이루어진 위원회에서 제시한 이 정의에서, 각각의 단어는 의심할 여지없이 주의 깊고 세심한 토론과 논의를 거친 것이다. 비록 이 정의에 결함이 없다는 것은 아니지만, 묵시 문헌의 전문가들이 내린 정의를 면밀하게 주목할 필요가 있다. 그 정의는 다음과 같다.

> '묵시'(apocalypse)는 서사적 틀을 지닌 계시 문학의 장르다. 묵시에서 계시는 내세의 존재가 인간에게 전해 준 것인데, 이는 시간적으로는 종말론적인 구원을 예상하며 공간적으로는 또 다른 초자연적인 세계와 관련된 초월적인 현실을 드러낸다. 묵시는 현재 이 땅에서 펼쳐지는 상황을 초자연적인 세계 및 미래에 비추어 해석하며, 신적 권위를 통해 독자들의 이해와 행동에 영향을 미치는 것을 목적으로 한다.[5]

묵시에 대한 이 정의를 더 대중적이고 덜 전문적인 방식으로 표현해 보면 다음과 같다. 묵시는 장래에 일어날 일을 초자연적으로 드러내는 것이다. 대개는 천사들이 어떤 유명한 사람에게 하나님의 계시를 전해주는데, 그 계시에서 하나님은 인간의 역사에 개입하시어 악을 멸망시키고 그분의 나라를 세울 것을 약속하신다. 그 약속에 묵시가 고난 받는 사람들에게 끝까지 계속해서 믿음을 지키라고 격려하고 힘을 북돋워주기 위해 주어진다는 말을 덧붙여야 한다. 묵시를 읽는 독자들은 궁극적으로 승리할 것이기 때문에 '견디라'는 격려를 받는다.

묵시 문학은 몇 가지 특징을 지니는데, 그 중에서 상징적인 언어로 되어 있다는 점이 가장 중요하다. 몇몇 해석자들은 요한계시록을 필자가 '신문 종말론'(newspaper eschatology)이라고 부르는 방식으로 접근하여, 오늘날의 사건들에 비추어서 요한계시록을 해석한다. 그러나 그러한 접근방식은 자의적인데다가 일관성이 없다. 그것을 오랜 세월 따라온 사람이라면 누구나 알고 있듯이, 이 접근 방식은 역사가 진행됨에 따라 해석이 변한다는

---

5 John J. Collins, "Introduction: Towards the Morphology of a Genre", *Apocalypse: The Morphology of a Genre*, Semeia 14 (Chico, CA: Scholars, 1979), 9를 보라.

점에서 자의적이다. 요한계시록을 '문자적으로' 받아들여야 한다는 주장은 해석자들 자신이 상징적으로 해석하고 있다는 사실과 모순된다는 점에서 일관성이 없다. 실제로 어느 누구도 요한계시록을 문자적으로 해석하지 않는다. 예컨대, 예수님이 실제로 그분의 입에 "좌우에 날선 검"을 지니고 있다고 믿는 사람은 아무도 없다(계 1:16). 요한계시록을 해석하는 사람은 그 책의 상징적 표현들 앞에서 겸손해야 한다. 왜냐하면 해석자가 그 상징들을 어떻게 해석해야 하는지를 항상 알고 있지는 않다고 고백해야 하기 때문이다. 어쨌든 요한계시록을 해석하는 데 가장 중요한 배경은 '신문'이 아니라 구약성경이다. 요한계시록은 구약성경에 대한 간접 인용들로 가득하기 때문이다. 실제로 요한계시록의 모든 행이 구약성경의 증언을 반영하고 있다. 따라서 일부 해석자들이 잘못된 길로 가는 근본적인 이유는 요한계시록을 철저히 구약성경에 근거하여 읽지 않기 때문이다.

특별히 수와 관련하여 요한계시록이 가지는 상징적 성격에 주목해야 한다. 요한계시록은 4, 7, 10, 12 및 이 수들의 배수를 상징적인 의미로 사용한다. 일부 세대주의적 해석자들은 요한계시록을 가능한 한 문자적으로 해석해야 한다고 주장하지만, 그러한 태도는 결함이 있다. 왜냐하면 요한계시록을 문자적으로 해석해야만 한다는 말은 실제 의도와 상관없는 해석을 맞는 것이라고 단정 짓는 것이기 때문이다. 오히려 인정해야 할 사실은 글을 쓰는 저자들이 자신의 저작에서 의도적으로 상징적 표현들을 사용할 수 있다는 점이다. 문자적 해석에 관한 규칙을 미리 정해놓고서 요한계시록에 접근하는 한, 이 책을 해석하는 방법에 관한 문제는 해결될 수 없다. 오히려 요한계시록은 그 장르에 맞춰서 해석해야 한다. 요한계시록이 상징적인 언어를 사용하고 있다면, 해석자 역시 저자의 의도에 맞춰서 그 책을 상징적으로 해석해야 한다.

그 밖에도 묵시 문학의 다른 특징들로 묵시, 천사, 내세의 피조물들이 있다. 다수의 묵시 문학이 가명으로 기록되었지만, 요한계시록은 전혀 그렇지 않다. 이 책의 저자는 과거의 어떤 유명한 인물을 저자로 내세우지 않고 자신을 요한이라고 밝힌다. 다음의 목록은 묵시 문학의 몇 가지 특징을 요약한 것이다.

> 역사적 이원론
> 환상(vision)
> 익명성(요한계시록은 예외다)
> 상징적 표현
> 수비학
> 천사론
> 마귀론
> 재앙에 대한 예고

소통의 네 가지 수준을 구별하는 것이 요한계시록을 해석하는 데 도움이 된다.[6] 첫 번째는 본문 자체, 즉 요한이 쓴 단어들로 이루어진 언어적 수준이다. 두 번째는 본문에 기록된 요한이 본 환상들이다. 세 번째는 그 환상들이 가리키는 역사적 사건들로 이루어진 지시적 수준이다. 네 번째는 환상들이 가리키는 역사적 사건들의 의미를 표상들을 통해 해석하는 상징적 수준이다. 이 네 가지 수준이 무엇을 의미하는지 이해하기 위해 한 가지 예를 드는 것으로 충분할 것이다. 첫째, 본문 수준에서 요한은 짐승에 관해 썼다(계 13:1-8). 둘째, 환상 수준에서 요한은 정말 끔찍하고 무시무시한 실제 짐승을 보았을 것이다. 셋째, 이 짐승이 역사 속에서 가리키는 것은 로마 황제일 가능성이 크다. 넷째, 로마 황제는 한 분 참 하나님을 대적하는 모든 각각의 제국을 상징적으로 나타낸다. 필자가 주장하는 바는 이 네 가지 요소가 요한계시록에 나오는 모든 것에 존재한다는 것도 아니다. 또한 이 네 가지 원칙을 요한계시록에 나오는 모든 것에 쉽게 적용할 수 있다는 것도 아니다. 그렇지만 이 네 가지 수준은 해석자가 요한계시록을 해석하

---

6   이러한 구별에 대해서는 Vern Sheridan Poythress, "Genre and Hermeneutics in Revelation 20:1-6", *JETS* 36 (1993): 41-54를 보라.

고자 할 때 스스로 발견하여 배울 수 있게 한다는 가치를 지닌다.

신학

악의 실재

독자들이 하나님을 대적하는 악의 존재를 인정하지 않는다면, 요한계시록의 메시지에 공감하지 못할 것이다. 이 세계에서 악을 총지휘하는 우두머리는 마귀 또는 사탄이다. 마귀에게 붙여진 이름들은 그가 어떤 존재인지를 드러낸다. 요한계시록은 그를 '마귀'[헬라어로 디아볼로스(*diabolos*)]라고 부르는데, 이 이름은 그가 하나님의 백성을 고소한다는 의미이다(2:10; 12:9, 12; 20:2, 10). 또한 마귀는 '뱀'[오피스(*ophis*)]이라 불린다. 이 이름은 창세기 3장으로 거슬러 올라가며, 마귀가 하와를 유혹했던 존재임을 보여준다(계 12:9, 14, 15; 20:2). 그리고 이로써 왜 마귀가 '옛 뱀'이라고 불리는지를 설명해준다. 또한 마귀는 '용'[드라콘(*drakōn*)]으로도 불린다. 용은 신화에 나오는 괴물로서, 하나님의 백성을 미워하고 억압하는 가공할 만한 원수다(12:3, 4, 7, 9, 13, 16, 17; 13:2, 4; 16:13; 20:2).[7] 끝으로, 마귀는 하나님과 그리스도와 하나님의 백성의 큰 대적이라는 '사탄'[사타나스(*satanas*)]으로 불린다(2:9, 13, 24; 3:9; 12:9; 20:2, 7). 사탄은 '고소하는 자' 또는 '대적'을 의미하는 히브리어를 음역한 것인데, 스가랴 3:1-2에서는 디아볼로스로 번역된다. 따라서 사탄도 고소하는 자라는 의미를 지니는 것으로 보인다. 사탄은 하나님의 백성을 끊임없이 박해한다(계 12:13-17). 자신의 목적과 부합하는 경우에는 심지어 신앙까지도 이용한다. 따라서 유대인들의 회당도 교회를 억압한다는 점에서 사탄적이다(2:9-10; 3:9). 사탄은 짐승(로마 제국)을 불러내어서 짐승

---

7 필자는 사탄이 신화적인 존재라고 말하는 것이 아니다!

에게 성도들에 맞서 그의 전쟁을 수행할 권세를 수여한다(13:1-18). 사탄은 세상을 속여서 예수 그리스도 안에 있는 하나님의 사랑을 보지 못하게 방해한다(12:9; 20:8, 10).

사탄은 혼자 활동하지 않는다. 실제로 짐승과 거짓 선지자는 '악의 삼위일체'(16:13, 개역개정은 "세 더러운 영")를 이룬다. 사탄이 일하는 주된 방식들 중 하나는 하나님께 속한 것들을 위조하고 흉내 내는 것이다. 용과 짐승이 다른 무엇보다도 가장 바라는 것은 하나님과 어린양에게 속한 영광을 가로채서 예배와 찬송을 받는 것이다(13:4; 14:9, 11; 16:2; 20:4). 첫 번째 짐승은 '죽었다가' 다시 살아남으로써 부활을 흉내 내고(13:3), 그런 후에는 대적할 자가 없어져 하나님을 모독하는 말을 하고서도 아무런 벌을 받지 않는다(13:4-5). 이 첫 번째 짐승은 하나님께 대적하는 모든 인간 정부를 대표하는 로마 제국이고, 사탄에 의해 바다로부터 호출되고(12:17-13:2) 무저갱으로부터 올라온다(11:7). 이 짐승은 이 세상에서 정치권력을 행사하여(13:7) 하나님의 백성을 박해하고 죽이며, 차별한다(11:7; 13:7, 16-17). 두 번째 짐승인 거짓 선지자(13:11-18; 19:20)는 어린양(13:11)과 성령을 흉내 내고자 한다. 두 번째 짐승은 첫 번째 짐승에게 영광을 수여하고(13:14-15) 하나님의 말씀을 하는 것처럼 행세한다는 점에서 성령을 흉내 낸다. 두 번째 짐승은 바울이 "경건의 모양"은 있지만 "경건의 능력"은 없다고 말한(딤후 3:5) 거짓 신앙을 나타낸다. 짐승과 거짓 선지자는 모든 일에서 하나님의 권위에 저항하여 하나님과 그리스도를 상대로 전쟁을 벌인다(계 19:19-21).

바벨론도 세상에 침투하여 널리 퍼진 악을 대표한다(14:8; 16:19; 17:1-19:5). 바벨론은 로마라는 성이지만(17:18), 어거스틴이 '하나님의 성'과 반대되는 '인간의 성'이라고 부른 것을 대표한다. 땅의 백성들은 한 분 참 하나님을 버리고 바벨론과 음행을 한다(17:2). 바벨론의 가증스러운 우상숭배는 하나님의 백성에 대한 격렬한 반대, 하나님의 성도들의 피를 쏟은 것(17:6; 18:24; 19:2), 경제적 안정을 위한 욕망을 통해 드러난다. 바벨론은 하나님께 속한 자들의 피를 마시고 취해 있다. 그리고 오직 소수만이 바벨론과의 음행에 가담하는 것이 아니라 만국, 상인들, 왕들이 하나님 없는 체제의 부를 함께 누린다(18:3). 인간의 성은 사치스럽고 편안하게 살아가지만, 편안하고 즐거운 날은 머지않아 끝나게 될 것이다(18:9-24).

악은 예수 그리스도께 속하지 않은 모든 사람을 지배한다. 그들은 하나님과 어린양을 예배하고 찬송하는 대신에, 용과 짐승과 바벨론을 섬겼다(13:8, 12). 그들은 흔히 "땅에 거하는/사는 자들"[호이 카토이쿤테스 에피 테스 게스(*hoi katoikountes epi tēs gēs*), 참고. 3:10; 6:10; 8:13; 11:10; 13:8, 12, 14; 17:2, 8]이라 불리는데, 이 호칭은 이 땅에서 살아가는 불신자들을 가리키는 전문용어로 사용된다. '땅에 거하는 자들'은 장차 도래할 새로운 피조세계를 위해서가 아니라 이 세상을 위해서 살아가고, 그들의 이름은 생명책에 기록되어 있지 않다(17:8). '땅에 거하는 자들'은 거짓 선지자에게 속아서 짐승을 섬긴다(13:14). 그들은 바벨론과 음행한 자들이기 때문에(17:2) 하나님의 백성을 죽이고, 성도들이 죽임을 당할 때 즐거워한다(6:10; 11:10). 그러므로 그들은 심판을 받게 될 것이다(8:13).

성도들의 고난

악이 이 세상을 지배함으로써 성도들, 즉 하나님의 백성은 고난을 당하게 된다. 그러한 고난을 언급하는 본문들은 앞의 '저작 연대와 배경' 항목에서 제시된 표1에 나온다. 강조되어야 할 점은 요한계시록이 고난 받는 교회들, 정부와 사회로부터 무자비한 박해와 반대에 직면해 있던 그리스도인들을 대상으로 기록되었다는 것이다. 요한계시록은 예언에 대하여 단지 학문적인 관심만 지닌 신자들을 대상으로 기록되지 않았다. 예수 그리스도는 고난 받는 신자들에게 자기를 위하여 죽을 각오를 하라고 명령하셨다(2:10). 큰 고난 가운데서 그들은 예수 그리스도의 복음을 증언하라는 부름을 받았다(11:3-14). 그리스도인들이 죽임을 당한 것은 예수 그리스도를 증언하고 하나님의 말씀을 신실하게 지켰기 때문이다(20:4). 요한계시록은 예수님이 다시 오실 때까지 신자들이 죽임을 당하게 될 것임을 분명히 한다. 악의 삼위일체(세 더러운 영)는 하나님의 백성을 미워하고, 차별과 박해를 통해서 그들을 멸망시키려고 한다. 요한계시록에서 교회는 순교하는 교회로 묘사된다. 그렇다고 해서 모든 신자가 하나님을 반대하는 자들에 의해 반드시 실제로 죽임을 당하는 것은 아니지만, 모든 참된 신자는 세상에 의해 박해와 미움을 받을 것이다(참고. 딤후 3:12).

끝까지 믿음을 지키라는 명령

신자들의 고난과 끝까지 믿음을 지키라는 명령은 서로 연결되어 있다. 신자들은 큰 악에 직면해서 압력에 굴복하여 로마와 타협해서는 안 된다. 요한은 짐승이 등장해서 하나님께 저항하는 것을 자세하게 설명한 후에 "성도들의 인내와 믿음이 여기 있느니라"(계 13:10)고 선언한다. 요한은 자신의 독자들에게 짐승을 경배하는 자들이 받을 심판을 상기시키는데, 짐승을 경배하는 자들은 하나님이 끝없이 퍼부으실 진노와 큰 괴로움을 경험하게 될 것이다(14:9-11). 임박한 심판은 신자들에게 끝까지 믿음을 지키고 인내할 것을 요구한다. "성도들의 인내가 여기 있나니 그들은 하나님의 계명과 예수에 대한 믿음을 지키는 자니라"(14:12). 일곱 교회에 보내진 각각의 서신에서 신자들은 '이기라'는 명령을 받는다(2:7, 11, 17, 25-26; 3:5, 12, 21). 이기는 것은 신자들에게 해도 되고 안 해도 되는 단순한 선택 사항이 아니다. 요한은 이기는 자들이 영생 이외에 특별한 상을 받게 될 것이라고 말하지 않고, 오직 이기는 자들만이 생명나무의 열매를 먹게 될 것이라고 말한다(2:7). 오직 이기는 자들만이 둘째 사망, 즉 불 못의 해악을 입지 않게 될 것이다(2:11; 20:14). 오직 이기는 자들만이 그 이름을 생명책에 기록할 것이고 흰 옷을 입게 될 것이다(3:5). 이기는 자들은 하나님의 약속들을 유업으로 물려받게 될 것이지만, 이기지 못한 자들은 둘째 사망을 경험하게 될 것이다(21:8). 따라서 이기라는 명령은 영원한 생명이냐 영원한 죽음이냐가 걸려 있는 가장 중요한 문제다!

끝까지 도덕적으로 깨어 있고 각성되어 있는 자들은 구원의 옷을 받을 것이다(16:15). 어린양에게 속해 있는 자들은 "부르심을 받고 택하심을 받은 진실한" 자들이다(17:14). 이름이 생명책에 기록된 자들은 그들이 하나님께 속해 있다는 것을 보여주는 행위들을 따라 심판을 받는다(20:11-15). 요한계시록 12:17은 신자들을 "하나님의 계명을 지키며 예수의 증거를 가진 자들"이라고 말한다.

하지만 끝까지 믿음을 지키라는 명령을 행위로 말미암는 의를 보이라는 의미로 해석해서는 안 된다. 목마른 자들에게 생명수는 값없이 주어진다(21:6; 22:17). 하지만 은혜의 샘에서 값없이 마시는 자들은 그리스도를 끝까지 계속해서 따름으로써 자신의 갈증이 충족되었다는 것을 증명해야 한다. 요한계시록 12:11은 이렇게 말한다. "우리 형제들이 어린양의 피와 자기들이 증언하는 말씀으로써 그를 이겼으니 그들은 죽기까지 자기들의 생명을 아끼지 아니하였도다."

하나님의 주권

이 세상에서는 악이 하나님과 그분의 그리스도에게 저항하기 때문에 하나님의 백성이 괴롭힘과 모욕을 당하고 감옥에 갇히며, 죽임을 당한다. 그러므로 하나님의 주권이라는 문제는 단지 학문적인 사안이 아니다. 요한계시록의 처음과 끝에서 하나님은 자신이 "알파와 오메가"요 "처음과 마지막"이기 때문에 역사를 주관한다고 선언하신다(1:8; 21:6). 하나님의 백성에게 일어나는 일 중에서 뜻밖의 일이나 그분의 주권적인 통제를 벗어나는 일은 없다. 하나님은 "이제도 계시고 전에도 계셨고 장차 오실 이"(1:4, 8)로서 모든 역사를 주관하신다. 요한은 출애굽기 3:14을 인용하여 하나님이 현재와 과거와 미래를 주관하신다고 선언하는 것임이 분명하다.

하나님의 주권은 요한계시록 4장에서 강력하게 표현된다. 4장은 요한계시록 2-3장에 나오는 교회들에 보내진 서신들에 이어지는, 이 책의 나머지 부분에 대한 도입부 역할을 한다. 요한은 하늘(heaven)을 살짝 드러내 보이는데, 그곳에서 하나님은 영원히 거룩하신 분으로서 자신의 보좌에 앉으셔서 만물을 다스리신다. '보좌'라는 단어는 요한계시록에서 중요한 역할을 하는데, 하나님 또는 그리스도의 보좌를 40번이나 가리킨다. 하나님은 만물의 창조주이시고(4:11) 창조주는 분명히 주권자시기 때문에 하늘에서 다스리시고 주관하신다. 요한은 이 사실을 그의 독자들이 알기를 원한다. 여기서 요한은 구약성경의 신학을 반영하고 있는데, 이 신학에서 창조주로서 하나님이 가지시는 주권은 구약이 증언하는 근본 요소 중 하나이다.

하나님의 주권에 대한 요한계시록의 묘사는 단순히 추상적인 것이 아니다. 그 묘사에서 주목할 만하고 놀라운 것은 짐승과 거짓 선지자가 가하는 악조차도 하나님의 주관 아래 있다는 것이다. 요한은 하나님을 모독하고 신자들을 죽이는 것 같은 행위들을 포함해서 짐승과 거짓 선지자가 휘두르는 권세가 하나님으로부터 '주어진'[에도테(*edothē*)] 것임을 독자들에게 반복해서 한다(13:5, 7, 14, 15). 하나님은 세상에서 자행되는 악을 주관하시지만, 그러한 사실은 하나님이 악하다는 것을 보여주는 것이 아니다(4:8). 따라서 하나님의 선하심과 거룩하심은 훼손되지 않는다. 여기서 수동형 동사가 사용된 것은 하나님이 세상에서 악이 행해지는 것을 허용하셨음을 시사한다. 하나님이 그 악한 행위들을 직접 행하신 것이 아니라, 짐승과 거짓 선지자가 그 악한 행위들을 한 것임을 유념해야 한다. 만일 그런 행위들을 할 수 있는 권세를 위로부터 받지 않았다면, 짐승과 거짓 선지자는 그런 행위들을 할 권세를 지니지 못했을 것이다(참고. 요 19:11). 권세를 받았음에도 악은 결국 내부로부터 파열되어서 스스로 멸망한다. 짐승과 열 왕은 마침내 음녀 바벨론에게 등을 돌리고 공격해서 철저하게 멸망시킬 것이다(계 17:16). 바벨론에 가해진 증오와 멸망은 짐승과 그의 무리에게서 비롯되지만, 하나님은 이 사건들을 통해 그분의 목적을 이루신다(17:17). 심지어 하나님은 '자신의 뜻을 실행하고자 하는 것을 그들의 마음속에 넣어주신다'(17:17, 개역개정은 "자기 뜻대로 할 마음을 그들에게 주사").

하나님의 주권은 신자들에게 그들이 고난 중에 있더라도 안심해도 된다는 것을 상기시킨다. 신자들은 무슨 이유로 고난을 받고 있는지 온전히 이해하지 못할지라도, 하나님을 반대하는 자들의 악한 음모들 속에서 그분이 자신의 뜻과 계획을 이루고 계신다는 것을 확신할 수 있다. 그들은 직면한 악이 고통스럽고 몹시 괴로운 것이라고 할지라도, 그들을 지켜보시는 지혜로우신 아버지를 신뢰할 수 있다. 사탄과 짐승의 악한 계략들은 하나님의 주관하심과 통제에서 벗어나 있는 것이 아니기 때문이다. 하나님은 언제나 만물을 주관하시고 다스리시는 주권자로 계신다.

자기 백성을 보호하시는 하나님

하나님이 자기 백성을 보호하신다는 말이 곧 그들이 고난을 당하지 않게 하신다는 의미는 아니다. 앞에서는 이미 하나님의 백성들이 얼마나 맹렬한 고난을 당하는지를 보였다. 또한 신자들이라고 해도 죽음을 겪는다. 그러할지라도 마귀와 짐승은 하나님의 뜻을 떠나서는 성도들에게 어떤 것도 할 수 없다. 휘몰아치는 폭풍우 한가운데서도 하나님은 역사를 주관하시고 감독하신다. 가장 끔찍하고 두려운 일은 순교가 아니라 하나님의 진노다. 하나님의 진노가 세상에 퍼부어지고 하나님과 어린양의 진노가 드러날 때, 악인은 단 한 사람도 그 진노를 견뎌내지 못한다(6:16-17). 사실 자신의 힘으로 구원을 받기에 '합당한'[악시오스(axios), 5:2, 4] 사람은 아무도 없다(참고. 아래 '그리스도의 십자가'). 이 부분도 하나님이 신자들을 그분의 진노로부터 어떻게 보호하시는지를 보여준다. 요한은 누가 하나님의 진노를 견뎌낼 수 있겠느냐고 사람들이 반문하는 것을 기록한 직후에(6:17), 이스라엘의 열두 지파로부터 십사만 사천이 인침을 받는 것을 기록한다(7:1-8). 필자는 이 본문에 대한 주석에서 십사만 사천이 인간의 역사 전체에 걸쳐서 신자로 살아간 모든 유대인과 이방인을 나타낸다는 것을 논증할 것이다. 이 본문의 요지는 하나님이 십사만 사천을 인 치심으로써 그들을 진노의 날에 보호하시리라는 것이다. 신자들은 고난을 당할 테지만 그들이 겪는 고난은 일시적일 것이고, 마지막 날에 있을 하나님의 종말론적인 진노에서 살아남게 될 것이다. 요한계시록 11:1에 대한 해석 또한 아주 어렵지만, 하나님의 성전과 제단을 측량하고 거기에서 예배하는 자들을 세는 것은 아마도 하나님의 백성이 보호받을 것임을 가리키는 것으로 보인다. 그들은 박해를 당하지만(11:2), 하나님의 손 안에 있어서 보호를 받는다.

이 동일한 진리는 요한계시록에 여러 가지 다양한 상징으로 표현되어 있다. 십사만 사천의 이마에는 어린양과 아버지의 이름이 새겨져 있다(14:1). 그들의 이마에 어린양과 아버지의 이름이 새겨져 있다는 것은 그들이 하나님께 속한 자로서 하나님의 보호 아래 있음을 의미한다(참고. 3:12). 마찬가지로 12장에 나오는 여자(참고. 12장 본문 주석)는 하나님의 백성을 묘사하는 또 다른 방식이다. 이 여자는 광야에서 하나님에 의해 1,260일 동안 "양육[된다]"(12:6, 참고. 11:3). 1,260일은 42달 또는 "한 때와 두 때와 반때"(12:14)로서 3년 반에 해당한다. 3년 반이라는 기간은 요한계시록의 다른 곳에서도 나온다. 이 주석서에서 필자는 이 기간이 예수님이 부활하신때로부터 재림 때까지의 기간 전체를 가리킨다고 본다. 이 기간 동안 짐승이 그의 권세를 행사하고 하나님을 모독할 것이기 때문에(13:5), 신자들은 짓밟히고 박해를 당할 것이다(11:2; 12:15-16). 하지만 오래전에 이스라엘이 약속의 땅으로 들어가기 전 광야에 있을 때 하나님이 이스라엘을 보호하셨듯이, 교회는 광야에 있는 동안에도 하나님의 보호와 양육을 받을 것이다(12:6). 여자(예수 그리스도의 교회)는 독수리의 날개를 받아 살아남을 것이고(12:14, 참고. 출 19:4) 도움을 받을 것이며(계 12:6), 제압당하지 않을 것이다(12:16). 이렇게 하나님은 그분의 백성이 광야에 체류하는 동안에 그분의 주권과 사랑으로 그들을 보살피실 것이다. 교회는 박해를 받을 것이지만 건짐을 받고 끝까지 견딜 것이다. 하나님은 교회를 이 땅으로부터 데려가시는 것이 아니라 은혜로 붙들어주심으로써 이 땅을 덮칠 시험의 기간에 교회를 지키시고 보호하실 것이다(3:10, 참고. 요 17:15; 벧전 1:5).

하나님의 심판과 정의

요한계시록은 하나님의 심판에 관해 많이 이야기한다. 앞의 항목들을 읽은 독자는 그 이유가 무엇인지를 더 잘 이해할 수 있을 것이다. 사탄과 그의 군대는 하나님을 배척했고 진리와 정의와 사랑에 대해 반기를 들었으며, 성도들을 죽이려고 추격했다. 땅에 거하는 자들은 어린양의 아내인데도 신랑 대신에 음녀 바벨론과 놀아났다. 하나님의 성이 아니라 인간의 성과 한 패가 되어 음행해온 자들에게는 심판이 임할 것이다.

또한 신자라고 해서 심판의 위협으로부터 벗어나 있는 것이 아니다. 요한계시록 2-3장에 나오는 서신들은 교회들이 회개하지 않는다면 심판을 받을 것이라고 경고한다. 하나님의 심판은 공정하기에, 하나님을 배척하는 모든 자에게 그분의 진노를 부으신다. 요한계시록에서 심판은 봉인들(6:1-17; 8:1-5), 나팔들(8:6-9:21; 11:15-19), 대접들(16:1-21)에 관한 언급이 나오는 대목들에서 특히 두드러진다. 여기서 이 심판들을 자세하게 설명하는 것은 필자의 목적이 아니다. 여기서 말하고자 하는 것은 하나님의 심판이 예수님의 부활 때부터 마지막 날에 이르기까지 계속될 것이고, 최후의 심판에서 절정에 이르리라는 것이다(참고. 해당 본문 주석). 포도즙을 짜내는 기구에서 짓밟히는 포도들처럼 이 땅에서 마침내 추수가 시작될 것이다(14:17-20). 심판에 관한 표상들은 묵시적이고 우주적이다. 심판은 돌 위에 돌 하나도 남겨놓지 않을 것이다. 땅과 하늘과 바다를 포함한 이 세계 전체에 대해 심판이 이루어질 것이다. 심판은 하나님과 어린양의 진노를 드러내 보이는 것이다(6:16-17; 11:18; 14:10, 19; 15:1, 7; 16:1, 19; 19:15).

최후의 심판은 대개 대규모의 지진으로 막을 연다(6:12; 8:5; 11:13, 19; 16:18). 천둥과 번개가 이 세계에 내리치고(8:5; 11:19; 16:18) 모든 것을 때려 부수는 강력한 우박이 하늘로부터 쏟아져 내리며(11:19; 16:21), 하늘에 있는 하나님의 성전이 열린다(11:19; 15:5). 우주 전체가 박살나고(6:12-14), 하늘은 두루마리처럼 말리며 쪼개진다(6:14). 이 세계의 섬들과 산들은 그 자리에서 옮겨진다(6:14; 16:20). 하나님이 심판하러 오실 때는 땅과 하늘조차도 달아난다(20:11). 이 모든 것은 옛 피조세계가 해체되는 종말에 관한 묘사들이다. 요한의 의도는 문자적으로 글을 쓰는 것이 아니라, 혼돈 속으로 빠져 들어가는 이 세계를 생생하게 묘사함으로써 최후의 심판과 하나님의 진노가 불러올 말로 표현할 수 없는 공포를 전하는 것이다. 여섯 번째 인

(6:12-17), 일곱 번째 나팔(11:15-19), 일곱 번째 대접은 모두 종말을 가리킨다(16:17-21). 심판 후에 "세상 나라"는 "우리 주와 그의 그리스도의 나라"가 될 것이다(11:15). 이렇게 해서 심판이 끝날 것이다(16:17). 인들과 나팔들과 대접들은 서로 겹치면서 심판의 강도를 더해 가는데, 최종적으로 대접들은 최후의 심판에 근접한 때와 최후의 심판 자체 둘다를 나타내는 것으로 보인다.

앞에서 이미 언급했듯이 하나님의 심판들은 그분의 주권을, 그리고 실제로는 그분의 선하심을 나타낸다. 악은 최종적으로 하나님과 그분의 거룩하심을 이기지 못할 것이다. 아담과 하와 이래로 악은 세상을 훼손하고 황폐하게 만들어 왔지만, 영원히 지속되지 못할 것이다. 하나님이 최종적으로 심판하실 날이 다가오고 있다. 어떤 사람들은 하나님의 심판들이 과연 의로운지에 대해 의구심을 갖지만, 요한은 잠시 멈추어 그분의 심판들이 진정으로 의롭다는 것을 강조한다. 하나님은 의로우시기 때문에, 그분의 성도들이 피를 흘리게 만든 악인들에게 그들이 마땅히 받아야 할 심판을 내리실 것이다(16:5-7). 요한은 하나님의 가혹하고 맹렬한 심판들이 진정으로 정당한 것인지에 대해 독자들이 의구심을 가지리라는 것을 알았다. 그래서 그는 하나님의 심판들이 의롭다는 것을 여러 번에 걸쳐 단호하게 선언한다. 마지막 대접 심판들이 부어지기 전에 요한은 이렇게 말한다. "만국의 왕이시여 주의 길이 의롭고 참되시도다"(15:3). 악인들에게는 그들이 저지른 범죄, 즉 하나님의 백성을 죽인 죄에 합당한 형벌이 주어진다(18:20-24). 요한계시록 19:2은 이렇게 말한다. "그의 심판은 참되고 의로운지라 음행으로 땅을 더럽게 한 큰 음녀를 심판하사 자기 종들의 피를 그 음녀의 손에 갚으셨도다." 순교자들이 호소한 정의가 마침내 이루어질 것이다(6:10). 사람들은 자신의 행위를 따라 심판받을 것이기 때문에(20:11-15), 심판은 공정하고 공평할 것이다. 사람들은 자신이 행한 대로 보응을 받을 것이다(22:12). 부정한 자는 아무도 성에 들어갈 수 없을 것이고(21:27), 악을 자행하며 살아온 자들은 성 밖에 있게 될 것이다(22:15).

그래서 성도들은 하나님의 심판들에 대해 의문을 제기하지 않고, 도리어 그 심판들로 말미암아 하나님을 찬송할 것이다. 하늘과 땅에 있는 자들은 "할렐루야"라고 외칠 것이다(19:1, 3). 바벨론의 연기가 "세세토록 올라[갈]" 때, 성도들은 "할렐루야"를 외칠 것이다(19:3). 왜냐하면 악이 멸해졌고 그들은 신원되었기 때문이다. 최후의 심판은 영원토록 지속된다. 왜냐하면 짐승을 섬기고 경배하는 자들(14:9)이 "거룩한 천사들 앞과 어린양 앞에서 불과 유황으로 고난을 받[을]" 것이기 때문이다(14:10). 심판은 멸절시키는 것으로 끝나지 않을 것이다. 만일 심판이 멸절로 끝나는 것이라면 "고난의 연기"가 세세토록 올라가지 않을 것이기 때문이다. 도리어 벌을 받는 자들은 영원토록 괴로움을 당할 것이고 "밤낮 쉼을 얻지 못[할]" 것이다(14:11). 그들은 둘째 사망인 불 못에서 의식을 지닌 채로 벌을 받게 될 것인데, 마귀와 짐승과 거짓 선지자는 불 못을 그들의 영원한 거처로 삼게 될 것이다(19:20; 20:10). 둘째 사망은 불 못이기 때문이다(20:14).

그리스도의 신성

요한계시록의 주목할 만한 특징들 중 하나는 이례적으로 두드러지는 고등 기독론(high Christology)이다. 요한계시록에 나타난 고등 기독론은 요한복음의 그것에 비견된다. 그리고 이것은 아마도 요한이 요한계시록의 저자라는 또 하나의 단서일 것이다. 요한복음과의 한 가지 병행이 특히 두드러진다. 그것은 요한복음이 예수님을 "말씀"이라고 부르는 것처럼(요 1:1, 14), 요한계시록이 그분을 "하나님의 말씀"이라고 부른다는 것이다(계 19:13). 또한 예수님은 이 책의 첫머리에서 "땅의 임금들의 머리"(계 1:5)라 불리시는데, 이것은 예수님이 하나님과 동일한 통치권과 주권을 함께 가지심을 보여준다. 예수님은 세 번이나 자기 자신을 "처음이요 마지막"이라고 말씀하시며(1:17; 2:8; 22:13), 또한 22:13에서는 "나는 알파와 오메가요 처음과 마지막이요 시작과 마침이라"고 말씀하신다. 오직 여호와만이 처음이자 마지막이신데(참고. 사 44:6; 48:12), 요한계시록의 다른 곳에서 하나님은 스스로를 "알파와 오메가"라고 선언하신다(계 1:8). 따라서 예수님은 만물의 주권자이시라는 하나님의 지위를 함께 가지고 계신다. 궁극적으로 성도들을 주관하고 다스리는 것은 로마 제국일 수 없다. 오히려 예수님이 땅의 임금들을 주관하고 다스리시기 때문에 땅의 임금들은 예수님의 뜻을 떠나서는 아무것도 할 수 없다. 예수님은 "충신과 진실"이시기에(19:11), 신자들은 예수님을 전적으로 신뢰할 수 있다.

예수님의 주권이라는 주제가 요한계시록 전체에 배어 있으므로 예수님의 신성이라는 주제도 이 책 전체에 배어 있다. 예수님은 자신이 "사망과 음부의 열쇠"(1:18)를 가지고 있다고 단언하심으로써 고난 받는 교회들을 위로하신다. 또한 예수님은 일곱 별을 자신의 손에 쥐시고서(2:1) 일곱 교회의 천사들을 주관하신다. 예수님이 문을 열면 닫을 자가 없고, 닫으면 열 자가 없다(3:7). 요한계시록 5장은 예수 그리스도 외에는 일곱 인으로 봉한 책을 열기에 '합당하지' 않다는 것을 강조한다. 달리 말하면, 예수 그리스도께서 역사와 구속사를 여는 열쇠시라는 것이다.

하나님과 어린양 사이에서 보게 되는 놀라운 병행들은 어린양이 하나님과 동등하다는 것을 시사한다. 죄인들은 보좌에 계시는 하나님의 임재로부터 자신들을 가려달라고 간청하지만, "어린양의 진노"로부터도 자신을 가려달라고 간청한다(6:16). 구원은 하나님과 어린양 두 분 모두에게 돌려진다(7:10). 예수님의 신적 지위는 요한이 다음과 같이 말하는 데서 분명하게 드러난다. "보좌 가운데에 계신 어린양이 그들의 목자가 되사 생명수 샘으로 인도하시고"(7:17). 시편 23편은 이렇게 말한다. "여호와는 나의 목자시니…쉴 만한 물가로 인도하시는도다"(시 23:1-2). 요한은 어린양이 그 역할을 하실 것이라고 말함으로써 예수님이 만유의 주시라는 것을 보여준다. 또한 요한은 어린양이 "만주의 주시요 만왕의 왕"이시라고 말함으로써(계 17:14, 참고. 19:16), 예수님이 하나님과 동일한 주권을 향유하고 계신다는 것을 다시금 보여준다. 사도들은 어린양에게 속해 있다(21:14). 하나님과 어린양은 두 분 모두 새로운 성전이며(21:22), 마찬가지로 새로운 피조 세계에 빛을 비춰주시는 분이다(21:23; 22:5). 생명수의 강은 하나님과 어린양으로부터 나온다(22:1). 하나님과 어린양은 두 분 모두 보좌에 앉아 계신다(22:3). 하나님과 어린양이 동등한 지위를 지니고 계신다는 것이 아주 분명하게 드러난다. 세상 나라는 "우리 주"이신 하나님과 "그의 그리스도"의 나라가 될 것이다(11:15, 참고. 20:6). 4장에서 하나님이 창조주로서 예배를 받으시는 것처럼(4:9-11) 5장에서 그리스도는 구속주로서 예배를 받으신다(5:9-14). 하나님이 예배를 받으시기에 합당하신 것처럼(4:11) 어린양도 예배를 받으시기에 합당하시다(5:9, 12).

예수님은 새로운 피조세계의 시작이자 머리이시고(3:14), 살아계신 분이요 부활하신 주이시다(1:18; 2:8). 예수님의 통치는 그분의 신성만이 아니라 인성에 의해서도 합당하다. 예수님은 다윗의 뿌리로서(계 5:5, 참고. 사 11:1, 10) 다윗의 언약에 의한 약속을 성취하신다(참고. 삼하 7장; 대상 17장; 시 89편, 132편). 예수님은 다윗 가문의 왕으로서 철장으로 이 세계를 다스리실 것이고(계 12:5, 참고. 시 2:9), 장차 다시 오셔서 하나님의 원수들을 멸망시키실 것이다(계 19:11-21).

또한 1장에 나오는 충격적인 환상에서 볼 수 있듯이(계 1:12-18), 예수님은 영광 중에 계시는 인자시다. 인자로서 예수님은 죽으셨다가 다시 살아나셨기 때문에 사람이시다(1:18). 그러나 여호와의 머리카락이 흰 것처럼(단 7:9) 예수님의 머리카락도 희기 때문에(1:14), 그분은 하나님이시기도 하다. 예수님의 영광은 지극히 커서 요한은 예수님의 임재를 보고서 기절하고 만다(계 1:17).

그리스도의 십자가

요한계시록은 다른 신약성경 책들의 증언과 동떨어지지 않는다. 예수 그리스도의 영광은 그분이 십자가 위에서 드린 희생제사에서도 계시된다. 요한은 십자가 중심성을 우리의 시선을 사로잡는 방식들로 강조한다. 4장에서 우리는 하나님이 창조주로서 하늘 궁정에서 예배 받으시는 것을 본다. 5장에서 하나님은 봉인된 책을 들고 계시는데, 그 책을 열기에 합당한 자가 아무도 없다. 요한은 그 책을 열 자가 없다면 아무도 구원받을 수 없고, 인간에 대한 하나님의 뜻과 계획이 실현되지 못할 것임을 알았기에 운다. 하지만 그때 요한은 유다 지파의 사자가 "이겼으니" 그 봉인들을 뗄 수 있다는 말을 듣는다(5:5). 그런데 요한이 눈을 들어 본 것은 사자가 아니라 죽임을 당했다가 다시 살아난 어린양이 서 있는 모습이었다(5:6). 이것은 예수님이 그분의 고난, 즉 십자가 위에서 죽으심으로써 이기셨다는 것을 드러낸다. 평화와 정의는 무력에 의한 제압이 아니라 고난 받는 사랑을 통해 이루어졌다.

하나님은 사람들이 왕과 제사장(하나님을 대신해서 이 세계를 다스리는 왕과 하나님의 복을 이 세계에 전해주는 제사장)이 되기를 원하셨다. 그리스도는 하나님이 인간을 지으신 목적이 이루어지도록 자신의 피로 사람들을 구속하셔서 왕과 제사장이 되게 하셨다(5:9-10). 장차 흰 옷을 입은 자들만이 하늘의 성에 들어가게 되는데(3:4-5, 18: 7:9, 13: 19:14), 그들의 옷은 그들을 위해 흘리신 어린양의 붉은 피라는 예상치 못한 놀라운 방식으로만 희게 될 수 있다(7:14). 일반적으로 옷을 붉게 물들여서 희게 만들 수 없지만, 성도들의 옷은 그것이 가능하다!

요한계시록 12장은 사탄과 그의 악한 천사들이 천사장 미가엘과 그의 천사들과 하늘에서 벌이는 전쟁을 묘사한다. 사탄은 사람들을 고소하는 그의 직위를 잃고서 하늘로부터 쫓겨난다. 하지만 사탄의 패배를 어떻게 설명해야 하며, 그가 더 이상 사람들을 고소할 수 없는 이유는 무엇인가(12:11)? 그 대답은 예수 그리스도께서 자신의 죽음으로 말미암아 사탄을 이기시고(참고. 5:5) 무릎 꿇렸기 때문이라는 것이다. 신자들은 예수님의 죽으심으로 말미암아 십자가를 통해 그들의 죄에서 깨끗함을 받았기 때문에 정죄당할 염려가 없다. 어린양이 신자들을 그들의 죄에서 구속하셨기 때문에, 어느 누구도 그들을 고소할 수 없다.

요한계시록에서 중심적인 역할을 하는 5장과 12장은 승리가 오직 십자가로 말미암아 온다는 것을 보여준다. 사실 요한계시록은 처음부터 그것을 보여준다. 요한은 예수님이 "그의 피로 우리 죄에서 우리를 해방하[셨다]"(1:5)고 선언한다. 우리는 여기서 다시, 사람이 그들의 죄로부터 해방된 것은 제사장과 왕으로서 섬기기 위한 것임을 본다(1:6). 사람들에게 근본적으로 필요한 것은 죄 사함이다. 사람들은 죄 사함을 받을 때에만 자신의 죄로부터 깨끗하게 되어 원래 가진 고유한 기능을 회복하게 되기 때문이다. 그러한 회복과 관련된 모든 찬송이 어린양에게 돌려진다. 그래서 우리는 천사들이 큰 음성으로 다음과 같이 외치는 소리를 듣는다. "죽임을 당하신 어린양은 능력과 부와 지혜와 힘과 존귀와 영광과 찬송을 받으시기에 합당하도다"(5:12).

예배 중심성

예배는 요한계시록에서 두드러진 주제들 중 하나다. 여기서 이 주제를 자세하게 살펴보는 것은 본 주석서의 목적이 아니다. 예배라는 주제의 대부분을 다른 곳에서 이미 살펴보았기 때문에, 여기서는 이 주제가 요한계시록에서 두드러지게 나타난다는 사실만을 확인하고자 한다. 4장은 창조주로서의 하나님의 위엄과 거룩하심을 부각시키는데, 그분의 위엄과 거룩하심에 대해 천사들이 예배와 찬송으로 화답한다. 여기 나오는 하나님에 대한 예배는 이사야 6장에 나오는 예배를 재현한 것이다. 이사야 6장에서 스랍들이 "거룩하다"를 세 번 외치며 하나님을 찬송한다(사 6:1-3). 마찬가지로, 요한계시록 5장에서는 모든 피조물이 예수님을 사자와 어린양으로, 즉 자기 백성을 구속하시고 일곱 인으로 봉한 책을 여신 분으로 예배하고 찬송한다. 7:10-12에서는 천사들이 큰 무리를 구원하신 것에 관하여 하나님과 어린양에게 찬송을 드린다. 이십사 장로는 땅에 엎드려 하나님이 통치를 시작하시고 그분의 성도들에게 상을 주시며, 악한 자들을 심판하시는 것을 경배한다(계 11:16-18). 짐승으로부터 승리를 거둔 자들도 모세의 노래를 부르는데(15:2-4), 이것은 옛 언약의 약속들이 예수 그리스도 안에 있는 구원으로 성취되었음을 보여준다. 그들은 하나님이 행하신 놀라운 일들, 만유에 대한 통치, 의롭고 참된 길들과 그분의 거룩하심을 찬송한다. 오직 하나님만이 거룩하신 분, 장차 그의 의로우심으로 말미암아 모두가 그 앞에서 무릎을 꿇게 될 분으로 인정된다. 또한 그분은 악을 행한 자들에 대한 의로우신 심판으로 말미암아 찬송을 받으신다. 성도와 천사들은 하나님이 음녀 바벨론을 심판하신 것을 찬양한다(18:20; 19:1, 3, 4). 하나님은 정의와 구원과 영광과 능력으로 말미암아 찬송을 받으신다. 성도들은 찬양으로 충만하다. 하나님의 나라가 도래하였고 신부의 혼인 잔치가 벌어졌기 때문이다(19:5-8).

끝으로 요한계시록은 하나님만이 경배 받으실 분임을 역설한다(19:10; 22:8-9). 요한은 영광스러운 천사를 경배하고자 하는 유혹을 느꼈지만, 그러한 경배를 받으시기에 합당한 분은 오직 한 분이신 참된 하나님뿐이다. 경배의 대상을 하나님으로만 제한한 것은 예수 그리스도의 신성을 보여주는 또 하나의 증거다. 앞에서 이미 보았듯이 요한은 예수님을 경배해야 한다고 분명하게 가르쳤고, 이것으로부터 예수 그리스도께서 성부 하나님과 동일한 신적 정체성을 함께 가지고 계신다는 결론이 도출되기 때문이다.

새로운 피조세계의 경이로움

예수 그리스도를 믿는 자들은 새로운 피조세계, 새 하늘과 새 땅, 하늘의 예루살렘을 향유하게 될 것이라는 약속을 받는다. 신자들에게 약속된 미래의 영광은 다양한 방식으로 설명되는데, 그러한 표현들의 상징적 의미를 깨닫는 것은 중요하다. 예컨대, 새로운 피조세계에 들어간 자들은 성전에서 밤낮으로 하나님을 예배하게 될 것이다(7:15). 신자들은 "하나님 성전에 기둥"(3:12)이 될 것이다. 그런데 새로운 피조세계에는 성전이 존재하지 않는다. 여호와와 어린양이 새로운 피조세계의 성전일 것이기 때문이다(21:22). 21:1-22:5에서 요한은 에스겔 40-48장에 묘사된 성전을 자주 암시하면서도 새로운 피조세계에는 성전이 없다고 말한다. 따라서 에스겔 40-48장에 예언된 성전이 장래에 지어질 문자 그대로의 성전을 예고하려는 것이 아니었음을 알 수 있다. 그 성전은 하나님의 거처를 나타내며, 역사가 완성된 뒤에는 우주 전체(하늘의 성 전체)가 그분의 거처가 된다.

하늘의 성에 있는 보석들도 성막과 성전을 떠올리게 한다(계 21:10-11, 19-21). 하늘의 성은 예루살렘 성전의 지성소처럼(왕상 6:20) 완전한 정육면체인데(계 21:16), 이것은 하늘의 성이 하나님이 거주하시는 처소임을 시사한다. 새로운 피조세계가 지니는 가장 중요한 면모는 하나님과 나누는 교제다. 하나님은 그분의 백성과 함께 거하시기 때문에, 그들은 영원토록 하나님의 얼굴을 뵙고 그분의 임재를 즐거워할 수 있다(21:3; 22:4).

현재의 세계에 존재하는 고통과 슬픔은 새로운 피조세계에서 영원히 사라질 것이다. 하나님이 모든 것을 경이로울 정도로 새롭게 하실 것이기 때문이다(7:17; 21:4-5). 그래서 주 안에서 죽는 자들이 지금부터 영원토록 복되다는 것은 맞는 말이 된다(14:13). 성도들은 새로운 피조세계에 있는 생명수 샘에서 물을 마시고 영원토록 목마르지 않을 것이다(7:17; 21:6). 새로운 피조세계는 어린양의 혼인 잔치로 묘사된다(19:7-10). 결혼식이 치러질 것이고 하늘의 성이 하나님의 영광으로 빛날 것이기 때문에 성도들은 "말할 수 없는 영광스러운 즐거움으로 기뻐[할]" 것이다(벧전 1:8; 계 21:10-11). 하늘의 성은 높은 담으로 둘러싸여 있으므로 안전하고 함락되지 않는다(계 21:12). 어느 누구도 성 안에 있는 자들을 공격할 수 없다. 여기서 사용된 표현들은 분명히 상징적인 의미를 지닌다. 왜냐하면 성문들이 언제나 열려 있으며(21:25), 그러하다면 성벽은 소용이 없기 때문이다! 그러나 높은 성벽과 열려 있는 성문들은 동일한 진리를 전달한다. 그 성 안에 거주하는 자들은 어떤 것에 의해서도 해악을 입을 수 없고, 그 성은 어떤 약탈자로부터도 안전하다는 것이다.

하늘의 성 안에는 모든 시대에 걸친 하나님의 한 백성이 거주한다. 그 성문들에는 이스라엘 열두 지파 이름이 새겨져 있고, 그 기초석들에는 열두 사도의 이름이 새겨져 있다(21:12-14). 이 성은 사도들과 선지자들의 가르침 위에 세워져 있고(엡 2:20), 성 안에는 신자들 전체가 거주한다. 12라는 숫자는 분명히 상징적인 의미를 지닌다. 이 성의 너비는 12,000스다디온이고(계 21:16), 성벽의 높이는 144(12×12)규빗이다(21:17). 주목할 만한 것은 한 천사가 이 수치를 측량했지만 요한은 천사들이 어떻게 측량하는

지는 아무도 모른다고 말하는 것이다! 따라서 이 수치는 요한이 문자적이 아니라 상징적으로 글을 쓰고 있음을 알려주는 또 하나의 단서다.

요한계시록의 마지막 부분은 창세기에서 하나님의 창조가 시작되는 부분을 반영하고 있다. 하늘의 성 안에는 치료를 위한 생명나무가 있지만 (22:2), 이것은 사람들이 여전히 치료를 받아야 함을 의미하지는 않는다. 거기에는 질병이 없을 것이기 때문이다. 생명나무는 성도들이 하늘의 성에서 누리게 될 완전함을 상징한다. 만국이 그들의 영광을 하늘의 성으로 가져올 것이다(21:24-25). 현재의 피조세계에 있는 아름답고 사랑스러운 모든 것은 새로운 피조세계에도 있을 것이다. 그러할지라도 하늘의 성을 그토록 사모할 만한 것으로 만드는 것은 이 성의 빛이자 우리 삶의 빛이신 하나님 자신과 어린양이다(21:23).

성경 다른 본문 및 그리스도와의 관련성

성경의 이야기는 요한계시록으로 끝난다. 하나님은 이 세계를 직접 다스리는 대신 그분을 의지하여 다스리게 하고자 아담과 하와를 창조하셨다. 그들은 하나님의 영광과 아름다움을 반영하는 방식으로 이 세계를 다스려야 했다. 그러나 그들은 하나님께 등을 돌렸고, 창조주께 속한 영광과 존귀를 가로채서 그들의 것으로 만들어버렸다. 그들은 창조주보다도 피조물(그들 자신)을 경배하고 섬김으로써 하나님의 명령을 어겼다. 그 결과, 이 세계는 죄 속으로 빠져들었고 죄의 결과물로 사망이 뒤따랐다.

그러나 하나님은 여자의 후손을 통해서 구원이 도래할 것이라고 약속하셨다(창 3:15). 그 후에 이 구원 약속은 한 사람 아브라함과 한 민족 이스라엘을 통해 전해졌다. 하나님은 아브라함에게 자손과 땅과 온갖 복을 약속하셨다(창 12:1-3). 이 약속들이 아브라함의 삶과 이스라엘 민족 가운데 이루어지는 데는 오랜 시간이 걸렸다. 출애굽을 하는 시점에 이르러는 이스라엘의 인구가 이미 폭발적으로 증가해서 하나의 민족을 이루고 있었기에, 자손에 관한 약속은 이루어져가고 있었다. 하나님은 이스라엘을 모세의 영도 아래 애굽의 노예생활로부터 해방시키시고 그들과 언약을 맺으셨다. 이스라엘은 이 언약을 매번 어겼지만, 하나님은 그들에게 은혜를 베푸셔서 여호수아의 영도 아래 약속의 땅으로 들어가게 하셨다.

이스라엘은 온갖 복을 누릴 준비가 되어 있었음에도 뒷걸음질 치기 시작했다. 사사 시대에 그들은 그들이 쫓아내었던 가나안 사람들처럼 살아가기 시작했다. 하지만 하나님은 그들이 회개하면 계속해서 그들을 용서하셨고, 사울을 택하셔서 그들의 최초의 왕으로 주셨다. 과연 사울은 이스라엘에 복을 가져다주는 왕이 되었는가? 사울은 그런 왕이 되지 못했고, 도리어 이스라엘의 전철을 그대로 밟았다. 그는 처음에 이스라엘의 문제점들을 해결해줄 사람처럼 보였지만, 여호와를 좇는 길에서 벗어나 그가 하고 싶은 대로 행하였다. 여호와는 왕이 이스라엘에게 복을 가져다줄 것이라고 약속하셨지만(예. 창 17:6, 16; 35:11; 49:10; 민 24:17), 사울은 그 왕이 아니라는 것이 분명해졌다.

하나님의 마음에 합한 왕이 기름부음을 받았다. 바로 다윗이다. 다윗은 사울과는 완전히 달랐다. 그는 사울에 의해 부당하게 고난을 당할 때조차도 여호와를 좇았고 순종했다. 하나님은 다윗의 왕조가 영원히 지속될 것이고, 이 세계에 약속된 온갖 복이 다윗의 아들을 통해 임할 것이라고 약속하셨다. 그러나 다윗 자신이 죄인이라는 것이 드러났기 때문에, 그가 아무리 위대한 인물이었다고 할지라도 그 복이 다윗을 통해서는 올 수 없었다. 말년에 우상들에 홀린 솔로몬도 최종적으로 약속된 왕이 아니었다. 실제로 이스라엘에게 약속된 복은 유다나 이스라엘의 어떤 왕이 다스릴 때에도 주어지지 않았다. 오히려 북왕국과 남왕국은 여호와를 배신했고, 결국 북왕국은 주전 722년에 앗수르에 의해 그리고 남왕국은 586년에 바벨론에 의해 포로로 끌려가는 것으로 끝이 났다.

그렇다면 하나님의 약속은 어떻게 된 것인가? 이스라엘은 뒷걸음질을 쳤고, 심지어 하나님이 그들에게 주신 땅에서 살아갈 수조차 없게 되었다!

하나님은 선지자들을 통해서 장차 그분의 백성을 구원하고 악인들을 심판하실 '여호와의 날'이 올 것이라고 약속하셨다. 그날이 이르면 다윗과 맺은 언약이 이루어질 것이고 하나님의 구원과 의가 만 백성에게 드러날 것이라고 약속하셨다. 새로운 출애굽, 새로운 언약, 새로운 피조세계, 새로운 다윗이 도래하리라는 것이다.

복음서들은 나사렛 예수께서 아브라함과 다윗에게 주어진 약속들을 이루셨다는 것을 계시한다. 예수님이 공생애 사역을 하시는 동안 이스라엘 사람들은 대부분 그분을 메시아로 인정하지 않았다. 그러나 예수님은 다윗의 자손이셨고 다니엘서 7장에 언급된 인자셨으며, 이사야 53장에 언급된 여호와의 종이셨다. 예수님은 참된 하나님의 아들이셨다. 그렇지만 하나님의 약속들은 깜짝 놀랄 만한 방식으로 이루어졌다. 그리스도이신 예수님은 자기 백성의 죄를 대신 짊어지고 죽임을 당하신 뒤, 그들을 의롭다고 하시기 위해 다시 살아나셨다(참고. 롬 4:25). 신약성경의 나머지 부분에서 분명하게 제시되듯이, 구원은 예수 그리스도를 믿고 자신들의 삶을 그분께 드린 자들의 것이다. 서신들은 예수 그리스도께서 그분의 백성을 위해 무슨 일을 하셨는지, 그리고 예수 그리스도께서 위대한 구원 사역을 이루신 후에 하나님의 영광을 위하여 살아간다는 것이 무엇을 의미하는지를 신학적으로 자세하게 설명해준다.

요한계시록은 성경 이야기의 완성으로서 아주 적합하다. 요한은 선이 이기고 악이 권좌에서 쫓겨날 것임을 가르쳐준다. 예수님은 그분의 십자가와 부활을 통해 죄와 사망과 사탄을 이기셨다. 그렇지만 이 세상에 있는 교회는 여전히 그 원수들을 직면하고 있는데다, 대개는 사탄과 악이 이긴 것처럼 보이기도 한다. 요한계시록은 최종적으로 악이 이기지 못하리라는 것을 가르쳐준다. 예수 그리스도는 십자가에 못 박히셨다가 다시 살아나신 주로서 만물을 다스리신다. 그분의 나라가 전면적으로 임할 것이고 그분의 뜻이 이루어질 것이다. 예수 그리스도를 반대하는 자들은 후회하게 될 것이다. 그들은 권좌에서 쫓겨나고 심판을 받을 것이기 때문이다. 바벨론과 우상숭배가 주는 즐거움들은 오래 가지 못한다. 사탄, 짐승, 거짓 선지자, 그들을 경배하는 자들, 이 세상에 속한 것들은 심판을 받을 것이다. 성도들의 승리는 확실하다. 사탄은 머지않아 예수님의 발아래 분쇄될 것이다(참고. 롬 16:20). 그러므로 고난 받는 교회는 담대해져서 끝까지 견뎌야 한다. 끝까지 주를 믿고 의지해야 한다. 죽임을 당하신 어린양이 지금 만유를 다스리고 계신다는 것을 기억해야 한다. 끝까지 믿음을 지키는 자들은 최종적인 상을 받을 것이다. 새로운 피조세계가 도래하리라는 것은 지극히 확실하며, 여호와와 어린양을 아는 자들이 누리게 될 지복(bliss, 지극히 큰 복)과 기쁨은 끝이 없을 것이기 때문이다. 예수님은 다시 오실 것이고 그분의 모든 약속은 이루어질 것이다.

요한계시록 설교하기

요한계시록을 설교하는 사람들은 너무 자주 이 책을 예언 지도로 사용하곤 한다. 그러나 그렇게 하는 것은 요한계시록의 메시지와 맞지 않다. 그런 사람들은 성경적인 종말론이 아니라 신문 종말론이라는 덫에 빠진 것이다. 또 하나 불행한 일은, 그런 접근 방식을 따르지 않는 사람들이 흔히 정반대의 극단에 치우쳐서 절대로 요한계시록을 설교하지 않는 것이다. 그러나 이 역시 잘못된 것이다. 왜냐하면 하나님은 우리에게 요한계시록을 주셔서 우리로 하여금 성도들의 건덕과 거룩함을 위해 그 책을 가르치라고 하셨기 때문이다.

　요한계시록은 동일한 주제들을 반복해서 말하는 책이다. 요한계시록은 1장에서 시작한 이야기를 일직선으로 전개하여 22장에 끝내는 것이 아니라, 이야기를 시작하고 끝내기를 여러 번 반복한다. 그래서 이 책을 설교하는 사람들은 이 책의 문학적 구조에 신경을 써야 한다. 요한계시록이 지닌 그러한 문학적 구조는 이 책 전체를 설교하는 데 매우 유용하다. 만일 그러한 접근 방식을 사용한다면, 필자는 각각의 설교에서 요한계시록 본문의 큰 단위들 중 하나를 다룰 것을 제안한다. 일례로 필자는 요한계시록을 설교했을 때 27번의 메시지를 전했다.

　　요한계시록을 설교하는 또 다른 방법은 앞에서 제시한 주제를 따라 설교하는 것이다. 예컨대 예배, 그리스도의 십자가, 하나님의 심판들, 교회들에 보내진 일곱 서신, 끝까지 믿음을 지켜야 할 필요성 등의 주제를 하나씩 설교할 수 있을 것이다. 우리는 요한계시록의 신학이 신약성경의 나머지 부분과 부합한다는 것을 우리의 교회들에 역설하기를 원한다. 예수 그리스도는 구약성경에서 예언된 것들의 성취이며, 십자가는 역사를 떠받치고 있는 지주다. 예수 그리스도께 자신을 드리고 끝까지 믿음을 지키는 자들은 구원을 받을 것이다. 반대로, 자신을 악에 바치는 자들은 심판을 받을 것이다.

　　요한계시록에 나오는 묵시 언어를 잘 풀어낸다면, 요한계시록의 메시지에 근본적으로 새로운 것이 없음을 알 수 있다. 요한계시록에 나오는 모든 주제는 신약성경의 다른 곳에도 나온다. 그렇다고 해서 묵시라는 장르가 성경에 없어도 된다는 말은 아니다. 우리는 우리의 설교를 통해 묵시라는 장르를 성도들에게 전하기 원한다. 왜냐하면 묵시라는 장르는 우리를 사로잡아서, 우리가 현재 살아가는 이 세계로부터 우리를 들어 올려 우리의 감각이 미치지 못하는 세계인 내세로 옮겨다주기 때문이다. 묵시 장르는 우리 앞에 닥친 두려움과 외경심을 불러일으키는 문제들을 다루면서 악은 무시무시하고 끔찍한 반면에, 선은 우리의 상상을 뛰어넘을 정도로 아름답다는 것을 보여준다. 묵시 문학은 우리의 상상력과 마음을 사로잡아서 신실한 자들을 기다리고 있는 또 다른 세계인 내세로 우리를 옮겨준다. 요한계시록을 설교할 때 우리는 이 책에 담긴 초월적인 메시지를 포착하여, 이 책이 생사의 문제를 다루고 있다는 것을 강조해야 한다.

　　또한 성경 이야기의 절정이자 완성이라는 점에서도 요한계시록을 설교하는 것은 유익하다. 따라서 요한계시록을 설교할 때에는 그 책에 구약성경의 주제들과 간접인용들이 가득하다는 것을 보여줄 수 있어야 한다. 요한계시록은 구약성경의 증언에서 벗어나 있는 것이 아니라, 도리어 그 증언을 성취한다. 끝으로 요한계시록을 설교하는 것은 예수 그리스도를 설교하는 것이다. 요한계시록은 예수 그리스도를 계시하는 책이기 때문에 (1:1, 참고. 1:1 주석), 요한계시록을 충실하게 설교하면 예수님을 십자가에 못 박히셨다가 부활하신 분으로 뚜렷하게 드러내 보일 것이다. 달리 말하면, 우리가 오직 예수 그리스도로 말미암은 구원의 복음을 선포할 때만 요한 계시록을 제대로 잘 설교하는 것이다.

해석상 과제

요한계시록은 신약성경 중에서 해석과 관련하여 가장 논란이 되는 책인데, 이는 요한계시록의 상징적 표현들이 해석에서 어려움을 야기하기 때문이다. 교회사 속에서 요한계시록을 해석하는 데 중요한 역할을 해온 네 가지 접근 방법이 있는데, 표2에 이 접근 방법들이 간략하게 나와 있다.

과거주의	전체 또는 주된 부분이 주후 1세기에 이미 성취되었다고 보는 견해
역사주의	교회사 전체에 걸쳐서 단계적으로 성취된다고 보는 견해
상징주의	기본적으로 상징이라는 견해
미래주의	주로 미래에 성취될 것이라고 보는 견해

표2. 요한계시록에 대한 해석상의 접근 방법들

과거주의적 견해는 요한계시록이 주로, 또는 전적으로 주후 1세기에 성취되었다고 주장한다. 이 견해의 장점은 요한계시록이 기록된 역사적 배경을 중요하게 여긴다는 것이다. 요한은 주후 1세기의 독자들을 대상으로 요한계시록을 썼고, 요한계시록은 그들의 관심사와 소망과 염려에 대해 답을 주는 책이었다. 과거주의적 견해는 자유주의 진영과 복음주의 진영으로 나눌 수 있다. 신학적으로 자유주의 진영에 속하는 사람들은, 요한계시록에서 예수님이 머지않아 다시 오셔서 로마 제국을 멸망시킬 것이 약속되었으나 실제로 그 약속은 이루어지지 않았고, 따라서 요한의 예언은 틀린 것이라고 주장한다. 반면에 복음주의 진영의 과거주의자들 대다수는 요한계시록이 주후 70년 이전에 기록되었고 요한계시록에 예언된 사건들이 대부분 주후 70년에 예루살렘이 멸망함으로써 성취되었다고 주장한다.

자유주의 진영의 과거주의적 견해는 요한계시록이 기록된 역사적 배경을 올바르게 보고 있긴 하다. 그렇지만 성경의 예언이 지닌 본질을 알지 못해서, 요한계시록이 기록될 당시에 이루어진 예언의 성취가 미래와 종말에 이루어질 예언의 성취를 예고한다는 점을 이해하지 못한 것이다. 또한 이 견해는 성경 기자들이 오류를 범했다고 잘못된 단정을 내리는데, 그러한 신학적 판단은 여기서 자세하게 언급할 수 없는 여러 가지 이유에서 거부되어야 한다.

복음주의 진영의 과거주의적 견해도 몇 가지 문제점을 안고 있다. 첫째, 이 견해가 성립하기 위해서는 요한계시록이 주후 70년 이전에 기록되었어야 한다. 그러나 대부분의 학자들 및 증거를 우선시하는 사람들은 요한계시록의 저작 연대를 주후 90년대로 본다. 복음주의 진영의 과거주의적 견해 가운데 가장 일반적인 입장이 요한계시록의 기록 시기를 주후 70년 이전으로 전제한다는 점에서 이 견해는 근거가 빈약하다. 둘째, 과거주의자들은 요한계시록의 본문을 좀 더 자연스럽게 해석하려고 하지 않고, 대부분의 경우 요세푸스가 주후 70년의 예루살렘 멸망과 관련해서 기록한 사건들을 요한계시록의 본문과 억지로 꿰맞추려 한다. 셋째, 복음주의 진영의 과거주의자들은 요한계시록에 언급된 바벨론이 예루살렘을 가리킨다고 주장한다. 그렇지만 성경에 로마를 가리켜 바벨론이라고 하는 경우는 나오는 반면에(참고. 벧전 5:13), 예루살렘을 바벨론이라고 하는 경우는 나오지 않는다. 끝으로, 복음주의 진영의 과거주의자들은 요한계시록을 예루살렘의 멸망이라는 관점에서 읽는다. 그러나 그런 해석은 요한계시록에서 바벨론에 한정된 심판이 아니라 이 세계 전체를 포괄하는 심판에 대해 말하는 많은 본문과 잘 부합하지 않는다.

역사주의적 견해는 요한계시록을 교회사 전체에 대한 예언인 것처럼 읽는다. 고전적인 세대주의자들이 그러한 방식으로 많이 읽었는데, 특히 2장과 3장에 나오는 서신들에 적용하였다. 하지만 거의 모든 세대주의자가 그러한 접근 방법을 포기했고, 이 접근 방법을 지지하는 학자들은 극소수에 불과하다. 왜냐하면 이 접근 방법을 사용하는 사람들이 2장과 3장에 나오는 서신들만이 아니라 요한계시록의 나머지 부분에도 교회사를 억지로 꿰맞추어야 하기 때문이다. 그래서 오늘날 이 견해는 오직 소수의 진영들에서만 살아남아 있는 것으로 보인다.

상징주의적 견해는 요한계시록을 넓은 범주들 속에서 이해하여, 요한계시록이 예수 그리스도 안에서 하나님이 승리하고, 마귀를 비롯한 하나님의 원수들이 패배했다는 것을 보여준다고 주장한다. 요한계시록 해석자들은 이 접근 방법에 매력을 느껴왔다. 왜냐하면 이 견해가 교회사를 어지럽히는 자의적인 읽기라는 비난을 피할 수 있기 때문이다. 상징주의적인 접근 방법은 요한계시록의 주된 메시지를 올바르게 보지만 너무 일반적이고 모호하다는 비판을 받아왔다. 요한계시록이 그런 일반적인 메시지를 담고 있다는 데는 대다수가 동의할 것이다. 그러나 이 접근 방법을 따르는 경우에는 요한계시록에 나오는 몇몇 세부적인 껄끄러운 내용들은 희생되고 만다.

미래주의적 견해는 오늘날 복음주의 진영에서 가장 널리 받아들여지고 있는 접근 방법일 것이다. 지난 세기에는 세대주의에 근거한 미래주의적 읽기가 지배적이었다. 이 읽기는 이스라엘과 교회를 날카롭게 구별해서 요한계시록 4-22장을 교회가 휴거된 후에 일어날 일들로 보았다. 이 견해에 따르면 요한계시록의 많은 부분이 그리스도의 재림, 이 땅에서 있을 그리스도의 천년 통치, 새 하늘과 새 땅의 도래에 앞설 7년 환난 기간 동안 일어날 일들을 기록한 것이 된다. 하지만 모든 미래주의자가 세대주의자들인 것은 아니다. 최근에 로버트 마운스(Robert Mounce), 조지 엘던 래

드(George Eldon Ladd), 그랜트 오스번(Grant Osborne) 같은 미래주의적 견해를 지닌 학자들이 주요한 주석서들을 썼지만, 그들 중에 세대주의자는 없다. 필자가 요한계시록에 대한 세대주의적 읽기를 거부하는 이유는 본문을 주석하는 과정에서 분명히 드러날 것이다. 여기서는 지면이 부족하기에 세대주의에 대해 상세하게 비판하기보다, 세대주의적 견해가 지닌 두 가지 문제점만을 지적하고자 한다. 첫째, 4장 이전까지에서는 교회가 휴거될 것을 보여주는 어떠한 증거도 없다. 그런데도 그런 식으로 읽는 것은 본문에 없는 것을 집어넣어서 읽는 것이 될 수밖에 없다. 둘째, 세대주의자들이 전제하는 이스라엘과 교회의 날카로운 구별은 요한계시록을 주의 깊게 읽어 볼 때 근거가 없는 것으로 드러난다.

앞에서 언급했듯이, 모든 미래주의자가 세내주의자들인 것은 아니다. 초기 교회의 몇몇 교부들은 세대주의자가 아니었는데도 미래에 그리스도가 이 땅에서 천년 동안 통치하실 것임을 믿었다. 이와 마찬가지로 오늘날 많은 미래주의자도 예수님이 재림한 후에 이 땅에서 천년 동안 다스리실 것이라고 보는 역사적 전천년설(historic premillennia)을 지지한다고 밝힌다. 미래주의적 견해는 요한계시록이 역사의 종말과 관련이 있다고 보는 점에서 옳지만, 몇몇 경우에 사변과 위험한 상상의 먹잇감이 된다. 예컨대 대중적인 작가들의 글(예. 할 린지의 글들이나 팀 라헤이와 제리 젠킨의 소설)[8]에는 사변이 걷잡을 수 없이 날뛰고, 오늘날의 과제들이 요한계시록의 의미를 뒤엎어 버린다. 하지만 미래주의적 접근 방법은 하나님이 역사를 다스리고 계시고 미래에 그분의 약속들을 이루실 것임을 우리에게 일깨워준다.

이 주석서는 과거주의, 상징주의, 미래주의를 결합한 접근 방법을 사용했다. 요한계시록은 주후 1세기의 교회들을 상대로 쓰였고, 그 교회들은 이 책을 통해 세움과 도전을 받았다. 상징주의적 견해는 예언들이 모든 시대에 적용될 수 있는 공통적인 패턴들로 이루어져 있으므로 요한계시록에 예언된 것들이 주후 1세기뿐만 아니라, 하나님이 그분의 뜻과 계획을 완

---

8 LaHaye와 Jenkins의 고발은 오직 그들 소설의 기반이 되는 종말론이 성경에 충실했을 경우에만 적용될 뿐이다.

성하실 때까지 역사 전체에 걸쳐 모든 교회에 적용된다고 본다. 이 견해는 분명 옳다. 필자는 요한계시록에 나오는 예언이 지닌 그러한 공통적인 패턴들이, 주후 1세기를 비롯해 역사 전체에 걸친 교회와 우리 시대와 종말의 때에 관해 요한계시록 본문이 말하고 있는바를 살펴보는 데 도움을 준다는 것을 논증할 것이다. 아울러 하나님의 목적들이 역사 속에서 어떤 식으로 대단원의 막을 내리는지를 요한이 미리 보여준다는 점에서 상징주의적 견해는 그 해석에 미래도 포함시켜야 한다.

개요

필자는 이 주석서에서 요한계시록이 반복적인 구조로 되어 있다는 것을 논증할 것이다. 달리 말하면, 요한계시록은 역사의 종말로 갔다가(6:12-17; 7:15-17; 11:15-19; 14:1-5, 14-20; 16:17-21) 다시 시작하기를 자주 반복한다. 그래서 요한계시록은 논리적 구조로 되어 있는 대부분의 서신들과 다르다. 또한 요한계시록은 시간의 순서를 따라 전개해나가는 창세기와는 달리 직선적으로 전개되지 않는다. 흥미로운 것은 서로 장르가 완전히 다른데도 요한계시록과 요한1서가 몇 가지 점에서 닮아 있다는 것이다. 왜냐하면 요한1서에서도 요한은 어떤 특정한 주제를 자세하게 설명한 뒤, 나중에 그 주제를 다시 반복해서 고찰하는 방법을 서신 전체에 걸쳐 사용하기 때문이다.

Ⅰ. 도입부(1:1-20)

    A. 프롤로그(1:1-8)

    B. 인자에 관한 묵시(1:9-20)

Ⅱ. 일곱 교회에 보낸 편지들(2:1-3:22)

    A. 에베소 교회(2:1-7)

    B. 서머나 교회(2:8-11)

    C. 버가모 교회(2:12-17)

    D. 두아디라 교회(2:18-29)

    E. 사데 교회(3:1-6)

    F. 빌라델비아 교회(3:7-13)

    G. 라오디게아 교회(3:14-22)

Ⅲ. 보좌(the Throne Room)에 관한 묵시들(4:1-5:14)

    A. 거룩한 창조주이신 하나님(4:1-11)

    B. 구속주이신 어린양(5:1-14)

Ⅳ. 일곱 인(6:1-8:5)

    A. 처음 여섯 인(6:1-17)

    B. 막간(7:1-17)

       1. 십사만 사천이 인침을 받음(7:1-8)

       2. 셀 수 없이 많은 무리의 구원(7:9-17)

    C. 일곱째 인과 일곱 나팔(8:1-5)

Ⅴ. 일곱 나팔(8:6-11:19)

    A. 처음 네 나팔: 우주적 파국(8:6-13)

E. 어린양의 혼인 잔치를 즐거워함(19:6-10)

IX. 그리스도를 통한 하나님의 승리(19:11-20:15)
  A. 짐승, 거짓 선지자, 그 추종자들의 패배(19:11-21)
  B. 예수님과 함께 천 년 동안 다스림(20:1-6)
  C. 최후의 전투(20:7-10)
  D. 최후의 심판(20:11-15)

X. 새 하늘과 새 땅(21:1-22:5)
  A. 모든 것이 새로워짐(21:1-8)
  B. 신부와 거룩한 성(21:9-22:5)

XI. 에필로그(22:6-21)

요한계시록의 개략적인 구조를 표로 나타내면 다음과 같다.

1–3장	일곱 교회에 보낸 편지
4–5장	보좌에 관한 묵시
6–7장	일곱 인
8–11장	일곱 나팔
12–14장	하늘과 땅에 관한 묵시들
15–16장	일곱 대접
17:1–19:10	바벨론의 멸망
19:11–22:21	완성, 그리고 새 하늘과 새 땅

표3. 요한계시록의 개략적인 구조

ESV Expository Commentary
Revelation

Revelation
요한계시록
1:1-8

¹ 예수 그리스도의 계시라 이는 하나님이 그에게 주사 반드시 속히 일어날 일들을 그 종들에게 보이시려고 그의 천사를 그 종 요한에게 보내어 알게 하신 것이라 ² 요한은 하나님의 말씀과 예수 그리스도의 증거 곧 자기가 본 것을 다 증언하였느니라 ³ 이 예언의 말씀을 읽는 자와 듣는 자와 그 가운데에 기록한 것을 지키는 자는 복이 있나니 때가 가까움이라

⁴ 요한은 아시아에 있는 일곱 교회에 편지하노니

이제도 계시고 전에도 계셨고 장차 오실 이와 그의 보좌 앞에 있는 일곱 영과 ⁵ 또 충성된 증인으로 죽은 자들 가운데에서 먼저 나시고 땅의 임금들의 머리가 되신 예수 그리스도로 말미암아 은혜와 평강이 너희에게 있기를 원하노라

우리를 사랑하사 그의 피로 ¹⁾우리 죄에서 우리를 해방하시고 ⁶ 그의 아버지 하나님을 위하여 우리를 나라와 제사장으로 삼으신 그에게 영광과 능력이 세세토록 있기를 원하노라 아멘 ⁷ 볼지어다 그가 구름을 타고 오시리라 각 사람의 눈이 그를 보겠고 그를 찌른 자들도 볼 것이요 땅에 있는 모든 족속이 그로 말미암아 애곡하리니 그러하리

라 아멘

8 주 하나님이 이르시되 나는 알파와 오메가라 이제도 있고 전에도 있었고 장차 올 자요 전능한 자라 하시더라

[1] The revelation of Jesus Christ, which God gave him to show to his servants[1] the things that must soon take place. He made it known by sending his angel to his servant John, [2] who bore witness to the word of God and to the testimony of Jesus Christ, even to all that he saw. [3] Blessed is the one who reads aloud the words of this prophecy, and blessed are those who hear, and who keep what is written in it, for the time is near.

[4] John to the seven churches that are in Asia:

Grace to you and peace from him who is and who was and who is to come, and from the seven spirits who are before his throne, [5] and from Jesus Christ the faithful witness, the firstborn of the dead, and the ruler of kings on earth.

To him who loves us and has freed us from our sins by his blood [6] and made us a kingdom, priests to his God and Father, to him be glory and dominion forever and ever. Amen. [7] Behold, he is coming with the clouds, and every eye will see him, even those who pierced him, and all tribes of the earth will wail[2] on account of him. Even so. Amen.

[8] "I am the Alpha and the Omega," says the Lord God, "who is and who was and who is to come, the Almighty."

1) 어떤 사본에, 우리 죄를 씻으시고

1 for the contextual rendering of the Greek word *doulos*, see ESV Preface; likewise for *servant* later in this verse *2* Or *mourn*

〰〰〰 단락 개관 〰〰〰

프롤로그의 구조는 다소 느슨하며, 많은 서신과는 달리 논점이 단선적으로 전개되지 않는다. 이 책을 소개하는 글(계 1:1-3) 뒤에는 인사말(4-6절)이 나오고, 그런 후에 요한은 하나님의 주권을 강조하는 두 개의 엄숙한 진술(7-8절)로 마무리한다. 이 프롤로그는 첫 단어부터 마지막 단어에 이르기까지 진지하며 장엄함으로 가득하다. 요한은 이 책을 읽고 순종하는 것이 중요하다는 것을 강조하고(3절) 그가 말한 것을 두 번이나 "아멘"으로 끝마친다(6, 7절). 하나님과 예수 그리스도의 주권, 위엄, 위대하심이 프롤로그 전체에 걸쳐서 맥동하며, 독자들로 하여금 이 책에서 전해주는 메시지가 지극히 중요하다는 사실을 부두록 일깨운다.

〰〰〰 단락 개요 〰〰〰

I. 도입부(1:1-20)

   A. 프롤로그(1:1-8)

〰〰〰 주석 〰〰〰

1:1 요한계시록은 예수 그리스도에 관한 책이다. 왜냐하면 요한계시록에 예수 그리스도께서 계시되기 때문이다. "예수 그리스도의 계시"라는 어구는 예수 그리스도에 관한 계시를 의미할 수도 있고 예수 그리스도께서 주신 계시를 의미할 수도 있는데, 후자임이 분명하다. 왜냐하면 요한은 하나님이 예수님에게 계시를 "주셨다"고 말하기 때문이다. 어떤 사람들은 둘

중 어느 쪽인지를 확정하려고 한다. 그렇지만 이 책의 나머지 부분에 나오는 내용이나 프롤로그에서 예수 그리스도에 관해 말하고 있는 것을 감안했을 때, 여기서 이 둘 중 하나를 반드시 선택할 필요는 없다. 이 계시는 예수 그리스도께서 주신 계시이기도 하고, 예수님을 중심으로 한 계시이기도 하다. "계시"라는 단어는 요한이 쓴 글을 통해 하나님이 역사 속에 두신 목적이 드러나리라는 것을 시사한다. 이 책의 첫 부분에서 알 수 있는 사실은 요한계시록이 예수 그리스도에 관한 것이고, 그 내용은 예수 그리스도께서 주셨다는 것이다.

이 계시가 주어진 것은 하나님의 "종들", 즉 신자들에게 "속히" 일어날 일들을 보여주기 위함이다. 이 책이 기록된 지 2천 년 후에 살아가는 우리는 이 말씀이 무슨 뜻인지를 의아해한다. 왜냐하면 요한은 일관되게 이 책에 기록된 예언이 성취될 날이 가깝다고 단언하기 때문이다(참고. 1:3; 22:6). 예수님은 "속히" 오겠다고 약속하신다(2:16; 22:7, 12, 20). 많은 학자는 요한이 틀렸다고 주장해 왔다. 그들은 "속히"라는 단어가 '곧' 또는 '이내'를 의미하는데, 요한의 예언이 '곧' 이루어지지 않았기 때문에 그가 틀렸다고 말한다. 필자가 아래에서 설명하겠지만, 이 문제는 그렇게 간단하지 않다. 예수님의 재림이 일어나지 않은 채로 2천 년의 역사가 흘러갔다고 해도 그 사실이 "속히"라는 단어와 모순되지 않는다고 생각할 수 있는 타당한 이유들이 존재한다. 일부 과거주의자들은 "속히"라는 말이 주후 70년대에 일어난 예루살렘 멸망과 관련이 있다고 말해 왔다. 그러나 그러한 견해는 거의 타당하지 않다. 왜냐하면 요한계시록은 이스라엘과 예루살렘에 초점을 맞추고 있지 않으며, 예루살렘의 멸망이 곧 예수님의 재림일 수 있다고 생각하는 것은 억지이기 때문이다.

이 점과 관련된 논의는 아주 복잡해질 수 있지만, 몇 가지는 말해두어야 한다. 첫째, "속히"는 상대적인 표현이어서 말하는 사람의 관점에 따라 그 의미가 달라질 수 있다는 것이다. 베드로는 주께는 하루가 천년 같다고 말한다(벧후 3:8). 예수님이 하늘 보좌에 앉으신 지는 2천 년이 지났지만, 그런 관점으로 볼 때 겨우 이틀이 지난 것일 뿐이다. 둘째, 여기서 드러나는 긴장 관계는 성경의 예언이 가지는 특징이다. 예컨대, 이사야 40-66장을 주의 깊게 읽어볼 때 분명해지는 것은 하나님이 새로운 출애굽, 즉 바벨론으로부터의 귀환을 약속하고 계신다는 것이다. 그리고 이사야는 새로운 출애굽이 일어날 때, 새로운 피조세계도 동터올 것이고(사 65:17; 66:22) 성령이 주어질 것이며(사 44:3), 하나님의 모든 약속이 성취될 것처럼 말한다. 하지만 현실의 역사는 그런 식으로 전개되지 않았다. 이스라엘은 포로생활에서 돌아왔지만 이 세계에서 그들의 지위는 여전히 한심할 정도로 불쌍했다. 그렇다면 이사야의 예언이 틀린 것인가? 주목해야 할 점은, 예수님과 사도들은 그렇게 생각하지 않았다는 것이다. 이스라엘이 포로생활로부터 귀환하게 되면 모든 것이 성취되리라는 이사야의 약속이 실제로는 그렇게 이루어지지 않았지만 그들은 이사야의 증언을 거부하지 않았다. 그들은 이사야의 묵시가 복합적인 것임을 알았기 때문이다. 회복은 고레스가 통치하던 시대에 시작되었으나 완성되지는 않았다. 그렇지만 예수님과 그분의 사도들은 최종적이고 온전한 성취가 여전히 미래에 이루어질 것이라고 믿었다. 예수님과 사도들이 이사야의 예언을 받아들인 방식은 오늘날 예언과 예수 그리스도의 재림을 해석하는 본보기로 기능한다.

마찬가지로 예레미야는 이스라엘이 칠십 년이 다 차면 포로생활에서 돌아오게 될 것이라고 예언했다(렘 25:12; 29:10). 예레미야 30-33장을 읽어보면 그렇게 되었을 때 새 언약이 시작되고 다윗 가문의 왕이 다스리며, 바른 제사가 드려지고 이스라엘이 번영할 것처럼 보인다(렘 31:31-34; 33:17-26). 하지만 에스라 시대에 이스라엘이 바벨론으로부터 돌아왔을 때, 예레미야의 그러한 예언이 온전히 실현되지는 않았다. 실제로 하나님은 다니엘에게 그분의 계획이 칠십 이레가 될 때까지는 실현되지 않을 것임을 계시해주신다(단 9:24-27). 따라서 요한계시록에 나오는 예언을 어떻게 보아야 하는지에 관한 선례는 구약의 예언 가운데 이미 존재한다. 예언이 "속히" 이루어질 것이라는 표현을 지나치게 단순화하거나 좁은 의미로 이해해서는 안 된다. 예수님은 어느 세대에도 다시 오실 수 있지만, 예수님이 언제 오실지를 정확하게 집어낼 수는 없다.

셋째, 마지막 날들이 예수 그리스도의 죽으심, 부활, 승천으로 말미암아 도래했다는 것을 기억해야 한다(행 2:16-17; 히 1:2). 마지막 시간은 지금와 있고(요일 2:18) 따라서 종말은 임박했으며, 이미 2천 년이 흘렀다. 모든 세대가 예수님이 속히 오실 것이라고 말한 것은 정당하다. 왜냐하면 예수님이 다시 오시는 데 필요한 모든 위대한 구속 사건이 이미 성취되었기 때문이다.

요한계시록에 나오는 계시는 천사가 요한에게 전해준 것이었다. 천사나 다른 중요한 인물이 초월적인 메시지를 전해주는 것은 묵시 문학의 특징들 중 하나다. 아마도 여기서 요한은 사도일 것이다(참고. 요한계시록 서론). 그가 자신을 "종"으로 지칭한 것은 그의 겸손함뿐만 아니라 그 지위를 보여준다. 구약성경에서 모세(민 12:7-8; 수 1:1-2),[9] 여호수아(삿 2:8), 그 밖의 다른 경건한 인물들(단 9:6, 10; 암 3:7; 슥 1:6)도 "종"으로 지칭되기 때문이다. 예수님 또는 하나님이 주어인 "알게 하신"[세마이노(sēmainō)]이라는 단어는 요한에게 주어진 계시의 상징적 성격을 가리키는 동사(참고. 칠십인역 단 2:45)에서 왔다(참고. 요 12:33; 18:32; 21:19; 행 11:28). 요한계시록의 상징성은 그 내용으로부터도 분명하게 드러나긴 하지만 말이다.

1:2 요한이 이 책에서 전해주는 메시지는 "하나님의 말씀"이다. 이것은 요한계시록이 하나님이 교회들에게 전하시는 메시지임을 의미한다. 또한 요한계시록은 "예수 그리스도의 증거"이기도 한데, 이 어구는 "하나님의 말씀"과 동격일 것이다. 따라서 하나님의 말씀이 예수 그리스도를 중심으로 한 메시지라는 것을 의미한다. "예수의 증거"라는 어구가 12:17과 20:4에서는 적대를 마주하고서도 끝까지 믿음을 지킨 신자들의 신실함과 관련해서 사용된다. 또한 19:10에서는 예언의 핵심을 지칭하는 데도 사용된다. 각각의 경우에 초점은 예수님에 관한 증언이라는 데 맞춰져 있다. 물론

---

9 모세는 30번 이상 여호와의 종이라 불린다.

1:2에서는 이 어구가 예수님에 관한 증언이자 예수님이 주신 증언이라는 이중적인 의미를 지니는 또 하나의 사례일 수도 있다. 요한계시록의 메시지는 하나님의 말씀으로 이루어져 있고, 하나님의 말씀은 무엇보다 그리스도를 중심으로 한다. 또한 요한은 이 책에 담겨 있는 메시지를 보았다고 말한다. 따라서 요한이 이 책에 담겨진 메시지를 환상들을 통해서 전해 받았다고 추론할 수 있다. 요한은 그에게 계시된 것을 가리키는 데 '보다'라는 동사를 50번 이상 사용한다.[10] 환상들을 받는 것은 묵시 문학의 특징이기 때문에, 요한계시록의 상징적 성격을 보여주는 또 하나의 징표다.

1:3 요한계시록에는 복을 선언하는 말씀이 일곱 번 나오는데(표4를 보라), 여기서는 이 책을 큰 소리로 읽는 자와 그 메시지를 듣고 지키는 자에 대한 복이 약속된다.

이 예언의 말씀을 읽는 자와 듣는 자와 그 가운데에 기록한 것을 지키는 자는 복이 있나니	1:3
지금 이후로 주 안에서 죽는 자들은 복이 있도다	14:13
누구든지 깨어 자기 옷을 지켜 벌거벗고 다니지 아니하며 자기의 부끄러움을 보이지 아니하는 자는 복이 있도다	16:15
어린양의 혼인 잔치에 청함을 받은 자들은 복이 있도다	19:9
이 첫째 부활에 참여하는 자들은 복이 있고	20:6
이 두루마리의 예언의 말씀을 지키는 자는 복이 있으리라	20:6
자기 두루마리를 빠는 자들은 복이 있으니	20:14

표4. 요한계시록에 나오는 복을 선언하는 일곱 번의 말씀

---

10 참고. 계 1:12, 17, 19, 20; 4:1; 5:1, 2, 6, 11; 6:1, 2, 5, 8, 9, 12; 7:1, 2, 9; 8:2, 13; 9:1, 17; 10:1, 5; 13:1, 2, 11; 14:1, 6, 14; 15:1, 2, 5; 16:13; 17:3, 6, 8, 12, 15, 16, 18; 18:1; 19:11, 17, 19; 20:1, 4, 11, 12; 21:1, 2, 22.

요한계시록에서 숫자들의 중요성, 특히 7이라는 숫자(55번 나옴)의 중요성을 고려하면 일곱 번에 걸쳐 복을 선언하는 것은 의미가 있는 것으로 보인다. 이렇게 일곱 번에 걸쳐 복을 선언하는 것은 약속된 복의 완전함과 온전함을 나타내는 것일 가능성이 크다. 이 복들의 내용은 모두 신자들에게 약속된 미래의 모습, 즉 시험의 기간이 끝난 후에 신자들이 맛볼 지복과 관련되어 있다.

1:3에서는 이 책을 읽는 자와 듣고 지키는 자들에게 복이 약속된다. 이를 통해 교회들이 이 책을 받아서 큰 소리로 읽었다는 것을 알 수 있다. 책을 큰 소리로 읽을 때 그것이 사람들에게 미치는 힘이 서양 문화에서는 경시되고 있다. 교회에서 이루어지는 성경 봉독은 짧은 단락에 국한되어 있고, 사람들은 개인적으로 성경을 읽을 때에 대부분 소리를 내지 않고 읽는다. 하지만 이 충격적인 책이 교회의 회중 앞에서 큰 소리로 읽혔을 때 이 책에 담긴 메시지를 처음 들은 신자들이 받았을 충격을 상상해볼 수 있다. 복은 이 책의 메시지를 듣는 것으로부터 오지만, 복을 받기 위해서는 단지 듣는 것만이 아니라 듣고 지켜야 한다. 요한계시록은 단순한 정보가 아니다. 요한계시록을 미래에 일어날 일들에 관한 예언들을 나열해놓은 목록과 혼동해서는 안 된다. 요한계시록은 이 책을 읽는 자들에게 이 책이 전하고 있는 메시지를 경청하고 실제로 행동에 옮길 것을 요구한다. 그리고 그 메시지가 끝까지 믿음을 지키라는 명령에 초점을 맞추고 있다는 것을 앞으로 보게 될 것이다. 이 책의 메시지를 유념해야 하는 이유는 "때가 가[깝기]" 때문이다(1:3).[11] 독자들은 세상과 타협해서도 안 되고 아직도 시간이 많이 남아 있다는 듯이 여유를 부려서도 안 된다. 순종하라는 명령은 긴급한 것이며 즉각 주의를 기울여야 하는 것이다. 또한 이 책의 메시지가 "예언"으로 지칭되고 있다는 것에도 주목해야 한다. 요한계시록은 그 성격이 묵시에 그치지 않고 예언이기도 하다. 따라서 요한계시록은 예언적 묵시라고 말할 수 있을 것이다.

---

11 때가 가깝다는 것의 의미에 대해서는 1:1 주석을 참고하라.

1:4 일곱 교회에 편지한다는 요한의 말을 통해, 요한계시록이 가지는 서신의 성격이 표면에 드러난다. 일곱 교회는 그 이름이 1:11에 열거된다. 따라서 이 교회들은 그저 상징적인 것이 아닌, 그리스-로마 세계의 특정 지역들에 실제로 존재했던 교회들이다. 요한이 일곱 교회에 보낸 편지의 역사적 성격은 "아시아"에 대한 언급을 통해 분명하게 드러난다. 오늘날 터키 서부에 해당하는 아시아는 로마의 속주 중 하나였던 곳이다. 주후 1세기 동안 아시아 속주에서는 황제 숭배가 아주 일반적이었다. 따라서 (앞으로 보게 되겠지만) 요한의 메시지는 교회들이 당시에 처해 있던 구체적인 상황들에 맞춰져 있었다. 그렇지만 일곱이라는 숫자는 여기서도 상징적인 의미를 지니는 것으로 보인다. 왜냐하면 이 메시지가 일곱 교회에만 국한되지 않고, 궁극적으로는 역사 전체에 걸쳐 모든 교회에 적용되기 때문이다.

그리스도인의 서신에서 은혜를 기원하는 인사말이 전형적으로 나오는 것처럼(예. 롬 1:7; 고전 1:3; 벧전 1:2; 벧후 1:2; 요이 1:3), 이곳에도 요한이 독자들에게 은혜를 기원하는 인사말이 등장한다. 여기서 은혜를 기원하는 인사말은 6절에 나오는 송영으로 끝난다. 특히 주목할 만한 것은 은혜를 기원하는 인사말이 삼위일체적인 성격을 지니고서 성부와 성자와 성령을 모두 언급하고 있다는 것이다. 신약성경의 은혜를 기원하는 다른 인사말 가운데 단 한 군데에도 성령을 언급하지 않는다는 점에서 이 인사말은 독특하다.

은혜를 기원하는 인사말 속에는 '평화'(개역개정은 "평강")도 언급된다. 은혜는 하나님이 자신의 풍성하신 사랑에 의거해서 값없이 거저 주시는 은총을 가리키는 반면, 평화는 하나님이 주신 은혜로 말미암아 신자들이 하나님과 올바른 관계 속에 있다는 것을 핵심으로 한다. 여기서는 신자 개개인이 그 평화를 경험하는 것, 즉 "평강"에 초점이 맞춰져 있다. 왜냐하면 그리스도인들은 이미 하나님과의 올바른 관계 속에 있기 때문이다. 신자들은 날마다 계속해서 하나님의 은혜와 평강을 필요로 한다. 그리고 세상으로부터 박해와 차별에 직면했을 때는 더더욱 그러하다. 그래서 요한은 신자들이 성부와 성령과 성자를 통해 하나님의 은혜와 평강을 알게 해달라고 기도한다.

은혜와 평강은 먼저 성부로부터 주어진다. 여기서 성부는 "이제도 계시고 전에도 계셨고 장차 오실 이"로 지칭된다. 이것은 여호와가 "나는 스스로 있는 자이니라"고 선언하심으로써 모세에게 자신의 이름을 계시하셨던 출애굽기 3:14을 요한이 간접적으로 인용한 것이다. 출애굽기에서 여호와는 자신이 하늘과 땅을 다스리는 영원하신 하나님이자 자기 백성과 그들에게 준 자신의 약속들에 대하여 신실하신 언약의 하나님이라고 밝히신다(참고. 출 6:3-8). 이사야는 출애굽기에 나오는 "나는 스스로 있는 자이니라"라는 정형화된 문구를 특히 주목했다(예. 사 41:4, 10; 42:8; 43:3, 5, 10, 11, 25).[12] 이스라엘이 포로생활에서 결코 해방되지 못하고 영원히 바벨론에게 집어삼켜지는 것인가 두려워하고 있던 상황에서 이사야는 여호와가 이스라엘의 창조주시요 주이시며 구원자시라는 것을 강조한다. 마찬가지로 요한도 요한계시록에서 하나님의 위대하심을 환기시킨다. 하나님은 "계시[는]" 분이다. 다시 말해 로마 제국이 하나님과 '주'라는 지위를 두고 다툴지라도 하나님만이 여전히 이 세계와 교회를 다스리시는 분이다. 하나님은 "계셨[던]" 분이다. 다시 말해 하나님은 과거에 언제나 역사를 주관하시는 주님이셨다. 하나님은 피조세계 전체를 주관하지 못하는 힘없는 분이었던 적이 단 한 순간도 없었다. 하나님은 "장차 오실" 분이다. 다시 말해 하나님은 미래에 새롭고 결정적인 방식으로 이 세계에 대한 자신의 통치를 확립하실 것이다. 하나님의 완벽하고 온전한 통치가 아직 실현되지 않았거나 인정을 받고 있지 못할지라도, 이렇듯 하나님은 언제나 왕이요 주님이셨다. 하나님은 장차 오셔서 악인들을 심판하고 의인들을 신원하며, 새로운 피조세계가 도래하게 하실 것이다. "장차 오실 이"를 성부가 아니라 예수 그리스도라고 생각해서, 요한이 성부가 장차 오실 것이라고 말한 것을 이상하게 여길 수도 있다. 하지만 이와 동일한 어구가 요한

---

12 이사야가 이 정형화된 문구의 표현을 언제나 그대로 사용하지는 않지만, 그런 경우들에도 여전히 출애굽기 3:14을 간접적으로 인용하고 있다는 것이 그의 예언들의 내용을 통해 분명하게 드러난다.

계시록 1:8과 4:8에서도 다시 사용되고 있다는 것을 주목해야 한다. 요한이 신자들에게 은혜를 기원하는 인사말의 끝부분인 1:5에서 예수 그리스도를 언급하기 때문에, 여기 1:4에 언급된 분은 성부임이 분명하다. 어떤 의미에서 성부가 "장차 오실 이"로 선언되고 있는 것을 이상하게 여길 필요가 없다. 왜냐하면 성자께서 육신으로 장차 오실 이이긴 하지만, 성자에게 해당되는 것은 성부에게도 해당되기 때문이다. 삼위일체의 관점에서는 이것을 '상호내주'(coinherence)라고 부른다. 삼위일체를 구성하는 세 위격은 각자 서로에게 내주하고, 한 위격의 행위는 다른 위격의 행위이기도 하다. 그래서 성자에 의한 심판은 곧 성부에 의한 심판이며(요 8:16), 성자의 사랑은 곧 성부의 사랑이다.

은혜와 평강은 성부로부터만 오는 것이 아니라 "그의 보좌 앞에 있는 일곱 영"으로부터도 온다. "일곱 영"이라는 어구는 요한계시록의 다른 곳에 3번 더 나온다(3:1; 4:5; 5:6). 어떤 사람들은 예수님이 일곱 영을 갖고 계시고(3:1) 불타는 횃불들도 일곱 영이라 불린다는 것(4:5)을 근거로 삼아서 일곱 영이 성령을 가리키는 지에 의심을 품는다. 또 어떤 사람들은 "영"이라는 단어가 흔히 천사를 가리킨다는 것을 근거로 삼아서, 일곱 영이 하나님의 일곱 천사 또는 일곱 천사장을 가리키는 것이라고 생각한다. 필자는 요한계시록에 언급된 "일곱 영"이 언제나 성령을 가리키는 것임을 논증할 것이다.[13] 이 절에서 "일곱 영"이 성령을 가리키는 것이라고 보는 것은 특히 설득력이 있다. 은혜와 평강이 하나님이 아닌 다른 존재로부터 올 수 있다고는 생각하기 어렵기 때문이다. 또한 신약성경에서 은혜와 평강이 사람으로부터 온다는 말이 단 한 번도 나오지 않는다는 것도 대단히 주목할 만하다. 신약성경은 은혜와 평강이 사도 요한이나 바울이나 그 밖의 어떤 사람으로부터 온다고 단 한 번도 말하지 않는다. 또한 은혜와 평강이 천사나 모세와 엘리야 같이 과거의 고귀한 인물로부터 온다고도 말하지 않는다. 은혜와 평강은 언제나 하나님으로부터 오므로 여기 1:4에 언급

---

13 이 어구가 사용된 각각의 본문에 대한 주석을 보라.

된 "일곱 영"이 성령을 가리킨다고 볼 때, 그 의미가 가장 잘 통하게 된다. 일곱 분의 성령이 계시는 것이 아니기 때문에 "하나님의 일곱 영"(3:1; 4:5; 5:6)이라는 표현을 처음 접하고서는 이상하다고 느낄 수 있다. 하지만 요한 계시록이 묵시 문학이므로 상징적인 의미를 지닌 숫자들을 통상적으로 사용한다는 것을 상기할 필요가 있다. 따라서 '일곱'이라는 숫자는 성령의 완전함과 온전함을 나타낸다. 이것은 성령에 관해 일곱 가지를 말하는 이사야 11:2을 간접적으로 인용하는 것임이 거의 확실하다. "그의 위에 여호와의 영 곧 지혜와 총명의 영이요 모략과 재능의 영이요 지식과 여호와를 경외하는 영이 강림하시리니." 여기서 성령이 하나님이심을 보여주는 강력한 증거가 주어진다. 앞에서 언급했듯이 은혜와 평강은 오직 하나님으로부터 오는데 여기서는 은혜와 평강이 성령으로부터 온다고 말하고 있으며, 성령은 하나님께 속한 모든 완전한 속성을 지니고 있기 때문이다.

1:5 앞의 4절에서 보았듯이 은혜는 성부와 성령으로부터 온다. 그런데 이제 우리는 은혜가 예수 그리스도로부터도 온다는 것을 알게 된다. 그리고 요한이 성부나 성령에 대해서보다 예수 그리스도에 대해 더 많이 말한다는 점에서(참고. 5-6절), 초점은 분명히 예수님께 맞춰져 있다. 먼저 우리는 은혜와 평강이 "예수 그리스도"로부터 온다는 것을 안다. 그런데 은혜와 평강이 하나님께로부터 온다는 것도 알고 있으므로 예수 그리스도께서 온전한 하나님이라는 분명한 증거를 갖는다. 또한 이것은 삼위일체 교리가 생겨나게 한 가공되지 않은 원재료이기도 하다. 삼위일체 교리는 후대의 교회가 가공해낸 것이 아니라, 관련된 신약 본문들을 주의 깊고 집중적으로 석의한 결과로 형성되었다. 니케아 신조와 칼케돈 신조에 표현되어 있는 교회의 깊은 숙고들과 결론들은 최고의 신학적 석의를 보여준다. 이것은 헬라 철학에 굴복했음을 보여주는 것이 아니라, 도리어 그 정반대를 보여주는 것이다. 삼위일체 교리는 신약성경에 계시된 것에서 비롯되었으며, 당시에 지배적이던 철학 사상들과 반대된다.

예수 그리스도는 온전히 하나님이시지만, 온전히 사람이기도 하신다.

그분이 사람으로서 가지신 이름은 예수다. 예수는 나사렛 출신 사람이자 마리아의 아들로서, 자기 백성의 구원을 위해 고난을 받고 죽으셨다. 또한 예수는 "그리스도"이기도 하다. 요한은 그리스도라는 명칭을 메시아 대망 속에서 자라난 한 유대인인 예수님의 이름으로서가 아니라, 그 명칭이 지닌 온전한 의미로 사용한다(참고. 1:1, 2: 11:15: 12:10: 20:4, 6). 예수님은 다윗의 자손이시고(5:5: 22:16), 하나님이 영원한 다윗 왕조를 약속한 다윗 언약의 성취시다(삼하 7장: 대상 17장: 시 89편: 132편).

예수 그리스도는 "충성된 증인"이시다(참고. 계 3:14: 시 89:37: 사 55:4). "증인"[마르튀스(martys)]이라는 단어는 교회사 속에서 예수 그리스도를 증언하다가 죽임을 당한 사람을 가리키는 단어로 발전했다. 예수님은 자신의 목숨을 희생 제물로 드리셨지만, 이 대목에서 이 단어는 그런 전문적인 의미를 지니지 않는다. 예수님은 죽으실 때만이 아니라 살아 계신 동안에도 내내 충성된 증인이셨다. 여기서 예수님은 독자들의 본보기로서 그들에게 그들의 주처럼 충성된 증인이 되라고 부르는 역할을 하신다. 하나님이 독자들에게 달려가라고 부르시는 길은 그리스도께서 먼저 걸어가신 그 길이다.

또한 예수님은 "죽은 자들 가운데에서 먼저 나시고 땅의 임금들의 머리가 되신" 분이다. 바울도 예수님을 가리켜 "죽은 자들 가운데서 먼저 나신 이"(골 1:18)라고 말한다. 히브리 문화에서 "먼저 나신 이"는 특권과 통치권을 가리켰고 이는 장자권 제도 같은 것들을 통해 공식화되어 있었다. 다윗 가문의 왕을 "장자"라고 하는 것에서 알 수 있듯이(시 89:27), 예수님을 "먼저 나신 이/맏아들"이라고 지칭하는 대부분의 본문에서는 그분의 주권과 통치권이 부각된다(롬 8:29: 골 1:15, 18: 히 1:6). 게다가 요한계시록에서 "먼저 나신 이"라는 표현 속에는 시간 개념이 존재하는 것으로 보인다. 즉, 요한은 우리가 예수님을 역사 속에서 가장 먼저 부활하신 분으로 이해하기를 의도한 것 같다. 성경에는 다시 살아난 사람들(예. 나사로)이 나오긴 하지만 그들은 모두 다시 죽었다. 반면에, 예수님은 사망을 영원히 이기셨을 뿐만 아니라 동시에 사망을 주관하신다. 이제 사망은 더 이상 통치하지 못하며 그리스도께서 통치하신다. 실제로 그리스도께서 "땅의 임금들"을 주관하신다. 요한계시록은 고난 받는 자들을 위해 기록되었다. 어떤 사람들은 죽임을 당하고 있었다. 죽음은 모든 신자에게 현존하는 위협이었다. 어느 누구도 잠시 후에 무슨 일이 벌어질지를 알지 못했다. 로마 제국과 그 황제가 그들의 목숨 줄을 틀어쥐고 있었다고 보는 편이 옳을 것이다. 요한이 독자들에게 예수님이 땅의 임금들을 주관하고 계신다는 것을 상기시켜 주었을 때, 독자들은 임금들의 도덕적 책임을 떠올릴 수밖에 없었을 것이다. 그러므로 교회에 속한 그리스도인들은 로마 제국이나 그 어떤 통치 세력의 권력을 두려워하지 않아야 한다. 설령 그들이 예수님처럼 자신들의 목숨을 내놓는다고 할지라도, 죽음은 그들을 이기지 못할 것이고 주관하지 못할 것이다. 그들은 죽음에 대한 예수님의 승리가 그들의 승리라는 것과 예수님이 모든 대적을 주관하신다는 것을 믿어야 한다.

5-6절의 나머지 부분은 구속과 구원 사역을 이루신 예수 그리스도에 대한 송영으로 이루어져 있다. 요한은 송영을 시작하면서, 사람들을 구속하기 위해 자신을 주신 것에서 드러나는 예수 그리스도의 사랑을 상기시킨다. 독자들은 그들 주변에서 폭풍우가 휘몰아치더라도 안심할 수 있다. 사망과 임금들을 주관하시는 분이 자신을 희생하는 값비싼 대가를 치르신 사랑으로 그들을 사랑하고 계시기 때문이다. 로마 당국과 그들이 몸담고 있는 문화는 그들을 미워할 테지만, 예수 그리스도는 그들을 사랑하셔서 그들의 가장 큰 원수로부터 그들을 건져내신다. 그리스도의 사랑은 그들을 죄에서 해방시키기 위해 그들 대신 자신의 목숨을 주신 것을 통해 표현된다. 일부 사본들에서는 예수 그리스도께서 신자들을 죄에서 '해방하셨다'[뤼산티(*lysanti*)]고 말하지 않고, '씻어주셨다'[루산티(*lousanti*)]고 말한다. 후자의 읽기는 '씻다'를 나타내는 다른 동사가 사용된 요한계시록 7:14이나 22:14과 잘 들어맞는다는 점에서 매우 매력적이다. 그러나 요한이 '씻어주셨다'가 아니라 '해방하셨다'고 썼다는 것을 거의 확신할 수 있다. '씻어주셨다'는 읽기는 성경의 공인 본문(Textus Receptus)의 지지를 받는 반면에, '해방하셨다'는 읽기는 초기의 가장 좋은 사본들의 지지를 받는다(p18, ℵ, A, C). 또한 이 구절은 이사야 40:2에 대한 간접 인용인 것으로 보이는

데, 그곳에서는 이스라엘의 죄가 "사함을 받았느니라"[렐뤼타이(lelytai)]라고
말한다. 헬라어 구약성경은 '사함을 받았다'를 번역하는데 요한계시록 1:5
에서 사용된 동사 뤼오(lyō)를 동일하게 사용하였다. 또한 요한은 헬라어에
서 대가를 나타내는 전치사인 엔(en, ~로)을 사용해서, 해방의 대가에 대해
서도 분명하게 밝힌다. 그 대가는 자명하게 예수님의 피였다. 예수님의 피
에 대한 언급은 구약성경에 나오는 희생제사와 관련된 표현을 가져온 것
이다. 구약 시대에는 속죄가 효력이 있기 위해 피를 바쳐야 했다(참고. 레
17:11). 따라서 예수님의 피는 속전을 지불하여 신자들을 사서 그들을 얽어
매고 있던 죄로부터 해방시키기 위한 수단이었다(참고. 엡 1:7; 벧전 1:2; 요일
1:7). 이 본문에서 사용된 표현들이 희생제사와 관련이 있다는 사실은 신자
들이 죄의 종으로부터 해방되기 위해 죄 사함을 받아야 한다는 것을 시사
한다(참고. 시 130:8).

1:6 예수님은 어떤 목적을 위해 자기 백성을 죄로부터 해방시키셨다. 그
의 백성은 "나라"이자, 아버지 하나님의 "제사장들"이다. 하나님이 아담과
하와를 지어서 에덴동산에 두신 것은 자기를 대신해서 이 세계를 다스
리게 하려는 것이었다(창 1:28; 2:15). 그들은 하나님을 대신하여 이 세계를
다스리면서 제사장들로서 하나님의 복을 이 세계 전체에 매개하는 역할을
해야 했다. 그들은 하나님을 전적으로 의지하는 가운데 그러한 복을 매개
하며 그들이 하나님께로부터 위임받은 통치를 행함으로써, 하나님만이 모
든 영광과 존귀와 찬송을 받으시게 해야 했다. 두말 할 필요도 없이 그들
은 하나님께로부터 위임받은 사명을 수행하는데 실패했고, 이 세계는 사
망과 황폐함과 파멸에 빠지게 되었다(롬 5:12-19). 이스라엘도 '제사장들의
나라'(출 19:6, 개역개정은 "제사장 나라")로 부르심을 받았지만, 아담과 마찬가
지로 하나님의 명령들을 어김으로 인해 하나님이 아브라함에게 약속하신
온갖 복을 만민이 누릴 수 있게 하는 데 실패했다(창 12:3; 18:18). 그래서 이
스라엘은 그들이 저지른 죄 때문에 약속의 땅에서 추방당하고 포로로 끌
려가 유배생활을 해야 했다. 이스라엘은 세상에 구원을 가져다주는 데 실

패했을 뿐만 아니라, 자신들의 죄로 말미암아 그들의 땅에서조차 복을 누리지 못했다. 이스라엘의 역사는 그들이 여전히 아담 안에 있다는 것을 증명해주었다.

아담과 하와(창 3:15), 그리고 이스라엘에게 주어진 구원의 약속은 이제 예수 그리스도 안에서 성취되었다. 하나님의 성령이 예수 그리스도에게 기름을 부어서 복음을 선포하고 포로 된 자들을 해방하며, 여호와의 은혜의 해를 알리게 했다(사 61:1-2, 참고. 눅 4:18-19). 포로생활은 끝날 것이고 이스라엘은 회복되어 재건될 것이다(사 61:3-4). 하나님의 백성은 하나님의 "제사장들"(사 61:6)이 되어서 하나님의 복을 온 세상에 전하게 될 것이다. 요한에 의하면 이 예언은 예수님의 구속 사역을 통해, 즉 예수님이 자기 백성(유대인들과 이방인들)을 죄로부터 해방시키어 원래 아담과 하와에게 주어졌던 위임 통치를 수행할 수 있게 하심으로써 성취되었다. 예수 그리스도의 교회는 지금 하나님이 통치하시는 곳이다. 이 세계 전체에 대한 하나님의 통치가 아직은 분명하게 드러나지 않지만, 하나님은 자기 백성을 통치하고 계신다. 교회는 하나님이 다스리시는 곳이고 그분의 나라며, 그분의 영지다. 따라서 성도들의 통치는 이미 시작되었지만 아직 완성되지는 않았다. 그리고 성도들은 지금 하나님 앞으로 나아가서 섬기는 그분의 제사장들로서(참고. 벧전 2:5), 이 왕의 통치에 관한 복음을 외치고 자신의 죄를 회개하고 이 왕을 믿는 모든 자에게 죄 사함이 주어질 것이라고 선포한다.

요한계시록의 다른 곳에서도 이와 동일한 주제를 제시한다. 예수님은 모든 족속과 방언과 민족에 속한 사람들을 구속하시어, "우리 하나님 앞에서 나라와 제사장들을 삼으[셔서]" 그들로 하여금 "땅에서 왕 노릇하며" 통치하게 하셨다(계 5:9-10). 하나님이 처음에 아담과 하와에게 약속하셨던 통치가 온전히 실현될 것이다. 지금도 신자들은 하나님이 통치하시는 곳을 통치하지만, 그들이 하나님을 대신해서 이 세계 전체를 통치할 날이 다가오고 있다.

그리스도의 구속 사역과 하나님의 계획 가운데 그리스도께서 중심이 되신다는 사실은 성부 하나님의 영광을 약화시키지 않는다. 오히려 그와 반대로, 그런 것들은 하나님의 영광을 극대화시킨다. 하나님은 자기 아들 예수 그리스도 안에서, 특히 그분이 자기 백성을 구속한 구원 사역 속에서 찬송과 영광을 받으신다. 또한 구속받은 사람들의 통치와 제사장직 역시 어떤 식으로든 하나님의 영광을 가리지 않는다. 도리어 하나님이 구속하신 자들을 통해 하나님의 영광은 한층 더 밝게 빛을 발한다. 왕이신 하나님의 능력과 주권은 교회를 통해 만천하에 드러나며, 이로써 하나님이 영원토록 찬송을 받으실 것이고 그분의 나라가 설 것이다. 요한은 '그렇게 되기를 기원한다'는 뜻의 "아멘"이라는 단어를 덧붙인다. 하나님 나라에 속하는 모든 사람은 그렇게 이루어지기를 바란다.

1:7 이 절과 앞의 절들은 어떤 관계인가? 하나님 나라가 장차 임할 것이라는 약속은 5-6절로 끝난다. 그리고 이제 요한은 그 왕이 오실 때 그 나라가 온전히 임할 것이고, 그 왕은 다니엘이 예언한 대로 구름을 타고 오실 것이라고 말한다. 땅에 있는 모든 사람이 그분을 볼 것이고, 회개하지 않은 자들은 그렇게 오시는 주님이 자신들이 멸시하고 배척했던 분이라는 것을 깨닫고서는 애곡할 것이다.

요한은 시작에서 "볼지어다"라고 말하여, 독자들에게 주목할 것을 요구한다. 지금 전개되고 있는 역사는 영원토록 지속되지 않을 것이다. 새 날이 올 것이고 새로운 세계가 도래할 것이기 때문에, 모든 사람은 그날을 준비해야 한다. 예수님이 구름을 타고 이 땅에 다시 오실 것이다. 요한은 여기서 다니엘서 7장에 의거해서 글을 쓰고 있다. 다니엘서 7:13-14의 맥락 속에서 "인자 같은 이"는 이 땅으로 오는 것이 아니라, 나라를 받기 위해 "옛적부터 항상 계신 이"에게로 나아간다. 그리고 하나님은 인자에게 나라를 주어서 모든 사람이 그를 섬기고, 이 세계를 위해 계획한 그의 나라가 이루어지게 하신다.

복음서들 역시 이 인자가 바로 예수 그리스도시라고 말하며, 요한도 명백하게 복음서와 동일한 관점을 가진다. 왜냐하면 이어지는 단락에서 그가 영광스러운 인자로 등장하는 예수 그리스도에 관한 묵시를 보기 때문이다(계 1:12-20). 요한계시록에서 요한은 구약의 예언들을 자주 새로운 방식으로 적용하는데, 여기서도 그렇게 하는 것이 분명하다. 왜냐하면 예수님은 구름을 타고 하나님께로 나아가는 것이 아니라 이 땅으로 오시기 때문이다. 요한은 예수님이 오실 때 "각 사람의 눈이 그를 보겠고" "땅에 있는 모든 족속이 그로 말미암아 애곡할" 것이라고 말하며, 이를 통해 우리는 요한이 예수님이 땅으로 오실 것이라고 말한다는 것을 알 수 있다. 요한은 다니엘서 7:13과 스가랴서 12:10을 결합시켜 놓았는데, 후자의 본문은 예수님이 이 땅으로 오실 것임을 분명히 한다. 그렇지만 요한계시록이 다니엘서 7:13과 스가랴서 12:10을 처음 결합시킨 것은 아니다. 이미 예수님께서 그분의 가르침 가운데 이 결합을 제시하셨다. "그때에 인자의 징조가 하늘에서 보이겠고 그때에 땅의 모든 족속들이 통곡하며 그들이 인자가 구름을 타고 능력과 큰 영광으로 오는 것을 보리라"(마 24:30). 마태복음의 이 본문은 매우 분명히 스가랴서 12:10과 다니엘서 7:13 모두를 간접인용하고 있다. 문헌 전승이나 구전 전승에서 이 말씀과 요한계시록의 관계에 대해 어떻게 말하든, 예수님이 구름을 타고 오실 것이고 땅에 있는 사람들이 애곡할 것이라는 전승이 초기 교회에 널리 퍼져 있었다는 것은 분명해 보인다. 특히 예수님이 구름을 타고 이 땅에 다시 오실 것이라는 관념은 아주 널리 퍼져 있었다(마 26:64; 막 13:26; 14:62; 눅 21:27; 행 1:9-11; 살전 4:17). 1:3에서 볼 수 있듯이, 예수님의 오심은 요한계시록의 중심 주제들 중 하나인데, 요한은 다시금 이 주제가 가지는 중요성을 미리 보여 준다. 예수님의 이 오심을 그분이 주후 70년에 '오셔서' 예루살렘을 멸망시키신 것으로 국한시키는 견해는 거의 설득력이 없다. 왜냐하면 요한은 이스라엘의 지파들이 아니라(참고. 계 7:4-8) "땅에 있는 모든 족속"을 언급함으로써 이스라엘에 대한 심판에 초점을 맞추고 있지 않기 때문이다. 실제로 "각 사람의 눈"이 주후 70년에 예수님을 보았다는 것과 예루살렘이 심판을 받았을 때 땅의 모든 족속이 애곡했다는 것은 결코 사실일 수 없다. 도리어 그리스-로마 세계에서 살고 있던 많은 사람은 예루살렘과 그 성전이 파괴되었다는 소식을 듣고서는 기뻐했을 것이다. 따라서 이 본문에서 요한은 땅에 있는 모든 사람이 보게 될 예수님의 오심에 대해 쓰고 있다.

각 사람의 눈이 예수님이 오시는 것을 보게 될 것이라는 관념은 공관복음 전승을 반영한 것이다(마 24:30; 26:64; 막 14:62; 눅 21:27). 아울러 요한은 스가랴서에서 다윗의 집과 예루살렘의 주민들이 자신들이 찌른 이를 바라보고서 그를 위하여 애곡할 것이라고 말한 부분을 따라서 사용한다(슥 12:10). 스가랴는 이스라엘에서 자신들이 죽인 이를 바라보고서 통곡하는 자들에게 주어질 깨끗함과 죄 사함에 초점을 맞춘다(슥 12:10; 13:1). 요한은 이 구약 본문을 그가 처한 상황에 맞춰 두 가지 방식으로 해석하고 적용한다. 첫째, "땅에 있는 모든 족속"은 창세기 12:3(참고. 창 28:14; 시 72:17) 및 많은 사람이 아브라함 가족의 일부가 될 것이라고 하나님이 아브라함에게 주신 약속을 간접 인용한 것일 가능성이 높다. 어떤 사람들이 예수님을 바라보고서 애곡하고 회개할 것이라는 말은 스가랴서의 원래의 맥락과 일치하고, 바울이 구원자(예수)가 시온으로부터 오실 때 "온 이스라엘이 구원을 받으리라"고 말한 로마서 11:26과도 부합한다. 둘째, 어떤 사람들은 그들이 찌른 이를 바라보면서 하나님의 심판을 경험하게 될 것이다. 요한복음은 예수님이 찔리는 장면을 자세하게 설명하면서, 이 일은 스가랴의 예언이 역사 속에서 성취된 것이라고 말한다(요 19:34, 37). 예수님을 죽음에 넘긴 이스라엘 사람들은 그들이 찌른 이를 바라보았다. 반면에, 요한계시록은 스가랴의 예언의 종말론적인 성취에 대해 말하는데, 이는 예언의 성취가 여러 수준에 걸쳐 일어날 수 있다는 것을 보여준다. 다른 식으로 표현하자면, 스가랴의 이 예언은 역사 속에서 예수님을 십자가에 못 박고 찌른 일에 책임이 있는 자들만 가리켜 말한 것이 아니었다는 것이다. 요한은 "땅에 있는 모든 족속"이, 다시 말해 예수 그리스도를 주로 영접하기를 거부한 모든 사람이 예수님을 찔렀다고 선언한다. 또는 모든 사람이 예수님을 십자가에 못 박고 찔렀지만, 그렇게 한 것을 회개한 자들은 그들의 죄로부터 해방된다고 말할 수도 있을 것이다(계 1:5-6). 회개하기를 거부한 자들은 심판의 시간이 도래했다는 것을 알아차리고서 비탄과 슬픔으로 가득하게 될 것이다(참고. 마 24:30; 계 18:9). 그렇지만 그들이 애곡하는 것은 예수님께로 돌아와서 구원을 받기 위한 것이 결코 아닐 것이다.

요한은 7절에 기록한 것에 대해 "그러하리라 아멘"이라고 말함으로써 단호하게 긍정으로 화답한다. 요한계시록에서 의인들의 구원과 악인들에 대한 심판은 둘 다 기쁜 일이다. 후자가 기쁜 일인 이유는 통쾌하게 원수를 갚았기 때문이 아니라 하나님의 정의가 세워졌기 때문이다. 예수님의 오심은 그 나라가 도래하여 이 땅에 있던 온갖 더러운 것과 악이 제거되고 완전하고 아름다운 새로운 피조세계가 개시된다는 것을 의미한다. 그러한 새로운 피조세계의 출현에 대해 예와 아멘이야말로 자연스러우며 유일하게 건강한 반응이다. 이것은 요한이 주기도문에 나오는 간구들을 긍정하는 방식이다. 그는 '나라가 임하시오며'라는 간구에 대해서도 예와 아멘으로 화답하고, '뜻이 하늘에서 이루어진 것 같이 땅에서도 이루어지이다'라는 간구에 대해서도 예와 아멘으로 화답한다.

1:8 프롤로그는 하나님의 주권을 강조하는 말씀으로 끝난다. 하나님은 헬라어 알파벳의 첫 글자와 마지막 글자를 사용해서 "나는 알파와 오메가라"고 선언하신다. 요한계시록의 처음과 마지막에서 하나님은 이렇게 자신을 가리켜 "알파와 오메가"라고 말씀하신다(참고. 21:6). 하나님이 역사 전체를 시작부터 끝까지 주관하시고, 시작과 끝을 주관하신다는 것은 시작과 끝 사이에 있는 모든 것도 주관하신다는 것이다. 그래서 교회는 비록 로마 제국의 철권통치 아래에서 고난을 받고 있을지라도, 하나님이 그들을 버리셨다거나 그분의 통치가 제대로 작동하지 않는다고 말할 수 없었다. 하나님은 역사의 모든 것을 작은 것 하나까지 세세하게 주관하고 계시고, 어제나 오늘이나 영원토록 하나님이실 것이다.

그런 후에 요한은 1:4에서 하나님에 대해 말할 때 사용한 어구인 "이제도 있고 전에도 있었고 장차 올 자"라는 표현을 여기서 반복한다.[14] 하나

---

14 자세한 논의는 1:3 주석을 참고하라.

님은 그분께 속한 자들이 직면한 매 순간마다 능력 있으신 하나님이다. 하나님은 단 한 번도 모든 것을 주관하시는 최고의 주가 아니셨던 적이 없었다. 그러므로 역사가 하나님의 주관하심으로부터 벗어나서 독자적으로 돌아갈 가능성은 전혀 없다. 하나님은 장차 다시 오실 그분의 아들 예수 그리스도를 통해서 그분의 나라가 온전히 임하게 하실 것이다.

하나님은 "전능한" 분이시기 때문에 신자들의 억울함을 반드시 풀어주실 수 있다. 칠십인역에서 '전능자'[판토크라토르(*pantokratōr*)]는, 거의 대부분 히브리어로 하늘 군대의 주이신 여호와를 가리키는 '만군의 여호와'를 번역한 말이다. 구약의 증언에 의하면, 여호와는 하늘과 땅을 다스리신다. 욥기에서는 흔히 히브리어 샷다이(*shadday*)가 "전능자"로 번역된다(욥 11:7; 22:17, 25; 23:16; 27:2; 34:12; 35:13). 구약학자들은 일반적으로 샷다이가 하나님의 능력과 힘을 가리킨다고 보기 때문에, 칠십인역의 번역은 적절하다. 욥기의 배경을 주목하는 것이 중요하다. 왜냐하면 욥이 극심한 고난 가운데 있을 때 하나님이 전능자로 지칭되기 때문이다. 여기서 요한은 하나님이 역사를 주관하시는 이유를 설명한다. 하나님은 언제나 그분의 뜻과 계획을 이루시는 전능하신 하나님이기 때문에, 어느 것도 그분의 계획을 좌절시키지 못한다.

〰〰〰 **응답** 〰〰〰

이 본문에서 우리는 세 가지 주제를 주목해야 한다. 첫 번째는 하나님의 주권이고 두 번째는 예수 그리스도의 중심성이며, 세 번째는 신자들을 위해 계획된 은혜와 평강이다. 하나님의 주권이 이 절들 전체에 가득하기 때문에, 독자들은 고난 가운데서도 하나님의 사랑의 손길 아래 있다는 것을 확신할 수 있다. 하나님은 그분의 백성을 결코 버리지 않으신다. 그리고 그들이 지금 끔찍한 고난을 겪으며 살아가고 있을지라도, 결국에는 그분의 목적을 이루실 것이다. 하나님의 주권은 신자들에게 그분의 나라가 올 것이고 그분의 뜻이 이루어질 것임을 확신할 수 있게 해준다. 현존하는 악한 시대의 눈물과 한숨은 영원히 지속되지 않을 것이고, 악인들도 영원하지 않을 것이다. 신자들이 역사를 주관하시는 분, 전능한 하나님이신 분, 알파와 오메가이신 분, 지금도 계시고 전에도 계셨고 장차 오실 이의 선하심과 힘을 믿고 의지한다면 얼마나 큰 담대함과 확신을 갖게 되겠다는가!

둘째, 이 본문에서 우리는 예수 그리스도의 중심성을 본다. 요한계시록은 예수 그리스도의 계시다. 예수 그리스도는 충성된 증인으로서 고난을 겪은 이에 관하여 그리스도인에게 가장 탁월한 모범이시다. 이 세계에 대한 하나님의 주권은 예수님 안에서 표현된다. 왜냐하면 예수님은 사망을 이기셨고, 모든 왕과 황제와 총리와 대통령을 주관하시기 때문이다. 예수님은 머지않아 오셔서 그분의 나라를 세우실 것이다. 예수님의 오심은 복음인가? 신자들에게는 복음이다. 예수 그리스도께서 그들의 구속주이시기 때문이다. 신자들은 새로운 피조세계를 향유할 것이고, 장차 도래할 성에서 쫓겨나지 않을 것임을 확신할 수 있다. 요한은 예수 그리스도께서 그분의 피를 흘리심으로써 그리스도인들을 사랑하신다는 것을 보여주셨다는 사실과, 지금 그들이 바로 그 사랑을 받고 있다는 것을 상기시킨다. 예수님은 우리를 우리 죄에서 해방시키시기 위하여 그분의 목숨을 버리셨다. 우리가 저질러온 악은 예수 그리스도의 속죄 사역으로 말미암아 더 이상 우리를 더럽힐 수 없다. 그리고 요한은 거기서 멈추지 않는다. 우리는 어떤 목적을 위해서 죄로부터 해방되었다. 하나님이 아담과 하와에게 맡기기로 계획하셨던 역할이 예수 그리스도로 말미암아 이제 우리의 것이 되었다. 우리가 예수 그리스도로 말미암아 왕들과 제사장들이 되었기 때문에 하나님 나라는 세상에서 보이지 않을지라도 지금 예수 그리스도의 교회 안에 현존해 있다.

셋째, 하나님의 주권 및 예수 그리스도와 성령의 사역으로 말미암아 지금 우리가 은혜와 평강을 누릴 수 있다. 하나님이 예수 그리스도 안에서 우리를 향해 갖고 계시는 사랑을 알 때, 우리는 하나님의 은혜를 경험하게 된다. 우리를 우리 죄에서 해방시키신 하나님은 우리에게 모든 선물을 아낌없이 주실 것이다. 하나님은 우리의 삶과 역사 전체를 주관하신다. 하나님은 우리가 무엇을 할 수 있는지를 아시기 때문에, 우리가 살아가면서 직면하는 모든 일에 대처할 수 있는 힘을 우리에게 주신다. 그 결과 우리는 모든 일이 결국 선하게 끝날 것이고, 하나님이 예수 그리스도 안에서 언제나 우리를 위하신다는 것을 알기 때문에 하나님이 주시는 평안을 누릴 수 있게 된다.

⁹ 나 요한은 너희 형제요 예수의 환난과 나라와 참음에 동참하는 자라 하나님의 말씀과 예수를 증언하였음으로 말미암아 밧모라 하는 섬에 있었더니 ¹⁰ 주의 날에 내가 성령에 감동되어 내 뒤에서 나는 나팔 소리 같은 큰 음성을 들으니 ¹¹ 이르되 네가 보는 것을 두루마리에 써서 에베소, 서머나, 버가모, 두아디라, 사데, 빌라델비아, 라오디게아 등 일곱 교회에 보내라 하시기로

¹² 몸을 돌이켜 나에게 말한 음성을 알아보려고 돌이킬 때에 일곱 금 촛대를 보았는데 ¹³ 촛대 사이에 인자 같은 이가 발에 끌리는 옷을 입고 가슴에 금띠를 띠고 ¹⁴ 그의 머리와 털의 희기가 흰 양털 같고 눈 같으며 그의 눈은 불꽃 같고 ¹⁵ 그의 발은 풀무불에 단련한 빛난 주석 같고 그의 음성은 많은 물소리와 같으며 ¹⁶ 그의 오른손에 일곱 별이 있고 그의 입에서 좌우에 날선 검이 나오고 그 얼굴은 해가 힘 있게 비치는 것 같더라

¹⁷ 내가 볼 때에 그의 발 앞에 엎드러져 죽은 자 같이 되매 그가 오른 손을 내게 얹고 이르시되 두려워하지 말라 나는 처음이요 마지막이니 ¹⁸ 곧 살아 있는 자라 내가 전에 죽었었노라 볼지어다 이제 세세토록 살아 있어 사망과 음부의 열쇠를 가졌노니 ¹⁹ 그러므로 네가 본 것

과 지금 있는 일과 장차 될 일을 기록하라 ²⁰ 네가 본 것은 내 오른손의 일곱 별의 비밀과 또 일곱 금 촛대라 일곱 별은 일곱 교회의 사자요 일곱 촛대는 일곱 교회니라

⁹ I, John, your brother and partner in the tribulation and the kingdom and the patient endurance that are in Jesus, was on the island called Patmos on account of the word of God and the testimony of Jesus. ¹⁰ I was in the Spirit on the Lord's day, and I heard behind me a loud voice like a trumpet ¹¹ saying, "Write what you see in a book and send it to the seven churches, to Ephesus and to Smyrna and to Pergamum and to Thyatira and to Sardis and to Philadelphia and to Laodicea."

¹² Then I turned to see the voice that was speaking to me, and on turning I saw seven golden lampstands, ¹³ and in the midst of the lampstands one like a son of man, clothed with a long robe and with a golden sash around his chest. ¹⁴ The hairs of his head were white, like white wool, like snow. His eyes were like a flame of fire, ¹⁵ his feet were like burnished bronze, refined in a furnace, and his voice was like the roar of many waters. ¹⁶ In his right hand he held seven stars, from his mouth came a sharp two-edged sword, and his face was like the sun shining in full strength.

¹⁷ When I saw him, I fell at his feet as though dead. But he laid his right hand on me, saying, "Fear not, I am the first and the last, ¹⁸ and the living one. I died, and behold I am alive forevermore, and I have the keys of Death and Hades. ¹⁹ Write therefore the things that you have seen, those that are and those that are to take place after this. ²⁰ As for the mystery of the seven stars that you saw in my right hand, and the seven golden lampstands, the seven stars are the angels of the seven churches, and the seven lampstands are the seven churches.

요한은 프롤로그에서 요한계시록을 소개한 뒤, 이제 9-20절에서는 독자들에게 그가 이 책을 쓰게 된 경위를 알려준다. 이 본문은 네 단락으로 이루어져 있다. 첫째, 9-11절에서 요한은 복음에 헌신했다는 이유로 밧모 섬으로 추방당했고, 지금 그곳에서 글을 쓰고 있다고 독자들에게 말한다. 그리고 자기가 큰 음성을 통해 이 책을 써서 아시아 속주에 있는 일곱 교회에 보내라는 명령을 받았다고 말한다. 둘째, 요한은 그에게 말하는 음성을 보기 위해 몸을 돌렸을 때 인자에 관한 가공스러우면서도 영광스러운 묵시를 받게 된다(12-16절). 셋째, 요한은 그 영광을 보고서 기절한다. 그러자 사망과 음부를 이기신 예수님이 요한에게 두려워하지 말라고 말씀하신다(17-18절). 넷째, 요한은 하나님이 묵시들을 통해서 그에게 보여주신 것과 일곱 별과 일곱 촛대에 관해 설명하신 것을 기록하라는 명령을 받는다(19-20절).

다니엘서 10장(그리고 다니엘서 7장)과 요한계시록 1장 사이에 있는 병행들이 아주 두드러지는데, 제임스 해밀턴(James Hamilton)이 작성한 표5가 그것을 잘 보여준다.[15] 다니엘서 10장에서는 한 천사가 등장하는 반면에, 요한계시록 1장에는 인자이신 예수님이 등장한다(참고. 85쪽 표5).

이 병행들이 무엇을 의미하는가? 다니엘서 10장은 한 천사를 묘사하는 반면에 요한계시록 1장은 인자를 묘사하고 있다. 그런데 천사는 신적인 존재가 아니기 때문에, 이곳의 묘사들이 그 자체로 신적인 존재를 묘사하는 것이 아님은 분명하다. 하지만 이 두 기사의 차이점들에도 주목해야 한다. 왜냐하면 예수님이 천사와는 대조되게 제사장과 관련된 표현으로 묘사되고 있기 때문이다(참고. 계 1:13 주석). 또한 도표에서 볼 수 있듯이 요한은 다니엘서 7장도 가져오는데, 그가 다니엘서 7장을 사용한 것은 예수님의 신성을 암시한다. 그러므로 다니엘서 10장에 나오는 천사와 요한계시록 1장에

---

15 James M. Hamilton Jr., *Revelation: The Spirit Speaks to the Churches*, Preaching the Word (Wheaton, IL: Crossway, 2012), 49 (도표 3.3).

나오는 인자는 둘 다 영광스러운 존재지만, 하나님이신 예수님의 영광이 천사의 영광을 능가한다.

다니엘 10장	요한계시록 1장
10:5 세마포 옷을 입었고 허리에는 우바스 순금 띠를 띠었더라	1:13 발에 끌리는 옷을 입고 가슴에 금 띠를 띠고
7:9 그의 머리털은 깨끗한 양의 털 같고	1:14a 그의 머리와 털의 희기가 흰 양털 같고
10:6c 그의 눈은 횃불 같고	1:14b 그의 눈은 불꽃 같고 (이 묘사는 2:18에도 나온다)
10:6d 그의 팔과 발은 빛난 놋과 같고	1:15a 그의 발은 풀무불에 단련한 빛난 주석 같고(이 묘사는 2:18에도 나온다)
10:6e 그의 말소리는 무리의 소리와 같더라	1:15b 그의 음성은 많은 물 소리와 같으며
10:6b 그의 얼굴은 번갯빛 같고	1:16c 그 얼굴은 해가 힘있게 비치는 것 같더라

표5. 다니엘서 10장과 요한계시록 1장에 계시된 이에 관한 묘사들

〰〰〰 단락 개요 〰〰〰

I. 도입부(1:1-20)

  B. 인자에 관한 묵시(1:9-20)

1:9 이제 요한은 그가 교회들에게 편지를 쓰게 된 경위를 설명한다. 요한은 자기를 소개할 때 그의 사도적 권위에 초점을 맞추지 않고, 대신에 그의 독자들과 일치됨을 강조한다. 요한은 자신이 그들의 "형제", 즉 그들과 똑같은 신자이고 그들과 마찬가지로 하나님의 가족에 속한 자라고 말한다. 또한 그들과 똑같은 일을 하고 똑같은 처지에 있다는 것도 강조한다. 다시 말해 자신도 그들처럼 "환난"에 동참하고 있으며, 신자라면 누구나 직면해 있는 고난(비방, 투옥, 차별, 사회적 추방, 물리적 학대 그리고 어떤 경우에는 죽음)을 함께 하고 있다는 것이다. 이 경우 요한은 에게해에 있는 밧모라는 작은 섬으로 추방되었다.

아마도 요한은 복음, 즉 "하나님의 말씀과 예수 그리스도의 증거"(참고. 1:3)를 전한다는 이유로 로마인들에 의해 밧모섬에 유배당했을 것이다. 요한이 겪은 일은 요한계시록에서 신자들의 고난을 언급하는 다른 본문들에 대한 전조다. 예컨대, 빌라델비아 교회는 복음을 반대하는 문화 속에서 하나님의 말씀을 굳게 붙잡으라는 명령을 받는다(3:8, 10). 제단 아래에 있는 순교자들은 하나님의 말씀을 굳게 붙잡았기 때문에 죽임을 당했다(6:9). "목 베임을 당한 자들"은 "예수를 증언함과 하나님의 말씀 때문에" 목숨을 잃었다(20:4). 신자들은 "자기들이 증언하는 말씀으로써" 사탄을 이기라는 말을 듣는다(12:11). 하나님의 말씀은 예수 그리스도에 관한 증언의 중심에 있다(참고. 1:2 주석). 요한과 그의 독자들은 물러섬 없이 예수 그리스도와 하나님의 말씀에 충성했기 때문에 고난을 당했다.

요한이 동참하고 있는 것은 단지 고난만이 아니다. 그와 모든 신자는 그 나라에도 동참하고 있다. 바로 지금 그와 그들은 그 나라의 구성원들이며(1:6; 5:10; 12:10), 장차 예수님이 그분의 나라를 온전히 세우실 때에는 예수님과 함께 그 나라를 다스릴 것이다(5:10; 11:15). 그래서 요한이 그들과 함께 참음에 동참하고 있는 것은 의미가 있다. 신자들은 지금 그 나라의 구성원이지만, 나중에 그 나라를 온전히 누리기 위해 지금 참음에 동참하라는 명령을 받는다. 이 절에서 요한은 이 책의 중심 되는 가르침을 미리 보여준다. 신자들은 장차 도래할 그 나라를 받기 위하여 끝까지 참고 견디라는 명령을 받는다(13:10; 14:12). 요한은 그의 독자들이 겪고 있는 고난을 겪지 않은 채 이론적으로 교훈하고 있지 않다. 그는 복음을 위해 고난 받는 것이 무엇인지를 직접 겪어서 알고 있다. 환난과 나라와 참음은 '예수 안에'(개역개정은 "예수의") 있는 그들 모두의 몫이다. 왜냐하면 그들은 죄로부터 해방되어 왕들과 제사장들이 됨으로써 예수님과 연합되어 있기 때문이다(1:5-6).

1:10 요한은 독자들에게 자기가 '성령 안에'(개역개정은 "성령에 감동되어") 있었다고 알려준다. 이 어구를 바울적인 관점에서 해석해서는 안 된다. 요한은 자기가 육신으로 살아간 것이 아니라 성령의 능력으로 살고 있었다는 의미로 말하는 것이 아니다(물론 그가 성령을 의지해서 살았다는 데는 의심의 여지가 없지만). 요한계시록의 중요한 대목들에서 '성령 안에서'라는 어구는 예언의 영을 지칭하는 데 사용된다(4:2; 17:3; 21:10). 요한이 성령 안에 있었다고 말하는 것은 구약의 선지자들을 감동하셨던 바로 그 성령이 자기도 감동하셨다고 말하는 것이다(참고. 눅 2:27에 나오는 시므온). 따라서 요한이 성령 안에 있었다는 것은 그가 곧 하나님께 계시를 받을 상태에 있었다는 것을 의미한다. 이것은 요한계시록의 내용이 권위를 지닌다는 것을 보여주는 또 하나의 증거다(참고. 계 1:3). 왜냐하면 요한은 성령에 감동되어 요한계시록을 썼기 때문이다.

요한이 계시를 받은 날은 "주의 날"이었다. 신약성경에서 이 어구는 이곳에만 나온다. 이 어구가 예수님이 죽은 자 가운데서 다시 살아나신 날인 주일을 가리킨다는 것은 거의 확실하다. 복음서 기자들은 모두 예수님이 "안식 후 첫 날", 즉 한 주간의 첫 날에 부활하셨다고 말하는데(마 28:1; 막 16:2; 눅 24:1; 요 20:1, 19), 이러한 기록은 이날이 그리스도인들에게 중요했다는 것을 보여준다. 예수님의 부활이 새로운 피조세계의 개시였다는 점에서, 주일을 지키는 것은 의미가 있다. 또한 사도행전은 교회가 한 주간의 첫 날에 함께 모여서 떡을 떼었다고 말하는데(행 20:7), 틀림없이 성찬을 가리킬 것이다. 또한 바울은 고린도 신자들에게 그들의 수입을 따라 "매주 첫 날에" 모아 두라고 권면한다(고전 16:2). 이러한 증거들은 그리스도인들이 주일에 함께 모이기를 시작했다는 것을 시사한다. 밧모섬으로 유배된 요한은 다른 그리스도인들과 함께 모일 기회를 박탈당하였지만, 이날에 주님이 그에게 말씀하셨다. 이날에 요한을 부른 음성은 나팔 소리처럼 컸는데, 하나님이 그에게 계시해주시는 것들을 기록하라고 명령했다. 이 나팔 소리는 여호와가 시내산에서 이스라엘에게 자신을 계시하셨을 때 들렸던 나팔 소리를 재현한 것으로(출 19:17-20), 여기서는 주님이 요한에게 자신을 계시하고 계신다는 것을 보여준다. 하나님이 시내산에서 모세에게 그분의 말씀을 계시하셨던 것처럼, 지금은 밧모섬에서 요한에게 그분의 말씀을 주신다.

1:11 요한은 일곱 교회에 보낼 메시지를 두루마리에 기록하라는 명령을 받는다. 이 메시지를 기록했다는 것은 요한이 전한 메시지가 권위를 지닌다는 것을 보여준다(출 17:14; 신 17:18; 사 30:8; 렘 36:2). 일곱 교회가 있는 도시들은 2-3장에서 언급되는 순서를 따라 에베소(2:1-7), 서머나(2:8-11), 버가모(2:12-17), 두아디라(2:18-29), 사데(3:1-6), 빌라델비아(3:7-13), 라오디게아(3:14-22) 순으로 열거된다. 이는 사자(courier)가 이 책의 내용을 전달하기 위해 도시들을 방문한 순서기도 하다. 이 도시들은 해변에 위치한 에베소에서 시작해서 한 바퀴를 돌아 라오디게아에서 끝난다. 이것은 요한계시록이 주후 1세기에 존재했던 특정한 교회들에 보내기 위해 기록되었다는 사실을 다시금 상기시킨다.

1:12 들려오는 음성에 집중하던 요한은 말하는 자가 누구인지를 보기 위해서 몸을 돌린다. 본문은 그가 "말한 음성을 알아보려고 몸을 돌이[켰다]"고 말한다. 물론 음성은 눈으로 볼 수 없는 것이기에, 요한은 그 음성의 주인공이 누구인지를 알아보려고 한 것이었다(참고. 칠십인역 출 20:18; 단 7:11).

여기서 이 "음성"의 주인공은 천사일 수도 있지만, 유대교에서 "음성"은 흔히 하나님의 음성을 가리킨다. 몸을 돌이킨 요한은 일곱 금 촛대를 보았다. 요한계시록 1:20은 일곱 촛대가 일곱 교회를 나타낸다고 말한다. 성전에서 촛대는 지성소 바로 앞에 위치한 성소에 놓여 있었다(왕상 7:49; 대하 4:7, 20). 교회를 촛대라고 하는 이유는 교회가 하나님의 영광의 빛을 세상에 비추는 역할을 하기 때문인데(마 5:14-16), 요한은 교회들을 충성된 증인들이라고 부른다.

1:13 요한은 일곱 금 촛대를 보았을 때 인자에 관한 영광스러운 환상을 보게 된다. 이 환상은 분명히 문자적인 것이 아니라 묵시 문학의 특징인 표상들로 채워져 있다. 이 환상에서 보게 되는 각각의 특징에 몰두할 수도 있겠지만, 그렇게 하면 이 환상이 전체적으로 보여주기 원하는 숨이 멎을 정도로 영광스러운 인자의 모습을 놓칠 수 있다. 여기에서 '~같다'라는 표현을 많이 사용하고 있는 것은, 여기에 묘사된 내용들을 문자 그대로 받아들여서는 안 된다는 것을 시사한다. 이것은 16절에 의해서도 확증된다. 왜냐하면 엉망진창으로 갈기갈기 찢기기를 바라는 사람이 아니고서야 어느 누구도 "좌우에 날 선 검"을 입에 물고 있지 않을 것이기 때문이다!

인자는 금 촛대들 사이에서 걷고 계셨는데, 이것은 예수님이 교회들과 함께 거주하신다는 것을 보여준다. 예수님은 참으로 교회들과 함께 계셔서 교회들의 상태를 아시고, 교회들이 환난을 겪고 있는 와중에서도 결코 교회들을 버리지 않으셨다.

"인자 같은 이"를 보았다는 요한의 말은 동일한 어구가 사용되고 있는 다니엘서 7:13을 염두에 둔 것임이 분명하다.[16] 다니엘서 7장에서 인자는 영광스러운 모습을 한 사람인데, 히브리어로 "인자"라는 어구는 사람을 가리킨다(참고. 민 23:19; 시 8:4; 겔 2:1, 3).[17] 아울러 다니엘서에 나오는 인자는

---

16 헬라어로는 다소 차이가 있지만, 의미는 동일하다.

17 다니엘서 7:13은 아람어로 쓰였지만, 여기서 설명한 요점과 다르지 않다.

여호와처럼 구름을 몰고 오고, 모든 사람이 그를 섬기는 것으로 묘사된다는 점에서 하나님의 특징들도 지니고 있다(참고. 시 104:3; 단 3:14, 17, 18). 따라서 "인자"는 사람이지만, 사람 이상의 존재다. 다니엘서 7장에 대한 그러한 읽기는 인자를 사람이자 하나님으로 묘사하고 있는 요한계시록과 일치한다. 예수님이 요한계시록에서는 매우 드물게 인자라고 불리지만(참고. 계 14:14), 복음서에서는 이 칭호가 매우 흔하게 나온다. 특히 요한복음은 인자가 그의 죽음을 통해 영광을 받았으며, 그 결과로 예수님의 죽으심이 그분이 높아지시는 통로이자 길이 되었음을 강조한다(요 3:14; 8:28; 12:23, 34; 13:31). 세부적인 부분들에서는 서로 다를지라도, 요한복음에서 인자에 대해 묘사하는 초상은 요한계시록에서 보게 되는 것과 잘 들어맞는다.

"발에 끌리는 옷"[포데레(*podērē*)]은 제사장들이 입는 옷을 나타낸다(출 25:7; 28:4, 31; 29:5; 35:9; 슥 3:4, 참고. 지혜서 18:24; 시락서 45:8). 마찬가지로 "금띠"도 제사장들이 두른 띠를 가리키는 것이 거의 확실하다(참고. 출 28:4, 39, 40; 29:9; 39:29; 레 8:7, 13; 16:4). 다니엘서에서 인자는 성도들과 함께 나라를 받는다(단 7:18, 22, 27). 왜냐하면 인자는 성도들의 머리이기 때문이다. 하지만 요한계시록 1:5-6을 고려할 때, 인자는 왕일 뿐만 아니라 제사장이기도 하다. 이는 인자가 그분의 백성의 죄를 속하신 분임을 시사한다. 그 나라는 십자가를 통해서 현실이 된다. 따라서 십자가가 없다면 제사장의 속죄 사역도 없고, 성도들을 위한 나라도 없다.

1:14 13절이 인자가 제사장임을 말하고 있다면, 14절은 인자가 모든 것을 아시는 분임을 보여준다. 인자의 머리카락은 "희기가 흰 양털 같고 눈 같[다]." 달리 말하면, 인자의 머리카락은 그저 하얀색인 것이 아니라, 숨이 멎을 정도로 찬란하게 하얗다. 여기서 요한은 또다시 구약성경을 조금 수정하여 간접적으로 인용함으로써, 그가 말하고 싶은 의미를 전달한다. 다니엘서 7장에서 인자는 옛적부터 항상 계신 이에게 나아가 나라를 받는다. 보좌에 앉아 계시는 옛적부터 항상 계신 이의 "옷은 희기가 눈 같고 그의 머리털은 깨끗한 양의 털 같[다]"(단 7:9). 여기서 요한이 다니엘서 7장

의 옛적부터 항상 계신 이에 관한 묘사를 부주의하게 인자에게 적용시킨 것도 아니며, 다니엘이 말한 것을 잊어버린 것도 아니다. 오히려 요한은 자주 구약 본문들을 새로운 방식으로 적용하는데, 그런 경우에 요한이 수정한 부분은 특별히 주목할 만한 가치가 있다. 왜냐하면 다니엘서가 머리털이 흰 것을 옛적부터 항상 계신 이에게 돌리는데도, 요한은 머리털이 흰 것을 인자에게 돌리기 때문이다. 물론 머리털이 희다는 것은 문자적으로 정말 머리털이 하얗다는 것이 아니라, 인자가 지혜롭고 모든 것을 아신다는 것을 의미한다. 따라서 인자가 하나님이시라는 것은 의심의 여지가 없다.

인자의 눈은 "불꽃 같[다]." 이 절이 '같다'[호스(hōs)]를 세 번이나 사용하고 있다는 것을 주목해야 한다. 동일한 단어가 15절에서 2번, 16절에서 1번 나오며, 13절에서는 '같다'로 번역되는 동의어[호모이우(homoion)]가 나온다. '같다'라는 말은 요한계시록의 묵시적이고 상징적 성격을 더욱 강조한다. 요한은 예수님의 눈이 불꽃이었다고 말하지 않고, 불꽃 같았다고 말한다. 다니엘서 7:9에서 옛적부터 항상 계신 이의 보좌는 불꽃 같은데, 불꽃은 하나님의 원수들을 삼키고 멸망시킨다(사 29:6). 다니엘서 10:6은 영광스러운 모습을 한 천사의 눈을 가리켜 "횃불 같고"라고 말한다. 인자의 눈이 불꽃 같다는 본문의 표현은 요한계시록의 다른 곳에서 두 번 더 사용된다(2:18; 19:12). 2:18에 나오는 병행(주석을 보라)을 통해 알 수 있는 것은 이 표현이 인자가 모든 것을 꿰뚫어 아신다는 사실을 나타낸다는 것이다. 인자의 눈을 피해 숨을 수 있는 것은 아무것도 없다. 인자는 교회들과 로마 제국과 모든 사람의 마음속에서 일어나고 있는 모든 것을 정확하게 알고 계신다. 인자는 누가 자기에게 충성하는지, 누가 자기에게서 떠나 잘못된 길로 가고 있는지 그리고 누가 자기를 배척했는지를 아신다.

1:15 인자의 발은 "풀무불에 단련한 빛난 주석 같[았다]." 여기서 요한은 다니엘서 10:6에 나오는 천사에 대한 묘사("그의 팔과 발은 빛난 놋과 같고")를 가져와서 사용한다. 그러므로 이 흔치 않은 표상은 분명히 문자 그대로를 의미하지 않는다. 고대 세계에서 군인들이 신는 신발이나 군화는 이루 말

할 수 없이 중요했다. 군인들이 발에 맞지 않는 신발을 신고 전투를 벌이는 경우에는 발이 물집 잡히고 피투성이가 되어서 전투력이 저하된다. 반면에, 예수님의 발은 청동(주석 또는 놋)으로 되어 있기 때문에 원수들을 박살낼 수 있는데, 이것은 아마도 그분의 도덕적인 완전함을 나타내는 것으로 보인다(참고. 계 2:18). 그렇기에 어느 누구도 예수님을 대적하여 맞서거나 이길 수 없다.

요한의 환상 속에서 인자의 영광에 관한 묘사는 계속된다. 인자의 발은 원수들을 충분히 짓밟을 수 있고, 인자의 음성은 능력이 있어서 "많은 물소리" 같이 들린다(참고. 14:2; 19:6; 겔 43:2; 단 10:6). 시편 29:3은 이렇게 말한다. "여호와의 소리가 물 위에 있도다 영광의 하나님이 우렛소리를 내시니 여호와는 많은 물 위에 계시도다." 우렛소리 같은 하나님의 음성은 하나님의 능력과 위엄과 주권을 전달한다. 시편 93:4도 이와 동일한 주제를 전달한다. "높이 계신 여호와의 능력은 많은 물소리와 바다의 큰 파도보다 크니이다." 우렛소리 같은 바다의 포효는 하나님의 능력을 선포한다. 그런데 포효하는 물은 하나님이 아닌 다른 것을 가리키기도 한다. 에스겔서 1:24은 그룹들이 날개 치는 소리가 "많은 물소리와도 같으며 전능자의 음성과도 같으며"라고 말한다. 에스겔서의 이 본문은 요한계시록에 나오는 이 표현의 의미를 이해하는 데 도움을 준다. 그룹들과 관련해서 주목할 만한 것은, 그들이 이동할 때 내는 날개 소리가 마치 폭포에서 떨어지는 물소리처럼 믿을 수 없을 정도로 크다는 것이다. 그렇지만 에스겔은 거기서 한 걸음 더 나아가, 그 소리가 "전능자의 음성과도 같으며"라고 말한다. 이 말은 아주 의미심장하다. 왜냐하면 귀청이 터질듯 한 큰 물소리는 전능하신 하나님을 상기시키는 것이기 때문이다. 이렇게 예수님의 음성은 하나님의 음성 같아서 위엄과 능력과 힘이 있다.

1:16 이 절은 인자에 관해 세 가지를 말한다. 첫째, 인자는 오른손에 일곱 별을 쥐고 계신다. 둘째, 인자의 입에는 좌우에 날선 검이 있다. 셋째, 인자의 얼굴은 해 같이 빛난다. 인자가 일곱 별을 오른손에 쥐고 계신다는 것

은 정말 불가사의하다. 이야기의 이 대목에서 일곱 별이 무엇인지를 알려 주지 않으며, 20절에 가서야 "일곱 별은 일곱 교회의 사자"라고 말한다. 그렇지만 유감스럽게도 그 설명 역시 큰 도움이 되지 않는다. 그 사자들 (angels)의 정체가 여전히 의문에 남겨 있기 때문이다. 1:20 주석에서 설명하겠지만, 최선의 추측은 이 사자들이 일곱 교회를 감독하거나 이 교회들의 영들, 즉 하늘에 있는 이 교회들의 모습을 나타내는 문자 그대로의 천사들이라는 것이다. 어느 경우든 예수님은 이 천사들을 그분의 손에 쥐고서 통제하고 보호하신다(참고. 시 73:23; 139:10).

또한 예수님의 입에는 좌우에 날선 검이 있다. 검은 예수님의 말씀을 가리킨다. 왜냐하면 요한계시록 2:12이 "좌우에 날선 검을 가지신 이가 이르시되"라고 말하기 때문이다. 요한계시록 19:15도 그런 해석을 확증해준다. 거기에서도 예수님이 다시 오셔서 그분의 입에서 나오는 "예리한 검"으로 열방을 심판하고 무찌르실 것이라고 말한다. 이사야서 49:2은 그 책의 역사적 배경에 비추어볼 때 이사야일 가능성이 큰 여호와의 종이 '날카로운 칼 같은 입'을 가진 것으로 나온다. 이 칼은 이사야의 예언 말씀을 가리키지만 궁극적으로 여호와의 종은 예수님을 가리키며, 예수님은 여호와의 종으로서 여호와의 말씀을 하신다(참고. 히 4:12). 인자를 깔보아서는 안 된다. 인자의 말씀은 그를 대적하는 자들을 꿰뚫고 심판하기 때문이다. 데살로니가후서 2:8은 불법의 사람이 예수님의 입의 기운에 의해 죽임을 당할 것이라고 말한다.

끝으로, 예수님의 얼굴은 해 같이 빛난다. 이것은 인자의 영광을 묘사하는 또 다른 방식이다. 일례로 예수님이 변화산에서 변모되셨을 때에도 그분의 얼굴은 영광으로 빛이 났다(마 17:2). 해와 같다는 것이 반드시 신성을 가리키지는 않는다. 천사의 얼굴도 해의 것과 같은 광채로 빛날 수 있기 때문이다(단 10:6; 계 10:1). 핵심은 예수님께서 영화로우시다는 것이다. 이 절들에 나오는 인자에 관한 여러 가지 묘사를 지나치게 세세하게 구별하려는 시도는 위험하다. 그 묘사들이 전체적으로 주는 인상이 바로 요한이 말하고자 하는 핵심 내용이기 때문이다. 요한이 원하는 것은 우리가 인자의 영광과 찬란함과 위엄을 보고 느끼는 것이다.

1:17 이 구절은 인자에 관한 환상을 본 요한의 반응을 언급한다. 이 환상의 요지가 인자의 초월적인 영광과 위엄이라는 것은 매우 분명하다. 왜냐하면 요한이 이 환상을 보고서 갑작스런 심장마비로 죽은 사람처럼 인자의 발 앞에서 기절하기 때문이다(참고. 단 8:18). 하나님이나 천사들 앞에서 엎드러지는 것과 관련하여 구약성경은, 두려운 존재들이 임할 때 사람들이 보인 반응에 관한 전례를 제공한다(참고. 수 5:14; 겔 1:28; 단 8:17-18; 10:7-9). 인자가 지닌 하나님의 영광은 요한이 인간으로서 받아들일 수 있는 수준을 뛰어넘는 것이었다. 그렇지만 이 영화로우신 인자는 요한을 격려해 주신다. 인자는 그분의 강한 오른손을 요한에게 얹고서 그에게 두려워하지 말라고 말씀하심으로 그를 안심시키신다. 틀림없이 요한은 그의 죄와 유한함을 뼛속 깊이 깨닫고서 죽을 만큼 두려워했을 것이다. 그는 그를 바라보고 계시는 분의 임재 앞에 설 자격이 없다는 것을 알고 있었다. 17절의 나머지 부분과 18절은 요한이 두려워하지 말아야 할 이유들을 설명한다. 인자이신 예수님이 "나는 처음이요 마지막이니"라고 선언하신다. 이 말씀은 요한계시록에서 나중에 또다시 언급된다(참고. 2:8; 22:13). 주목할 만한 것은 이 말씀이 이사야서에서 여호와에 관해 말한 것(사 41:4; 44:6; 48:12)을 간접 인용한 것이며, 여호와께서 처음이자 마지막이시기 때문에 우상들과 구별된다고 이사야가 강조한다는 것이다. 여호와는 영원하신 분이라는 점에서 거짓 신들과 구별된다. 이것은 인자에게도 해당되기 때문에, 요한은 두려워할 필요가 없다. 인자는 한 분 참 하나님의 정체성을 함께 소유하고 계신다. 인자는 언제나 계셨고 언제나 계실 것이기 때문에 역사 전체를 주관하실 수 있다.

1:18 인자이신 예수님은 "살아 있는 자"다. 구약성경(예. 신 5:26; 수 3:10; 삼상 17:26; 왕하 19:4; 시 42:2; 84:2; 단 6:20, 26)과 신약성경(마 16:16; 26:63; 행 14:15; 고후 3:3; 6:16; 딤전 4:10; 계 7:2)에서 여호와는 흔히 '살아 계신 하나님'

으로 지칭된다. 여기 나오는 묘사는 그다지 간단하지 않은데, 왜냐하면 예수님이 지닌 하나님으로서의 정체성이 다시금 드러나면서도 그분이 사람으로 묘사되고 있기 때문이다. 실제로 예수님은 사람으로 죽으셨다. 그러나 예수님이 죽으셨음에도 죽음을 이기고 부활하여 승리하셨기 때문에, 죽음은 예수님께 최종적인 것이 될 수 없었다. 이제 예수님은 죽지 않으시고 인자이자 하나님의 아들, 하나님이자 사람, 삼위일체의 두 번째 위격, 예수 그리스도로서 영원히 사신다. 인자는 처음과 마지막으로서 역사를 주관하고 죽음을 영원히 이긴 살아 계신 분이기에, "사망과 음부의 열쇠"를 갖고 계신다(계 1:18). "열쇠"는 사망과 음부를 주관하는 권세를 가리킨다(참고. 사 22:22; 마 16:19; 계 3:7). 사망과 음부는 요한계시록에서 통상적으로 함께 언급된다(6:8; 20:13, 14). 음부는 히브리어 스올(Sheol)과 의미가 유사한데, 신약성경에서는 통상적으로 죽은 자들이 있는 곳을 가리킨다(눅 16:23; 행 2:27, 31). 사망과 음부는 함께 죽음의 영역이라는 동일한 실체를 가리킨다. 요한계시록에서는 의인화되어서 마귀적인 세력을 가리키기도 한다. 본문에는 이 두 가지 개념이 모두 존재하는 것으로 보인다. 사탄과 사망이 서로 밀접하게 연관되기 때문이다(참고. 요 8:44; 히 2:14-15). 사망과 음부와 모든 마귀 세력은 예수님의 권위 아래 있으므로, 예수님께 속한 자들은 그런 것들을 두려워할 필요가 없다. 죽음이 그들을 이기지 못할 것이다. 살아 계신 자이신 예수님이 사망을 이기셨기 때문이다.

1:19 11절의 명령은 한 바퀴를 돌아 이 절에서 요한에게 다시 주어진다. 그 지시는 요한이 하나님께로부터 온 환상에서 본 것들을 기록하라는 것이다. "네가 본 것"으로 지칭되는 이 환상은 12-16절에 묘사된 영화로우신 인자에 관한 것만이 아니라, 요한계시록 전체의 내용도 포함한다.

어떤 사람들은 1:19을 근거로 요한계시록의 개요를 제시하면서 "본 것"은 1장을 가리키고 "지금 있는 일"은 2-3장을 가리키며, "장차 될 일"은 4-22장을 가리킨다고 말한다. 그러나 실제로 이 문제는 그렇게 간단하지 않다. 일례로, 4장에 나오는 보좌에 앉아서 다스리시는 하나님에 관한 환상은 분명히 과거와 현재를 포함하고 있기에 미래에 속한 것으로 분류될 수 없다. 또한 5-22장에 나오는 모든 사건이 오직 미래와 관련된다고 말하는 것도 설득력이 없다. 필자가 적당한 곳에서 논증하겠지만, 인들(6:1-17; 8:1-5)과 나팔들(8:6-9:21; 11:15-19)은 과거 및 미래와 모두 관련되어 있다. 12장이 말하는 사탄이 하늘로부터 쫓겨난 것은 예수님이 십자가에 못 박혀 죽으셨을 때 일어난 사건이고 13장에 등장하는 두 짐승은 로마 제국과 거짓 종교를 나타내는데, 그러한 것들이 미래에만 국한될 수는 없다. 따라서 요한이 19절에서 말하고 있는 것은 요한계시록의 구조를 정확하게 설명하는 것이 아니다. 오히려 환상 전체는 현재 및 미래와 모두 관련된다. 요한은 지금 있는 일과 장차 될 일을 모두 보았다. 요한이 본 환상은 현재와 미래를 포함하고, 현재와 미래는 과거와 연결되어 있다는 점에서 역사 전체를 포괄한다.

1:20 이제 주님은 요한을 통해서 지금까지 언급된 상징들 중 일부를 설명해주신다. 일곱 별은 일곱 교회의 천사들을 나타내고, 일곱 촛대는 일곱 교회를 가리킨다. 이러한 설명은 '신비'[뮈스테리온(*mystērion*), 개역개정은 "비밀"]를 드러내는 것이다. 영어에서, 특히 신학적 담론에서는 흔히 사람의 이해를 뛰어넘는 어떤 것을 가리키기 위해 신비라는 단어가 사용된다. 그리고 그러한 용법은 완벽하게 받아들여질 수 있다. 단어들은 그 의미의 범위가 매우 넓기 때문에 여러 가지 방식으로 사용될 수 있다. 신비는 아리송하거나 알아내기 어려운 어떤 것을 가리킬 수 있다. 성경에서는 일반적으로 이 단어가 전에는 감춰져 있다가 지금은 계시된(흔히 구속사적 의미를 지닌) 어떤 것을 가리킨다. 그렇지만 여기서는 이 단어가 구속사적 의미를 지닌 것으로 보이지는 않는다.

요한의 말에 따르면, 예수님이 오른손에 쥐고 계시는 일곱 별은 일곱 교회의 사자들을 가리키지만, 이 "사자들"(angels)의 정체는 분명하지 않다. 어떤 사람들은 일곱 교회에 보내진 편지가 각 교회의 지도자를 특별히 언급하고 있다는 점에서("에베소 교회의 사자에게", 2:1 등) 이 천사들이 각 교회의 목회자를 가리키는 것이라고 주장했다. 이 해법은 매력적이다. 왜냐하면 요한이 각 교회에 배속된 하늘의 천사들에게 편지들을 썼을 것 같지는 않기 때문이다. 하지만 여전히 그러한 해석은 미심쩍다. 신약성경은 교회의 지도자를 가리키는 데 사자(또는 천사)라는 단어를 단 한 번도 사용하지 않는 데다가 요한계시록은 천사[앙겔로스(angelos)] 또는 천사들이라는 단어를 75번 사용하지만 절대로 사람을 가리키지 않기 때문이다. 또 다른 해법은 사자들이 각 교회의 영 또는 영적 상태를 가리킨다는 것이다. 이러한 해석이 가능하기는 하지만, 천사가 성경의 다른 본문에서 그런 의미를 지니는 예를 볼 수 없는 데다 요한계시록에서 천사 또는 천사들은 언제나 하늘에 속한 존재를 가리킨다. 따라서 "일곱 교회의 사자"가 천사들을 가리킨다고 보는 것이 최선이다. 이러한 해석의 가장 중요한 근거는 이 단어의 용례들이다. 요한은 요한계시록에서 천사들 또는 천사를 75번 언급하는데, 그 모든 용례가 하늘에 속한 존재들을 가리킨다. 그렇기 때문에 여기서도 사자가 하늘에 속한 존재들을 가리킨다고 보는 것이 가장 자연스럽다. 구약성경에서 천사 또는 천사들이 전형적으로 하늘에 속한 존재들을 가리킨다는 것도 이러한 해석에 더욱 힘을 실어준다. 묵시적인 책인 스가랴서에서도 단수형 천사가 20번 사용되는데, 언제나 하늘에 속한 존재를 가리킨다. 또한 욥기 38:7(칠십인역)에 언급된 천사들은 별들을 가리키는 것으로 해석될 수 있다. 요한계시록에서 일곱 교회에 보내는 각각의 편지의 수신자로 천사를 언급한 이유를 알아내는 것이 훨씬 더 어려운 일이다. 아마도 최선의 대답은 천사들이 하늘에 있는 교회들을 가리키거나 교회들을 보호하고 감시하는 어떤 역할을 한다는 것이다. 고린도전서 11:10에도 신자들의 예배를 보호하거나 감시하는 천사들의 역할과 관련해서 아주 비슷한 내용이 나온다.

하늘의 천사들은 교회들의 별들이고, 일곱 촛대는 일곱 교회를 나타낸다. 성막과 성전에는 성소를 밝히기 위한 촛대가 있었다. 스가랴서는 총독 스룹바벨과 대제사장 여호수아를 두 개의 촛대로 묘사한다(슥 4:2, 11). 여기서 교회를 촛대로 나타낸 것은, 교회가 예수 그리스도에 관한 복음으로 세상을 비추는 빛임을 의미한다.

$\approx\!\!\approx\!\!\approx$ 　응답　 $\approx\!\!\approx\!\!\approx$

인자이신 예수님을 만날 때, 우리는 요한이 보인 것과 동일한 반응을 보여야 한다. 모든 영광중에 계시는 인자를 보았을 때, 우리는 경외심으로 가득차서 그분 앞에 엎드려 경배하게 된다. 고난에 직면했을 때, 우리는 무엇보다도 인자이신 예수님의 모든 영광을 기억해야 한다. 예수님은 우리의 죄를 속한 우리의 제사장이시고 하나님의 말씀을 하는 우리의 선지자이시며, 만유를 다스리는 우리의 왕이시다. 우리는 예수님을 볼 때 모든 아름다움과 영광을 지니신 분으로 보게 된다. 그리고 우리가 진정으로 예수님을 보게 된다면 다른 아무것도, 심지어 죽음조차도 두려워하지 않을 것이다. 왜냐하면 예수님이 사망과 음부의 열쇠를 쥐고 계신다는 것을 깨닫게 되기 때문이다. 사망은 예수님을 이기지 못했기 때문에 우리를 이기지 못할 것이다. 예수님은 만유를 주관하시고 그분의 백성을 보호하실 것이다. 그러므로 우리는 어떤 반대를 마주하고 어떤 상황에 처하더라도 지극히 큰 담대함을 지닐 수 있다.

¹ 에베소 교회의 사자에게 편지하라 오른손에 있는 일곱 별을 붙잡고 일곱 금 촛대 사이를 거니시는 이가 이르시되

² 내가 네 행위와 수고와 네 인내를 알고 또 악한 자들을 용납하지 아니한 것과 자칭 사도라 하되 아닌 자들을 시험하여 그의 거짓된 것을 네가 드러낸 것과 ³ 또 네가 참고 내 이름을 위하여 견디고 게으르지 아니한 것을 아노라 ⁴ 그러나 너를 책망할 것이 있나니 너의 처음 사랑을 버렸느니라 ⁵ 그러므로 어디서 떨어졌는지를 생각하고 회개하여 처음 행위를 가지라 만일 그리하지 아니하고 회개하지 아니하면 내가 네게 가서 네 촛대를 그 자리에서 옮기리라 ⁶ 오직 네게 이것이 있으니 네가 니골라 당의 행위를 미워하는도다 나도 이것을 미워하노라 ⁷ 귀 있는 자는 성령이 교회들에게 하시는 말씀을 들을지어다 이기는 그에게는 내가 하나님의 낙원에 있는 생명나무의 열매를 주어 먹게 하리라

¹ "To the angel of the church in Ephesus write: 'The words of him who holds the seven stars in his right hand, who walks among the seven

golden lampstands.

2 " 'I know your works, your toil and your patient endurance, and how you cannot bear with those who are evil, but have tested those who call themselves apostles and are not, and found them to be false. 3 I know you are enduring patiently and bearing up for my name's sake, and you have not grown weary. 4 But I have this against you, that you have abandoned the love you had at first. 5 Remember therefore from where you have fallen; repent, and do the works you did at first. If not, I will come to you and remove your lampstand from its place, unless you repent. 6 Yet this you have: you hate the works of the Nicolaitans, which I also hate. 7 He who has an ear, let him hear what the Spirit says to the churches. To the one who conquers I will grant to eat of the tree of life, which is in the paradise of God.'

≋≋≋≋ 단락 개관 ≋≋≋≋

요한계시록 2-3장은 일곱 교회에 보내는 일곱 편지들로 이루어져 있다. 교회들은 전체적으로는 영적인 활기를 잃어가고 있지만, 각각의 교회는 그 영적 상태가 서로 다르다. 이 편지들은 표6에 자세하게 나와 있는 요소들을 공유하고 있는데, 이 요소들과 그 편차들을 관찰하는 것은 각각의 서신을 해석하는 데 도움이 된다(참고. 101쪽 표6).

표6은 각각의 요소가 에베소 교회에 보낸 편지에 있는 것을 보여 준다. 에베소 교회는 끝까지 인내로써 믿음을 지킨 것과 참된 신앙을 지킨 것에 대해서는 칭찬을 받지만, 첫 사랑을 잃어버린 것에 대해서는 책망을 받는다. 그들이 사랑을 잃어버린 것은 사소한 일이 아니다. 왜냐하면 주님께서 그

들이 회개하고서 회복되지 않는 경우에는 그들의 촛대를 옮길 것이라고 말씀하시기 때문이다. 반면에, 이기는 자는 생명나무와 영원히 낙원에 거주하게 되는 상을 받을 것이다.

표6. 일곱 편지의 요소들

수신 교회	에베소 2:1-7	서머나 2:8-11	버가모 2:12-17	두아디라 2:18-29	사데 3:1-6	빌라델비아 3:7-13	라오디게아 3:14-22
각 교회의 사자들에게 머넘	2:1	2:8	2:12	2:18	3:1	3:7	3:14
1장에 나온 그리스도에 관한 묘사의 어떤 측면과 각 교회의 관계	2:1	2:8	2:12	2:18	3:1	3:7	3:14
각 교회에 대한 칭찬/격려	2:2-3, 6	2:9	2:13	2:19, 24-25		3:8-10	
각 교회의 고칠 점	2:4		2:14-15	2:20-23	3:2		3:14-18
회개하라는 명령과 심판의 위협	2:5		2:16	2:21	3:3		3:19
성령의 메시지를 경청하라는 명령	2:7	2:11	2:17	2:29	3:6	3:13	3:22
"이기는" 자에게 주어진 약속	2:7	2:11	2:17	2:26-28	3:5	3:11-12	3:21

Ⅱ. 일곱 교회에 보낸 편지들(2:1-3:22)
　A. 에베소 교회(2:1-7)

≋≋≋≋　주석　≋≋≋≋

2:1 이 편지의 수신자는 "에베소 교회의 사자"다. 에베소는 아시아 속주의 서쪽 해안에 있던 항구 도시로서 중요한 관문 역할을 했다. 이 도시는 아데미(아르테미스)의 신전으로 유명했다(참고. 행 19:29-40). 또한 황제 숭배에도 열심이어서 율리우스 카이사르를 위한 신전을 모셨으며, 도미티아누스 황제(주후 81-96년)를 위한 신전도 요한이 요한계시록을 기록하기 전에 이미 지어졌을 가능성이 있다. 그리스도에 관한 환상의 두 요소가 요한계시록 2:1의 그리스도께서 자기를 알리시는 말씀 속에서 사용된다. 첫째, 예수님은 "오른손에 있는 일곱 별을 붙잡고" 계신다. 1:20은 일곱 별이 일곱 교회의 천사들이라고 말했었다. 교회들을 지키고 보호하거나 하늘에서 그들을 대표하는 이 천사들은 인자의 손 안에 있다. 이는 궁극적으로 각 교회를 보호하는 일이 영광스러운 인자의 손에 있음을 의미한다. 둘째, 인자이신 예수님은 "일곱 금 촛대 사이를 거니시는" 분이다. 일곱 촛대는 일곱 교회를 나타낸다(참고. 1:12 주석; 1:13 주석; 1:20 주석). 다른 모든 교회와 마찬가지로 에베소 교회는 하나님의 거룩하심과 사랑의 빛을 세상에 반사하는 소임을 가지고 있었다(마 5:15-16). 예수님은 교회들 사이에서 거니신다. 다시 말해, 예수님은 교회들로부터 멀리 떨어져 계시는 것이 아니라 신자들 가운데서 거닐고 계시며, 그래서 각 교회에서 무슨 일이 벌어지고 있는지를 아신다. 예수님은 교회를 돌보시고 교회가 잘못된 길로 가는 경우에

는 심판을 경고하신다.

2:2 에베소 교회는 끝까지 인내하여 믿음을 지킨 것과 거짓 신앙을 잘 분별해서 참된 신앙을 지킨 것에 대하여 칭찬을 받는다(2-3절). 에베소 교회는 그 행위들과 수고와 인내가 탁월했다. 에베소의 그리스도인들은 기독교 신앙에 대해 말로만 동의한 것이 아니라, 그 신앙을 그들의 일상생활에 실제로 적용했다. 그들의 행위들은 그들의 헌신이 진심이고 구체적이라는 것을 보여주었다. 실제로 그들의 행위는 "수고"[코폰(kopon)]라고 할 만한 것이었고, 이것은 그들이 신앙을 지키기 위해 고군분투했음을 의미한다. 그들은 악조건 속에서도 계속해서 신앙을 지키기 위해 끝까지 수고하고 행동했으며, 이로 인해 그들의 행위는 인내로 규정된다.

에베소 교회는 수고만이 아니라 영적 분별력에 대해서도 칭찬을 받는다. 그들은 거짓 신앙을 지닌 자들에게 순진하게 당한 것이 아니라, 악을 행하면서도 그리스도인 행세를 하는 자들을 단호하게 배척했다. 그들은 자칭 사도라 하되 아닌 자들을 아무렇지도 않게 용납하고 받아들이는 짓을 하지 않았다. 여기서 "사도"는 예수님이 임명하신 열두 사도를 가리키는 전문적인 의미로 사용된 것이 아니라, 각 교회에서 선교사나 특사나 사자로 파송된 자들을 가리키는 것으로 보인다(참고. 롬 16:7; 빌 2:25). 에베소 교회는 그리스도의 사자로 자처한 자들을 주의 깊게 평가해서 그들이 그리스도의 참된 제자들이 아니라는 것을 드러내었다(참고. 마 7:15-20; 살전 5:21; 요일 4:1-6). 사람들은 에베소 교회가 정통 교리를 지킨 것에 대해 칭찬을 받았다고 말하곤 한다. 그 말은 분명히 맞는 말이지만, 그들의 분별력을 정통 교리에만 국한시키는 것은 잘못이라 할 수 있다. 그들은 거짓 사도들이 보인 행실과 관련된 결핍들도 알아낼 수 있을 정도로 충분한 분별력을 지니고 있었다. 달리 말하면, 거짓 사도들은 그리스도께서 가르치신 것과 반대되게 살아가라고 가르쳤던 것으로 보인다. 거짓 사도들의 가르침이나 행위들은 둘 다 하나님을 기쁘시게 해드리는 것이 아니었다. 교리와 삶, 가르침과 행실은 궁극적으로 분리될 수 없으므로 이것은 충분히 타당하다.

2:3 요한은 에베소 성도들이 인내하며 끝까지 믿음을 지켰다는 것을 추가적으로 강조한다. 그들의 인내는 진정으로 주목할 만한 것이었다. 인간적으로 말하자면, 그들에게는 지쳐서 포기해버릴 온갖 이유가 있었기 때문이다. 또한 그들의 인내가 단지 인간적인 힘과 불굴의 인내심을 보여준 본보기였다고 말할 수 없다. 그와 반대로, 그들은 예수님의 이름을 위해 인내했다. 예수님의 이름에 대한 언급은 그분의 속성(character)과 존재에 초점을 맞추어 그분의 신성을 나타낸다. 우리는 하나님을 가리킬 때도 하나님의 이름을 사용하고, 하나님의 이름을 통해서 하나님을 안다. 따라서 어떤 다른 신의 이름을 부르는 것은 하나님의 이름을 무시하고 모독하는 것이다(참고. 출 20:7; 레 20:3; 신 6:13). 신자들이 예수님의 이름을 위하여 인내한다면 그것은 예수님을 하나님으로 높이고, 예수님이 하나님으로서 동일한 지위를 지니신다는 것을 인정하는 것이다.

2:4 하지만 에베소 교회의 영적 상태가 완전히 좋은 것만은 아니었다. 예수님은 에베소 교회가 중대한 잘못을 저지르고 있다고 지적하고 책망하신다. 그들은 끝까지 인내하여 믿음을 지켰고 영적 분별력을 발휘해서 거짓 신앙을 물리치고 참된 신앙을 고수했으나, 그들의 "처음 사랑"을 버리는 잘못을 저질렀다. 여기서 마태복음 24:12을 떠올릴 수 있다. 예수님은 시대가 악해져서 불법이 횡행하게 되면 많은 사람의 사랑이 식을 것이라고 경고하셨다. 요한은 에베소 교회가 하나님에 대한 사랑과 서로에 대한 사랑 중에서 어느 쪽의 사랑을 버렸다고 말하고 있는 것인가? 본문에 나와 있는 표현 자체로는 이 질문에 대한 대답을 찾을 수 없다. 다행히 동일한 저자에 의해 기록되었다고 여겨지는 요한일서가 그 대답을 준다. 요한일서에서 요한은 이렇게 말한다. "누구든지 하나님을 사랑하노라 하고 그 형제를 미워하면 이는 거짓말하는 자니 보는 바 그 형제를 사랑하지 아니하는 자는 보지 못하는 바 하나님을 사랑할 수 없느니라"(요일 4:20, 참고. 막 12:29-31; 요일 2:9-10). 따라서 처음 사랑을 버렸다는 것은 하나님에 대한 사랑과 동료 신자들에 대한 사랑을 둘 다 버렸음을 의미한다. 이 두 사

랑은 서로 분리될 수 없다. 에베소 교회는 끝까지 인내로써 믿음을 지키고 참된 신앙을 지켰지만, 그 구성원들 가운데서 냉담함이 생겨나서 굳어져 버렸다. 그들은 뜨거운 열심을, 그리고 주님과 서로에 대한 따뜻한 사랑을 회복해야만 했다. 참된 정통 신앙은 언제나 영적으로 따뜻하고 사랑이 많으며 너그럽다.

2:5 에베소 교회가 지닌 문제점은 사소한 것이 아니다. 예수님은 그들이 회개하지 않는 경우에는 직접 가서서 그들의 "촛대"를 옮기겠다고 경고하신다. 이것은 역사 속에서 예수님이 에베소 교회로 직접 가시겠다는 것인가, 아니면 재림을 의미하는 것인가? 이 질문에 명확하게 대답하기는 어렵다. 교회가 그의 촛대를 잃게 되는 것은 재림 이전에 일어날 수 있는 일로 보이고, 이는 예수님이 역사 속에서 가시는 것을 시사한다. 촛대를 옮긴다는 것은 교회가 그리스도의 교회로서 가지는 지위를 잃는 것을 의미한다. 따라서 처음 사랑을 버린 교회에서는 그리스도의 빛이 더 이상 빛나지 않을 것이고, 복음 메시지도 더 이상 울려 퍼지지 않을 것이다. 그리고 그런 교회는 완악해져서 그리스도의 교회를 흉내만 내게 될 것이다. 왜냐하면 사랑이 없는 교회는 복음이 없는 교회이기 때문이다. 복음으로 말미암아 생동하는 교회는, 자비와 은혜가 계속해서 필요하다고 교회 전체를 통해 메아리치는 것처럼 사랑으로 가득 차 있다.

따라서 에베소 교회는 과거에 그들이 어떤 모습이었는지를 '떠올려서', 그리스도를 사랑하고 헌신했던 지난날의 모습을 회복해야 한다. 진정으로 과거의 모습을 떠올린다면 '회개'로 이어질 것이다. 그리고 진정으로 회개하는 자들은 '그들이 처음에 했던 행위들을 할' 것이다. 그들이 지금 행하고 있는 것들은 사랑을 버린 행위들이기 때문에, 처음에 사랑으로 했던 그런 행위들이 아니다. 단지 올바른 행위로는 하나님을 기쁘시게 해드리기에 충분하지 않다. 그 행위에는 사랑으로 채색되고 사랑이 살아 움직인다는 구체적인 특질이 더해져야 한다.

2:6 에베소 교회는 사랑이 결핍되어 있었지만, 사랑하라는 명령을 잘못 해석해서는 안 된다. 참된 사랑이라고 해도 미워하는 것들이 있다. 악을 용납하거나 용서해서는 안 되기 때문이다. 여기서 예수님은 에베소 교회가 행한 분별을 다시 언급하신다. 그들은 니골라 당의 행위를 미워한 것에 대해 칭찬을 받는다. 본문의 내용은 불만족스러울 정도로 모호하며, 여기서는 니골라 당의 행위들이 무엇인지에 관해 말할 수 있는 것이 없다. 요한이 버가모에 보낸 편지에서 니골라 당의 행위들을 다시 언급하기 때문에 (15절), 필자는 그 부분에서 이 문제에 대해 좀 더 자세하게 논의할 것이다. 아마도 니골라 당은 음행과 우상에게 바쳐진 음식을 먹는 것 같은 행위들을 용납했을 가능성이 크다. 그들은 사랑과 관용이라는 이름으로 그렇게 했던 것 같다. 하지만 에베소 신자들은 그런 잘못된 타협에 빠지지 않고 그리스도의 모범을 따라("나도 이것을 미워하노라"), 니골라 당이 행하는 것들을 미워했다. 악을 미워하고 배척하는 것은 사랑과 양립할 수 있다(참고. 시 139:21). 그저 관심이 없고 귀찮아서 아무것도 미워하지 않는 것인데도 그렇게 하는 것을 사랑이라고 착각할 수 있다. 그러나 그것은 상대주의와 다원주의의 오류에 빠진 것이다. 반면에 에베소 교회는 과잉대응을 하다가 진리에 대한 그들의 열심 때문에 하나님과 서로에 대한 사랑을 짓눌러 버린 것일 수 있다(계 2:4).

2:7 일곱 교회에 주어진 말씀들은 예수님의 말씀이지만, 예수님은 "성령"을 통해 교회들에 말씀하신다. 그리고 이 메시지는 에베소 교회에만 국한되지 않는, "교회들에게" 하시는 말씀이다(참고. 2:11, 17, 29; 3:6, 13, 22). 여기에 주어진 말씀들에는 보편성이 있기 때문에, 요한이 편지를 보낸 모든 교회뿐만 아니라 실제로 모든 시대의 모든 교회에 적용된다. 성령은 모든 교회를 향해 이기라고 명령한다. 표6에서 볼 수 있듯이, 이기라는 명령은 일곱 교회에 보낸 각각의 편지의 끝부분에 나온다. 이 명령은 아주 중요하다. 이기는 자만이 영생을 얻기 때문이다. 오직 이기는 자들만이 영원토록 이어질 끝이 없는 생명을 받을 것이다.

이기는 자들은 "낙원"에서 생명나무의 열매를 먹을 것이다. 물론 생명나무는 하나님이 아담과 하와를 두셨던 에덴동산에 있었기에(창 2:9; 3:22, 24), 낙원은 문자 그대로 '동산'을 의미한다(예. 창 2:8, 9, 10, 15, 16). 생명나무(잠 3:18; 11:30; 계 22:2, 14, 19, 참고. 에스드라2서 2:12; 8:52; 마카베오4서 18:16; 에녹3서 23:18)와 낙원(눅 23:43, 참고. 에스드라2서 4:7; 6:2; 7:36, 123; 8:52)은 신자들에게 약속된 종말론적인 상급을 상징한다.[18] 따라서 본문의 낙원과 생명나무가 반드시 문자 그대로의 동산이나 생명나무인 것은 아니다. 왜냐하면 새로운 피조세계인 새 예루살렘도 도시로 묘사되기 때문이다(계 21:1-22:5). 생명나무와 낙원은 하나님께 속한 자들에게 주어질 영생과 기쁨들을 나타낸다.

≋≋≋≋ 응답 ≋≋≋≋

예수 그리스도는 교회에서 무슨 일이 일어나고 있는지를 아신다. 예수님은 우리의 마음을 꿰뚫어보시고, 우리가 예수님과 신자들에 대한 처음 사랑을 잃어버렸는지 여부를 아신다. 충성된 그리스도인들은 바르고 참된 신학을 고수해야 하며 악을 용납해서는 안 된다. 신학적 분별은 교회의 건강과 성장을 위해 필수적이다. 아울러 우리는 신자로서 참고 견디며 수고하라는 명령을 받는다. 우리에게는 안락하고 편안한 삶이 약속되어 있지 않다. 하지만 우리가 믿음이 있다고 자처하는 사람들을 시험하고 평가하는 과정에서, 신자로서 처음에 가지고 있던 사랑을 잃어버릴 수 있다. 우리 그리스도인들의 삶은 처음에 우리 안에서 불처럼 뜨겁게 타오르던 열심을 잃어버릴 수 있다. 교회들과 신자들은 우리의 촛대가 우리 주 예수 그리스도 안에서 하나님의 사랑으로 계속해서 불타오를 수 있게 해야 한다. 우리

---

18 잠언에 나오는 몇몇 본문들도 현세의 삶을 사는 동안에 생명나무를 누릴 수 있다는 것을 보여준다.

의 처음 사랑을 잃어버렸다면 우리는 하나님의 이름을 간절히 부르며, 하나님과 신자들에 대한 우리의 사랑을 다시 불붙여주시기를 간구해야 한다. 우리의 바르고 참된 신앙은 반드시 사랑으로 숙성되어야 한다. 그렇지 않은 경우에 우리는 우리를 죄에서 구원하신 그 사랑을 망각하고서 가혹하고 냉정하게 굳어 버리고 만다.

⁸ 서머나 교회의 사자에게 편지하라 처음이며 마지막이요 죽었다가 살아나신 이가 이르시되

⁹ 내가 네 환난과 궁핍을 알거니와 실상은 네가 부요한 자니라 자칭 유대인이라 하는 자들의 비방도 알거니와 실상은 유대인이 아니요 사탄의 회당이라 ¹⁰ 너는 장차 받을 고난을 두려워하지 말라 볼지어다 마귀가 장차 너희 가운데에서 몇 사람을 옥에 던져 시험을 받게 하리니 너희가 십 일 동안 환난을 받으리라 네가 죽도록 충성하라 그리하면 내가 생명의 관을 네게 주리라 ¹¹ 귀 있는 자는 성령이 교회들에게 하시는 말씀을 들을지어다 이기는 자는 둘째 사망의 해를 받지 아니하리라

⁸ "And to the angel of the church in Smyrna write: 'The words of the first and the last, who died and came to life.

⁹ " 'I know your tribulation and your poverty (but you are rich) and the slander¹ of those who say that they are Jews and are not, but are a synagogue of Satan. ¹⁰ Do not fear what you are about to suffer. Behold,

the devil is about to throw some of you into prison, that you may be tested, and for ten days you will have tribulation. Be faithful unto death, and I will give you the crown of life. **11** He who has an ear, let him hear what the Spirit says to the churches. The one who conquers will not be hurt by the second death.'

*1*Greek *blasphemy*

≈≈≈≈ 단락 개관 ≈≈≈≈

서머나 교회의 특징은 빌라델비아 교회(계 3:7-13)처럼 주님이 전혀 책망하지 않으셨다는 것이다. 그 대신에 살아 계신 그리스도는 박해, 특히 그 지역의 회당에 속한 유대인들이 가하는 박해에 직면해 있던 이 교회를 격려하신다. 서머나 교회는 현재의 고난을 받아들이고, 이후의 고난에 대해서도 마음의 준비를 하여 죽을 각오로 감당해야 한다. 그러나 이기는 자는 죽음에 대해 영원히 승리하게 될 것이다.

≈≈≈≈ 단락 개요 ≈≈≈≈

Ⅱ. 일곱 교회에 보낸 편지들(2:1-3:22)
　　B. 서머나 교회(2:8-11)

≋≋≋≋ **주석** ≋≋≋≋

2:8 서머나는 에베소처럼 항구 도시였다. 서머나는 어머니 여신(the Mother Goddess)을 모시는 신전으로 잘 알려져 있었다. 요한의 시대에는 황제 숭배도 행해져서, 티베리우스 황제(주후 14-37년)를 위해 지은 신전이 있었다. 서머나 교회는 예수 그리스도께 충성했기 때문에 유대인 회당과 이교 문화 양쪽으로부터 공격을 받았다. 그리스도께서 서머나의 신자들에게 주신 말씀들은 분명히 주변 사회와 세계로부터 소외된 교회를 위한 것이었다. 예수님은 1:17을 그대로 반영하여 자신이 "처음이며 마지막"이심을 그들에게 상기시키신다. 1:17에서 볼 수 있듯이(참고. 1:17 주석) 하나님만이 처음이자 마지막이시므로, 여기서도 예수님은 자신이 하나님임을 알리고 계신다. 예수 그리스도께서 역사 전체, 즉 시작과 끝과 그 사이에 있는 모든 시점을 다스리고 주관하신다. 서머나 교회는 운명이나 적대적인 세력의 희생물이 아니다. 또한 그들은 사망을 이기신 분에게 속해 있기 때문에 두려워할 것이 없다. 예수님은 유대인들의 선동으로 로마인들의 손에 죽임을 당하셨는데, 서머나 교회가 그와 동일한 위협을 당하고 있었다(참고. 2:9). 그러나 예수님은 무덤에서 다시 살아나심으로써 사망을 이기셨다. 서머나 그리스도인들은 예수님께 속해 있는 자들이기 때문에 그분이 이루신 일들에 참여하여 영원토록 생명을 누리게 될 것이다.

2:9 예수님은 9-10절에서 서머나 교회를 격려하며 도전을 주신다. 예수님은 그들이 처해 있는 상황을 아시고 이해하신다. 그들은 예수 그리스도께 헌신되어 있다는 이유로 "환난", 즉 압박과 고통을 마주하고 있다. 좀 더 구체적으로 말하자면, 그들은 궁핍과 싸우고 있다. 짐승 편에 서지 않는 자들에게는 상거래가 허용되지 않는 반면에(13:17), 바벨론 편에 선 자들은 이 세상의 눈부신 부와 사치를 누린다(참고. 18:4, 7, 9, 11-16, 19). 그러나 서머나 신자들은 물질적으로 궁핍했을지라도 영적으로는 부요했다. 그들의 경험은 다윗이 한 말을 상기시킨다. "주께서 내 마음에 두신 기쁨은 그들

의 곡식과 새 포도주가 풍성할 때보다 더하니이다"(시 4:7).

또한 서머나 교회는 유대인 회당으로부터 정죄와 비방을 받았다. 유대교는 로마 제국 아래에서 합법적인 종교였고, 기독교(the Christian movement)는 오랜 세월 동안 유대교라는 이름 아래에서 보호를 받아 왔다. 그런데 서머나에서 큰 유대인 공동체를 형성하고 회당에 속해 있던 유대인들이 서머나의 그리스도인들은 회당의 구성원도 아니고 진정으로 유대인도 아니기 때문에 법적인 보호를 받을 자격이 없다고 지역 당국에 알렸을 것이다. 그러나 요한은 그런 유대인들이 실제로는 하나님의 백성이 아니라고 말한다. 그들은 "사탄의 회당"이었다(참고. 계 3:9; 요 8:44; 롬 2:28-29; 갈 6:15). 요한의 말은 깜짝 놀랄 만한 것이었으며, 오늘날 우리에게는 유대인들을 증오하는 반유대주의적인 발언으로 들릴 수도 있는 것이다. 하지만 요한은 그 자신이 유대인이었고, 유대인 자체를 증오하지 않았다. 실제로 그의 이 말이 나중에 대대로 유대인들을 박해하고 학대하기 위한 근거로 사용된 것을 알게 된다면 아마도 그는 충격을 받을 것이다. 요한이 이 말을 기록했을 때 교회는 사회의 계층 사다리에서 최하층에 있었던 반면에, 서머나의 유대인들은 사회적이고 정치적인 권력을 지니고 있었다. 요한이 이 말을 기록한 목적은 유대인들에 대한 증오를 부추기려는 것이 아니라, 교회를 위로하려는 것이었다. 서머나에서 그리스도를 믿는 자들은 박해를 피하기 위해 그 지역 회당의 구성원이 되고 싶은 유혹도 느꼈을 것이다. 요한은 그들에게 그렇게 하지 말라고 경고했다. 왜냐하면 그것은 예수님이 그리스도이심을 부정하는 자들과 함께 한다는 의미일 것이기 때문이다. 따라서 그들은 어떤 희생을 치르더라도 마땅히 그런 유혹을 거부해야 했다.

2:10 서머나 교회는 이제 도전을 받는다. 주님은 그들이 앞으로도 고난을 받을 것인데, 어떤 고난이 닥치더라도 두려워하지 말라고 명령하신다(참고. 마 10:28). 우리는 "마귀가 장차 너희 가운데서 몇 사람을 옥에 던질" 것이라는 요한의 말에서, 9절에서 말한 "사탄의 회당"을 떠올려야 한다. 아

마도 이 말은 마귀가 그의 졸개인 유대인들로 하여금 그리스도인들은 황제에게 충성하지 않는 시민들이라고 비방하게 함으로써 서머나 신자들 중 몇 사람이 투옥되게 하리라는 의미일 것이다(참고. 계 2:9 주석). 그런 상황 속에서도 여전히 하나님이 모든 것을 다스리고 주관하신다. '시험을 받다'라는 단어가 마귀의 입장에서는 '유혹하는'(tempt) 것이지만, 하나님편에서는 '연단하는'(test) 것이다. 마귀는 서머나 신자들에게 해악을 입히려는 악한 의도로 그들이 투옥되게 할 것이다. 그러나 하나님은 고난을 통해 신자들을 연단하시려는 선한 의도로 그들이 투옥되는 것을 허용하실 것이다. 하나님은 그들의 이러한 시련들을 통해 신자로서 더 강하고 성숙해지는 것을 의도하셨다(참고. 롬 5:3-5; 약 1:2-4; 벧전 1:6-7).

그렇지만 마귀가 가하는 고난은 일정한 한계가 있다. 그 고난은 단지 "십 일 동안"만 지속될 것이다. 이 숫자는 문자 그대로의 의미를 지니지 않는다. 묵시 문학은 통상적으로 숫자들을 상징적인 의미로 사용하기 때문이다. 요지는 그 고난이 영원히 지속되지는 않으리라는 것이다. 그렇다고 해서 이 숫자가 반드시 신자들이 감옥에서 풀려날 것을 의미하지는 않는다. 이 구절 뒷부분에서 예수님은 그들이 죽음도 각오해야 한다고 말씀하시기 때문이다. 따라서 십 일은 제한된 기간을 가리킨다. 이 세상에서 받는 고난은 언제나 최종적으로 받게 될 영원한 상에 비하면 "잠깐"(참고. 벧전 1:6; 5:10)이다.

하지만 이 도전은 진지하다. 서머나 신자들은 "죽도록 충성하라"는 명령을 받는다. 그들이 예수님께 헌신되어 있다는 것은 예수님이 그들의 삶의 모든 부분을 주관하신다는 것을 의미한다. 예수님은 승리자에게 주어지는 월계관과 관련된 비유를 사용하셔서, 그들이 충성하면 그들에게 "생명의 관"을 줄 것이라고 말씀하신다. 야고보도 시험을 참고 견디는 자들에게 생명의 면류관이 약속되어 있다고 말한다(약 1:12, 참고. 고전 9:25; 딤후 4:8; 벧전 5:4). "생명"이라는 단어가 관과 동격이기 때문에, 관은 영생을 가리킨다. 다음 절이 분명하게 보여주듯이 상으로 주어지는 것은 관, 곧 영생 자체이다. 예수님이 사망을 이기고 영원히 사시는 분인 것처럼(계 1:18), 서머나 신자들도 예수 그리스도를 위하여 기꺼이 자신의 목숨을 바친다면 다시는 결코 죽지 않을 것이다.

2:11 성령이 서머나 교회에게 주신 말씀은 곧 모든 교회에 한 말씀이며 모든 교회에 적용될 수 있는 말씀이다. "이기는 자"는 "둘째 사망"의 해를 입지 않을 것이다. 요한은 "둘째 사망"이라는 어구를 다른 곳에서 3번 더 사용하는데(20:6, 14; 21:8), 이것은 불 못과 동일시된다. 이것은 지옥에서 받는 형벌을 가리키는 것이 분명하기 때문에, "생명의 관"(2:10)이 영생을 가리킨다는 것을 보여주는 또 하나의 증거이기도 하다. 예수님은 에베소 신자들에게도 이기는 자에게는 영생이 주어질 것이라고 약속하셨다. 이기는 자들은 낙원에서 생명나무의 열매를 먹을 것이다(2:7). 이제 요한은 이와 동일한 진리를 다른 식으로 전한다. 이기는 자들은 둘째 사망을 겪지 않을 것이다. 그들은 육신으로는 죽을 테지만, 하나님으로부터 영원히 분리되는 영원한 죽음인 둘째 사망은 겪지 않을 것이다(참고. 14:9-11).

〰〰〰 응답 〰〰〰

서머나 교회에 보낸 편지는 그리스도인들이 고난을 겪도록 부르심을 받았다는 것을 우리에게 상기시킨다. 박해는 서로 다른 양상을 띠기 때문에, 우리 모두가 믿음으로 말미암아 죽음이나 투옥을 당하지는 않는다. 그렇지만 우리는 우리가 사는 동안에 어떤 고난이 닥쳐올지를 알지 못한다. 그리고 교회사 전체에 걸쳐서 어떠한 신자들은 목숨을 바쳐서 그리스도를 믿는 그들의 믿음을 증언해 왔다. 그러할지라도 우리는 두려워할 필요가 없다. 육신의 죽음은 궁극적인 죽음이 아니기 때문이다. 그리스도에게 속한 자들은 예수님처럼 죽은 자 가운데서 다시 살아나게 될 것이다. 우리는 "처음이며 마지막"이신 분에게 속해 있기에 "둘째 사망의 해를 받지 아니[할]" 것이다.

12 버가모 교회의 사자에게 편지하라 좌우에 날선 검을 가지신 이가
이르시되

13 네가 어디에 사는지를 내가 아노니 거기는 사탄의 권좌가 있는 데
라 네가 내 이름을 굳게 잡아서 내 충성된 증인 안디바가 너희 가운데
곧 사탄이 사는 곳에서 죽임을 당할 때에도 나를 믿는 믿음을 저버리
지 아니하였도다 14 그러나 네게 두어 가지 책망할 것이 있나니 거기
네게 발람의 교훈을 지키는 자들이 있도다 발람이 발락을 가르쳐 이
스라엘 자손 앞에 걸림돌을 놓아 우상의 제물을 먹게 하였고 또 행음
하게 하였느니라 15 이와 같이 네게도 니골라 당의 교훈을 지키는 자
들이 있도다 16 그러므로 회개하라 그리하지 아니하면 내가 네게 속히
가서 내 입의 검으로 그들과 싸우리라 17 귀 있는 자는 성령이 교회들
에게 하시는 말씀을 들을지어다 이기는 그에게는 내가 감추었던 만나
를 주고 또 흰 돌을 줄 터인데 그 돌 위에 새 이름을 기록한 것이 있나
니 받는 자 밖에는 그 이름을 알 사람이 없느니라

12 "And to the angel of the church in Pergamum write: 'The words of

him who has the sharp two-edged sword.

13 " 'I know where you dwell, where Satan's throne is. Yet you hold fast my name, and you did not deny my faith[1] even in the days of Antipas my faithful witness, who was killed among you, where Satan dwells. 14 But I have a few things against you: you have some there who hold the teaching of Balaam, who taught Balak to put a stumbling block before the sons of Israel, so that they might eat food sacrificed to idols and practice sexual immorality. 15 So also you have some who hold the teaching of the Nicolaitans. 16 Therefore repent. If not, I will come to you soon and war against them with the sword of my mouth. 17 He who has an ear, let him hear what the Spirit says to the churches. To the one who conquers I will give some of the hidden manna, and I will give him a white stone, with a new name written on the stone that no one knows except the one who receives it.'

1Or *your faith in me*

〰〰〰 단락 개관 〰〰〰

버가모 교회는 황제 숭배에 참여하기를 거부했기 때문에 극심한 박해를 받은 것으로 여겨지며, 그 박해에도 불구하고 끝까지 충성하였다. 심지어 안디바는 예수 그리스도를 위하여 자신의 목숨을 내주기까지 했다. 반면에, 버가모 교회는 우상들에게 제물로 바쳐진 음식을 먹고 음행에 참여하는 타협도 저질렀다. 따라서 그들은 심판을 피하고 영생으로 들어가기 위해 그러한 행위들을 회개해야 한다.

≋≋≋ 단락 개요 ≋≋≋

Ⅱ. 일곱 교회에 보낸 편지들(2:1-3:22)
  C. 버가모 교회(2:12-17)

≋≋≋ 주석 ≋≋≋

2:12 버가모에서는 황제 숭배 제의가 널리 행해지고 있었기 때문에, 버가모 교회는 극심한 압박 아래 있었다. 버가모 사람들은 그들의 도시에 로마 여신과 신격화된 아우구스투스를 위한 신전들이 있는 것을 자랑스러워했다. 이 도시에는 의술의 신인 아스클레피오스와 제우스를 모시는 신전도 있었다. 그리스-로마 세계에서 대부분의 종교는 혼합종교로서 오직 한 신만을 섬긴 것이 아니라 많은 신을 섬겼고, 그들에게 도움을 줄 수 있을 것 같아 보이는 신이라면 어떤 신이라도 섬기고 도움을 구했다. 그리스도인들은 예수 그리스도 안에서 성령을 통해 자신을 계시하신 한 분 참 하나님 외에는 어떤 신도 인정하지 않았기 때문에 그런 종교들과는 거리가 멀었다. 여기서 예수님은 자신을 좌우에 날선 검을 가지신 이로 소개하신다(참고. 1:16). 검은 가장 깊은 곳까지 꿰뚫는 예수님의 말씀을 가리킨다(사 49:2; 히 4:12, 참고. 지혜서 18:16). 예수님은 황제나 그 밖의 다른 어떤 우상의 편에서 있는 자들을 그분의 말씀으로 심판하시고 멸하실 것이다. 예수님은 그분의 날카로운 검으로 열방을 치실 것이다(계 19:15). 짐승과 거짓 선지자는 예수님의 말씀에 의해 심판을 받고 불 못에 던져질 것이다(19:20). 마찬가지로 교회에 속해 있으면서도, 황제에게 충성을 맹세하거나 이교의 우상 축제들과 성적인 죄에 동참함으로써 타협하는 자들도 예수님의 말씀으로 심판을 받을 것이다.

2:13 예수님은 신자들이 처해 있는 상황을 아시기 때문에, 버가모 교회가 처해 있는 상황도 잘 알고 계셨다. 버가모는 사탄의 권좌가 있는 곳, 즉 사탄이 거주하는 곳으로 묘사된다. 앞에서 말했듯이 버가모에서는 황제 숭배가 중심적인 역할을 했으므로, 이 표현은 아마도 황제 숭배를 가리킬 것이다. 그렇지만 버가모에서 섬긴 다른 신들과 제의들도 염두에 둔 것일 수 있다. 버가모의 그리스도인들은 그들에 대한 그러한 극심한 적대감 속에서도 예수님의 "이름"을 끝까지 붙들고 그분을 믿는 "믿음을 저버리지" 않았기 때문에 칭찬을 받는다.

버가모의 그리스도인들이 가진 예수님을 향한 충성은 놀라운 것이었다. 안디바가 예수님을 위해 죽임을 당했는데도 그들은 끝까지 믿음을 지켰기 때문이다. 안디바는 "충성된 증인"으로 소개되는데, 이 표현은 1장에서 예수 그리스도를 소개할 때 사용되었다(1:5). 당시에는 증인(마르튀스)이라는 단어가 복음을 위해 목숨을 바친 사람을 가리키는 순교자(martyr)라는 전문적인 의미를 가지지는 않았다. 여기서 안디바는 황제 숭배 제의를 받아들이기로 타협하는 것을 거부하다가 죽임을 당함으로써, 그의 목숨으로 예수님에 대한 그의 헌신을 증언하였다.

2:14 버가모의 신자들은 예수 그리스도께 끝까지 헌신하고 충성한 것에 대해 칭찬을 받았지만, 신앙과 관련해서 타협한 것 때문에 책망도 받는다. 그 타협은 그들 중 일부가 "발람의 교훈"을 지지하고 받아들인 것이었다. 요한은 발람에 관한 성경의 이야기를 암시하고 있다(민 22-24장). 발람은 이스라엘을 저주하고자 했지만, 하나님의 성령은 발람으로 하여금 이스라엘을 저주하는 것이 아니라 축복하게 하셨다. 그러자 발람은 이스라엘을 무너뜨릴 다른 방법을 찾아냈는데, 이스라엘을 꼬드겨서 모압 여자들과 함께 우상 제의에 참여하고 음행을 하게 만들었다(민 25:1-2, 6; 31:16). 이 일로 인해 이스라엘에서 2만 4천 명이 죽임을 당했다(민 25:9). 이러한 이스라엘의 역사가 버가모에서 반복되고 있었다. 교회에 속한 신자들 중 일부가 이교 신전에서 행해진 제의에 참여해서 음행을 저질렀기 때문이

다. 어떤 사람들은 여기에 언급된 행음이 우상숭배를 가리키며, 그러한 해석이 요한계시록 17:1-19:5에서 요한이 바벨론을 고소할 때 사용한 표현과 일치한다고 주장한다. 그렇지만 여기서 음행이나 우상숭배 중 어느 하나만을 고집할 이유는 없다. 우상숭배와 성적인 죄가 서로 결합되어 있었을 가능성이 대단히 높다. 아마도 신자들 중에서 이런 짓을 자행한 사람들은 버가모에서 섬기는 많은 신은 거짓 신들이기 때문에, 그런 신들의 제의에 참여한 것이 그들의 신앙에 어긋나지 않는다고 주장했을 것이다(참고. 고전 8:4-6). 어쨌든 그들은 버가모에서 조합의 동업자들과 함께 어울리고 사회생활을 원만하게 하기 위해 우상 제의 활동들에 참여했다. 그리고 개인적으로 그런 잘못된 행동을 하는 것에서 그치지 않고, 다른 신자들에게도 그렇게 하는 것이 옳다고 가르치고 부추겼다. 그들의 말과 행위가 모두 "걸림돌"[스칸달론(skandalon)]로 작용했다. 여기서 걸림돌은 단지 예수 그리스도의 복음에서 조금 벗어나 비틀거리게 만드는 것이 아니라, 복음에서 완전히 떨어져 나가 최후의 상을 받지 못하게 만드는 것을 가리킨다. 거짓 교사들을 따르는 자들은 회개하지 않는다면 예수님의 말씀에 의해 심판을 받을 것이다(계 2:12, 16). 타협하는 자들은 장래에 주어질 상을 받지 못할 것이기 때문에, 결코 사소한 잘못을 저지른 것이 아니다.

2:15 버가모의 그리스도인들 중 일부는 발람의 교훈을 따랐고(14절), 일부는 니골라 당의 교훈도 따랐다. 니골라 당은 에베소 교회에 보낸 편지에도 언급되었다(6절). 유감스럽게도 니골라 당에 대해서는 불만족스러울 정도로 알려진 바가 없다. 어떤 사람들은 초기 교회에서 헬라파 과부들을 돕는 일을 하도록 세움을 받은 안디옥 사람 개종자 니골라를(행 6:5) 여기에 언급된 니골라 당과 연결시켜 왔다. 그러한 주장이 정확하다면 니골라는 그가 고백했던 신앙에서 나중에 떠난 것임이라 할 수 있다. 아마도 니골라의 교훈은 발람의 교훈과 동일했던 것 같다. 이것이 사실이라면 15절은 14절을 되풀이한 것이 되며, "이와 같이"[후토스(houtōs)]는 별개의 무리를 지칭하지 않는다. 흥미롭게도 히브리어 발람과 헬라어 니골라는 둘 다 '사람들을

이긴다'는 뜻이다.

2:16 버가모 교회의 몇몇 신자들이 발람의 교훈을 받아들여서 성적인 죄와 우상 제의에 참여했기 때문에, 예수님은 신자들에게 회개할 것을 촉구하신다. 회개하지 않는다면 무시무시한 결과를 초래할 것이다. 왜냐하면 예수님이 속히 가셔서 완고하게 죄를 행하는 자들을 심판하실 것이기 때문이다. 예수님이 "속히" 가실 것이라는 표현은 재림을 가리키거나(참고. 1:1; 22:6, 7, 12, 20), 역사 속에서 교회를 심판하러 오시는 것을 가리킬 것이다. 이 둘 중 어느 하나를 선택하기는 쉽지 않다. 예수님의 재림이 아무리 임박했다고 할지라도, 그것이 반드시 짧은 기간 내에 일어날 것임을 의미하지는 않기 때문이다(참고. 1:1, 3). 그렇지만 교회에 대한 심판이 최후의 심판 이전에 교회를 정결하게 하기 위한 것이라는 점에서, 이 본문은 역사 속에서 이뤄지는 심판을 가리킨다고 볼 수 있다. 예수님은 오셔서 그분의 입에 있는 검(참고. 2:12)인 능력 있는 말씀을 악에 빠져 있는 자들을 향해 휘두르실 것이다.

2:17 부활하신 그리스도의 말씀은 하나님의 성령의 말씀이기도 하며, 그 말씀은 모든 교회를 위한 진지한 메시지를 담고 있다. 요한은 이기는 자에게 주어진 약속을 말하는 것으로 버가모 교회에 대한 메시지를 끝낸다. 이것은 약속인 동시에 요구다. 왜냐하면 모든 사람이 이기고서 상을 받아야만 하기 때문이다. 여기에서 사용된 언어는 대단히 상징적이기 때문에 그 의미를 정확히 집어서 말하기 어렵다. 예수님은 이기는 자들에게 "감추었던 만나"를 상으로 주실 것이다. 만나는 광야에서 이스라엘에게 양식으로 주어진 것인데(출 16:31, 33, 35), 하늘로부터 온 떡으로 묘사된다(시 78:24). 에스드라2서 1:19은 만나를 '천사들의 떡'이라고 부른다. 그리고 바룩2서 29:8은 '그때에는 만나의 보고가 다시 높은 곳으로부터 내려올 것이고, 그들은 시간의 종말과 완성에 도달한 자들이기 때문에 그 기간에 만나를 먹게 될 것이다'라고 말한다. 마카베오2서 2:4-8에 따르면, 이스라엘이 포로

로 잡혀가자 예레미야가 장막과 언약궤와 분향단을 가지고 시내산으로 올라가서 장차 하나님이 이 백성에게 긍휼을 베푸실 때에 이곳이 드러나게 될 것이라고 말했다고 한다. 예레미야가 이것들을 감추었듯이, 만나도 장차 이기는 자들에게 주어질 상으로 감춰진다. 따라서 여기에서 만나는 믿음을 지킨 자들에게 주어질 종말론적인 하늘의 상을 가리키는 것으로 보인다. 지금 감춰진 만나는 나중에 어린양의 혼인 잔치에서 그들에게 주어질 것이다(참고. 계 19:9).

"흰 돌"은 이 동일한 상을 다른 식으로 묘사한 것이다. 흰 돌은 경기에서 이긴 자들에게 축하 연회에 들어갈 수 있는 입장권으로 주어졌다. 그리고 법정에서는 무죄로 방면됨을 나타내는 표로 사용되기도 했다. 이기는 자는 메시아의 연회에 참석할 것이며, 하나님 앞에 영원토록 결백한 자로 설 것이다. 또한 그들은 흰 돌 위에 새겨진 "새 이름"도 받을 것이다. 새 이름은 하늘의 성에 들어가는 것을 보장해주는 예수님의 이름을 가리키는 것으로 여겨진다. 고대 세계에서 어떤 사람의 이름을 아는 것은 그에 대해 권세를 가진다는 의미였다. 의미심장한 것은, 예수님의 이름을 "알 사람이 없다"는 것이다. 나중에 예수님이 백마를 타고서 악을 이기실 때에 아무도 그 이름을 알지 못했다(19:11-12). 여호와가 열방 앞에서 시온을 신원하실 때 시온은 "새 이름으로 일컬[어]" 지는데(사 62:2. 참고. 사 65:15), 이것은 시온이 구원을 받아 의롭게 되리라는 것을 의미한다(사 62:1-2). 마찬가지로 여기서도 이기는 자들은 신원 되어 구원을 받고 새로운 정체성을 수여받을 것이다. 만나, 흰 돌, 새 이름은 신자들에게 주어질 하늘의 상인 영생을 묘사하는 다양한 방식이다.

≈≈≈≈≈ 응답 ≈≈≈≈≈

우리는 버가모 교회의 신자들처럼 예수님 이외의 다른 어떤 권위가 우리의 삶을 주관하도록 용납해서는 안 된다. 참된 신자들은 가이사에게 충성을 바치는 것에 대해서는 아니오라고 말했고, 예수 그리스도께 충성을 바치는 것에 대해서는 예라고 말했다. 안디바는 황제를 섬기지 않고 그리스도에 대한 신앙을 고백했기 때문에 죽임을 당한 것으로 보인다. 우리는 그러한 담대함과 용기를 보이도록 부르심을 받는다. 하나님이 우리의 감정과 행위에서 첫째 자리를 차지하셔야 한다. 가족이든 건강이든 부이든 안락함이든 일이든 성공이든, 우리의 삶에서 그 어떤 것도 예수님을 대체해서는 안 된다. 버가모 교회에 속한 어떤 신자들은 또 다른 방식들로 타협하고 있었다. 그들은 지역 사회와 어울리기 위해, 이교 신전들에서 행해진 제의에 참석해서 우상들에게 바쳐진 음식을 먹고 성적인 죄를 범했다. 그들은 세상으로부터 나와서 거리를 둔 것이 아니라, 도리어 세상과 타협했다. 그리스도인인 우리는 세상과 어울리고자 하는 유혹을 받는다. 외인으로 살아가는 것은 힘든 일이다. 우리는 C. S. 루이스(Lewis)가 '핵심 세력'(inner ring)라고 부른 것에 속해서 힘 있고 영향력 있는 것의 일부가 되고 싶어 한다. 그러나 우리는 지금 우리가 가장 사랑해야 하는 예수 그리스도께 속해 있기 때문에 그런 유혹을 떨쳐내야 한다. 우리의 삶에서 우상이 예수 그리스도의 자리를 차지하게 해서는 안 된다.

Revelation
요한계시록
2:18-29

¹⁸ 두아디라 교회의 사자에게 편지하라 그 눈이 불꽃 같고 그 발이 빛난 주석과 같은 하나님의 아들이 이르시되

¹⁹ 내가 네 사업과 사랑과 믿음과 섬김과 인내를 아노니 네 나중 행위가 처음 것보다 많도다 ²⁰ 그러나 네게 책망할 일이 있노라 자칭 선지자라 하는 여자 이세벨을 네가 용납함이니 그가 내 종들을 가르쳐 꾀어 행음하게 하고 우상의 제물을 먹게 하는도다 ²¹ 또 내가 그에게 회개할 기회를 주었으되 자기의 음행을 회개하고자 하지 아니하는도다 ²² 볼지어다 내가 그를 침상에 던질 터이요 또 그와 더불어 간음하는 자들도 만일 그의 행위를 회개하지 아니하면 큰 환난 가운데에 던지고 ²³ 또 내가 사망으로 그의 자녀를 죽이리니 모든 교회가 나는 사람의 뜻과 마음을 살피는 자인 줄 알지라 내가 너희 각 사람의 행위대로 갚아 주리라 ²⁴ 두아디라에 남아 있어 이 교훈을 받지 아니하고 소위 사탄의 깊은 것을 알지 못하는 너희에게 말하노니 다른 짐으로 너희에게 지울 것은 없노라 ²⁵ 다만 너희에게 있는 것을 내가 올 때까지 굳게 잡으라 ²⁶ 이기는 자와 끝까지 내 일을 지키는 그에게 만국을 다스리는 권세를 주리니 ²⁷ 그가 철장을 가지고 그들을 다스려 질그릇

깨뜨리는 것과 같이 하리라 나도 내 아버지께 받은 것이 그러하니라 28 내가 또 그에게 새벽별을 주리라 29 귀 있는 자는 성령이 교회들에게 하시는 말씀을 들을지어다

18 "And to the angel of the church in Thyatira write: 'The words of the Son of God, who has eyes like a flame of fire, and whose feet are like burnished bronze.

19 " 'I know your works, your love and faith and service and patient endurance, and that your latter works exceed the first. 20 But I have this against you, that you tolerate that woman Jezebel, who calls herself a prophetess and is teaching and seducing my servants to practice sexual immorality and to eat food sacrificed to idols. 21 I gave her time to repent, but she refuses to repent of her sexual immorality. 22 Behold, I will throw her onto a sickbed, and those who commit adultery with her I will throw into great tribulation, unless they repent of her works, 23 and I will strike her children dead. And all the churches will know that I am he who searches mind and heart, and I will give to each of you according to your works. 24 But to the rest of you in Thyatira, who do not hold this teaching, who have not learned what some call the deep things of Satan, to you I say, I do not lay on you any other burden. 25 Only hold fast what you have until I come. 26 The one who conquers and who keeps my works until the end, to him I will give authority over the nations, 27 and he will rule¹ them with a rod of iron, as when earthen pots are broken in pieces, even as I myself have received authority from my Father. 28 And I will give him the morning star. 29 He who has an ear, let him hear what the Spirit says to the churches.' "

1 Greek *shepherd*

≋≋≋≋ 단락 개관 ≋≋≋≋

두아디라 교회는 "그 눈이 불꽃 같고 그 발이 빛난 주석과 같은 하나님의 아들"의 메시지를 받는다(계 2:18). 두아디라 교회는 그들이 보여준 사랑과 믿음과 인내와 진보에 대해 칭찬을 받는다. 그러나 두아디라 교회가 잘못한 일에 대한 책망이 강조된다. 왜냐하면 그들이 앞의 서신에서 비판되는 것과 동일한 잘못, 즉 우상들에게 제물로 바쳐진 음식을 먹고 성적인 죄를 저지르도록 가르치던 한 여자 선지자를 용납하고 있었기 때문이다. 이 여자와 그 추종자들은 회개하기를 거부했기 때문에, 머지않아 심판을 받을 것이다. 그리고 각 사람이 자신의 행위를 따라 심판을 받을 것이다. 두아디라 교회의 구성원들 중에서 이 잘못된 가르침을 따르지 않은 신자들은 예수님이 오실 때까지 인내로써 믿음을 지키라는 권면을 받는다. 이기는 자는 예수님과 함께 열방을 다스릴 권세와 "새벽별"을 상으로 받을 것이다 (28절).

≋≋≋≋ 단락 개요 ≋≋≋≋

> Ⅱ. 일곱 교회에 보낸 편지들(2:1-3:22)
>   D. 두아디라 교회(2:18-29)

≋≋≋≋ 주석 ≋≋≋≋

2:18 두아디라는 중요한 도시는 아니었지만 특별히 금속 가공과 직물 분야의 동업자 조합들로 유명했다. 신자들은 틀림없이 그러한 조합들에 가

입하기 위해서 타협하고자 하는 유혹을 받았을 것이다. 요한계시록에는 "하나님의 아들"이라는 어구가 단 한 번 사용되는데, 바로 여기서 그 어구가 등장한다. 두아디라 교회를 향해 말씀하시는 분은 하나님과 유일무이한 관계로 계시는 분, 즉 성부 하나님의 아들인 성자 하나님이시다. 요한복음은 예수님이 하나님의 아들이심을 특별히 강조한다. 하나님의 아들이라는 호칭은 예수님의 위엄과 그분이 하시는 말씀의 권위를 강조한다. 이 호칭은 로마 황제가 신의 아들로서 가지고 있다는 영광, 또는 두아디라에서 가장 중요한 신으로 섬기던 제우스의 아들 아폴론을 반박하기 위한 것으로 여겨진다. 이 본문의 묘사에는 1:14-15에서 인자를 묘사할 때 사용되었던 표현들이 다시 사용되고 있다. 예수님은 "그 눈이 불꽃 같고 그 발이 빛난 주석과 같은" 하나님의 아들이시다. 이 묘사는 다니엘서 10:6에서 천사를 "그의 눈은 횃불 같고 그의 팔과 발은 빛난 놋과 같고"라고 묘사한 것과 비슷하다. 하나님의 아들이기도 한 인자의 눈이 불꽃 같다는 묘사는 그분이 모든 것을 꿰뚫어보신다는 것과 그분의 거룩하심이 지극히 크다는 것을 나타낸다. 예수님은 어떤 악도 용납하실 수 없다. 이 사실은 두아디라 교회에서 세상과 타협한 자들에게 특히 적절한 메시지다. 예수님은 악과 타협하기를 거부하실 뿐만 아니라, 그분을 대적하는 모든 자를 부수고 멸하실 것이다. 예수님의 발을 이루는 청동(주석 또는 놋)은 두아디라에서 만드는 어떤 금속(그곳에서는 군사용 황동을 만들었다)보다 더 단단한 금속이었다. 따라서 악을 행하는 자들을 짓밟으시는 예수님의 발 앞에서는 어느 누구도 살아남지 못한다(참고. 계 19:13 주석).

2:19 두아디라 교회에 대한 칭찬은 대단히 주목할 만하다. 왜냐하면 예수님께서 그들이 보여준 많은 미덕과 믿음의 진보를 칭찬하시기 때문이다. 두아디라 교회는 그들이 한 일들에 대해 칭찬을 받는다. 그들은 아무것도 하지 않고 빈둥거리며 시간을 보내지 않았다. 그들의 행위들은 그들의 믿음이 실제로 존재한다는 증언이었다. 에베소 교회와는 달리 그들은 그들이 보인 사랑에 대해 칭찬을 받았다. 두아디라의 그리스도인들이 하

나님과 신자들을 향해 보인 사랑은 살아 있었고 빛을 발했으며, 그들이 일할 수 있도록 한 원동력이었다. 그들은 충성된 자들이었고, 서로를 섬기는 일에 헌신하였다. 그들은 그리스도인으로서 그들의 삶을 인내하며 견뎌냈다. 가장 주목할 만한 것은 그들이 신자로서 성장하고 있었다는 것이다. 그들은 신앙에서 진보해 나갔다. 지금 그들이 한 일은 처음에 신자가 되었을 때 한 일을 훨씬 뛰어넘었다. 두아디라 교회에 대한 칭찬은 한 줄 뿐이지만, 이 교회의 강점들은 주목할 만한 것들이었다.

2:20 두아디라 교회가 많은 강점을 가졌으나 하나님의 아들이신 예수님이 책망하실 수밖에 없는 것도 있었다. 그리고 그 책망은 결코 사소한 것이 아니었다. 두아디라 교회는 사랑으로 유명한 교회였다. 그러나 도덕성이라는 핵심을 잃어버릴 때 사랑은 그 강점 또한 잃어버리고 악을 용납하는 것으로 변질될 수 있다. 바로 그 일이 두아디라 교회에서 일어나고 있었다. 그들 가운데서는 넘쳐났던 사랑이 지나친 관대함과 자유분방함으로 변해 버렸고, 그로 인해 한 거짓 선지자가 그들 가운데서 치명적인 악영향을 끼치도록 방관하고 있었다. 여기서는 이 거짓 선지자를 "이세벨"이라고 부른다. 버가모 교회에 보낸 편지에서 발람을 언급했던 것처럼(계 2:14), 여기서 요한은 이스라엘에 바알 숭배를 도입하는 데 중심적인 역할을 했던 아합의 아내의 이름을 따온다(왕상 16:31). 여선지자로 불렸던 이 여자는 두아디라 교회에 우상숭배를 들여옴으로써 하나님의 백성을 파멸로 몰아가고 있었다. 그녀의 가르침은 다른 신자들을 속이는 것이었고, 그 가르침을 받아들인 신자들은 이방 신전에 가서 우상들에게 제물로 바쳐진 음식을 먹고 성적인 죄를 저질렀다. 물론 이 성적인 죄가 실제로 우상숭배를 가리키는 것일 수도 있다. 어쨌든 그 둘은 서로 밀접하게 연결되기 때문에, 바울이 로마서에서 말한 것처럼(롬 1:18-27) 그들의 우상숭배는 성적인 죄로 이어졌을 것이다. 앞에서 언급했듯이(참고. 계 2:14), 이 동일한 죄가 버가모 교회도 괴롭혔다. 동업자 조합들을 비롯해서 그 밖의 여러 사회적 활동들이 이교 신전들을 중심으로 이루어졌기 때문에, 신자들은 틀림없이 이

교 신전들에서 벌어진 활동들에 참여하고자 하는 유혹을 받았을 것이다. 이세벨의 사기 행각은 그녀가 "사탄의 깊은 것"을 퍼뜨리는 것과 관련이 있었다(2:24). 사탄은 틈만 나면 사람들을 속여서 죄를 짓게 만든다(참고. 창 3:13; 고후 11:3; 계 12:9; 20:3, 8, 10). 그리고 이 거짓 여선지자는 사탄이 두아디라 교회에서 사용한 도구였다.

2:21 이 절 전체에서는 하나님의 은혜와 사랑이 빛을 발한다. 이 거짓 여선지자가 신자들 가운데서 극악무도한 죄들을 부추겼음에도, 하나님은 그녀에게 죄를 회개하고 악에서 돌이킬 시간을 주시기 때문이다. 그러나 옛적의 이세벨처럼 이 여자도 그녀의 욕망들을 추구하기로 작정하고서 잘못된 가르침과 생활방식에서 돌이키기를 거부했다. 그녀의 완고함은 불신자들이 하나님의 심판에 대해 어떻게 반응할지를 미리 보여준다. 나중에 하나님이 불신자들에게 회개할 것을 촉구하셨을 때도 불신자들은 회개하기를 거부하기 때문이다(9:20-21; 16:9, 11).

2:22 이 거짓 여선지자는 회개하기를 거부했기 때문에 심판을 받을 것이다. 그녀는 우상숭배의 침상과 음행을 사랑했기에 그 침상에 갇혀버리게 되는데, 아마도 병에 걸려 죽게 된다는 의미일 것이다(참고. 고전 5:5; 딤전 1:20). 그녀와 더불어 "간음"을 행한 자들도 그들이 저지른 죄의 결과로 환난과 괴로움을 겪을 것이다. 앞에 나온 절들을 통해 알고 있는 대로 두아디라 교회에서는 성적인 죄도 자행되었지만, 이 절에서 간음은 영적인 간음을 의미하는 것으로 보인다. 이 거짓 여선지자의 가르침은 우상숭배와 성적인 죄 모두를 부추겼다. 요한계시록은 구약 시대의 이스라엘에게 일상적인 유혹이었던 영적 간음이라는 개념을 가져와서 사용한다(참고. 렘 3:8-9; 겔 16:1-63; 23:1-49; 호 1:1-3:5). 요한계시록에서 요한은 우상숭배를 영적 간음으로 본다(참고. 계 14:8; 17:1, 2, 4, 5, 15, 16; 18:3, 9; 19:2). 2:22의 마지막 부분은 이 이세벨의 가르침을 따른 자들에게 경고로 주어진 심판들이 조건적인 것임을 보여준다. 그들이 회개하여 죄에서 돌이키고 그녀의

가르침을 거부한다면, 그 심판들이 그들에게 닥치지 않을 것이기 때문이다.

2:23 하지만 심판에 대한 경고(22절)는 실제적이고도 불길한 것이었다. 만일 회개가 뒤따르지 않는다면, 불꽃 같은 눈으로 모든 것을 보시고 청동(개역개정은 주석)으로 된 발로 그분의 모든 대적을 부수시는(18절) 하나님의 아들이신 예수님이 이세벨을 추종하는 그녀의 "자녀들"을 죽이실 것이기 때문이다. 이 심판은 은밀하게 행해지지 않을 것이다. "모든 교회"라는 어구는 두아디라 교회에 행해진 심판이 요한계시록 2:1-3:22에서 편지들을 수신한 다른 모든 교회도 알려질 것임을 시사하며, 각각의 교회들에게 보내진 이 편지들이 실제로 모든 교회에 보내진 것임을 다시금 보여준다. 교회들은 두아디라 교회에 임한 심판을 보고서 아무도 예수님을 속일 수 없다는 사실을 깨달을 것이다. 예수님이 각 사람의 가장 은밀한 생각과 동기조차 다 아시고(참고. 렘 17:10; 롬 2:16; 고전 4:5), 각자가 행한 것에 따라 심판하시기 때문이다. 행위에 따른 심판은 신약성경에서 흔히 언급되는 주제다(예. 마 7:21-27; 16:27; 요 5:28-29; 롬 2:6-11; 고후 5:10; 11:15; 계 18:6; 20:11-15; 22:12. 참고. 시 62:12; 잠 24:12). 벌을 받는 자들은 그들이 받아 마땅한 벌을 받는 것이다. 왜냐하면 그들이 회개할 기회를 받았음에도 회개하기를 거부했기 때문이다.

2:24 이제 예수님은 두아디라 교회에서 이 거짓 여선지자의 가르침과 생활방식인 "사탄의 깊은 것"을 따르지 않은 나머지 신자들을 향해 말씀하신다. 이 거짓 여선지자나 그녀의 추종자들이 실제로 그녀의 가르침들을 사탄의 깊은 것이라고 생각하거나 말하지는 않았을 것이다. 그녀가 스스로 하나님의 뜻과 길들을 가르치고 있다고 자처하며 그 가르침들을 '하나님의 깊은 것'이라고 부르기까지 했을 수도 있지만, 예수님은 그녀가 실상 "사탄의 깊은 것"을 가르치고 있다고 반박하신다. 이와 동일한 맥락으로, 예수님은 유대인들의 회당을 가리켜 "사탄의 회당"이라고 두 번이나 말씀하신다(2:9; 3:9). 거짓 여선지자가 그녀의 가르침이 사탄으로부터 온 것이

라고 말하지 않았을 것이 분명하듯이, 유대인들도 그들의 회당이 사탄의 회당이라고 말하지 않았을 것이 분명하다. 하지만 예수님은 그녀의 가르침이 대사기꾼에게서 비롯되었다는 것을 아신다(참고. 2:20). 예수님이 두아디라 교회에 주시는 유일한 짐, 곧 유일한 요구사항은 그런 가르침을 멀리하라는 것뿐이었다. 우상들을 멀리하는 것은 신자들에게 절박한 문제다(요일 5:21).

2:25 두아디라 교회가 해야 할 것은 예수님이 오실 때까지, 즉 그분의 재림 때까지 믿음을 굳게 붙들며 참고 견디는 것이다. 끝까지 인내하여 믿음을 지킨 자들, 예수님이 다시 오실 때까지 참고 견딘 자들은 구원을 받을 것이다(참고. 마 10:22; 24:13; 골 1:22-23; 딤후 2:12). 이 절은 많은 점에서 요한계시록 전체의 메시지를 담고 있다. 최후의 상을 받기 원하는 신자들은 예수님이 다시 오실 때까지 계속해서 믿음을 지켜야 한다.

2:26 일곱 교회에 보낸 각각의 편지는 이기라는 명령과 이기는 자에게 주어지는 약속으로 끝난다. 여기서는 이기라는 명령이 그리스도의 "일"을 끝까지 지켜야 한다는 관점으로 해석되고 확장된다. 다시 말해, 이기는 것은 끝까지 믿음과 선행을 지키는 것을 의미한다. 이 표상은 27절에서 이기는 자들에게 열방을 다스리는 권세가 주어지리라는 것으로 확장된다. 다니엘서 7:14은 인자에게 통치권과 권세가 주어져서 모든 곳의 만민이 인자를 섬기게 될 것이라고 말하지만, 다니엘서 7장에 나오는 묵시의 나머지 부분은 인자가 성도들과 함께 다스리실 것임을 보여준다. 성도들은 그 나라를 소유할 것이고(단 7:18, 22, 27), 인자이신 예수님과 함께 다스릴 것이다. 주 예수님을 위해 목숨을 버린 신자들은 보좌에 앉아서 다스릴 것이다(계 20:4). 바울은 성도들이 세상을 심판할 것이라고 말한다(고전 6:2). 예수님은 그분을 따르는 자들이 이스라엘의 열두 지파를 다스릴 것이라고 약속하신다(마 19:28, 참고. 눅 22:20). 이것은 특별한 그리스도인들에게 주어질 특별한 상이 아니다. 모든 신자가 열방에 대해 이 권세를 누릴 것이다. 영

생을 받은 모든 자가 인자이신 예수님과 함께 다스릴 것이다. 하나님이 처음에 아담과 하와에게 이 세계를 다스리라고 하신 명령이 종말에 신자들에 의해 실현될 것이다.

2:27 이 구절은 시편 2:8-9의 표현을 사용하여 성도들의 통치라는 주제를 이어간다. 성도들은 "철장"으로 다스릴 것이고, 그들을 거스르는 자들은 질그릇처럼 깨질 것이다. 시편 2편의 표현이 신자들에게 적용되고 있는 것은 정말 놀라운 일이다. 왜냐하면 시편 2편에 나오는 이러한 표현은 반역하는 열방을 철장으로 다스릴 다윗 가문의 왕과 관련되며, 신약 기자들은 대부분 이 시편이 예수 그리스도를 통해 성취되었다고 보기 때문이다. 열방과 세상의 군왕들이 보이는 광분(시 2:1-2)은 빌라도와 이스라엘의 지도자들이 합심하여 예수님을 십자가에 못 박은 것을 통해 성취된다(행 4:25-26). 예수님을 하나님의 아들이라고 부르는 것은 이 시편을 염두에 둔 것이며(시 2:7, 참고. 마 3:17; 4:3; 눅 3:22), 예수님이 승천하시고 높아지셔서 하나님의 오른편에 앉으신 것도 시편 2:7의 말씀과 연결된다(참고. 행 13:33; 히 1:5; 5:5). 실제로 요한계시록의 뒷부분에서는 이 부분에서 성도들에게 적용된(계 2:27) 시편 2:9의 말씀(철장으로 열방을 다스리게 되는 것)이 예수님에게서 성취되었다고 말하며 열방에 대한 통치를 예수님께 돌린다(계 12:5; 19:15). 다니엘서 7장의 인자이신 예수님이 그분의 통치와 권세를 성도들과 공유하시듯이(단 7:14, 18, 27), 다윗의 자손이자 메시아 왕이신 예수님은 그분의 통치와 "권세"를 그분께 속한 자들과 공유하신다(계 2:27, 참고. 마 19:28; 눅 22:30).[19] 예수님은 열방을 다스릴 권세를 성부 하나님께로부터 받으셨고, 신자들은 열방을 다스릴 권세를 예수님께로부터 받는다. 여기에 언급된 통치를 천년왕국에서의 통치와 동일시해서는 안 된다. 여기서 말하는 상은 다른 편지들에서 이기는 자들에게 약속된 상과 동일한 것으로, 장차 도

19 마태복음 19:28과 누가복음 22:30은 장차 '사도들'이 인자와 함께 다스릴 것이라는 데 초점을 맞춘다.

래할 새로운 피조세계와 하늘의 성에서 다스릴 것을 의미하기 때문이다. 여기에 묘사된 통치는 시편 2편에서 철장으로 열방을 부술 것이라고 말한 것을 염두에 둔 것이기 때문에 구체적으로 악인들에 대한 심판을 통해 드러나지만, 악인들에 대한 심판으로 국한되지는 않는다. 신자들은 새로운 피조세계에서 계속해서 영원토록 다스릴 것이다.

이기는 자들에게는 낙원과 생명나무(계 2:7), 생명의 관과 둘째 사망에 대한 승리(2:10-11), 최후로 주어질 상(2:17)이 약속된다. 이 부분이 묘사하는 통치는 성도들이 새 하늘과 새 땅에서 받을 또 하나의 상으로, 그들은 그리스도와 함께 영원히 다스릴 것이다(참고. 11:15).

2:28 신자들은 만국을 다스리는 권세뿐만 아니라 "새벽별"도 받을 것이다. 여기서 요한이 말한 새벽별의 의미를 두고 논란이 있다. 요한의 이 말은 성도들이 별들처럼 빛을 발하면서 영원히 살 것이라고 한 약속(단 12:3)을 가리키는가? 새벽별은 해가 뜨기 전에 빛나는 금성인데, 요한계시록 22:16이 명시적으로 말하듯이 이 본문에서는 예수님 자신을 가리키는 것일 가능성이 더 크다. 민수기 24:17에서 발람이 별에 관해 예언한 대로, 예수님은 그분의 모든 원수를 분쇄하고 영원토록 다스릴 별이시다. 신자들이 받을 가장 큰 상은 예수님 자신이고, 그들은 예수님과 함께 다스릴 것이다.

2:29 두아디라에 보낸 편지는 일곱 개의 편지 모두에 나오는 말씀으로 끝난다. 신자들은 성령이 모든 "교회들"에게 하시는 말씀에 귀를 기울여야 한다(참고. 2:7 주석).

두아디라 교회에 보낸 편지는 사랑이 세상과 타협하는 관용으로 쉽게 변질될 수 있다는 것을 가르쳐 준다. 그러한 관용은 결국 사랑하는 것이 아니다. 두아디라 교회는 진리를 견고하게 옹호하는 대신에, 거짓 여선지자와 그녀의 추종자들이 하나님의 뜻과 분명하게 어긋나는 방식으로 살아가는 것을 허용하고 있었다. 우리는 너무나 쉽사리 주님이 성적인 도덕과 관련해서 말씀하신 것들을 잘라내고서, 성적인 죄악들을 너그럽게 허용하는 것을 우리의 사랑과 인자함을 보이는 것이라고 생각해 버린다. 참된 사랑은 언제나 진리 안에 있으며 그 안에는 자애로움과 단호함, 은혜와 진리가 동시에 존재한다. 성경이 말하는 도덕과 어긋나는 관용을 사랑과 혼동해서는 안 된다.

하나님은 악을 좇는 불의한 자들을 심판하신다. 동시에 심판을 집행하시기 전에 그들에게 회개하라고 경고하시고 가르치심으로써 자비도 함께 보이신다. 하나님은 악을 행하는 자들에게 회개할 시간과 공간을 주신다. 하나님께 심판은 '낯선'(사 28:21. 개역개정은 "비상할") 사역이다. 하나님은 죄인들이 죽는 것을 기뻐하지 않으시기 때문에, 그들에게 회개하여 살라고 호소하신다(겔 18:23, 32). 하나님은 그분의 손을 뻗으셔서 그분께 와서 죄 사함을 받으라고 사람들을 초청하신다(롬 10:21). 그리고 무거운 짐을 진 모든 자에게 쉼을 주겠다고 말씀하신다(마 11:28-30). 그러나 하나님의 자비를 멸시하고 악에서 돌이키기를 거부하는 자들은 결국 심판을 받을 것이다. 하나님은 기다리시지만 영원토록 기다리시지는 않는다. 결국에는 정의가 실행되어야 하기 때문이다.

또한 이 단락에서 우리는 미래도 얼핏 엿보게 된다. 신자들은 예수님과 함께 다스릴 것이다. 우리는 예수님과 함께 이 세계를 다스릴 것이다. 이것은 에덴동산에서 하나님이 처음에 아담과 하와에게 주신 통치권(창 1:28; 2:15)의 회복이라 할 수 있지만, 회복 그 이상의 일이 될 것이다. 이 통치는 이 세계 전체, 즉 우주 전체에 미칠 것이다. 새로운 피조세계에서 성도들에게 주어질 최고의 상은 새벽별이신 예수님 자신이다. 하지만 장차 도래할 새로운 세계 속에서 신자들은 놀라운 책임과 소임을 맡을 것이다. 우리는 절대주권을 지니시고 우리의 왕이신 예수님 아래에서 우리가 가진 창의성을 발휘하여, 지금은 상상조차 할 수 없는 새로운 방식으로 통치를 계획하고 집행하는 큰 기쁨을 누릴 것이다.

¹ 사데 교회의 사자에게 편지하라 하나님의 일곱 영과 일곱 별을 가지신 이가 이르시되

내가 네 행위를 아노니 네가 살았다 하는 이름은 가졌으나 죽은 자로다 ² 너는 일깨어 그 남은 바 죽게 된 것을 굳건하게 하라 내 하나님 앞에 네 행위의 온전한 것을 찾지 못하였노니 ³ 그러므로 네가 어떻게 받았으며 어떻게 들었는지 생각하고 지켜 회개하라 만일 일깨지 아니하면 내가 도둑 같이 이르리니 어느 때에 네게 이를는지 네가 알지 못하리라 ⁴ 그러나 사데에 그 옷을 더럽히지 아니한 자 몇 명이 네게 있어 흰 옷을 입고 나와 함께 다니리니 그들은 합당한 자인 연고라 ⁵ 이기는 자는 이와 같이 흰 옷을 입을 것이요 내가 그 이름을 생명책에서 결코 지우지 아니하고 그 이름을 내 아버지 앞과 그의 천사들 앞에서 시인하리라 ⁶ 귀 있는 자는 성령이 교회들에게 하시는 말씀을 들을지어다

¹ "And to the angel of the church in Sardis write: 'The words of him who has the seven spirits of God and the seven stars.

" 'I know your works. You have the reputation of being alive, but you are dead. ² Wake up, and strengthen what remains and is about to die, for I have not found your works complete in the sight of my God. ³ Remember, then, what you received and heard. Keep it, and repent. If you will not wake up, I will come like a thief, and you will not know at what hour I will come against you. ⁴ Yet you have still a few names in Sardis, people who have not soiled their garments, and they will walk with me in white, for they are worthy. ⁵ The one who conquers will be clothed thus in white garments, and I will never blot his name out of the book of life. I will confess his name before my Father and before his angels. ⁶ He who has an ear, let him hear what the Spirit says to the churches.'

〰〰〰 단락 개관 〰〰〰

사데는 절벽에 세워진 요새 도시였으며, 외적의 침입에 대해 함락되지 않는다고 스스로 믿었다. 어느 누구도 이 절벽을 기어오르지 못하리라고 여겼으나, 역사 속에는 외적이 그 절벽을 기어올라서 두 번이나 이 도시를 함락시킨 사실이 있다. 사데 교회는 이 도시의 역사를 그대로 반복하고 있었다. 부활하신 예수님은 성령과 일곱 천사를 가지신 분으로서 사데 교회를 향해 말씀하신다. 지금까지 언급된 교회는 모두 칭찬을 받았으나, 사데 교회는 아무런 칭찬도 받지 못한다. 예수님은 사데 교회가 살아 있는 것처럼 보이지만, 실제로는 죽어 있거나 죽기 직전이라고 말씀하신다. 그래서 그들에게 깨어나서 행동할 것을 촉구하신다. 사데 교회는 절박한 상황에 처해있었기 때문에, 스스로 돌이켜보고 회개하라는 명령을 받는다. 사데 교회가 계속해서 타락의 길로 나아간다면 예수님은 도둑 같이 오셔서 그들을 심판하실 것이다. 사데 교회에 대한 책망이 보편적인 것은 아니다. 하나님을 기쁘시게 하는 방식으로 살아가는, 교회다운 교회들도 있기 때문이다. 오직 이기는 자들만이 흰 옷을 받을 것이고 그들의 이름이 생명책에 기록될 것이며, 아버지 하나님과 천사들 앞에서 예수님이 그들을 시인하실 것이다. 이것은 성령이 모든 교회를 향해 하시는 말씀이다.

≋≋≋≋ 단락 개요 ≋≋≋≋

II. 일곱 교회에 보낸 편지들(2:1-3:22)
　E. 사데 교회(3:1-6)

≋≋≋≋ 　주석　 ≋≋≋≋

3:1 각각의 편지가 각 교회의 사자를 수신자로 하듯이(참고. 계 2:1), 이 편지의 수신자는 "사데 교회의 사자"다. 지금까지의 편지들과 마찬가지로 1장에 나오는 그리스도에 관한 환상에서 등장하는 요소가 사데 교회에 적용된다. 여기서는 예수님이 "하나님의 일곱 영과 일곱 별을" 가지신 분으로 묘사된다. "하나님의 일곱 영"은 성령을 가리키고(참고. 1:4 주석), 일곱이라는 숫자는 성령의 완전함을 나타낸다. 왜 예수님은 이 부분에서 자신이 성령을 가지고 계심을 강조하시는가? 그것은 사데 교회가 죽어 있기 때문이다. 사데 교회가 다시 살아나기 위해서는 성령의 능력과 충만함이 필요하며, 예수님은 사데 교회에 주실 성령을 가지고 계신다. 예수님이 일곱 교회의 천사들을 나타내는 일곱 별을 가지고 계신다는 표현의 의미를 파악

하는 것은 더 어렵다. 아마도 예수님이 각 교회의 사자(천사)를 비롯하여, 각 교회의 삶의 모든 측면을 주관하고 계신다고 말씀하시는 것으로 여겨진다.

예수님이 사데 교회의 상태에 대해 거론하시면서 사데 교회의 행위들을 안다고 말씀하시는데, 여기서 앞에 언급된 편지들의 사례를 따라(2:2, 19, 참고, 2:9, 13) 칭찬하는 말씀이 이어질 것이라고 예상하게 된다. 그러나 여기서 뜻하지 않은 반전이 일어난다. 예수님은 사데 교회의 행위들을 아시지만 그들의 행위들은 모두 부적절한 것들이다. 사데 교회는 영적인 삶과 생동하는 신앙으로 명성을 얻었지만, 그 명성은 유명무실한 것이었다. 그들은 영적으로 죽어 있었기 때문에 성령이 새롭게 역사하셔야 했다.

3:2 사데 교회가 영적으로 졸고 있는 상태였기 때문에, 예수님은 경보음을 울리시면서 그들에게 깨어나라고 부르신다. 깨어나라[그레고레오 (grēgoreō)]는 부르심은 일반적으로 신자들에게 정신을 바짝 차리라고 할 때 사용된다(예. 막 13:34, 35, 37; 14:38; 행 20:31; 고전 16:13; 살전 5:6, 10; 벧전 5:8; 계 16:15). 사데 교회는 깨어 있어야 했을 뿐만 아니라, 죽어가고 있는 나머지 것들을 견고하게 다져야만 했다("그 남은 바 죽게 된 것을 굳건하게 하라"). 이를 볼 때, 1절에서 사데 교회가 죽어 있다고 말한 것이 과장법임을 알 수 있다. 예수님이 "찾지 못하였노니"라고 하신 것은, 하나님께서 보시는 그들의 상태에 대해 예수님이 사법적으로 어떻게 판단하셨는지를 시사한다. 사데 교회는 쇠락하여 파국으로 치닫고 있었으나, 선한 것이 조금은 남아 있었다(참고, 3:4). 사데 교회는 죽기 일보 직전이었지만, 아직 완전히 죽지는 않았다. 그래서 조금 남아 있는 선한 것을 다시 다져서 견고하게 만들어야 했다. 그들의 행위들을 하나님 앞에서 완성하거나 '온전하게 해서'(NRSV) 하나님을 진정으로 기쁘시게 해드리는 행위들로 변화시켜야만 했다.

3:3 사데 교회는 처음에 그들이 복음을 받았던 상황, 즉 그들이 처음에

무엇을 듣고 받아들였는지를 기억하고 생각해내야만 했다. 그들은 그때에 들었던 말씀을 다시 생각해내서 마음에 새기고 악에서 돌이켜 하나님께로 돌아가야 했다. 예수님의 이러한 지시는 에베소 교회에게 기억하고 회개 하라고 명령하신 것과 비슷하다. 만일 사데 교회가 영적인 잠에서 깨어나 처음 행위를 회복하지 못한다면, 예수님은 그들을 심판하시기 위해서 도둑처럼 오실 것이다. 본문이 말하고 있듯이, 도둑은 올 시간을 정해놓지 않고 예상하지 못한 때에 느닷없이 들이닥친다. 여기서 예수님은 사데의 역사를 그들에게 상기시키신다. 사데 사람들은 사데가 절벽 위에 세워지고 성벽들로 둘러싸인 요새 도시였기 때문에 난공불락이라고 믿었다. 그러나 그들의 예상과는 달리 주전 547/546년에는 고레스 2세에 의해, 주전 214년에는 안티오코스 3세에 의해 두 번이나 함락을 당했다. 지금 사데 교회는 깨어 있지 않고 '꾸벅꾸벅 졸고' 있었기 때문에 비슷한 위험에 직면해 있었다. 신약성경은 예수님이 도둑 같이 오실 것이라는 표상을 자주 사용한다(마 24:43; 눅 12:39; 살전 5:2; 벧후 3:10; 계 16:15). 여기서 예수님이 오실 것이라는 언급은 재림을 가리키는 것일 수도 있고, 역사 속에서 최후의 심판에 앞서 사데 교회의 촛대를 옮기는 방식으로 행하실 심판을 가리키는 것일 수도 있다.

3:4 사데 교회가 완전히 타락한 것은 아니었다. 왜냐하면 소수의 사람들이 여전히 믿음을 지키고 있었기 때문이다. 자신의 옷을 더럽히지 않은 남은 자들이 있었다. 사데는 양털 생산으로 유명했는데, 양털로 소비자들이 원하는 아름다운 옷을 만들었다. 더러운 옷은 악인들의 삶을 오염시키는 악을 생생하게 묘사하며(참고. 슥 3:3-4), "흰" 옷은 의로움을 묘사한다(계 3:18, 참고. 6:11; 7:9, 13-14). 의인들이 신원되리라는 것은 분명하다. 그들은 흰 옷을 입고서 예수님과의 교제를 누릴 것이기 때문이다. 그들은 경건한 삶을 살았기 때문에 예수님과 함께 다니기에 "합당한" 자들이다. 신자들의 의로움이 하나님과 관계를 맺는 토대일 수 없다는 것은 확실하다. 모든 사람은 죄인이고 죄로부터 해방되고 정결해져야 하기 때문이다(참고. 1:5;

7:14). 하지만 죄 사함을 받은 자들은 새로운 삶을 살도록 부르심을 받았으며, 그들의 의로운 행위들은 그들이 예수님과의 교제를 영원히 누리기에 합당하다는 사실을 입증한다.

3:5 여기서는 "흰 옷"이 무슨 의미인지를 분명히 밝히고 '이기라'는 명령과 결부시킨다. 이기라는 명령은 일곱 편지 전체에 나오며, 도전이자 초대라는 기능을 한다. 여기서는 이기는 자들이 흰 옷을 입을 것이라고 약속한다. 앞 절에서 보았듯이, 흰 옷은 예수 그리스도와의 교제를 누리는 의인들에게 주어진다. 이것은 이기는 자에게 영생이 주어지리라는 사실을 다른 식으로 말한 것이다. 그러한 해석은 일곱 편지가 이기는 자들에게 각각 약속하는 상과 잘 들어맞으며, 이 절이 다른 두 가지 상에 관해 묘사하는 것과도 일치한다. 이겨서 흰 옷을 입게 된 자들의 이름은 생명책에서 결코 지워지지 않을 것이다. 요한계시록에서 "생명책"은 영생을 누리는 자들을 기록한 명부로 사용되곤 한다(13:8; 17:8; 20:12, 15; 21:27, 참고. 빌 4:3). 모세는 하나님이 이스라엘의 죄를 용서하셔서 그들을 살려주시고, 대신에 그분의 책에서 자신의 이름을 지우고 자기 목숨을 가져가시기를 구했다(출 32:32-33). 모세의 이 말은 육신의 생명을 염두에 둔 것이었지만, 요한계시록은 분명하게 영생을 염두에 두고서 생명책을 언급한다. 악을 이기는 자들은 하나님 및 그리스도와 함께 하는 삶인 영생을 결코 잃지 않을 것이다. 이와 동일한 진리가 또 다른 방식으로 언급된다. 예수 그리스도께서 믿음을 지킨 자들의 이름을 그분의 아버지와 천사들 앞에서 시인하시리라는 것이다. 예수님은 이기는 자들을 공개적으로 신원하실 것이고 그들이 자신의 사람들이라고 말씀하시면서, 그들에게 거룩한 성인 새 예루살렘에 들어갈 수 있는 허가증을 수여하실 것이다. 이곳에 나오는 말씀은 예수님이 "누구든지 사람 앞에서 나를 부인하면 나도 하늘에 계신 내 아버지 앞에서 그를 부인하리라"(마 10:33)고 하신 경고와 대비된다. 바울은 이와 동일한 말씀을 가져와서, "우리가 주를 부인하면 주도 우리를 부인하실 것이라"(딤후 2:12)고 선언한다. 오직 이기는 자들만이 하늘의 상을 받을 것이다.

3:6 사데 교회에 보낸 편지는 다른 일곱 편지에도 나오는 동일한 말씀으로 끝난다. 이 편지에서 부활하신 그리스도가 하신 말씀 곧 하나님의 성령을 가지신 분의 말씀(3:1)은 성령의 말씀이기도 하다. 이 말씀은 사데 교회만이 아니라 모든 교회에 적용되는 것으로서, 모든 교회는 이 말씀을 절박한 심정으로 경청해야 한다.

≋≋≋≋ 응답 ≋≋≋≋

사데 교회에 보낸 편지는 우리로 하여금 정신이 번쩍 들게 만든다. 왜냐하면 어떤 교회가 하나님이 주신 생명으로 살아서 활동하고 있다고 확신하고 그러한 것들로 인해 명성을 얻고 있을지라도, 사실은 영적으로 죽어 있는 상태일 수 있기 때문이다. 그 교회가 많은 활동을 하고 있지만, 그런 활동들 가운데 그 교회가 진정으로 살아 있음을 증명해주는 행위들은 없을 수 있다. 신자들은 하나님이 기뻐하시는 삶을 살아가기 위해 성령의 능력과 충만함을 계속 필요로 한다. 신자 개개인의 힘만으로는 생기 넘치는 영적인 삶을 살아갈 수 없다. 그런 삶은 성령이 우리 안에서 능력으로 역사하여 우리를 변화시키실 때만 가능하다. 신자들은 영원한 상을 얻기 위해 정신을 바짝 차리고 깨어 있어야 한다. 의로움과 거룩함으로의 부르심은 선택사항이 아니다. 우리가 우리 자신의 의로움과 거룩함이라는 공로로 구원을 살 수 있는 것은 아니지만, 하나님께 속한 자들은 하나님을 기쁘시게 해드리는 삶을 살아간다. 그들의 의로운 행위들은 그들이 영원한 상을 보장받았다는 증거다. 그리고 그러한 행위들은 해도 되고 안 해도 되는 그런 것이 아니다. 왜냐하면 영적인 잠에 빠져서 이기지 못한 자들은 장차 예수님과 동행하지 못할 것이고 그들의 이름이 생명책에 있지 않을 것이며, 예수님이 아버지 하나님 앞에서 그들을 시인하지 않으실 것이기 때문이다.

7 빌라델비아 교회의 사자에게 편지하라 거룩하고 진실하사 다윗의 열쇠를 가지신 이 곧 열면 닫을 사람이 없고 닫으면 열 사람이 없는 그가 이르시되

8 볼지어다 내가 네 앞에 열린 문을 두었으되 능히 닫을 사람이 없으리라 내가 네 행위를 아노니 네가 작은 능력을 가지고서도 내 말을 지키며 내 이름을 배반하지 아니하였도다 9 보라 사탄의 회당 곧 자칭 유대인이라 하나 그렇지 아니하고 거짓말 하는 자들 중에서 몇을 네게 주어 그들로 와서 네 발 앞에 절하게 하고 내가 너를 사랑하는 줄을 알게 하리라 10 네가 나의 인내의 말씀을 지켰은즉 내가 또한 너를 지켜 시험의 때를 면하게 하리니 이는 장차 온 세상에 임하여 땅에 거하는 자들을 시험할 때라 11 내가 속히 오리니 네가 가진 것을 굳게 잡아 아무도 네 면류관을 빼앗지 못하게 하라 12 이기는 자는 내 하나님 성전에 기둥이 되게 하리니 그가 결코 다시 나가지 아니하리라 내가 하나님의 이름과 하나님의 성 곧 하늘에서 내 하나님께로부터 내려오는 새 예루살렘의 이름과 나의 새 이름을 그이 위에 기록하리라 13 귀 있는 자는 성령이 교회들에게 하시는 말씀을 들을지어다

7 "And to the angel of the church in Philadelphia write: 'The words of the holy one, the true one, who has the key of David, who opens and no one will shut, who shuts and no one opens.

8 " 'I know your works. Behold, I have set before you an open door, which no one is able to shut. I know that you have but little power, and yet you have kept my word and have not denied my name. 9 Behold, I will make those of the synagogue of Satan who say that they are Jews and are not, but lie—behold, I will make them come and bow down before your feet, and they will learn that I have loved you. 10 Because you have kept my word about patient endurance, I will keep you from the hour of trial that is coming on the whole world, to try those who dwell on the earth. 11 I am coming soon. Hold fast what you have, so that no one may seize your crown. 12 The one who conquers, I will make him a pillar in the temple of my God. Never shall he go out of it, and I will write on him the name of my God, and the name of the city of my God, the new Jerusalem, which comes down from my God out of heaven, and my own new name. 13 He who has an ear, let him hear what the Spirit says to the churches.'

〰〰〰 단락 개관 〰〰〰

사데 교회는 칭찬을 전혀 받지 못한 반면에, 빌라델비아 교회는(서머나 교회처럼) 아무런 책망도 받지 않는다. 아시아 속주의 많은 도시에 있던 교회들처럼 빌라델비아 교회 역시 황제 숭배 제의에 의해 위협을 받고 있었다. 그렇기 때문에 거룩하시고 참되시며 "다윗의 열쇠"의 권세를 행사하셔서 자신의 뜻을 따라 열고 닫으시는 부활하신 인자가 이 교회를 향해 말씀하신다. 빌라델비아 교회는 그들의 행위에 대해 칭찬을 받고, 그 충성됨으로 말미암아 "열린 문"을 수여받았다. 빌라델비아 교회를 대적하는 유대인들의 회당은 사탄의 회당으로 불린다. 결국 유대인들은 빌라델비아의 신자들이 메시아에게 사랑을 받고 있다는 사실을 모든 사람 앞에서 인정하게 될 것이다. 빌라델비아 교회는 충성스럽게 행하였기 때문에, 온 세계를 강타할 시험의 때에 보호를 받을 것이다. 예수님은 빌라델비아 교회에게 상을 받으려면 그들이 지금 지니고 있는 것을 굳게 붙잡으라고 명령하신다. 왜냐하면 그분이 속히 오실 것이기 때문이다. 이기는 자들은 새로운 성전과 하늘 예루살렘의 일부가 될 것이고, 하늘의 성이자 하나님이 거하시는 새로워진 우주에서 영생을 누릴 것이다. 요한은 성령이 모든 교회에 하시는 말씀을 듣는 것이 중요하다는 사실을 그의 청중들에게 상기시키면서 이 편지를 끝맺는다.

≈≈≈≈≈ 단락 개요 ≈≈≈≈≈

II. 일곱 교회에 보낸 편지들(2:1-3:22)
   F. 빌라델비아 교회(3:7-13)

≈≈≈≈≈ 주석 ≈≈≈≈≈

3:7 다른 편지들과 마찬가지로 이 편지의 수신자는 "빌라델비아 교회의 사자"다. 앞에서 언급했듯이, 주후 1세기에 빌라델비아에서도 황제 숭배가 행해졌다. 빌라델비아 교회에게 말씀하시는 분은 거룩하시고 참되신 영광

스러운 인자시다(참고. 19:11). 여기서 '예수님'의 신성이 분명하게 드러나는데, 6:10이 '하나님'을 "거룩하고 참되신" 분이라고 말하기 때문이다. 인자의 거룩하심과 참되심은 빌라델비아 교회와 무슨 관계가 있는가? 예수님은 하나님의 거룩하신 이(참고. 막 1:24; 요 6:69) 곧 참 메시아시다. 이 편지의 나머지 부분은 예수님이 그분의 백성을 신원하시고 그들을 대적하는 유대인들을 심판하시는 것을 보여준다(계 3:9). 예수님은 빌라델비아의 신자들을 환난 가운데서 지키시고 견고하게 하신다(3:10). 그리고 그들을 자신의 성전과 새 예루살렘의 일부가 되게 하심으로써(3:12) 이 교회에게 하신 약속들을 성취하실 것이다. 그들에게 말씀하시는 분은 "다윗의 열쇠"를 가지고 계신 분이다. 여기서 "열쇠"는 다윗의 권세를 나타내는 것으로(참고. 1:18; 마 16:19), 예수님이 메시아 곧 그리스도(계 5:5; 22:16)요 다윗의 상속자가 보좌에 앉으리라는 하나님의 약속을 성취하시는 분(참고. 삼하 7장; 시 89:28-29, 35-37; 132:10-11; 사 55:3; 렘 30:9; 33:15, 17, 20-22; 겔 34:23-24; 37:24-25; 호 3:5)임을 다른 식으로 말한 것이다. 여기서 예수님의 메시아 지위에 대해 언급하고 있다는 사실이 중요하다. 왜냐하면 이 언급이 유대인으로 오신 메시아가 예수님을 배척하는 유대인 회당의 메시아가 아니라(계 3:9), 예수님을 믿는 유대인들과 이방인들로 이루어진 그리스도인들의 메시아라는 것을 보여주기 때문이다.

예수님이 열면 닫을 수 있는 자가 없고, 닫으면 열 수 있는 자가 없다는 표현은 예수님의 권위를 강조한다. 이 표현의 선례가 이사야서에서 하나님이 엘리아김에 관해 하신 말씀에 나온다. "내가 또 다윗의 집의 열쇠를 그의 어깨에 두리니 그가 열면 닫을 자가 없겠고 닫으면 열 자가 없으리라"(사 22:22, 참고. 욥 12:14). 이사야서에서 이 표현은 엘리아김의 권세를 강조하기 위해서 사용되지만, 다윗의 상속자이자 참 메시아이신 예수님의 권세는 엘리아김의 권세를 능가한다. 유대인들은 그리스도인들을 회당에서 쫓아냈겠지만 예수님은 그리스도인들이 그분의 임재 앞으로 나아올 수 있게 하셨고, 믿지 않은 유대인들에게는 그 문을 닫으셨다. 그리고 어느 누구도 예수님의 그런 결정을 뒤집을 수 없다.

3:8 예수님은 빌라델비아 교회가 한 일에 대해서 칭찬하시는데, 놀라운 것은 이러한 칭찬에 대응되는 책망이 없다는 것이다. 열린 문과 닫힌 문에 관한 말씀(7절)이 이제 빌라델비아 교회에 적용된다. 예수님은 그들을 위해 문을 열어주셨고, 아무도 그 문을 닫을 수 없다. 신약성경의 다른 곳에서 선교와 전도의 기회가 생긴 것을 문이 열렸다고 표현하는 것에 비추어 볼 때(행 14:27; 고전 16:9; 고후 2:12; 골 4:3) 본문의 "열린 문"도 그런 의미로 볼 수도 있겠으나, 더 가능성이 큰 의미는 하나님의 임재 앞으로 나아가는 것이라 할 수 있다(참고. 계 4:1). 이사야서 60:11은 열방의 부가 들어올 수 있도록 예루살렘의 문들이 열려 있다고 말한다. 요한은 요한계시록의 후반부에서 이 열린 문들과 하늘의 성에 입성하는 것에 대해 언급한다(21:25-26). 그러한 의미가 빌라델비아의 신자들에게 보낸 편지의 맥락과 부합한다. 그들은 하나님의 임재와 하늘의 성으로 들어갈 수 있는 열린 문을 가지고 있다. 유대인 회당은 하나님으로부터 그런 은총을 받지 못했다. 종말에 주어질 복들에 대한 약속은 예수 그리스도를 믿고 의지하는 신자들(유대인들과 이방인들)에게 주어졌다.

빌라델비아 교회에 그런 문이 열리게 된 이유는 그들이 "작은 능력"(빌라델비아 교회는 거의 영향력이 없는 작은 교회였다)을 가지고 있었으나 예수님의 말씀을 충성되게 지켰고, 예수님의 이름을 부인하지 않았기 때문이다. 앞에서는 어떤 사람들이 예수님의 이름을 부인하면 장차 예수님도 아버지 하나님 앞에서 그들을 부인할 것이라고 말씀하였다(참고. 3:5 주석, 마 10:33, 딤후 2:12). 그런데 빌라델비아 교회는 황제 숭배 제의와 유대인 회당으로 말미암아 배척과 반대를 받았는데도 계속해서 충성하였다. 모두가 그들을 배척하고 반대하는 가운데서도 그들은 예수님의 이름을 시인하고 고백했다.

3:9 여기서는 빌라델비아 교회가 배척과 반대를 받은 원인 중의 하나, 아마도 가장 주된 원인이 무엇이었는지를 보여준다. 서머나의 상황과 비슷하게(참고. 2:9 주석) 빌라델비아에 있던 유대인들도 합법적인 종교를 믿는

선량한 시민으로서 가지는 특권을 활용하여 그리스도인들이 진정한 유대인이 아니라고 로마 당국에 고발하였고, 이로써 황제 숭배 제의에 동참하기를 거부하던 그리스도인들이 국가로부터 박해를 당하게 된 것으로 여겨진다. 유대인들은 로마로부터 특별한 면책특권을 받았지만, 최근에 탄생한 낯선 신흥종교였던 기독교에게는 그러한 면책특권이 주어지지 않았다. 하지만 예수님은 유대인들과 이방인들로 이루어졌을 가능성이 큰 빌라델비아 교회를 버리지 않으셨다. 예수님을 믿지 않은 유대인들은 하나님을 믿는 회중(즉, 참된 회당)이라고 자처했지만, 다윗의 열쇠를 가지신 분(다윗의 자손 메시아)을 배척하고 그리스도인들을 차별하며 해악을 가했기 때문에 실상은 "사탄의 회당"이었다. 참된 유대인들은 예수 그리스도께 속한 자들이었다(참고. 롬 2:28-29; 갈 6:16; 빌 3:3).

유대인 회당이 옛 언약 아래에서 이방인들이 했던 역할을 자처했다는 것은 깜짝 놀랄 일이었다. 시편 86:9에서 여호와는 이방 나라들이 와서 이스라엘 앞에 절하게 될 것이라고 예고하셨다(참고. 사 45:14; 슥 8:20-23). 이 예언은 충격적인 방식으로 성취되었다. 왜냐하면 이제는 예수 그리스도의 교회가 참 이스라엘이기 때문이다. 회당에 속한 유대인들이 그리스도를 믿는 신자들 앞에 "절하게" 되고(계 3:9, 참고. 사 49:23; 60:14), 하나님이 그리스도인들을 "사랑하는" 줄을 인정하게 될 것이기 때문이다. 이사야서 43:4 같은 본문들에 표현되어 있는 이스라엘에 대한 하나님의 사랑은 이제 예수님을 믿는 유대인들과 이방인들에게 적용된다("내가 너를 사랑하는 줄을", 계 3:9). 그리스도를 믿는 신자들은 온 세계로부터 오는 "자녀"요, "내[여호와의] 이름으로 불려지는" 자들이다(사 43:5-7). 하나님이 사랑하시는 자들은 하나님이 그분의 백성으로 택하신 자들이다. 왜냐하면 하나님의 사랑이 택하심을 통해 드러나기 때문이다(참고. 신 7:7-8; 10:15; 사 41:8). 따라서 하나님의 택하신 백성은 예수님을 믿기를 거부하는 육신의 혈통을 따른 유대인들이 아니라 예수 그리스도의 교회이다. 이 부분에 대해 어떤 사람들은 예수님이 교회를 사랑하신다는 유대인들의 시인을 이스라엘의 회심에 대한 예견으로 해석하지만(롬 11:25-27), 구약적인 배경에 비추어볼 때는 도리어 유대인들에 대한 심판이라는 의미로 해석하는 것이 옳다. 종말론적인 역전이 도래하고 있다. 그래서 예수님은 빌라델비아의 신자들이 하나님의 참된 백성이고 마지막 날에 신원을 받을 것이기 때문에, 끝까지 인내하며 믿음을 지키라고 격려하시고 힘을 북돋워주신다.

3:10 빌라델비아 교회는 그들이 보여준 충성됨으로 말미암아 상을 받을 것이다. 그들은 인내하라고 명령한 메시지("말씀")를 지켰다. 그들은 모든 사람으로부터 배척과 반대를 받는 중에도 끝까지 인내하여 믿음을 지키고 계속해서 예수님을 고백했다. 그래서 예수님은 그들로 하여금 장차 온 세상에 임할 "시험의 때"를 겪지 않게 하겠다고 약속하신다. 이 본문은 종말이 오기 전에 상황이 더 어려워지리라는 것을 알려 준다. 역사가 종말에 가까워질수록 그리스도의 재림 직전에 있을 메시아적인 재앙들은 더 심해질 것이다(참고. 살후 1:4-5). 여기에 언급된 심판들은 의심의 여지없이 요한계시록의 나머지 부분에서 묘사되고 있는 인들(계 6:1-17; 8:1-5), 나팔들(8:6-9:21; 11:15-19), 대접들(16:1-21)과 관련된 심판들 중 일부도 포함하고 있을 것이다. 이 시험은 "땅에 거하는 자들"에게 국한된다. 얼핏 보면 이 어구가 한 사람도 예외 없이 땅에 거하는 모든 사람을 가리키는 것 같지만, 문맥을 보면 이 시험이 불신자들에게 국한된 것임을 알 수 있다. 이것은 요한계시록의 다른 곳에 나오는 "땅에 거하는 자들"[호이 카토이쿤테스(*hoi katoikountes*)]이라는 어구의 용례에 의해 확증된다. 즉, 모든 용례에서 이 어구는 불신자들을 가리킨다[6:10; 8:13; 11:10(2번); 13:8, 12, 14(2번); 17:2, 8].

대환난 이전의 휴거를 믿는 해석자들은 여기서 예수님이 빌라델비아 교회에게 "시험의 때"를 면하게 해주겠다고 하신 말씀이, 시험의 때가 시작되기 전에 그들을 휴거시켜서 이 땅으로부터 옮기겠다고 하신 것이라고 주장한다. 다시 말해 시험의 때를 면하게 해준다는 말씀은 대환난이 이 땅을 강타할 때, 그들이 이 땅에 있지 않는다는 의미라는 것이다. 하지만 시험의 때에 하나님이 그들을 지키시고 보호하셔서 환난을 겪지 않게 해주시겠다는 의미라고 보는 것이 더 설득력이 있다. 첫째, 이 메시지는 모든 교회에 주어진 것이다(3:13, 참고. 2:7 등). 그리고 매우 분명한 사실은, 시험의 때가 임하였을 때 일부 그리스도인들은 여전히 이 땅에 있으리라는 것이다. 둘째, '면하게 하다'[테레오 에크(tēreō ek)]라는 어구는 '그 장소에서 옮기다'는 의미가 아니라 '그 상황 가운데서 보호하고 지킨다'는 의미다. 요한복음 17:15에 나오는 병행 표현이 이것을 분명하게 보여준다. "내가 비옵는 것은 그들을 세상에서 데려가시기를 위함이 아니요 다만 악에 빠지지 않게 보전하시기를 위함이니이다." 하나님은 신자들이 이 세상에서 계속해서 살아가면서 배교를 저지르지 않도록 지켜주신다. 마찬가지로 롯과 노아도 악인들 사이에서 오랜 세월 동안 살면서 건짐을 받았다(벤후 2:9, 참고. 딤후 4:18). 이것은 그들이 신앙을 지키기에 악조건인 환경 속에서 살았으나 하나님이 그들의 믿음을 끝까지 지켜주셨음을 의미한다(벧후 2:7-8). 셋째, 재앙들이 애굽을 강타했을 때(출 7-12장), 하나님은 이스라엘을 그 땅으로부터 옮기심으로써 지키시지 않았다. 도리어 하나님은 재앙들이 애굽인들에게 임하는 동안 계속해서 애굽 땅에서 살아가던 이스라엘을 지키시고 보호하셔서 아무런 해도 입지 않게 하셨다. 넷째, 이 구절은 다니엘서 12:1을 염두에 둔 것일 가능성이 크다. 그 구절은 여호와께서 장차 자기에게 속한 사람들을 이 세상으로부터 옮기시는 것이 아니라 환난 가운데에서 지키시고 보호하시는 방식으로 환난의 때를 피하게 하실 것이라고 말한다(단 12:10).

3:11 예수님은 자기가 속히 올 것이라고 선언하신다. 이것은 요한계시록에서 자주 등장하는 주제다(참고. 1:1 주석; 2:16 주석; 2:25 주석; 22:7 주석; 22:12 주석; 22:20 주석). 여기서는 재림을 가리키는 것이라고 할 수 있는데, 신자들이 인내로써 견뎌야 하는 고난을 끝내기 위해 오시는 것으로 여겨진다. 신자들은 예수님이 다시 오실 것을 항상 준비하고 있어야 한다. 신자들은 그들이 고백하는 믿음을 굳게 붙잡고 그 믿음으로 끝까지 견딤으로써 준비가 되어 있음을 드러내 보인다. 끝까지 믿음을 지키는 자들은 면류관을 받을 것이다. 면류관은 요한계시록 2:10과 마찬가지로 종말론적인 상인 영

생을 가리킨다(참고. 고전 9:25; 딤후 4:8; 약 1:12; 벧전 5:4).

3:12 일곱 편지 전체에 나오는 이기는 자들에 대한 약속과 도전이 여기에
도 나온다. 신자들은 결코 옮겨질 수 없는 성전의 기둥들이 될 것이고 그
들 위에 하나님의 이름이 기록될 것이며(참고. 출 28:36-38), 새 예루살렘이
라는 이름을 지닐 것이다. 앞의 편지들에 나오는 이기는 자들에게 주어진
약속들은, 여기에 언급된 상이 영생임을 시사한다. 요한은 이긴 신자들이
누릴 최종적인 상을 대단히 상징적인 표현을 사용하여 묘사한다. 여기에
언급된 것을 이 편지의 앞부분에 나온 내용과 연결해보면, 신자들을 위한
"열린 문"(계 3:8)은 하늘의 성전과 새 예루살렘으로 들어가는 것을 가리킨
다(12절). 성전에 들어가는 것과 하늘의 예루살렘에 들어가는 것은 동일한
실체를 설명하는 두 가지 방식이다.

첫째, 신자들은 성전에서 결코 옮겨질 수 없는 기둥들이 될 것이다
(참고. 갈 2:9). 이것은 큰 지진을 겪는 도시와 관련해서 주목할 만한 약속이
다. 간단히 요약하자면, 요한의 말은 신자들이 하나님이 거하시는 곳에 있
을 것이라는 뜻이다. 요한계시록 21-22장에 대한 주석에서 보게 되겠지
만, 장차 우주 전체가 하나님의 성전이 될 것이기 때문이다. 요한계시록의
뒷부분에서 요한은 새 하늘과 새 땅에서는 하나님과 어린양이 성전이시
기 때문에 그곳에 성전이 없을 것이라고 직설적으로 선언한다(21:22). 성전
의 기둥이 될 것이라는 표현은 신자들이 안전할 것임을 의미한다. 신자들
은 장차 도래할 새로운 피조세계에서 결코 쫓겨나지 않을 것이다. 어떤 원
수도 그들을 해치거나 하나님의 임재로부터 쫓아낼 수 없을 것이다. 빌라
델비아에 있던 유대인 회당의 구성원들은 참된 성전이 예루살렘에 있다고
믿었지만, 예수님은 참된 성전이 장차 도래할 새로운 세계인 하늘로부터
내려오는 새 예루살렘, 즉 하나님과 어린양이 거하시는 곳임을 교회에 상
기시키신다.

둘째, 예수님은 신자들 위에 하나님의 이름을 새기실 것이다. 앞에서
우리는 이름이 그것을 가진 사람의 정체성과 본성을 나타낸다는 것을 보

았다(2:3, 13, 17). 하나님이 그분의 이름을 계시하시는 것은, 하나님이 어떤 존재인지를 알리시는 것이다(출 33:19; 34:5-7). 하나님은 창조주이시고, 그분의 모든 완전함은 무한하다(참고. 시 8:1). 그러하기에 특별히 하나님의 이름은 거룩한 것으로 구별된다(출 20:7; 마 6:9). 따라서 하나님의 이름이 신자들 위에 새겨진다는 것은 진정 놀라운 일이다. 그리스도인들은 하나님께 속하고, 자신의 이름을 그들 위에 두신 그분의 돌보심 가운데 안전하다. 왜냐하면 하나님은 다른 무엇보다도 그분의 이름이 지닌 영광과 존귀를 지키는 데 열심이시기 때문이다(참고. 신 6:13; 시 72:19; 겔 36:20-23).

셋째, 하나님은 그분의 백성 위에 하나님의 성인 "새 예루살렘"이라는 이름을 기록하실 것이다. 그들은 하늘 도성의 구성원들이 될 것이다. 유대인 회당은 이 땅에 있는 예루살렘 성을 소중히 여겼지만, 이 땅에 있는 예루살렘은 장차 도래할 위에 있는 더 나은 예루살렘, 새로운 예루살렘, 종말론적인 예루살렘, 하늘의 예루살렘을 가리키는 것이었다. 새 예루살렘을 하늘의 예루살렘이라고 부르는 것은 새 예루살렘이 초월적인 실체임을 의미한다. 요한이 말하듯이 새 예루살렘은 "하늘에서…내려온다." 여기서 요한은 요한계시록 21:1-22:5을 미리 잠깐 보여준다. 거기서 새로운 피조세계는 '하나님께로부터 하늘에서 내려오는 거룩한 성 새 예루살렘'으로 언급되며(21:2, 참고. 21:10), 그 성의 여러 가지 특징이 묘사된다. 따라서 새 예루살렘이 종말에 신자들에게 주어질 상이라는 것은 너무나 분명하다(참고. 바룩2서 4:2). 하늘의 예루살렘이라는 개념은 갈라디아서 4:26에서도 발견된다. 거기서 바울은 "오직 위에 있는 예루살렘은…우리 어머니라"고 말한다(참고. 시 87편; 사 66:7-11; 에스드라2서 10:7). 히브리서 12:22도 "하늘의 예루살렘"을 신자들이 최종적으로 가게 될 곳이라고 말한다. 이기는 자들은 새 예루살렘, 하늘의 예루살렘, 장차 도래할 예루살렘의 시민이 될 것이다. 이 절은 신자들에게 주어질 이름에 관해 다시 언급하는 것으로 끝나는데, 거기서 예수님은 그분의 이름을 그들 위에 기록할 것이라고 말씀하신다. 예수님은 "이름 쓴 것 하나"를 가지고 계시는데, 그 이름은 예수님 "자기밖에 아는 자가 없[다]"(계 19:12). 달리 말하면, 어느 누구도 예수님을 주관할 능력이나 주권을 가지지 않는다는 것이다. 참된 신자들은 예수님의 이름을 "굳게 잡아" 부인하지 않으며(2:13; 3:8), 그들의 이마에는 예수님의 이름이 새겨져 있다(14:1; 22:4). 이 구절의 핵심 요지는 분명하다. 예수님의 이름을 가지고 있다는 것은, 신자들이 예수님께 속해 있고 예수님의 사랑과 능력으로 보호를 받고 있음을 의미한다.

3:13 다른 편지들과 마찬가지로 예수님의 말씀은 곧 성령의 말씀이다. 그리고 이 메시지는 빌라델비아 교회만이 아니라 모든 교회에게 주어진다. 따라서 모든 교회의 신자들은 성령의 메시지에 귀를 기울이라는 권면을 받는다.

〰〰〰 응답 〰〰〰

예수 그리스도를 믿는 신자들은 참 이스라엘이요, 하나님의 참된 백성이다. 빌라델비아에 있던 유대인 회당은 자신들이 참된 유대인이라고 믿었지만, 상황은 이미 역전되어 있었고 역할도 뒤바뀌어 있었다. 장차 그들은 예수님을 믿는 신자들(유대인과 이방인)이야말로 하나님의 택하신 자들이라는 사실을 인정하게 될 것이다. 참 예루살렘, 하늘의 예루살렘, 종말론적인 예루살렘은 그리스도인들의 것이다. 따라서 신자들은 종말의 성전, 즉 하나님이 모든 것에 거하시는 새로운 우주의 구성원들이 될 것이다. 요한계시록은 예수 그리스도께 충성된 자들에게는 큰 상이 주어질 것임을 반복해서 약속한다. 빌라델비아 교회처럼 우리의 능력이 작고 우리의 교회가 약하거나 보잘 것 없어 보인다고 할지라도, 우리를 위한 문은 열려 있으며 앞으로도 결코 닫히지 않을 것이다. 하나님은 그분께 속한 자들을 보호하시고 지키신다. 심판들이 이 땅에 부어질 때, 하나님은 우리를 지키시고 보호하셔서 배교하거나 진리로부터 떨어져 나가지 않게 해주실 것이다. 우리는 안전하게 요단강을 건너서 영원히 하나님의 임재를 누릴 것이다.

¹⁴ 라오디게아 교회의 사자에게 편지하라 아멘이시요 충성되고 참된 증인이시요 하나님의 창조의 근본이신 이가 이르시되

¹⁵ 내가 네 행위를 아노니 네가 차지도 아니하고 뜨겁지도 아니하도다 네가 차든지 뜨겁든지 하기를 원하노라 ¹⁶ 네가 이같이 미지근하여 뜨겁지도 아니하고 차지도 아니하니 내 입에서 너를 토하여 버리리라 ¹⁷ 네가 말하기를 나는 부자라 부요하여 부족한 것이 없다 하나 네 곤고한 것과 가련한 것과 가난한 것과 눈 먼 것과 벌거벗은 것을 알지 못하는도다 ¹⁸ 내가 너를 권하노니 내게서 불로 연단한 금을 사서 부요하게 하고 흰 옷을 사서 입어 벌거벗은 수치를 보이지 않게 하고 안약을 사서 눈에 발라 보게 하라 ¹⁹ 무릇 내가 사랑하는 자를 책망하여 징계하노니 그러므로 네가 열심을 내라 회개하라 ²⁰ 볼지어다 내가 문 밖에 서서 두드리노니 누구든지 내 음성을 듣고 문을 열면 내가 그에게로 들어가 그와 더불어 먹고 그는 나와 더불어 먹으리라 ²¹ 이기는 그에게는 내가 내 보좌에 함께 앉게 하여 주기를 내가 이기고 아버지 보좌에 함께 앉은 것과 같이 하리라 ²² 귀 있는 자는 성령이 교회들에게 하시는 말씀을 들을지어다

14 "And to the angel of the church in Laodicea write: 'The words of the Amen, the faithful and true witness, the beginning of God's creation.

15 " 'I know your works: you are neither cold nor hot. Would that you were either cold or hot! 16 So, because you are lukewarm, and neither hot nor cold, I will spit you out of my mouth. 17 For you say, I am rich, I have prospered, and I need nothing, not realizing that you are wretched, pitiable, poor, blind, and naked. 18 I counsel you to buy from me gold refined by fire, so that you may be rich, and white garments so that you may clothe yourself and the shame of your nakedness may not be seen, and salve to anoint your eyes, so that you may see. 19 Those whom I love, I reprove and discipline, so be zealous and repent. 20 Behold, I stand at the door and knock. If anyone hears my voice and opens the door, I will come in to him and eat with him, and he with me. 21 The one who conquers, I will grant him to sit with me on my throne, as I also conquered and sat down with my Father on his throne. 22 He who has an ear, let him hear what the Spirit says to the churches.' "

<hr>

〰〰〰 단락 개관 〰〰〰

예수님은 라오디게아 교회에게 스스로를 충성되고 참된 증인이요 새로운 창조의 시작이라고 소개하신다. 라오디게아 교회에 보낸 편지에는 사데 교회에 보낸 편지처럼 칭찬은 없고 호된 책망만 나온다. 라오디게아 교회는 역겨울 정도로 미지근했기 때문에, 예수님은 그들을 그분의 입에서 토해 내려 하신다. 믿기 어렵지만 라오디게아 교회는 그들이 잘하고 있다고 생각하고 있었다. 하지만 예수님은 그들의 실상을 드러내시고서, 그분에게로

와서 회복하라고 명령하신다. 예수님이 라오디게아 교회를 향해 하신 심한 책망의 말씀들은 예수님이 이 교회를 사랑하신다는 증거다. 예수님은 라오디게아 교회를 향해 회개를 촉구하신다. 예수님은 이 교회의 문 앞에 서서 두드리고 계시기 때문에, 그들은 문을 열고 회개하고서 예수님이 그들 가운데 오셔서 그들과 함께 드실 수 있도록 해야 한다. 오직 이기는 자들만이 예수님과 함께 다스릴 것이다. 라오디게아의 신자들을 향한 메시지는 모든 교회를 향한 성령의 말씀이다.

≋≋≋≋ 주석 ≋≋≋≋

3:14 이 편지의 수신자는 "라오디게아 교회의 사자"다(참고. 2:1 주석). 이 교회는 부유하여 부족함이 없었고 자기만족에 빠져 있었다. 이것은 이 도시의 역사와 부합한다. 주후 60년에 라오디게아에서 지진이 일어났지만, 스스로 재건하기에 충분히 부유했기 때문에 로마 제국의 도움을 거절했다. 이 도시는 안질의 치료약을 비롯한 의약품 및 직물 산업으로 유명했으며(참고. 3:17-18), 제우스 숭배로도 잘 알려져 있었다. 라오디게아 교회는 충성된 증인이 아니었지만, 예수님은 충성되시다. 예수님은 하나님의 "아멘"으로서 충성되고 참된 증인이시다(참고. 1:5; 3:7; 19:11; 사 65:16). 예수님이 사신 삶은 하나님의 영광을 위한 것이었다. 그분은 고난당하실 때조

차도 여전히 충성되셔서, 하나님의 기름 부음을 받은 분임을 보이셨다. 요한이 예수님을 "하나님의 창조의 근본"이라고 한 것은, 예수님이 하나님에 의해 창조되었다거나 피조물이라는 의미가 아니다. 그런 결론은 이 편지가 예수님의 신성에 관해 제시하는 많은 내용과 상반될 것이다.[20] 요한의 이 말은 예수님이 "충성된 증인"으로서 "죽은 자들 가운데에서 먼저 나신" 분이라는 의미이다(계 1:5). 예수님은 부활하심으로 말미암아 하나님의 새 창조의 시작이 되셨다. 골로새서 1:18은 예수님을 가리켜 "근본이시요 죽은 자들 가운데서 먼저 나신 이"라고 선언함으로써 동일한 것을 말한다. 골로새서 1:18의 "근본"[아르케(archē)]은 요한계시록 3:14에서 사용된 것과 동일한 단어다. 이 두 본문이 말하고자 하는 것은, 예수님이 부활하시고 높아지신 주님으로서 새 창조의 시작이시라는 것이다. 이러한 선언은 하나님의 아들이신 예수님이 영원하신 분으로서 시작과 끝이 없으시다는 것을 부정하거나 그와 상반되지 않는다(참고. 계 22:13). 왜 예수님은 라오디게아 교회를 향해 새 창조가 그분으로부터 시작되었다고 말씀하시는 것인가? 그 이유는 하나님의 종말론적인 약속들이 예수님 안에서 성취되므로, 예수님이 라오디게아 교회가 필요로 하는 모든 것을 소유하고 계시며 주실 수 있다는 사실을 알리시는 것이다(참고. 3:18, 20). 그들은 그들의 삶에서 결여되어 있는 것들을 공급받기 위해 예수님께로 나아와야 했다.

3:15 다른 편지들의 구조를 감안했을 때 그리고 예수님이 그들의 행위를 안다고 말씀하시기 때문에, 정상적인 순서대로라면 이 대목에서 라오디게아 교회에 대한 칭찬이 나와야 한다. 하지만 예수님은 어떤 칭찬도 하지 않으시고, 곧바로 라오디게아 교회가 "차지도 아니하고 뜨겁지도 아니하도다"라고 말씀하신다. 라오디게아 근처에는 리코스강이 있었는데 그 강물은 더러워서 마시기에 부적합했기에, 라오디게아의 신자들은 그 강의

---

20 요한계시록 서론의 기독론과 관련된 논의를 보라.

물을 마시지 않았다. 대신에 그들은 도시에서 8킬로미터 떨어져 있는 온천에서 솟아나오는 물을 수도관을 통해 공급받아서 식수로 사용했다. 그런데 그 온천수가 도시에 도달할 즈음에는 미지근한 물로 바뀌어 있었다. 마찬가지로 근처에 위치한 골로새에서 오는 찬물도 라오디게아에 도달했을 때는 미지근해졌다. 뜨거운 물은 건강에 좋은 것이고 찬물은 심신을 상쾌하게 해주는 것이어서 둘 다 선하고 기쁨을 주는 것을 나타낸다. 하지만 미지근한 물은 메스껍다. 예수님은 라오디게아 교회가 "차든지 뜨겁든지" 하기를 바라신다. 예수님의 이 말씀은 이 교회가 '악하거나 선하거나' 둘 중 하나이기를 바라신 것이 아니다. 앞에서 보았듯이, 찬물과 뜨거운 물은 둘 다 생산적이고 활기찬 삶을 상징하는 좋은 것이기 때문이다. 예수님이 책망하시는 문제는 그들이 차갑지도 않고 뜨겁지도 않다는 것이다.

3:16 일단 15절에 언급된 뜨거운 것과 차가운 것의 의미를 알게 되면, 이 절에 나오는 예수님의 말씀을 완벽하게 이해할 수 있다. 예수님은 라오디게아 교회가 차가워서 심신을 상쾌하게 해주거나 강렬하게 뜨겁기를 바라셨지만, 그들은 구토를 일으킬 정도로 미지근했다. 그들은 사람을 영적으로 건강하거나 활기차게 만들어주는 힘을 상실했다. 만일 그들이 회개하지 않는다면, 예수님은 사람들이 미지근한 물을 마셨을 때 보이는 반응을 그들에게 보이실 것이다. 다시 말해, 예수님은 그들을 그분의 입에서 토해내실 것이다. 옛적에 가나안 사람들은 그들이 저지른 악으로 말미암아 그들이 살던 땅에서 '토해졌다'(레 18:25, 28). 예수님이 그분의 입에서 사람들을 토해내신다는 비유가 충격적이긴 하지만, 그 비유는 라오디게아 교회가 현재의 상태에 계속해서 머물러 있는 한 예수님과 아무런 관계도 아닌 처지가 될 것이라는 진리를 표현한다. 그들이 계속해서 지금의 길로 행한다면, 구원 받으리라는 것도 확실하게 보장할 수 없다.

3:17 라오디게아 교회는 그들이 잘하고 있다고 확신하였지만, 그들이 스스로 생각한 모습은 그들의 실상을 반영하지 못했다(참고. 호 12:8; 고전 4:8).

이 도시는 경제적으로 부유했으며, 라오디게아 교회는 스스로 영적으로도 부유하다고 믿었다. 그들은 이미 모든 것을 갖추고 있기 때문에 아무것도 필요하지 않다고 생각했다. 그래서 그들은 영적으로 부유하다고 여겼으며, 미지근하다고는 꿈에도 생각하지 않았다. 그들의 그러한 자기만족과 안일함을 깨뜨리기 위해 예수님이 주신 말씀은 틀림없이 그들에게 충격을 주었을 것이다(참고. 고전 4:8). 이 구절에서 예수님이 사용하신 단어들은 차곡차곡 쌓여서 그들의 연약함을 드러낸다(곤고한 것, 가련한 것, 가난한 것, 눈먼 것, 벌거벗은 것). 이 도시는 의약품 산업, 특히 안질을 고치는 약으로 유명했다. 하지만 그들은 영적으로 눈멀고 벌거벗었다는 것(계 16:15), 즉 자신들이 '벌거벗은 임금님'이라는 사실을 알지 못했다.

3:18 예수님은 라오디게아 교회에게 그들이 처한 절망적인 상황에서 무엇을 해야 하는지 조언하신다. 이 도시는 그 부유함 및 직물 산업과 의술에 관한 전문지식으로 유명했기 때문에, 예수님은 그런 것들을 라오디게아 교회의 영적인 건강에 적용하신다. 그들은 영적으로 가난했기 때문에 예수님께로부터 금을 사서 부요해져야 했다(참고. 사 55:1-2). 그들은 그리스도 안에서 그들의 부요함을 찾아야 했는데도, 물질적인 번영이라는 엉뚱한 곳에서 부요함을 구하고 있었다. 또한 그들은 예수님께로부터 흰 옷을 사서 그들의 벌거벗음을 가려야 했다. 그들의 "벌거벗은 수치"는 그들이 이 세상의 부를 사랑하는 우상숭배에 빠져 있음을 나타낸다(사 47:3; 겔 16:36; 나 3:5). 검은 양모로 유명했던 라오디게아에서 생산된 아름답고 값비싼 옷들로는 그들의 벌거벗은 수치를 진정으로 가릴 수 없다. 또한 예수님은 그들의 눈먼 것을 고쳐서 진정으로 보게 할 수 있는 안약도 가지고 계신다. 이 세 가지 비유의 요지는, 신자들이 스스로의 힘으로는 아무것도 이룰 수 없음을 깨닫고 자신을 낮추어 모든 것을 예수님께 의지해야 한다는 것이다.

3:19 예수님의 이 말씀은 라오디게아의 신자들을 미워하기 때문에 주신

것도 아니고 가혹한 것도 아니다. 그 말씀들은 사랑에서 나온 말씀이다. 참된 사랑만이 책망하고 훈육할 수 있기 때문이다. 아버지가 사랑하는 아들을 책망하는 것처럼(참고. 잠 3:12), 히브리서는 "주께서 그 사랑하시는 자를 징계하시고 그가 받아들이시는 아들마다 채찍질하심이라"(히 12:6)고 말한다. 신자들은 아버지의 그러한 훈계와 책망에 대해 열심과 회개로 응답해야 한다. 진정성이 없는 응답은 아무런 소용이 없을 것이다. 그 일이 아주 절박한 이유는, 라오디게아 교회가 영적으로 죽으냐 사느냐 하는 것과 결부되어 있기 때문이다.

3:20 예수님은 또 다른 비유를 사용하여, 라오디게아 교회가 심각한 상황에 처해 있다는 것을 알려주신다. 예수님은 이 교회의 문 앞에 서서 두드리고 계신다. 이 비유는 그들이 예수님을 그들의 삶에서 밀어내어 밖에 세워두고, 예수님 없이 그들의 일들을 처리해 왔다는 것처럼 말씀하시는 것이다. 라오디게아 신자들은 예수님의 음성을 듣고서 그분에게 문을 열어드려야 하는데, 그렇게 하려면 회개해야 한다. 그들이 회개하여 문을 열기만 한다면, 예수님은 그들에게 들어가셔서 그들과 함께 앉아 잔치를 벌이실 것이다. 아마도 여기서 더불어 먹고 마신다는 말은 종말에 있을 메시아 잔치를 염두에 둔 표현일 것이다(사 25:6; 눅 22:30. 참고. 계 19:9).

3:21 예수님은 버가모 교회에 보낸 편지에 나오는 주제로 되돌아가신다(참고. 2:26-27 주석). 이기는 자들은 예수님과 함께 다스릴 것이다. 장차 예수님은 그분에게 속한 모든 자, 즉 그분의 모든 성도와 함께 다스리실 것이다. 예수님 자신은 신자들을 위한 본이다. 왜냐하면 예수님은 그분의 충성된 증언으로 말미암아 이겨서(참고. 3:14) 높임을 받아 아버지 하나님의 오른편에 앉아 함께 다스리고 계시기 때문이다. 마찬가지로 라오디게아의 신자들도 충성해야 하고 스스로를 낮춰야 한다. 오직 충성되고 스스로 낮춘 자들만이 높임을 받을 것이기 때문이다.

3:22 이 편지에 나오는 격려는 라오디게아 교회만을 위한 것이 아니며, 성령이 모든 교회를 향해 주시는 메시지다. 어느 교회든지 라오디게아 교회와 동일한 오류를 저지를 수 있기 때문이다.

〜〜〜 응답 〜〜〜

라오디게아 교회에 보낸 편지는 자기기만에 대한 경고다. 우리가 우리 자신이나 우리 교회가 괜찮은 상태에 있다고 느낀다고 해서, 그것이 반드시 우리 자신이나 우리의 교회가 영적으로 살아 있다는 것을 의미하지는 않는다. 우리가 스스로 영적으로 부요하다고 생각해서 자랑할지라도, 실제로는 많은 것이 결핍되어 있고 연약할 수 있다. 우리가 우리의 부를 우상으로 삼고 있어서, 경제적인 부요함을 영적인 부요함으로 착각할 수 있다. 우리에게 더 좋은 편은, 우리가 하나님의 은혜를 절실하게 필요로 한다는 사실을 날마다 깨닫는 것이다. 예수님이 없다면 우리는 아무것도 할 수 없고, 아무것도 아니다(요 15:5). 우리는 날마다 예수님의 은혜를 새롭게 필요로 하는데, 예수님의 은혜는 우리의 연약함 속에서 가장 강력하게 빛난다(고후 12:9). 또한 라오디게아 교회에 보낸 편지는, 사랑이 때로는 모질 수도 있음을 우리에게 일깨워준다. 참 사랑은 사랑하는 자의 악을 정면으로 지적하고 책망하며 드러낸다. 우리의 문화에서는 자애롭고 감싸주는 것을 사랑이라고 말한다. 물론 실제로 그런 행위들이 사랑의 표현이지만, 징계와 강한 책망을 통해 그리스도를 점점 더 많이 닮아가게 하는 것도 사랑이다.

1 이 일 후에 내가 보니 하늘에 열린 문이 있는데 내가 들은 바 처음에 내게 말하던 나팔 소리 같은 그 음성이 이르되 이리로 올라오라 이후에 마땅히 일어날 일들을 내가 네게 보이리라 하시더라 2 내가 곧 성령에 감동되었더니 보라 하늘에 보좌를 베풀었고 그 보좌 위에 앉으신 이가 있는데 3 앉으신 이의 모양이 벽옥과 홍보석 같고 또 무지개가 있어 보좌에 둘렸는데 그 모양이 녹보석 같더라 4 또 보좌에 둘려 이십사 보좌들이 있고 그 보좌들 위에 이십사 장로들이 흰 옷을 입고 머리에 금관을 쓰고 앉았더라 5 보좌로부터 번개와 음성과 우렛소리가 나고 보좌 앞에 켠 등불 일곱이 있으니 이는 하나님의 일곱 영이라 6 보좌 앞에 수정과 같은 유리 바다가 있고 보좌 가운데와 보좌 주위에 네 생물이 있는데 앞뒤에 눈들이 가득하더라 7 그 첫째 생물은 사자 같고 그 둘째 생물은 송아지 같고 그 셋째 생물은 얼굴이 사람 같고 그 넷째 생물은 날아가는 독수리 같은데 8 네 생물은 각각 여섯 날개를 가졌고 그 안과 주위에는 눈들이 가득하더라 그들이 밤낮 쉬지 않고 이르기를

거룩하다 거룩하다 거룩하다 주 하나님 곧 전능하신 이여

전에도 계셨고 이제도 계시고 장차 오실 이시라

하고 9 그 생물들이 보좌에 앉으사 세세토록 살아 계시는 이에게 영광과 존귀와 감사를 돌릴 때에 10 이십사 장로들이 보좌에 앉으신 이 앞에 엎드려 세세토록 살아 계시는 이에게 경배하고 자기의 관을 보좌 앞에 드리며 이르되

11 우리 주 하나님이여

영광과 존귀와 권능을 받으시는 것이 합당하오니

주께서 만물을 지으신지라

만물이 주의 뜻대로 있었고 또 지으심을 받았나이다

하더라

1 After this I looked, and behold, a door standing open in heaven! And the first voice, which I had heard speaking to me like a trumpet, said, "Come up here, and I will show you what must take place after this." 2 At once I was in the Spirit, and behold, a throne stood in heaven, with one seated on the throne. 3 And he who sat there had the appearance of jasper and carnelian, and around the throne was a rainbow that had the appearance of an emerald. 4 Around the throne were twenty-four thrones, and seated on the thrones were twenty-four elders, clothed in white garments, with golden crowns on their heads. 5 From the throne came flashes of lightning, and rumblings*1* and peals of thunder, and before the throne were burning seven torches of fire, which are the seven spirits of God, 6 and before the throne there was as it were a sea of glass, like crystal.

And around the throne, on each side of the throne, are four living creatures, full of eyes in front and behind: 7 the first living creature like a lion, the second living creature like an ox, the third living creature with the face of a man, and the fourth living creature like an eagle in flight. 8 And the four living creatures, each of them with six wings, are full of eyes all around and within, and day and night they never cease to say,

"Holy, holy, holy, is the Lord God Almighty,

who was and is and is to come!"

9 And whenever the living creatures give glory and honor and thanks to him who is seated on the throne, who lives forever and ever, 10 the twenty-four elders fall down before him who is seated on the throne and worship him who lives forever and ever. They cast their crowns before the throne, saying,

11 "Worthy are you, our Lord and God,

to receive glory and honor and power,

for you created all things,

and by your will they existed and were created."

1 Or voices, or sounds

〰〰 단락 개관 〰〰

일곱 교회에 보낸 편지들 다음에는 장면이 하늘로 바뀌는데, 그 장면에서 하나님은 보좌에 앉아 계신다. 4장은 요한계시록의 나머지 부분의 토대가 된다. 요한은 다른 어떤 것을 말하기에 앞서, 만물의 창조주께서 다스리고 계신다는 것과 그분이 경배를 받으셔야 한다는 것을 선언한다. 악의 세력은 크며 결코 부정하거나 무시해서는 안 되지만, 만물의 창조주이신 하나님은 어떤 나라나 존재보다 더 크시다. 요한은 갑자기 하늘에 도달한다(계 4:1). 그는 하나님이 보좌에 앉아 계시는 것을 보는데, 하나님의 찬란하심과 아름다우심은 말로 설명할 수 없는 것이었다(2-3절). 이 장의 나머지 부분은 보좌를 둘러싸고 있는 다른 존재들을 집중적으로 언급한다. 가장 먼저 보좌에 앉아 있는 이십사 장로들이 소개된다(4절). 하나님의 보좌로부터 귀청이 찢어질 듯이 큰 우렛소리와 번개 같은 것이 나오는데, 그곳에서 하나님의 일곱 영과 보좌 앞에 펼쳐진 수정 같은 유리 바다를 보게 된다(5-6절). 그 다음에 장면은 네 생물에게로 이동한다(6-7절). 네 생물은 에스겔서에 나오는 네 생물(겔 1장; 10장)과 이사야서의 스랍들(사 6장)을 연상시킨다. 네 생물과 관련해서 가장 중요한 것은, 그들이 하나님을 세 번 반복해서 거룩하신 분으로 외친다는 것이다(계 4:8). 다시 말해 그들은 하나님을 모든 피조물과 철저하게 구별되고 만물 위에 높이 계시는 분으로 찬송한다. 이 단락은 9-11절에서 절정에 도달한다. 네 생물은 보좌 위에 계신 하나님께 영광과 존귀를 드린다. 이십사 장로들은 보좌에 앉아 계시는 분 앞에 엎드려 경배하며 그들의 관을 보좌 앞에 드리면서, 하나님이 만물의 창조주로서 모든 존귀와 영광과 경배를 받으시기에 합당하신 분이라고 고백한다. 이렇게 이 단락은 주권자이신 창조주를 찬송하고 경배하는 말씀으로 끝난다.

≈≈≈≈ 단락 개요 ≈≈≈≈

Ⅲ. 보좌(the Throne Room)에 관한 묵시들(4:1-5:14)

　A. 거룩하신 창조주이신 하나님(4:1-11)

4:1 요한이 본 묵시는 하나님의 보좌(the throne room)에 관한 묵시로 이어진다. 여기에 사용된 언어는 상징적인 표현들로 가득하기 때문에, 마치 하나님의 보좌를 있는 그대로 그린 것이라고 생각해서 문자 그대로 해석해서는 안 된다. 하늘이 열렸다는 것은 하나님이 이제 인류 전체에 아주 중요한 일을 드러내신다는 것을 의미한다(참고. 눅 3:21; 요 1:51; 행 7:56; 10:11; 계 19:11). 특별히 에스겔서에는 이 부분과 일치하는 병행이 나온다. 에스겔은 "하늘이 열리며 하나님의 모습이 내게 보이니"(겔 1:1)라고 말한다. 또한 여기서는 요한이 처음에 들었던 나팔 소리 같은 음성(참고. 계 1:10)이 요한에게 하늘로 올라오라고 또다시 말한다. 여기서 일어난 일은 요한에게만 해당되기 때문에, 분명히 교회의 휴거를 가리키지 않는다. 사실 요한계시록에는 '휴거'라는 말이 한 번도 나오지 않는다. 요한은 실제로 하늘에 올라간 것이 아니라, 묵시를 보는 가운데 하늘에 올라갔을 것이다. 하나님은 요한에게 "이후에" 일어날 일들을 계시해주신다. 시기에 대한 이 언급은 대단히 일반적으로 표현되어 있다. 이후의 장들에서 묘사되는 사건들 중 다수는 당시에 일어나고 있거나 과거에 이미 일어난 사건들이다(예. 12:1-6에 묘사된 사건들). 일례로 하나님은 언제나 보좌에 앉아서 다스리고 계시며(4:1-11), 그리스도의 죽으심(5:1-13)은 이미 과거에 일어난 사건이다. 따라서 "이후에"라는 어구는 역사 속에서 일어났거나 일어날 사건들의 순서를 언급하는 것이 아니라, 다음에 주어지는 묵시를 가리킨다.

4:2 요한은 즉시 '성령 안에' 있었다. 이것은 그가 선지자와 사도로서 하나님께로부터 계시를 곧 받을 것임을 의미한다. 성령은 그에게 하나님께 속한 일들을 곧 드러내실 것이다(참고. 1:10 주석). 요한은 하늘에서 보좌를 보았고(참고. 시 11:4), 그 보좌 위에 앉아 계신 하나님을 보았다. 하나님을 대적하며 끔찍한 악이 난무하는 세상의 한복판에서 요한은 그의 독자들에게 하나님이 다스리고 계신다는 것을 상기시킨다. 시편 103:19도 이 진리

를 다음과 같이 포착하여 말한다. "여호와께서 그의 보좌를 하늘에 세우시고 그의 왕권으로 만유를 다스리시도다." 요한이 휘장을 걷자, 하늘에서 벌어지고 있는 일들이 우리의 눈앞에 드러난다.

4:3 보좌에 앉아 계시는 하나님은 어떤 모습인가? 이 절에 두 번 나오는 "모양"이라는 단어는 헬라어 본문의 호모이오스 호라세이(*homoios horasei*)라는 어구를 번역한 것이다. 이 단어는 하나님의 있는 그대로의 모습을 뜻하지 않는다. 요한은 그의 메시지를 전달하기 위해 표상들과 상징적 표현들을 사용한다. 왜냐하면 하나님의 영광은 인간의 능력으로 파악될 수 없어서, 어느 누구도 그분을 있는 그대로 보거나 묘사할 수 없기 때문이다. 요한은 벽옥과 홍보석 같은 보석들, 그리고 녹보석 같이 생긴 무지개라는 표상들을 사용해서 하나님을 묘사한다. 여기에 거론된 보석들은 분명히 하나님의 아름다우심과 영광과 부요하심을 나타내지만, 하나님의 특질이나 속성들과 어떤 식으로 대응되는지는 쉽게 파악되지 않는다. 이 보석들은 대제사장의 흉패(출 25:7; 28:17, 18; 35:9, 27), 에덴동산(겔 28:13), 하나님이 약속하신 새 예루살렘(사 54:12; 계 21:11, 18, 19, 20)에서도 발견된다. 여기서 묘사되는 하나님의 모습은 에스겔서 1:26-28의 묘사와 비슷하다.

> "그 머리 위에 있는 궁창 위에 보좌의 형상이 있는데 그 모양이 남보석 같고 그 보좌의 형상 위에 한 형상이 있어 사람의 모양 같더라 내가 보니 그 허리 위의 모양은 단 쇠 같아서 그 속과 주위가 불 같고 내가 보니 그 허리 아래의 모양도 불 같아서 사방으로 광채가 나며 그 사방 광채의 모양은 비 오는 날 구름에 있는 무지개 같으니 이는 여호와의 영광의 형상의 모양이라 내가 보고 엎드려 말씀하시는 이의 음성을 들으니라."

요한계시록에 언급된 보석들과 에스겔서에 나오는 환상은, 이러한 묘사의 목적이 하나님의 비할 바 없고 말로 표현할 수 없는 아름다우심과 영광을 강조하는 것임을 나타낸다. 에스겔이 기록한 대로 사람이 하나님을 보게 되면 엎드러질 수밖에 없다.

4:4 하나님의 보좌에는 하나님만이 계신 것이 아니었다. 하나님의 보좌를 둘러싸고 이십사 보좌들이 있었고, 그 보좌들에는 이십사 장로들이 앉아 있었다. 그들이 입은 흰 옷은 그들이 하나님의 임재 앞에 충분히 설 수 있을 정도로 순결하고 합당하다는 것을 나타내며, 보좌들과 그들의 머리에 있는 관들은 그들이 통치하는 자들임을 나타낸다. 이 장로들은 누구인가? 이 장로들이 사람들이라는 견해는 매우 매력적이다. 신구약성경의 다른 곳에서 '장로들'이라는 표현은 사람에 관해 사용된다(예. 출 3:16; 19:7; 24:1; 마 15:2; 16:21; 행 14:23; 딤전 5:17). 유일한 예외는 아마도 이사야서 24:23일 것이다. 어떤 사람들은 이 장로들이 제사장적인 존재라고 본다. 왜냐하면 구약에서 제사장들이 이십사 반차로 나누어서 섬겼고(대상 24:7-18), 하나님 앞으로 나아갈 수 있는 특권을 누렸기 때문이다. 이십사라는 숫자가 열두 사도와 이스라엘의 열두 지파를 합한 것(참고. 계 21:12, 14)으로, 교회와 이스라엘을 가리킬 수도 있다. 그렇다면 이십사 장로들은 하나님의 백성 전체를 나타낸다고 할 수 있다. 그들의 옷이 흰 것은 그들이 어린양의 피로 정결하게 되었고(7:13-14) 의로운 삶을 살았기 때문이며(3:4-5), 보좌들은 그들이 통치자임을 나타낸다.

이렇듯 이십사 장로들이 사람일 것이라 보는 견해가 일리 있을지라도, 다음과 같은 이유들로 인해 이십사 장로들은 천사들일 가능성이 더 크다. (1) 이십사 장로들은 모든 족속과 방언과 나라에 속한 사람들을 구속하신 어린양을 찬송할 때, 자신들을 이 구속받은 자들 가운데 포함시키지 않는다(5:9). 대신에 이 장로들은 "그들로 우리 하나님 앞에서 나라와 제사장들을 삼으셨으니 그들이 땅에서 왕 노릇 하리로다"(5:10)라고 외친다. 주목할 점은, 하나님이 나라와 제사장을 삼은 자들을 가리켜 장로들이 '우리'라고 말하지 않고 삼인칭을 사용하여 그들이라고 말한다는 점이다. (2) 또한 두드러지는 점은, 요한계시록의 다른 곳들에서 언제나 이십사 장로들이 네 생물 및 다른 천사들과 나란히 언급된다는 것이다(4:9-10; 5:2, 5, 6, 8,

11, 14; 7:11, 13; 14:3; 19:4). 이 사실은 이 장로들이 천사들임을 시사한다.

그래도 이십사 장로들이 사람들일 가능성을 완전히 배제할 수만은 없다. 왜냐하면 일곱 편지에서 각각의 교회를 사자(천사)가 대표한 것처럼, 이십사 장로들은 하나님의 보좌 앞에서 인간을 '대표하는' 자들이기 때문이다. 따라서 이 장로들은 하나님의 보좌 앞에서 하나님의 백성을 위해 기도를 올리고, 하늘 궁정에서 하나님의 백성을 대표한다.

4:5 장면은 보좌에서 벌어지는 일로 옮겨간다. 하나님이 보좌에 앉아 계시는 알현실은 정적이 흐르는 곳이 아니었다. 여호와께서 이스라엘에게 자신을 계시하기 위해 시내산에 강림하셨을 때 우레와 번개와 빽빽한 구름이 산 위에 있었던 것처럼(출 19:16, 18-19), 보좌에서도 번개와 음성과 우렛소리가 터져나오고 있었다. 주목할 만한 것은 일곱 번째 인을 뗄 때(계 8:5), 일곱 번째 나팔을 불 때(11:19), 일곱 번째 대접이 부어질 때(16:18)에도 동일하게 번개와 우렛소리가 있었다는 점이다. 우렛소리와 번개는 외경심을 불러일으키는 하나님의 임재와 그 임재로 들어갈 때의 공포를 전달한다. 등불 일곱(일곱 횃불)도 시내산 사건(출 20:18)과 그 밖의 다른 구약 본문들을 연상시킨다(겔 1:13; 단 10:6). 요한계시록 1:4 주석에서 설명했듯이, 하나님의 일곱 영은 성령의 완전함을 가리킨다. 성령은 모든 신적인 완전함을 갖추고 계신다. 타오르는 등불 일곱과 일곱 영은 하나님의 거룩하심을 전달한다. 하나님의 임재 속으로 들어가는 것이 두렵고 무서운 일인 이유는, 그분이 언제나 영원토록 거룩하신 분이기 때문이다. 하나님은 그분을 '거룩한' 영으로 계시하신다. 왜냐하면 거룩함이 하나님의 존재를 영원하신 분으로서 나타내기 때문이다.

4:6 하나님의 보좌 앞에 있는 "수정과 같은 유리 바다"가 무엇을 의미하는지는 그리 쉽게 파악되지 않는다(참고. 15:2; 겔 1:22). 히브리적 사고에서 바다는 흔히 악과 혼돈을 나타내므로(참고. 욥 7:12; 26:12; 38:8; 시 74:13; 78:53; 89:9; 114:3, 5; 사 57:20; 계 21:1), 이 묘사는 하나님이 악을 지배하신다

는 의미일 수 있다. 그러나 유리와 수정은 값을 매길 수 없을 정도로 귀한 아름다움을 나타내기도 한다. 따라서 이 바다는 넘을 수 없는 장벽을 의미한다고 볼 수 있을 것이다. 아무도 쉽게 일상적으로 하나님의 임재 앞에 나아갈 수 없다. 인간과 하나님 사이에는 넘을 수 없는 큰 간격이 존재한다.

범상치 않은 생물들이 하나님의 보좌 주변을 둘러싸서 지키고 있는데, 이것도 외경심을 불러일으키는 하나님의 거룩하심을 부각시킨다. 이 생물들은 "이동식으로 되어 있는 하나님의 보좌를 짊어지고" 있는 것으로 여겨진다.[21] 이 네 생물은 "앞뒤로 눈들이 가득하[다]." 여기서 요한은 에스겔이 본 환상을 가져와서 사용하고 있다. 에스겔은 네 생물을 보았고(겔 1:5), 나중에 이 네 생물이 그룹이었다고 말한다(겔 10:15, 20). 요한계시록에 나오는 이 기이하고 경이로운 생물들은 에스겔서에 나오는 그룹들처럼 하나님의 보좌를 둘러싸서 지키고 있다. 구약성경에서 그룹들은 생명나무로 가는 길을 지켰다(창 3:24). 한편 성막과 성전에서는 그룹들이 그 날개로 속죄소를 덮고 있었는데, 이것은 그들이 하나님의 임재를 지키고 있음을 상징한다(출 25:18-22; 민 7:89; 왕상 6:23-28; 8:6, 7). 또한 그룹들은 성막의 휘장들에 수놓아져 있었고(출 26:1; 36:8), 성전의 벽들에 새겨져 있었다(왕상 6:29, 32, 35. 참고, 겔 41:18, 20, 25). 구약성경은 여호와가 그룹들 사이에서 보좌에 앉아 계신다고 말한다(삼상 4:4; 삼하 6:2; 왕하 19:15; 대상 13:6; 시 80:1; 99:1). 에스겔서에서는 이스라엘의 죄로 말미암아 하나님의 임재가 성전을 떠날 때에 그룹들이 중요한 역할을 한다(겔 10:1-22; 11:22). 그룹들은 네 생물과 마찬가지로 하나님의 임재 및 보좌와 연관되어 있었다. 하나님만이 전능하시므로 네 생물의 "눈들"은 이 네 생물이 전능하다는 것을 의미하지 않는다. 그러나 이 묘사는 네 생물이 피조세계 전체를 샅샅이 꿰뚫어보면서 하나님을 대신해 이 세계를 감시하고 있음을 나타낸다.

---

21 Aune, *Revelation 1-5*, 297.

4:7 여기에는 네 생물에 대한 묘사가 나온다. 첫 번째 생물은 사자 같았고 두 번째 생물은 송아지(황소) 같았으며, 세 번째 생물은 얼굴이 사람 같았고 네 번째 생물은 날아가는 독수리 같았다. 여기서 요한은 직유법을 사용하고 있다. 따라서 그는 이 생물들이 사자, 황소, 사람, 독수리라는 것이 아니라 단지 그런 것들을 닮았다고 말한 것일 뿐이다. 요한이 직유법을 사용하여 언급한 생물들은 흥미롭다. 사자는 '짐승의 왕'이라 불리고(참고. 잠 30:30) 황소는 가축 중에서 가장 힘이 세며, 사람은 피조세계의 정점이고 독수리는 가장 위엄 있는 새다(욥 39:27; 잠 30:19). 요한이 네 생물을 가리켜 그 정체를 그룹들이라고 명시하지는 않으나, 그룹들에 관한 에스겔의 환상을 가져와서 사용하고 있음은 분명하다(참고. 겔 1장; 10장). 에스겔서에 나오는 기사와 다른 점이 또 한 가지가 있다. 에스겔서에서는 각 생물마다 사람, 사자, 황소, 독수리의 네 얼굴을 모두 지니고 있는 것으로 묘사된다(겔 1:10; 10:14). 반면에 요한계시록에서는 각 생물이 네 개의 얼굴을 지니는 것이 아니라 한 생물은 사람, 한 생물은 사자, 한 생물은 황소, 한 생물은 독수리와 같은 얼굴을 지니고 있다. 요한은 구약 본문을 간접적으로 인용할 때 대개 조금씩 수정하곤 한다. 여기서 구약 본문을 수정한 것에 어떤 의미가 있는지는 쉽게 파악되지 않는다. 네 생물은 에스겔서에 나오는 그룹들이라는 관점으로 묘사되고 있다는 점에서 천사들이라 할 수 있으며(참고. 계 4:8 주석), 가장 높은 지위에 있는 천사들인 것으로 보인다. 이 생물들에 대한 묘사들은 상징적인 것이므로 문자적인 의미 그대로 받아들여서는 안 된다. 천사인 이 생물들은 피조물 전체를 대표하며, 모든 곳에 있는 모든 피조물이 하나님을 찬송해야 한다는 부름을 받고 있다는 사실을 나타낸다. 하나님의 보좌 앞에서 하나님을 경배하는 것보다 더 아름답고 만족스러운 일은 없다.

4:8 이제 네 생물은 이사야서 6장이 스랍들을 묘사한 것과 비슷한 방식으로 묘사된다. 이것은 네 생물이 천사들이라는 것을 확인시켜준다. 그렇지만 요한이 네 생물을 묘사할 때 에스겔서와 이사야서를 둘 다 간접적으

로 인용하기 때문에, 네 생물이 그룹인지 스랍인지를 결정하기란 어렵다. 그런데 스랍과 그룹이 동일한 천사들을 지칭하는 두 가지 명칭일 가능성도 있다. 왜냐하면 우리는 천사들의 위계질서와 범주들에 대해 거의 알지 못한다는 것을 시인해야 하기 때문이다(참고. 골 1:16). 어쨌든 네 생물은 스랍들처럼 여섯 날개를 가지고 있다. 이사야서에서 스랍들은 두 날개로 얼굴을 가리고 다른 두 날개로 발을 가리며, 나머지 두 날개로 날아다닌다(사 6:2). 스랍들이 그들의 얼굴과 발을 가리는 이유는 외경심을 불러일으키는 하나님의 거룩하심 때문이며, 그들이 날아다니는 이유는 하나님을 섬기면서 그분의 뜻과 지시를 전달하는 일을 하기 때문이다. 요한은 다시금 그룹들에 관한 에스겔서의 묘사를 가져와서 네 생물에게 눈들이 가득했다고 말한다(참고. 겔 1:18; 10:12). 이것은 그들이 하나님의 보좌 앞에서 보초를 서며 지키고 있다는 것을 나타낸다.

이 절에는 우리가 알아차릴 수 없는 것들이 여러 가지가 있지만, 가장 중요한 점은 네 생물이 이사야서 6:3에 나오는 스랍들처럼 밤낮으로 쉬지 않고 하나님을 찬송하고 있다는 것이다. 네 생물은 보좌에 앉아 계신 하나님을 가리켜 "거룩하다, 거룩하다, 거룩하다"고 선포한다. 하나님의 보좌에 관한 장면 전체는 외경심을 불러일으키며 지극히 아름다운 하나님의 거룩하심을 전달한다. 하나님은 그분의 피조물들 위에 지극히 높이 계시며, 인간과 구별되신다. 어느 누구도 함부로, 또는 일상적으로 하나님의 임재 앞으로 나아갈 수 없다. 그분은 전능하신 하나님이시며, 요한계시록 1:4에서 볼 수 있듯이(참고. 1:4 주석) 항상 다스리셨고 지금도 다스리고 계시며, 장차 오셔서 그분의 영원한 나라를 세우실 분이기 때문이다.

4:9 네 생물은 보좌에 앉아 다스리시는 하나님께 영광과 존귀와 감사를 드리며 그분을 경배한다. 바울은 사람들이 하나님께 찬송과 감사를 드리는 것이 하나님을 하나님으로 존귀하게 대하는 것이라고 가르친다(롬 1:21). 여기서 하나님은 살아 계신 하나님으로서 행하시는 주권적인 통치로 말미암아 찬송을 받으신다. 만유의 창조주로서 하나님은 찬송과 경배와

존귀를 받으시기에 합당하다. 우주의 왕으로서 하나님은 영원토록 다스리시고 살아 계신다.

4:10 이십사 장로들이 보좌에 앉아 계시는 하나님을 경배하는 데 합류한다(참고. 5:14; 7:11; 11:16; 19:4). 이 본문에서 네 생물이나 이십사 장로들은 기이하고 흥미로운 존재이지만, 이 본문이 집중하는 초점이 아니다. 이십사 장로들은 보좌에 앉아 다스리시고 세세토록 살아 계시는 분인 하나님 앞에 엎드려 있다(참고. 11:17; 단 4:34). 그들은 그들의 관을 보좌 앞에 드림으로써, 그들에게 주어진 통치권이나 책임이 모두 하나님께로부터 받은 것임을 보여준다. 이 장로들이 가지고 있으며 누리고 있는 모든 것은 하나님이 그들에게 주신 것이기 때문에, 그들은 감사하는 마음으로 그것을 다시 하나님께 돌려드린다. 그들이 소유하고 있거나 행한 모든 선한 것은 하나님의 선물이다(참고. 고전 4:7).

4:11 이 절은 로마와 유대인 대적들이 가하는 압박 아래에서 고난 받는 교회에게, 하나님은 만물을 다스리시는 창조주시기 때문에 그들의 경배와 감사와 찬송을 받으시기에 합당하다는 것을 일깨워준다. 경배는 황제나 짐승이 아니라 오직 하나님께만 드려져야 한다. 하늘에서 이십사 장로들과 네 생물이 하나님의 이름을 거룩하게 하는 것처럼, 요한계시록에 언급된 교회들은 이 땅에서 하나님의 이름을 거룩하게 해야 한다(마 6:9-10).

〰〰〰 **응답** 〰〰〰

고난 받는 그리스도인들, 아니 실제로 모든 그리스도인들은 하나님의 존재를 쉽게 잊곤 한다. 이 땅에서 살아가는 데 몰두하다 보면, 오로지 우리 자신만을 생각하게 되기 때문이다. 요한계시록 4장은 우리의 눈을 들어서 이 우주에서 가장 중요한 존재이신 우리 하나님을 바라볼 것을 촉구한다. 이 하나님은 그분의 보좌에 앉아 계신다. 이 세상에 악이 존재할지라도 하나님이 이 세상을 다스리시고 주관하신다. 우리가 하나님을 뵈올 때, 우리는 하나님이 이루 말할 수 없이 위엄이 있고 아름다우며, 사랑할 만하고 두려워할 분임을 깨닫는다. 그리고 우리는 우리가 경배하는 하나님이 무한히 거룩하다고 고백한다. 우리 중에서 하나님의 임재 앞에 서기에 합당한 자는 아무도 없다. 우리와 하나님 사이에는 커다란 간격이 존재하고, 이 간격은 오직 예수 그리스도만이 메우실 수 있다. 하나님은 만물의 창조주로서 영화로우시고, 모든 경배를 받으시기에 합당하다. 우리는 하나님이 만물의 창조주시라는 사실의 의미를 너무나 쉽게 당연한 것으로 여긴다. 하나님이 만물을 창조하셨다는 것은 그분이 엄청난 능력과 권세를 지니고 계신다는 것을 의미한다. 우리는 연약하고 유한한 피조물들에 불과하지만 하나님은 전능하신 하나님, 이스라엘의 거룩하신 분, 만물을 창조하신 분, 우리의 모든 경배와 찬송을 받으시기에 합당한 분이다.

¹ 내가 보매 보좌에 앉으신 이의 오른손에 두루마리가 있으니 안팎으로 썼고 일곱 인으로 봉하였더라 ² 또 보매 힘있는 천사가 큰 음성으로 외치기를 누가 그 두루마리를 펴며 그 인을 떼기에 합당하냐 하나 ³ 하늘 위에나 땅 위에나 땅 아래에 능히 그 두루마리를 펴거나 보거나 할 자가 없더라 ⁴ 그 두루마리를 펴거나 보거나 하기에 합당한 자가 보이지 아니하기로 내가 크게 울었더니 ⁵ 장로 중의 한 사람이 내게 말하되 울지 말라 유대 지파의 사자 다윗의 뿌리가 이겼으니 그 두루마리와 그 일곱 인을 떼시리라 하더라

⁶ 내가 또 보니 보좌와 네 생물과 장로들 사이에 한 어린양이 서 있는데 일찍이 죽임을 당한 것 같더라 그에게 일곱 뿔과 일곱 눈이 있으니 이 눈들은 온 땅에 보내심을 받은 하나님의 일곱 영이더라 ⁷ 그 어린양이 나아와서 보좌에 앉으신 이의 오른손에서 두루마리를 취하시니라 ⁸ 그 두루마리를 취하시매 네 생물과 이십사 장로들이 그 어린양 앞에 엎드려 각각 거문고와 향이 가득한 금 대접을 가졌으니 이 향은 성도의 기도들이라 ⁹ 그들이 새 노래를 불러 이르되

두루마리를 가지시고

그 인봉을 떼기에 합당하시도다

일찍이 죽임을 당하사 각 족속과 방언과 백성과 나라 가운데에서

사람들을 피로 사서 하나님께 드리시고

10 그들로 우리 하나님 앞에서 나라와 제사장들을 삼으셨으니

그들이 땅에서 왕 노릇 하리로다 하더라

11 내가 또 보고 들으매 보좌와 생물들과 장로들을 둘러 선 많은 천사의 음성이 있으니 그 수가 만만이요 천천이라 12 큰 음성으로 이르되

죽임을 당하신 어린양은

능력과 부와 지혜와 힘과 존귀와

영광과 찬송을 받으시기에 합당하도다 하더라

13 내가 또 들으니 하늘 위에와 땅 위에와 땅 아래와 바다 위에와 또

그 가운데 모든 피조물이 이르되

보좌에 앉으신 이와 어린양에게

찬송과 존귀와 영광과 권능을 세세토록 돌릴지어다

하니 14 네 생물이 이르되 아멘 하고 장로들은 엎드려 경배하더라

1 Then I saw in the right hand of him who was seated on the throne a scroll written within and on the back, sealed with seven seals. 2 And I saw a mighty angel proclaiming with a loud voice, "Who is worthy to open the scroll and break its seals?" 3 And no one in heaven or on earth or under the earth was able to open the scroll or to look into it, 4 and I began to weep loudly because no one was found worthy to open the scroll or to look into it. 5 And one of the elders said to me, "Weep no more; behold, the Lion of the tribe of Judah, the Root of David, has conquered, so that he can open the scroll and its seven seals."

6 And between the throne and the four living creatures and among the elders I saw a Lamb standing, as though it had been slain, with seven

horns and with seven eyes, which are the seven spirits of God sent out into all the earth. 7 And he went and took the scroll from the right hand of him who was seated on the throne. 8 And when he had taken the scroll, the four living creatures and the twenty-four elders fell down before the Lamb, each holding a harp, and golden bowls full of incense, which are the prayers of the saints. 9 And they sang a new song, saying,

"Worthy are you to take the scroll

and to open its seals,

for you were slain, and by your blood you ransomed people for God

from every tribe and language and people and nation,

10 and you have made them a kingdom and priests to our God,

and they shall reign on the earth."

11 Then I looked, and I heard around the throne and the living creatures and the elders the voice of many angels, numbering myriads of myriads and thousands of thousands, 12 saying with a loud voice,

"Worthy is the Lamb who was slain,

to receive power and wealth and wisdom and might

and honor and glory and blessing!"

13 And I heard every creature in heaven and on earth and under the earth and in the sea, and all that is in them, saying,

"To him who sits on the throne and to the Lamb

be blessing and honor and glory and might forever and ever!"

14 And the four living creatures said, "Amen!" and the elders fell down and worshiped.

보좌에서 장면이 바뀐다. 하나님은 일곱 인으로 봉한 두루마리를 손에 들고 계시며(계 5:1), 두루마리에 있는 인들을 떼기에 합당한 자가 누구냐는 질문이 피조세계 전체에 울려 퍼진다(2절). 이 장의 핵심 단어는 '합당하다'(악시오스)이다. 피조세계 전체에서 이 인들을 떼기에 합당한 자는 존재하지 않는다(3절). 이 인들은 인간의 구원을 포함한 구속사 및 역사와 관련된 하나님의 계획을 나타내기 때문에, 이 두루마리를 열거나 인들을 뗄 수 있는 자가 아무도 없다면 인류는 멸망하고 만다. 그래서 요한은 아무도 이 두루마리를 열 수 없다는 것을 알고서 큰 소리를 내어 운다(4절). 하지만 요한의 눈물은 최종적인 것이 아니었다. 왜냐하면 그는 이긴 자가 계시고 그분이 이 인들을 뗄 수 있다는 말을 듣는데, 그분은 바로 유다 지파의 사자이자 다윗의 자손이신 예수님이다(5절). 하지만 요한이 보좌를 보니, 거기에는 사자가 아니라 어린양이 있었다(6절)! 요한은 죽임을 당했다가 지금은 부활하신 어린양이 서 계시는 것을 보았다. 이 어린양은 능력으로 충만하셨고, 그분의 영을 이 세상으로 보내셨다(자신의 죽음과 부활의 결과로).

위대한 승리와 기쁨의 순간에 어린양은 보좌 앞으로 나아가서 두루마리를 취하신다(7절). 이십사 장로들과 네 생물은 성도들의 기도가 담긴 금 대접을 가지고 어린양 앞에 엎드려 예배하는데, 성도들은 어린양이 행하신 구속의 결과이다(8절). 이십사 장로들과 네 생물은 갑작스레 경배와 찬송을 부른다(9-10절). 그들은 어린양이 그분의 죽음으로 말미암아 모든 족속 중에서 사람들을 속하셨기 때문에 그 두루마리를 취하여 인들을 떼기에 합당하시다고 외친다. 사람들이 왕들과 제사장들이 되어서 다스리게 될 것이라고 하신 하나님의 약속은 어린양의 속죄 사역으로 말미암아 실현될 것이다. 이십사 장로들과 네 생물의 이러한 선언에 화답하며 모든 천사도 다시 찬송하는데, 어린양이 죄인들을 위해 목숨을 버리셨기 때문에 모든 능력과 찬송을 받으시기에 합당하다고 선언한다(11-12절). 그러자 이번에는 모든 피조물이 하나님과 어린양은 모든 찬송과 영광을 받으시기에 합당하다고 한 목소리로 고백한다(13절). 외경심을 불러일으키는 이 장면의 장엄함을 언어로 재현하는 것은 불가능하다. 네 생물은 "아멘"이라고 외치고, 이십사 장로들은 기쁜 마음으로 엎드려 경배한다(14절).

〰〰〰〰 단락 개요 〰〰〰〰

Ⅲ. 보좌에 관한 묵시들(4:1-5:14)
  B. 구속주이신 어린양(5:1-14)

〰〰〰〰 주석 〰〰〰〰

5:1 이십사 장로들과 네 생물은 보좌에 앉아 계시는 하나님을 경배한다. 그때에 요한은 하나님이 앞면과 뒷면에 모두 글이 써져 있고 일곱 인으로 봉해진 두루마리를 오른손에 들고 계시는 것을 본다. 두루마리의 양면 모두에 글이 써져 있는 것은 대단히 이례적인 것이며(참고. 겔 2:9-10), 이렇게 두루마리 양면에 빼곡하게 글이 기록된 것이 무엇을 의미하는지는 해독하기 어렵다. 아마도 그것은 이 두루마리가 수많은 사건에 대한 기록으로 가득 채워져 있다는 의미일 것이다. 이후에 보겠지만 이 두루마리는 구속사 및 피조세계 전체, 특히 인간과 관련된 하나님의 계획을 나타낸다. 하지만 두루마리는 일곱 인으로 안전하게 봉해져 있기 때문에, 두루마리에 기록된 일들은 그 인들을 떼야만 일어날 것이다(참고. 사 29:11). 이것은 하나님이 다니엘에게 그의 책을 종말의 때까지 봉인하라고 명령하신 것을 상기시킨다(단 12:4, 9).

5:2 이 환상이 계속되고, 요한은 그가 본 극적인 일들을 독자들에게 전달한다. 요한은 그가 본 것을 요약해서 오직 예수님만이 이 두루마리를 열수 있었다고 간단하게 말할 수도 있었을 것이다. 그러나 그는 이 두루마리를 열 수 있는 분의 위엄을 독자들로 하여금 음미하고 기뻐할 수 있도록이 이야기를 느리게 전개해나간다. 요한은 힘 있는 천사가 피조물 전체를향해 큰 소리로 다음과 같이 묻는 것을 보는데, 이 물음은 5장에서 핵심적인 역할을 한다. 이 인들을 떼기에 '합당한'(악시오스) 자가 과연 있느냐? 이이야기는 질문과 대답이라는 형식을 사용해서 느리게 전개된다. 독자들은각각의 대목에서 잠시 멈추어서, '이 인들을 떼기에 합당한 자가 누구냐'는인류에게 아주 중요한 이 질문에 관해 곰곰이 생각해보게 된다.

5:3 이 물음에 대한 대답이 이제 여기서 주어지지만, 그 대답은 철저하게실망스러운 것이었다. 어느 누구도 이 두루마리를 열거나 그 내용을 볼 수없다(참고. 빌 2:10). 요한은 그렇게 할 수 있는 자가 진정으로 아무도 없다는 것을 강조한다. 이 두루마리를 열 수 있는 자는 하늘에 속한 존재인 천사들 중에도 없었고 이 땅에도 없었으며, 죽은 자들의 세계인 땅 아래에도없었다.

5:4 여기서도 이 이야기가 극적인 효과를 위해 아주 천천히 진행되고 있는 것을 볼 수 있다. 왜냐하면 이제 요한이 두루마리를 열거나 그 내용을 볼 수 있는 자가 아무도 없다는 사실에 대한 그의 심리적 반응을 우리와 공유하기 때문이다. 앞으로 보게 되겠지만, 하나님의 계획이 역사 속에서 실현되어서 사람들이 자신의 죄로부터 구속을 받으려면 반드시 이 두루마리가 열려야 했다. 그래서 요한은 이 두루마리를 열 수 있는 자가 아무도 없다는 것을 알았을 때 "크게" 울었다(참고. 사 29:11). 그는 아무런 소망이 없다는 것을 아는 순간 절망감에 사로잡혀 통곡할 수밖에 없었다. 요한은 이 두루마리가 봉인된 채로 있게 되는 경우에 사람들의 삶이 얼마나암담하고 절망적일지를 독자들이 느껴보기를 원한다. 모든 피조물 중에서

이 두루마리를 열 수 있는 자가 없는 이유는, 하나님 앞에서 '아무도 합당한 자로 발견되지 않았기'(개역개정은 "합당한 자가 보이지 않았기") 때문이다. 여기서 발견되다[휴레테(*heurethē*)]라는 단어가 사용된 것은, 법정에서 재판관이 합당한 자라고 판결을 내릴 수 있는 자가 아무도 없었다는 것을 말해준다(칠십인역 시 16:3; 35:3; 사 53:9; 겔 28:15; 갈 2:17; 빌 3:9; 벧후 3:14; 계 20:15, 참고. 시락서 31:8; 44:17). 사람들은 자신의 죄로 말미암아 합당하지 않다. 요한은 천사들이 왜 합당하지 않은지를 말해주지 않는다. 아마도 사람들은 다른 사람에 의해서만 건짐을 받을 수 있는데, 천사들은 사람이 아니기 때문이었을 것이다(참고. 히 2:5-18). 어쨌든 합당한 자가 아무도 없다는 사실이 지닌 무게는 독자들에게 큰 충격으로 다가오며, 이루 말할 수 없는 슬픔과 근심을 안겨주게 된다. 봉인된 두루마리를 열 수 없다면 인류에게는 소망이 없다.

5:5 출구나 소망이 전혀 없어 보이던 바로 그때 이 이야기는 극적인 반전을 맞이한다. 이십사 장로 중의 하나가 요한에게 말을 걸어서, 이기신 분이 계시고 그분이 일곱 인을 뗄 수 있으니 울지 말라고 일러준다. 그분은 유다 지파의 사자이자 다윗 가문에서 난 메시아였다. 요한은 신자들이 영생을 얻기 위해서는 이겨야 한다는 것을 강조하지만(2:7, 11, 17, 26; 3:5, 12, 21; 12:11; 15:2; 21:7), 만일 이 사자가 먼저 이기지 않았다면 성도들은 이기지 못할 것이고 이길 수도 없을 것이다. 그가 이기셨기 때문에, 그 승리에 의지해서 성도들도 이길 수 있다. 그가 이기신 것이 토대이고 성도들이 이기는 것은 그분이 승리한 결과다. 또한 이 인들을 떼는 것이 이론에 그치는 문제가 아니라는 것을 보게 된다. 이 두루마리를 열기 위해서는 전쟁에서 이겨야 했다. 큰 원수를 무찌르고 때려눕혀야 했다(참고. 창 3:15). 가공할 만한 원수는 오직 믿을 수 없을 정도로 어마어마한 힘을 지닌 자만이 이길 수 있다. 그리고 이 승리를 쟁취하신 분은 유다 지파의 사자이자 다윗 가문의 메시아이신 예수님이셨다. 요한은 창세기에 나오는 오래전에 주어진 예언, 즉 유다가 그의 원수들을 이기고 그의 형제들을 다스리게 되리라는 예언으로 거슬러 올라간다(창 49:8). 유다는 그의 먹잇감에게 사나운 사자

와 같아서, 아무도 그를 대적하여 이길 수 없다(창 49:9, 참고. 민 23:24; 24:9).
규와 지팡이가 유다에게 있기 때문에, 모든 민족이 그에게 복종하게 될 것
이다(창 49:10).

요한은 이 예언이 나사렛의 예수님 안에서 성취되었다는 사실을 안
다. 왜냐하면 유다가 다스리게 될 것이라는 약속은 다윗과의 언약으로 발
전하여 그 언약 속에서 분명해졌고(참고. 계 22:16), 하나님께서 다윗의 자
손이 영원히 다스릴 것이라고 약속하셨기 때문이다(삼하 7:12-14; 시 89:3-4,
28-29, 33-37; 132:11). 선지자들도 다윗에게 주어진 약속이 폐해지지 않아
서, 다윗의 자손들 중 한 사람이 다스릴 것이며 이스라엘에게 구원을 가져
다줄 것임을 재확인해주었다(예. 사 9:6-7; 55:3; 렘 23:5-6; 30:9; 33:15-17, 20-
22, 25-26; 겔 34:23-24; 37:24-27; 호 3:5). 하나님이 다윗에게 주신 약속은 단
지 다윗 가문의 왕이 다스리게 되리라는 것만을 말하지 않는다. 이 약속은
다윗의 자손이 아브라함에게 주어진 약속들을 성취하여 구원이 이스라엘
과 만민에게 이를 것이며, 반면에 주를 거역하는 자들은 저주를 받게 되리
라는 것이었다. 따라서 유다의 사자가 바로 다윗의 뿌리임을 분명히 한 것
은 큰 의미가 있는데, 이 승리가 다윗과 맺은 언약을 통해 다윗의 자손으
로 말미암아 이루어질 것임을 보여주기 때문이다. 여기에 나오는 표현은
이사야서 11:1과 11:10에서 가져온 것임이 분명하다. 이사야서 11:1은 "이
새의 줄기에서 한 싹이 나며 그 뿌리에서 한 가지가 나서 결실할 것이요"
라고 말하고, 10절은 "그날에 이새의 뿌리에서 한 싹이 나서 만민의 기치
로 설 것이요 열방이 그에게로 돌아오리니 그가 거한 곳이 영화로우리라"
고 말한다. 그리고 이 두 절 사이에는 새로운 피조세계가 다윗의 뿌리로
말미암아 동틀 것이라는 약속이 나온다. 다윗의 뿌리는 그의 원수들을 이
기고, 그에게 속한 자들을 돌볼 것이다. 다윗의 자손 메시아이신 예수님은
구약성경이 예언한 대로 이기셨기 때문에, 일곱 인으로 봉해진 두루마리
를 여실 것이었다.

5:6 이십사 장로 중의 하나에게서 고무적인 말을 들은(5절) 요한은 다시

금 하나님의 보좌로 시선을 돌린다. 그리고 그는 하나님의 보좌와 네 생물과 이십사 장로 사이에 어린양이 서 있는 것을 보게 된다. 이것은 대단히 주목할 만하다. 왜냐하면 장로는 사자라고 '말했는데', 요한이 실제로 '본' 것은 한 어린양이었기 때문이다. 그 어린양은 "일찍이 죽임을 당한 것 같[았다]." 요한의 이 말은 어린양이 죽임을 당한 것 같이 보였을 뿐이고 실제로는 죽임을 당하지 않았다는 것이 아니라, 실제로 죽임을 당했으나 지금은 이렇게 서 있다는 것이다. 어린양이 서 있다는 것은 예수님이 사망을 이기고 부활하신 것을 나타낸다. 예수님은 그분의 백성을 위해 죽임을 당하셨지만, 지금은 승리하여 하나님의 보좌 앞에 서 계신다(참고. 창 3:15).

성경에는 어린양이 죽임을 당했다는 개념과 관련된 많은 선례가 등장한다. 이것은 이스라엘의 장자들을 죽음에서 건지기 위해 도살된 유월절 어린양과 관련되어 있다(출 12:3-5). 또한 어린양은 이스라엘을 속하기 위해(레 1:4) 매일 아침과 저녁에 드려진 번제의 제물로 바쳐지기도 했다(출 29:39-41). 이사야서에 나오는 고난 받는 종은 "도수장으로 끌려 가는 어린양"(사 53:7) 같았는데, 이사야서의 헬라어 역본에서 "도수장"이라는 뜻으로 사용된 단어인 스파게(*sphagē*)는 요한계시록의 이 본문에서 사용된 동사 스파조(*sphazō*, "죽임을 당한")의 명사 형태다. 동사 '죽임을 당하다'는 유월절 어린양(출 12:6)과 번제물인 어린양(레 1:5)에 대해서도 사용된다. 아마도 요한은 이 세 가지 배경을 모두 염두에 둔 것으로 보이며, 따라서 여기서는 유월절, 희생제사, 여호와의 종에 대한 간접인용이 존재한다. 또한 신약성경의 나머지 부분과 가지는 연관성도 볼 수 있다. 요한복음 1:29에서 세례 요한은 예수님을 보고서 "세상 죄를 지고 가는 하나님의 어린양"이라고 외친다. 빌립도 에디오피아 내시와의 대화에서 어린양이자 여호와의 종이신 예수님의 역할에 대해 언급한다(행 8:32, 참고. 벧전 2:22-24). 바울은 예수님을 유월절 어린양이라고 말하고(고전 5:7), 베드로는 예수님을 "흠 없고 점 없는 어린양"이라고 말한다(벧전 1:19). 요한계시록은 어린양의 중요성을 분명하게 드러낸다. 요한계시록은 예수님을 어린양으로 26번이나 지칭하는데, 여기에 나오는 것은 그 중 첫 번째 용례이다. 분명한 사실은, 예수님이 자기 백성을 위하여 자신을 죽음에 내어주신 것이 신약 증언의 중심이라는 것이다.

요한은 그의 증언을 통해 예수님이 사자가 아니라 어린양으로 이기셨음을 알려 준다. 예수님이 일곱 인으로 봉해진 두루마리를 여실 수 있는 이유는, 그분의 대적들을 때려눕혔기 때문이 아니라 자기 목숨을 죄인들을 위해 내어주셨기 때문이다. 예수님의 승리는 압도적인 힘으로 그분의 대적들을 멸망시키심으로써가 아니라 고난과 죽음을 통해 이루어졌다. 부활하셔서 이기신 예수님은 죽임을 당한 어린양으로 서 계신다. 싸움에서 이기시고 전능하신 힘을 지니신 채로 서 계시는 예수님은 "일곱 뿔"을 가지고 계신 모습으로 묘사된다. 뿔은 힘을 나타내며, 여기서 "일곱"은 완전하고 무한함을 나타낸다. 어린양으로서 죽임을 당하신 예수님은 지금은 사자와 어린양으로서 다스리고 계신다. 또한 예수님은 "일곱 눈"을 가지고 계시는데, 이것은 예수님이 모든 것을 아심(전지하심)을 나타내는 것으로 보인다. 묵시 문학에서 하나의 표상은 다중적인 의미로 사용될 수 있기 때문에, 일곱 눈은 "온 땅에 보내심을 받은 하나님의 일곱 영"을 가리키는 것이기도 하다. 1:4 주석에서 이미 말했듯이, 일곱 영은 성령의 완전함과 온전함을 가리킨다. 성령은 예수님의 부활의 결과로 보내심을 받는데, 그러한 개념은 신약성경의 나머지 부분과 부합한다. 예수님이 높아지실 때까지는 성령이 주어지지 않았고(요 7:39), 예수님이 승천하실 때까지는 성령이 부어지지 않았다(행 1:1-11; 2:33). 하나님이 신자들에게 성령을 선물로 주신 것은 예수님이 십자가에 못 박히고 다시 살아나셔서 승천하셨기 때문이다.

5:7 어린양이기도 하신 이 사자는 하나님의 보좌 앞으로 나아가, 하나님의 오른손에서 두루마리를 취하신다. 예수님은 그분의 죽음과 부활로 말미암아 하나님께로부터 두루마리를 취할 권세를 가지신다. 여기서 다시 한 번 예수 그리스도의 죽음과 부활이야말로 역사를 푸는 열쇠임이 드러난다.

5:8 이 장 전체에서 그래 왔듯이, 여기서도 요한은 계속해서 이야기를 천

천히 전개해나간다. 어린양은 하나님의 오른손에서 두루마리를 취하신다. 그러자 네 생물과 이십사 장로가 어린양 앞에 엎드려 경배한다. 어린양은 요한계시록 4:10에서 하나님이 경배 받으신 것과 같은 방식으로 경배를 받으시는데, 이것은 어린양이 온전히 하나님이시라는 것을 보여준다. 여기서 어린양이 경배를 받는 이유는, 죽임을 당했다가 부활하신 분으로서 두루마리를 여시고 그분의 백성을 구속하시기 때문이다. 네 생물이 "거문고"를 사용한 것은 자기 백성을 구원하신 하나님의 신실하신 사랑에 대한 그들의 기쁨을 나타낸다(참고. 칠십인역 시 32:2; 56:9; 70:22; 80:3; 91:4; 97:5; 107:3; 146:7; 150:3). 또한 이 천사들이 거문고를 가지고 있는 것은, 그들이 하나님이 구원의 사랑을 베푸시는 대상은 아닐지라도 죽임을 당하신 어린양의 구원 사역으로 말미암아 기쁨이 충만하기 때문이다. 또한 이 천사들은 성도들의 기도를 나타내는 향이 가득한 금 대접도 가지고 있다(계 8:3-4). 이것은 구약의 분향단을 연상시킨다(출 30:1-10). 다윗은 그의 기도가 하나님 앞에서 "분향함과 같이" 되게 해주시기를 구한다(시 141:2). 여기서 요한은 그 표상을 가져와서 기도를 향에 비유한다. 향은 하나님을 기쁘시게 하는 것이었다. 마찬가지로 성도들의 기도는 하나님을 기쁘시게 한다. 또한 성도들의 기도와 그들의 마음의 소원이 하나님 앞에 받아들여질 수 있는 것은 어린양이 이루신 구속에 근거한다(참고. 출 2:23-25; 신 26:7).

5:9 이 천사들은 어린양이 두루마리를 취하신 것에 화답하여 주 앞에서 "새 노래"를 부른다(참고. 14:3). 구약성경에서 하나님의 백성이 새 노래를 부른 때는, 하나님이 개입하셔서 그들을 구원하고 건지신 때였다(참고. 시 33:3; 40:3; 96:1; 98:1; 144:9; 149:1; 사 42:10). 새 노래를 부르는 것은 하나님이 자기에게 속한 자들을 위해 새 일을 행하셨기 때문이다. 실제로 그리스도께서 십자가 위에서 이루신 일은 하나님의 결정적인 구원 역사이고, 그리스도의 십자가는 역사의 중심이다. 이렇게 이 천사들은 하나님이 자기 백성을 위해 행하신 구원 역사를 보고서 하나님을 찬송한다.

앞에서 요한은 두루마리를 열고 그 인들을 떼기에 "합당한"(악시오스)

자가 없었기 때문에 울었다(계 5:2-4). 그러나 이제 네 생물과 이십사 장로는 어린양이 그 일을 하시기에 "합당하시도다"(악시오스)라고 외친다. 유다지파의 사자이자 죽임을 당하신 어린양으로서 예수님은 두루마리를 열고 그 인들을 떼기에 합당하시다. 4:11에서 창조주 하나님에 대해 사용되었던 합당하다는 단어가 이제 여기서 어린양에 대해서도 사용된다. 하나님은 창조주로서 경배를 받으셨고, 그리스도는 구속주로서 경배를 받으신다.

이 본문은 어린양이 경배를 받으시기에 합당한 이유["for", 호티(*hoti*), 개역개정에는 없음]를 구체적으로 제시한다. 그 이유는 그분이 죽임을 당하신 어린양이기 때문이다. 그리고 다음 행에는 그분이 죽임을 당한 이유가 설명되어 있다. 인간이 죄의 노예가 되어 있었기 때문에(1:5), 예수님은 온갖 족속에 속한 사람들을 그분의 피로 '사셨다'[에고라사스(*ēgorasas*), 속량하다, 참고. 14:3-4]. 이십사 장로가 어린양을 찬송한 것은 그들이 구원받았기 때문이 아니라 사람들이 구원을 받았기 때문이다. 이것은 이 장로들이 인간이 아니라 천사라는 것을 시사한다(참고. 4:4 주석; 5:10 주석). "피"라는 단어를 덧붙인 것은 예수님의 죽음이 희생 제사였음을 보여준다(참고. 레 17:11). 예수님은 자기 백성을 속하시기 위해 그분의 목숨을 내어주셨다. 그들의 옷은 어린양의 피로 말미암아 희어졌고(계 7:14), 그들은 어린양의 피로 말미암아 이겼다(12:11). 모든 사람이 죄를 범했기 때문에 사람들 중에는 일곱 인으로 봉해진 두루마리를 열 수 있는 사람이 없었지만, 어린양의 피는 죄의 포로가 되어 있던 사람들을 해방시켜주었다. 어린양의 피로 말미암아 속함을 받은 자들은 모든 족속에 속한 사람들, 즉 "각 족속과 방언과 백성과 나라"에 속한 자들이었다. 예수님은 한 사람도 빠짐없이 모든 사람을 구속하신 것이 아니라, 각 족속에 속한 사람들 중에서 일부를 차별 없이 구속하셨다. 여기서 알게 되는 사실은, 어린양에게 속한 자들이 어린양의 피로 말미암아 죄 사함을 보증 받는다는 것이다. 구속은 십자가에서 이루어지고 적용된다.

5:10 어린양은 어떤 목적을 위해 그분의 백성을 속하셨는데, 그것은 하

나님이 처음에 아담과 하와에게 하나님을 대신해서 이 세계를 다스리라고 하신 명령을 이루기 위한 것이었다(창 1:28; 2:15). 여기서도 또다시 이 천사들은 장차 다스리게 될 자들 속에 그들 자신을 포함시키지 않고, 3인칭인 "그들"이라는 단어를 사용하여 구속받은 자들이 다스리게 될 것임을 보여준다. 예수님의 구속 사역으로 말미암아 신자들은 이제 "나라와 제사장들"이 되었다(참고. 계 1:6 주석). 원래 이스라엘에게 배정되었던 역할(출 19:6; 사 61:6, 참고. 사 66:21)이 이제 유대인들과 이방인들로 이루어진 예수 그리스도의 교회에 주어졌다. 이제 하나님 나라는 예수 그리스도의 교회로 말미암아 적어도 부분적으로는 도래했다. 교회와 하나님의 나라는 그 범위가 서로 동일하지는 않지만, 하나님 나라의 능력은 교회 안에 현존한다. 또한 교회는 제사장직을 수행하기 때문에, 하나님 앞에 나아가는 것은 교회가 선포하는 메시지에 의해 매개된다. 그러나 하나님 나라는 새 하늘과 새 땅에서만 온전히 실현될 것이다(계 21:1-22:5).

"그들이 땅에서 왕 노릇 하리로다"라는 구절의 미래 시제는 본문 상으로 더 나은 읽기를 반영한 것으로, 그 초점이 미래에 맞춰져 있다. 요한은 교회에게 주어진 사명이 온전히 실현될 그날을 바라본다. 앞에서 요한은 이기는 교회들이 그리스도와 더불어 다스리게 될 것이라고 약속함으로 (2:26-27; 3:21), 이 미래의 통치를 이미 암시했다. 교회는 단독으로 다스리는 것이 아니라, 그리스도와 함께 다스릴 것이다. 그리고 이 절들이 분명히 보여주듯이, 그리스도로 '말미암아' 다스리게 될 것이다. 하나님의 백성이 장차 행하게 될 통치는 그리스도의 구속 사역에 뿌리를 두고 있다. 하나님은 그분이 창조하신 이 세계와 피조물들에 대한 계획을 두루마리에 기록하여 일곱 인으로 봉해두셨는데, 네 생물과 이십사 장로는 이제 그 계획이 좌절되지 않고 이루어질 수 있게 된 것을 보고서 뛸 듯이 기뻐한다.

5:11 하나님의 구원과 창조의 계획이 죽임을 당하신 어린양을 통해 실현된다는 것이 밝혀진 뒤, 다음 장면으로 이동한다. 요한은 보좌를 다시 한번 보게 되는데, 이번에는 기쁨이 말 그대로 쏟아 부어지는 것을 보고 듣

는다. 보좌 주변은 네 생물, 이십사 장로, 셀 수 없이 많은 천사 등 천사의 무리로 가득하다. 여기서 이십사 장로가 천사라는 추가적인 증거가 주어진다. 왜냐하면 이 장로들은 언제나 사람들이 아니라 다른 천사의 무리와 함께 하기 때문이다. 이 장면은 다니엘서에 나오는 하늘 법정에 관한 묘사를 연상시키는데, "그를 섬기는 자는 천천이요 그 앞에서 모셔 선 자는 만만"(단 7:10)이라고 말한다(참고. 시 68:17). 또한 히브리서가 "너희가 이른 곳은 시온산과 살아 계신 하나님의 도성인 하늘의 예루살렘과 천만 천사"(히 12:22)라고 말한 것도 연상시킨다. 요한은 셀 수 없이 많은 이 회중을 보았을 뿐만 아니라 그들의 음성도 들었는데, 그 내용은 다음 절에 나온다.

5:12 무수히 많은 천사가 우렛소리 같은 큰 음성으로 말했는데, 그들의 입에서 첫 번째로 나온 것은 "합당하도다"[악시온(axion)]였다. 이 단어는 이 장을 지배하고 있는데(5:2, 4, 9), 여기서 다시 한 번 천사들은 죽임을 당하신 어린양이 합당하시다고 선포한다. 요한은 어린양의 죽음이 인봉을 떼게 한 것임을 강조한다. 요한은 단지 어린양이 죽임을 당하셨기 '때문에' 합당하시다고 말하지 않는다. 요한은 죽임을 당하신 '어린양이 합당한 분이고', 그분이 합당했기 때문에 그분의 죽음이 그분의 백성을 구속할 수 있었다고 가르친다(5:9).

어린양은 하나님과 동일한 경배를 받으시기에 합당하다. 따라서 그분은 "능력과 부와 지혜와 힘과 존귀와 영광과 찬송을" 받으셔야 한다! 여기에 나열된 칭송들은 두 가지 방식으로 해석될 수 있는데, 둘 중 하나를 선택하기란 쉽지 않다. 요한은 단순히 능력과 부와 지혜 등등이 영원히 어린양의 것으로 돌려져야 한다고 말한 것일 수도 있다. 또는 능력과 힘과 존귀와 영광이 특별히 어린양이 행한 구속 사역의 결과로서 그분에게 돌려져야 함을 강조한 것일 수도 있다. 달리 말하면, 예수 그리스도의 높아지심을 통해 구속사에서 새로운 단계가 실현되었기 때문에, 예수님은 당연히 하나님이자 사람으로서 존귀와 경배를 받으셔야 한다는 것이다(참고. 행 2:36; 롬 1:4). 어린양의 죽음이 강조되고 있음을 고려하다면 후자의 해석이 더 적절하게 보이지만, 어느 경우든 어린양은 하나님으로 경배 받으시고 보좌에 앉아 다스리시는 하나님과 동일한 지위를 가지고 계신다.

5:13 헤아릴 수 없이 많은 천사가 시작한 경배가 우주 전체에 울려 퍼지고, 이제는 피조세계 전체가 그 경배에 동참한다. 요한계시록 5:3은 하늘이나 땅 위나 땅 아래에 있는 자들 중에서 어느 누구도 일곱 인으로 봉해진 두루마리를 열 수 없었음을 보여주었다. 이제 하늘과 땅 위와 땅 아래와 바다에 있는 모든 피조물이 하나님과 어린양을 찬송하는 데 동참한다. 온 우주가 경배하며, 여기에 예외는 없다. 불신자들도 이 경배에 참여하는가? 알고 있는 대로라면, 생명책에 기록되지 않은 일부는 불 못에 있다(19:20; 20:10-15). 그들이 포함된다면 그들의 경배는 자발적인 것이 아니라 강제적인 것이 된다(참고. 빌 2:10-11; 사 45:24). 묵시 문학이 과장된 표현을 사용한다는 사실을 감안할 때, 여기서 요한은 이 경배에 신자들만을 포함시킨다고 볼 수 있다. 왜냐하면 여기서 묘사되는 경배는 억지가 아니라 정말로 기뻐서 하는 것으로 보이기 때문이다. 주목할 만한 것은 보좌에 앉으신 하나님과 어린양이 동등한 경배를 받으신다는 것이다. 찬송과 존귀와 영광과 권능이 하나님과 어린양 두 분 모두에게 돌려진다. 어린양은 하나님과 동일한 특권들을 공유하는데, 유대인인 요한은 유일신론자였을 것이다(신 6:4). 요한은 어린양이 아버지 하나님과 동일한 하나님으로 '영원히' 존귀를 받으시는 것이 왜 그의 유일신론과 상반되지 않는지를 설명하지 않는다. 그렇지만 그는 분명히 이 둘이 서로 상반되지 않음을 믿고 있으며, 이것은 삼위일체 교리에 대한 통찰을 제공한다.

5:14 온 피조물의 찬송을 들은 네 생물은 "아멘"으로 화답하여, 하나님과 어린양에게 마땅히 존귀와 찬송과 영광이 드려져야 한다는 것을 인정한다. 이십사 장로들은 하나님과 어린양의 영광과 위엄에 압도되어 엎드려 경배한다. 더 이상의 말은 필요 없다. 분명 4장과 5장은 요한계시록의 나머지 부분의 내용이 어떠할지를 미리 알려준다. 아시아 속주에 있는 신자

들이 박해와 배척을 직면하고 있을지라도 하나님은 능력과 주권을 가지고 보좌에 앉으셔서 다스리시는 창조주시다. 그리고 다윗의 자손이신 그리스도는 그들을 구속하신 하나님의 어린양이다. 환난을 겪고 있는 그리스도인들은 하나님의 왕이요 제사장들이며, 이 땅에 있는 하나님의 나라다.

≋≋≋≋ 응답 ≋≋≋≋

우리 신앙의 중심이자 기준은 십자가에 못 박히시고 부활하신 예수 그리스도시다(참고. 고전 15:1-4). 요한계시록 5장이 보여주듯이, 역사의 열쇠는 예수 그리스도의 죽음과 부활이다. 만일 그리스도께서 죽지도 않고 부활하지도 않으셨다면, 우리는 여전히 죄 가운데 있을 것이고 우리에게는 아무런 소망도 없을 것이다(참고. 고전 15:12-19). 어린양의 사역을 떠나서는 구속에 대한 소망도 없고 새 생명에 대한 약속도 없다. 사람들은 요한계시록이 우리와는 아무 상관이 없는 별난 예언들과 기이한 환상들이라고 생각하곤 한다. 그렇지만 우리는 지난 두 장에서 창조주이신 하나님과 구속주이신 그리스도께서 요한계시록의 중심이라는 것을 보았다. 이 두 진리는 우리 신앙의 토대들이다. 또한 우리는 이 세계에 대한 하나님의 계획이 좌절되지 않을 것임을 알기 때문에 기뻐한다. 그리스도는 모든 족속과 방언과 백성과 나라 중에서 얼마간의 사람들을 그분의 피로 구속하셨다. 우리는 모든 족속에게 복음을 전하면서, 하나님이 각 족속 중 얼마간의 사람들을 그리스도를 믿고 구원받도록 정하셨다는 것을 확신할 수 있다. 사람들로 하여금 나라와 제사장들로 섬기게 하고자 하신 하나님의 계획은 반드시 이루어질 것이고, 하나님 나라의 일은 그분의 백성 가운데서 이미 시작되었다. 우리는 거기에 응답하여 하나님과 어린양을 경배하며 찬송한다. 우리는 모든 영광과 존귀와 찬송과 능력이 하나님과 어린양에게 속해 있다는 것을 인정하기 때문에, 두 분 앞에 엎드려 영원토록 경배하고 찬송한다.

요한계시록 5:1-14 _ 189

¹ 내가 보매 어린양이 일곱 인 중의 하나를 떼시는데 그때에 내가 들으니 네 생물 중의 하나가 우렛소리 같이 말하되 오라 하기로 ² 이에 내가 보니 흰 말이 있는데 그 탄 자가 활을 가졌고 면류관을 받고 나아가서 이기고 또 이기려고 하더라

³ 둘째 인을 떼실 때에 내가 들으니 둘째 생물이 말하되 오라 하니 ⁴ 이에 다른 붉은 말이 나오더라 그 탄 자가 허락을 받아 땅에서 화평을 제하여 버리며 서로 죽이게 하고 또 큰 칼을 받았더라

⁵ 셋째 인을 떼실 때에 내가 들으니 셋째 생물이 말하되 오라 하기로 내가 보니 검은 말이 나오는데 그 탄 자가 손에 저울을 가졌더라 ⁶ 내가 네 생물 사이로부터 나는 듯한 음성을 들으니 이르되 한 ¹⁾데나리온에 밀 한 되요 한 ¹⁾데나리온에 보리 석 되로다 또 감람유와 포도주는 해치지 말라 하더라

⁷ 넷째 인을 떼실 때에 내가 넷째 생물의 음성을 들으니 말하되 오라 하기로 ⁸ 내가 보매 청황색 말이 나오는데 그 탄 자의 이름은 사망이니 음부가 그 뒤를 따르더라 그들이 땅 사분의 일의 권세를 얻어 검과 흉년과 사망과 땅의 짐승들로써 죽이더라

9 다섯째 인을 떼실 때에 내가 보니 하나님의 말씀과 그들이 가진 증거로 말미암아 죽임을 당한 영혼들이 제단 아래에 있어 10 큰 소리로 불러 이르되 거룩하고 참되신 대주재여 땅에 거하는 자들을 심판하여 우리 피를 갚아 주지 아니하시기를 어느 때까지 하시려 하나이까 하니 11 각각 그들에게 흰 두루마기를 주시며 이르시되 아직 잠시 동안 쉬되 그들의 동무 종들과 형제들도 자기처럼 죽임을 당하여 그 수가 차기까지 하라 하시더라

12 내가 보니 여섯째 인을 떼실 때에 큰 지진이 나며 해가 검은 털로 짠 상복 같이 검어지고 달은 온통 피 같이 되며 13 하늘의 별들이 무화과나무가 대풍에 흔들려 설익은 열매가 떨어지는 것 같이 땅에 떨어지며 14 하늘은 두루마리가 밀리는 깃 같이 떠나가고 각 산과 섬이 제자리에서 옮겨지매 15 땅의 임금들과 왕족들과 장군들과 부자들과 강한 자들과 모든 종과 자유인이 굴과 산들의 바위틈에 숨어 16 산들과 바위에게 말하되 우리 위에 떨어져 보좌에 앉으신 이의 얼굴에서와 그 어린양의 진노에서 우리를 가리라 17 그들의 진노의 큰 날이 이르렀으니 누가 능히 서리요 하더라

1 Now I watched when the Lamb opened one of the seven seals, and I heard one of the four living creatures say with a voice like thunder, "Come!" 2 And I looked, and behold, a white horse! And its rider had a bow, and a crown was given to him, and he came out conquering, and to conquer.

3 When he opened the second seal, I heard the second living creature say, "Come!" 4 And out came another horse, bright red. Its rider was permitted to take peace from the earth, so that people should slay one another, and he was given a great sword.

5 When he opened the third seal, I heard the third living creature say,

"Come!" And I looked, and behold, a black horse! And its rider had a pair of scales in his hand. 6 And I heard what seemed to be a voice in the midst of the four living creatures, saying, "A quart[1] of wheat for a denarius,[2] and three quarts of barley for a denarius, and do not harm the oil and wine!"

7 When he opened the fourth seal, I heard the voice of the fourth living creature say, "Come!" 8 And I looked, and behold, a pale horse! And its rider's name was Death, and Hades followed him. And they were given authority over a fourth of the earth, to kill with sword and with famine and with pestilence and by wild beasts of the earth.

9 When he opened the fifth seal, I saw under the altar the souls of those who had been slain for the word of God and for the witness they had borne. 10 They cried out with a loud voice, "O Sovereign Lord, holy and true, how long before you will judge and avenge our blood on those who dwell on the earth?" 11 Then they were each given a white robe and told to rest a little longer, until the number of their fellow servants and their brothers[3] should be complete, who were to be killed as they themselves had been.

12 When he opened the sixth seal, I looked, and behold, there was a great earthquake, and the sun became black as sackcloth, the full moon became like blood, 13 and the stars of the sky fell to the earth as the fig tree sheds its winter fruit when shaken by a gale. 14 The sky vanished like a scroll that is being rolled up, and every mountain and island was removed from its place. 15 Then the kings of the earth and the great ones and the generals and the rich and the powerful, and everyone, slave[4] and free, hid themselves in the caves and among the rocks of the mountains, 16 calling to the mountains and rocks, "Fall on us and hide us from

the face of him who is seated on the throne, and from the wrath of the Lamb, **17** for the great day of their wrath has come, and who can stand?"

1) 은전의 명칭

1 Greek *choinix*, a dry measure equal to about a quart *2* A *denarius* was a day's wage for a laborer *3* Or *brothers and sisters*. In New Testament usage, depending on the context, the plural Greek word *adelphoi* (translated "brothers") may refer either to *brothers* or to *brothers and sisters* *4* For the contextual rendering of the Greek word *doulos*, see ESV Preface

≈≈≈≈≈ 단락 개관 ≈≈≈≈≈

6:1-8:5에(이 중에서 7:1-17은 막간이다) 요한은 창조주이신 하나님과 구속주이신 어린양(봉인된 두루마리를 열기에 합당하신 분)께 경배 드리는 장면에서 어린양이 일곱 인을 떼시는 장면으로 넘어간다. 6장은 처음 여섯 개의 인을 떼는 내용으로 이루어져 있기 때문에, 그 구조가 간단하다. 표7은 이 단락의 구조를 더 쉽게 파악할 수 있게 해준다(일곱 인을 떼는 것과 관련된 내용을 모두 보여주기 위해서 이 도표에 일곱 번째 인에 관한 것도 포함시켰다).

		표상	의미
6:1-2	첫째 인	흰 말	어린양의 승리
6:3-4	둘째 인	붉은 말	전쟁
6:5-6	셋째 인	검은 말	기근
6:7-8	넷째 인	청황색 말	미쳐 날뛰는 사망
6:9-11	다섯째 인	순교자들의 영혼들	정의를 위한 부르짖음과 인내하라는 명령
6:12-17	여섯째 인	최후의 지진	현재 피조세계의 종말
8:1-5	일곱째 인	일곱 나팔로 이어짐	또 다른 심판들

표7. 요한계시록 6장: 처음 여섯 개의 인

이 인들은 여러 가지로 해석되지만, 필자는 이 인들이 그리스도의 부활과 재림 사이에 있는 시간을 보여주는 것이라고 이해한다. 처음 네 개의 인은 이 땅의 모든 곳, 즉 육지와 바다와 강들과 궁창에서 일어난다. 일곱 인은 마태복음 24장에서 예수님이 장래에 관해 하신 말씀들과 잘 들어맞는다. 첫째, 요한은 복음이 그리스도로 말미암아 이길 것이라고 가르친다(계 6:1-2). 예수님은 "이 천국 복음이 모든 민족에게 증언되기 위하여 온 세상에 전파되리니 그제야 끝이 오리라"(마 24:14)고 말씀하셨다. 둘째, 그리스도께서 다시 오실 때까지 인간 역사는 전쟁으로 점철될 것이다(계 6:3-4). 예수님은 "난리와 난리 소문을 듣겠으나…민족이 민족을, 나라가 나라를 대적하여 일어나겠고"(마 24:6-7)라고 말씀하셨다. 셋째, 기근들로 인해 땅이 황폐해질 것이다(계 6:5-6). 예수님은 "곳곳에 기근과 지진이 있으리니"(마 24:7)라고 말씀하셨다. 넷째, 이 땅에서 사망이 기승을 부릴 것인데(계 6:7-8), 이것은 "재난의 시작"이 될 것이다(마 24:8). 다섯째, 하나님께 속한 자들은 그리스도께 충성하다가 죽임을 당할 것이지만, 즉시 신원되지는 않을 것이다(계 6:9-11). 예수님은 제자들에게 불신자들이 그들을 미워하고 "환난에 넘겨 주겠으며 너희를 죽이리니 너희가 내 이름 때문에 모든 민족에게 미움을 받으리라"(마 24:9)고 말씀하셨다. 여섯째, 역사는 여섯째 인으로 끝난다. 왜냐하면 우주가 해체될 것이고, 모든 사람이 하나님의 진노와 심판의 날이 도래했다는 것을 알게 될 것이기 때문이다(계 6:12-17). 마태는 이 종말을 다음과 같이 묘사한다.

"그날 환난 후에 즉시 해가 어두워지며 달이 빛을 내지 아니하며 별들이 하늘에서 떨어지며 하늘의 권능들이 흔들리리라 그때에 인자의 징조가 하늘에서 보이겠고 그때에 땅의 모든 족속들이 통곡하며 그들이 인자가 구름을 타고 능력과 큰 영광으로 오는 것을 보리라 그가 큰 나팔소리와 함께 천사들을 보내리니 그들이 그의 택하신 자들을 하늘 이 끝에서 저 끝까지 사방에서 모으리라"(마 24:29-31).

역사는 여섯째 인으로 끝나기 때문에, 일곱째 인(계 8:1-5)은 요한이 그리스도께서 다시 오시기 전에 이 땅에 퍼부어질 심판들을 추가적으로 설명하기 위한 문학적인 장치다.

처음 다섯 개의 인(복음의 전파, 전쟁, 기근, 사망, 박해)은 그리스도의 초림과 재림 사이에 있는 모든 기간을 특징짓는다. 마태는 신자들이 현세의 삶을 살아가면서 많은 고난과 어려움들을 겪을 때 이상하게 생각하지 않도록, 종말론 강화를 통해 이 기간에 대해 설명해주었다. 마찬가지로 요한도 동일한 목적으로, 그리스도의 초림과 재림 사이에서 어떤 모습으로 살게 되는지에 대해 그리스도인들에게 설명해준다.

≈≈≈≈ 단락 개요 ≈≈≈≈

IV. 일곱 인(6:1-8:5)
    A. 처음 여섯 개의 인(6:1-17)

≈≈≈≈ 주석 ≈≈≈≈

6:1-2 어린양이 두루마리에 있는 일곱 인을 떼기 시작하신다. 어린양이 첫째 인을 떼시자, 네 생물 중 하나가 첫 번째 기수에게 오라고 호출한다. 처음 네 개의 인은 네 마리의 말과 연관되는데, 이것은 스가랴서 1:8-11과 6:1-8을 반영한 것이다. 거기서는 색깔이 다른 네 마리의 말, 그리고 여러 종류의 말들이 끄는 네 대의 병거가 땅을 순찰한다. 요한계시록 6장에 나오는 첫 번째 말은 흰 말이고, 기수는 활과 면류관을 가지고 있었다. 이 기수는 온 땅을 돌아다니면서 이기고 또 이긴다. 이것이 상징하는 바를 두

고 해석자들은 각양각색의 견해를 제시한다. 어떤 사람들은 첫 번째 기수가 요한계시록 13장에 언급된 짐승이고, 이 짐승이 흰 말을 탄 것은 그리스도께서 흰 말을 타신 것(계 19:11)을 희화화한 것이라고 주장한다. 요한계시록의 다른 곳들에서 보듯이(11:7; 13:7), 이 짐승은 성도들을 이긴다. 이러한 해석도 가능하긴 하지만, 여기서 기수가 이긴다는 것이 성도들에 대한 박해를 가리키거나 이 기수가 그리스도를 희화화한 것인지는 분명하지 않다. 어떤 사람들은 첫째 인이 인류를 괴롭힌 지속적인 전쟁들을 나타낸다고 주장하는데, 이것은 좀 더 그럴듯하다. 그러한 해석은 옳을 수 있지만, 중요한 두 가지 사실은 요한계시록의 다른 곳에서 유일하게 흰 말을 타는 이가 예수님뿐이라는 것(19:11), 그리고 둘째 인이 전쟁과 관련이 있다는 것이다. 요한계시록 19장에서 예수님은 악인들을 심판하기 위해 흰 말을 타고 오시지만, 여기서는 땅 끝까지 복음을 전파함으로써 이기신다. 이 해석은 끝이 오기 전에 복음이 온 세상에 전파될 것이라고 하신 예수님의 예고와 부합한다(마 24:14; 28:19; 막 13:10). 현세의 한 가지 특징은 모든 곳에서 모든 사람에게 복음이 선포된다는 것이다. 지금 시대에 재앙과 고난이 난무하는 가운데서도 복음은 계속해서 온 세상에 선포되고 승리한다.

6:3-4 어린양이 둘째 인을 떼시자, 네 생물 중 하나가 붉은 말을 호출한다. 기수는 칼을 가졌고 땅에서 평화를 제거한다. 군대들이 서로 싸우고 죽이는 이유는, 땅과 재화를 비롯하여 그 밖의 여러 가지 것을 둘러싸고 증오가 일어나 불화하기 때문이다. 예수님은 현세에 '전쟁들과 전쟁들에 관한 소문들'(마 24:6, 개역개정은 "난리와 난리 소문")이 있을 것이라고 예고하셨고, "나라가 나라를 대적하여 일어나겠고"(마 24:7)라고 선언하셨다. 그리스도께서 오셨다고 해서 즉시 전쟁이 없어지지는 않았다. 실제로 예수님이 다시 오실 때까지 전쟁과 분쟁은 지속될 것이다. 아무리 많은 평화 조약이 맺어진다고 해도, 전쟁은 또다시 일어난다.

6:5-6 어린양이 셋째 인을 떼시고 한 생물이 또다시 오라고 호출한다. 그

러자 이번에는 검은 말이 나오는데, 기수의 손에는 저울이 들려 있다. 그는 저울로 사람들이 먹을 양식을 재는데, 그 양은 끔찍하게 부족하다(참고. 겔 4:10-11). 품꾼의 하루 품삯인 한 데나리온으로는 먹고 살기에 턱없이 모자란 밀 한 되나 보리 석 되만 살 수 있을 뿐이다. 감람유와 포도주를 해치지 말라는 것은, 부자들이 계속해서 사치스러운 물품들을 소비한다는 것 또는 기근이 생활필수품 전체에 미치지는 않는다는 것을 의미할 수 있다. 이두 해석 중 어느 하나를 선택하기란 쉽지 않지만, 후자가 좀 더 유력해 보인다. 왜냐하면 감람유와 포도주는 사치품들이 아니었기 때문이다. 예수님은 자신이 오기 전에 "기근"이 일어날 것이라고 예고하셨는데(마 24:7), 여기서 요한은 그 메시지를 강화시킨다.

6장

6:7-8 어린양이 넷째 인을 떼시자, 한 생물이 다음 차례의 말에게 나오라고 부른다. 요한은 청황색 말이 나오는 것을 본다. 그 말에 탄 기수는 사망이고, 죽음의 세계를 나타내는 음부가 그 뒤를 따른다. 사망과 음부는 인간의 생존의 큰 원수들로 의인화되어 있다. 따라서 그들은 실질적으로 마귀의 세력이다. 이 세상의 많은 부분에서 전쟁과 기근이 일어나고 질병이 들끓으며 들짐승들에 의한 죽음을 겪기 때문에, 이 땅에서의 삶은 슬픔과 황량함으로 가득하다(참고. 렘 14:12; 겔 5:17; 29:5; 33:27). 이 심판은 에스겔서 14:21에서 하나님이 말씀하신 것을 반영하고 있다. "내가 나의 네 가지 중한 벌 곧 칼과 기근과 사나운 짐승과 전염병을 예루살렘에 함께 내려 사람과 짐승을 그 중에서 끊으리니." 인생은 슬픔과 죽음과 근심으로 점철되어 있다.

6:9 어린양이 다섯째 인을 떼었을 때 지금까지와는 다른 일이 벌어진다. 이번에는 말이 등장하지 않는다. 그 대신에 요한은 하나님의 말씀을 굳게 붙잡고 증언하다가 순교를 당한 자들의 영혼들을 본다. "영혼들"이라는 단어가 사용된 것은 부활의 날이 아직 오지 않았음을 보여준다. 왜 이 영혼들은 제단 아래에 있는가? 그리고 이 제단은 어떤 제단인가? 이 제단이 향

로를 둔 제단을 가리킬 수도 있고(8:3, 5; 9:13; 11:1; 14:18; 16:7, 참고. 출 30:3), 매일 두 번 번제물을 드렸던 번제단을 가리킬 수도 있다(민 28:1-6). 둘 중 하나를 결정하는 것이 그렇게 중요하지는 않으나, 제단 아래에 피가 있는 것으로 보아서 후자일 가능성이 높다. 이것은 그리스도인들의 죽음은 하나님이 기뻐하시는 희생제물이라는 것을 보여준다. 요한계시록 20:4에도 비슷한 내용이 나온다. "내가 보니 예수를 증언함과 하나님의 말씀 때문에 목 베임을 당한 자들의 영혼들…이 살아서 그리스도와 더불어 천 년 동안 왕 노릇 하니." 요한 자신이 "하나님의 말씀과 예수를 증언하였음으로 말미암아 밧모라 하는 섬에" 유배되었다(계 1:9). 요한은 요한계시록의 내용을 "하나님의 말씀과 예수 그리스도의 증거"(1:2)라는 말로 요약한다. 그리스도인들은 그리스도의 복음에 헌신했기 때문에 죽임을 당하고 있었다. 그리고 예수님은 세상 끝이 도래할 때까지 신자들이 박해와 죽임을 당할 것이라고 예고하셨다(마 24:9). 여기서 사용한 이 표현이 모든 신자를 묘사하는 것일 수도 있다. 달리 말하면, 요한이 교회를 순교자 교회로 묘사한 것일 수 있다는 의미이다. 이것은 모든 그리스도인이 복음을 증언하다가 실제로 죽임을 당한다는 것이 아니라, 요한이 교회와 세상 간의 대비를 강조하기 위해 교회를 순교자 교회로 묘사하고 있는 것이다. 모든 신자는 박해를 당하고(딤후 3:12), 일부 신자들은 그리스도를 위해 목숨을 내어주기까지 고난을 당한다. 요한은 신자들이 예수 그리스도께 헌신함으로 말미암아 겪게 되는 죽음을 강조하고, 제단 아래에 있는 영혼들이 하는 말은 모든 그리스도인의 마음속에 있는 열망을 반영한다.

6:10 그리스도를 위하여 죽임을 당한 자들의 영혼들은 아직 공적으로 신원되지 않았으며, 의인들을 죽인 악인들은 아직 처벌받지 않았다. 그래서 제단 아래에 있는 순교자들은 정의를 세워달라고 부르짖는다. 그들은 정의를 세우기에 충분한 능력을 지니신 대주재 곧 거룩하시고 참되신 분께 소리 내어 기도한다. 그분은 거룩하시기 때문에 궁극적으로는 악을 용납하실 수 없다. 그분은 참되시기 때문에 그분의 백성에 대해 신실하시다. 이

영혼들은 하나님을 향해 "땅에 거하는 자들[이]" 흘린 피에 대해 하나님이 심판하고 보복하실 날을 "어느 때까지" 기다려야 하는지 하소연한다. 3:10 주석에서는 요한계시록에 나오는 "땅에 거하는 자들"이 언제나 불신자들을 가리킨다고 언급했다. "어느 때까지"라는 질문은 구약의 성도들도 제기한 것이었다. "여호와여 악인이 언제까지, 악인이 언제까지 개가를 부르리이까"(시 94:3). "하나님이여 대적이 언제까지 비방하겠으며 원수가 주의 이름을 영원히 능욕하리이까"(시 74:10, 참고. 시 13:1-2; 35:17; 62:3; 합 1:2; 슥 1:12; 눅 18:7). 이 영혼들이 구하는 것은 신원해달라거나 원수를 갚아달라는 것이 아니라 정의를 세워달라는 것이다. 여기서 성도들의 기도는 죄악된 것이 아니라(그들은 죽어서 죄에서 벗어나 있다!) 의로운 것이다. 그러한 해석은 요한계시록의 나머지 부분과 일치한다. 왜냐하면 요한이 악인들에 대한 하나님의 심판이 정의롭다고 단언하기 때문이다(계 16:7; 19:2). 예수 그리스도를 사랑하는 자들이 죽임을 당하여 피를 흘렸다. 그러한 악은 반드시 바로잡혀야 하고, 정의는 세워져야 한다(참고. 신 32:43; 시 79:10; 119:84; 눅 18:7). 그렇게 되지 않는다면 우주에서 악이 아무런 제재도 받지 않고 횡행하게 될 것이고, 하나님의 거룩하심에 대해 의문이 제기될 것이다.

6:11 하나님은 그분의 백성의 기도를 들으시고 응답하신다. 이것은 순교자들이 드린 그 기도가 의로운 것임을 보여주는 또 하나의 증거다. 죽임을 당한 순교자들에게는 흰 옷이 주어진다. 흰 옷을 입은 자들은 하나님께 속한 자들이다(7:9). 왜냐하면 그들이 그들의 옷을 어린양의 피로 씻었기 때문이다(7:13-14). 또한 흰 옷을 입은 자들은 의롭게 산 자들이다(3:4-5, 18). 따라서 흰 옷은 이 순교자들이 진정으로 하나님께 속해 있다는 사실을 보여준다. 하나님은 그들이 그분의 소유임을 인정하신다. 하나님은 이 순교자들에게 그들이 그분의 것이라고 개인적으로 확인해주시는데, 또한 기다리라고도 말씀하신다. 그들은 장차 온전히 신원될 테지만, 아직은 아니다. 이미 목숨을 잃은 자들과 동일한 운명을 맞이해야 할 "동무 종들" 곧 형제들과 자매들이 있다. 하나님은 신자들이 그분의 이름을 위하여 고난을 당

하도록 정해놓으셨다. 그리고 역사를 주관하고 다스리는 분으로서 얼마나 많은 신자가 죽임을 당할지와 얼마만큼 지난 뒤에 심판을 시작하실지도 정해놓으셨다(참고. 에녹1서 47:4; 에스라4서 4:35-37). 정의를 세워달라는 성도들의 부르짖음은 의롭고 선한 요구이지만, 그들은 또한 하나님이 정하신 때에 악인들을 심판하시고 그들을 신원해주시리라는 것도 믿고 기다려야 한다.

6:12 어린양이 여섯째 인을 떼신 것은 6:9-11에 나오는 순교자들의 기도에 대한 응답이다. 여섯째 인이 떼어지자, 요한은 심판이 악인들에게 쏟아부어지는 것을 본다. 요한은 구약성경에 나오는 묵시적 표현들을 사용해서 임박한 심판을 묘사하고 있는데, 문맥상으로 최후의 심판을 묘사하는 것이 분명하다.

　　여기에 묘사된 심판 장면에서 피조 질서는 흔들리고 해체된다. 지진이 일어나며 종말이 시작된다. 지진은 구약성경 뿐만 아니라[렘 10:22(칠십인역); 겔 38:19-21; 욜 3:16; 나 1:5] 요한계시록에서 최후의 심판 때에 나타나는 전형적인 특징이다(8:5; 11:13, 19; 16:18). 아울러 해가 검어지고, 달이 핏빛으로 변한다. 이러한 표현들은 문자 그대로를 의미하는 것이 아니라, 심판을 나타내는 전형적인 묵시의 표상들이다. 요한은 요엘서에 나오는 말씀을 가져와서 사용한다. "여호와의 크고 두려운 날이 이르기 전에 해가 어두워지고 달이 핏빛 같이 변하려니와"(욜 2:31). 이사야는 바벨론의 파멸에 대해 "해가 돋아도 어두우며 달이 그 빛을 비추지 아니할 것이로다"(사 13:10)라고 말한다. 에스겔은 애굽에 대한 심판을 예언하면서, 하나님이 "해를 구름으로 가리며 달이 빛을 내지 못하게 할 것임이여"(겔 32:7)라고 말한다. 예수님은 자신의 재림 직전에 해와 달이 어두워질 것이라고 이와 동일한 표현을 사용하셨다(마 24:29, 참고. 사 24:23; 욜 2:10; 3:15; 암 8:9; 습 1:15). 역사 속에서 이루어진 하나님의 심판을 나타낼 때 사용된 표상들이 이제는 최후의 심판에 적용되고 있다. 이것은 역사 속에서 이뤄진 심판들이 악인들에 대한 하나님의 최후의 심판을 미리 보여주는 역할을 한다는 것을 의미한다.

6:13 우리가 알고 있는 역사와 세계의 종말을 묘사하는 묵시적인 표현들이 이어진다. 요한은 강한 바람이 휩쓸고 지나갈 때 무화과가 나무에서 떨어지는 것처럼 별들이 땅으로 떨어질 것이라고 묘사한다. 지금까지 여러 번 해왔듯이 여기서도 요한은 이사야서에 나오는 표상을 가져와서 약간 변형하여 사용한다. 이사야서 34:4은 '하늘의 모든 별이 포도나무 잎이 떨어지고 무화과나무 잎이 떨어지는 것처럼 떨어지리라'(개역개정은 "그 만상의 쇠잔함이 포도나무 잎이 마름 같고 무화과나무 잎이 마름 같으리라")²²고 말한다. 이 표상이 문자 그대로를 의미하지는 않지만, 요한은 자연계의 질서가 해체됨으로써 이 세계가 끝이 날 것임을 말한다.

6:14 이 세계가 요한의 눈앞에서 산산조각 나서 해체되어 간다. 대규모의 지진으로 이 세계가 갈라지고 해가 검어지며, 달이 핏빛으로 변했고 별들이 궁창에서 땅으로 떨어지고 있다. 그리고 궁창 자체가 두루마리처럼 말려서 사라져가고 있다. 여기서 또다시 요한은 "하늘의 만상이 사라지고 하늘들이 두루마리 같이 말리되"라고 말하는 이사야서 34:4을 가져와서 사용한다. 히브리서 1:10-12에도 비슷한 표현이 나온다. 이 표현은 묵시적이고 상징적이지만, 이 상징들은 무엇을 의미하는가? 궁창이 말려서 사라진다면, 우리가 알고 있는 이 세계는 끝난 것이다. 섬들과 산들이 제자리에서 옮겨진다는 것도 동일한 메시지를 전달한다(참고. 겔 26:15). 이 세계의 안정성이 훼손되고, 인간의 삶이 지속되는 데 필수적인 자연 질서가 파괴된다. 이것은 여섯째 인을 떼는 것이 역사의 종말을 나타낸다는 것을 추가로 입증한다. 지진이 종말을 상징하는 것처럼, 섬들과 산들이 옮겨지는 것도 종말을 상징한다(이에 관해 요한계시록의 뒷부분에서 보게 될 것이다). 일곱째 대

---

22 이것은 필자가 칠십인역의 이사야서 34:4을 번역한 것이다.

접은 "되었다"(계 16:17)는 말이 증언하듯이 종말이 도래했음을 가리킨다. 요한은 일곱째 대접이 부어졌을 때 "각 섬도 없어지고 산악도 간 데 없더라"(16:20)고 말한다. 섬들이 떠다니고 산들이 옮겨지는 것은 역사가 끝을 향해 치닫고 있음을 증언한다. 마찬가지로 짐승과 거짓 선지자와 마귀가 불 못에 던져진 후에(20:10), 역사의 마지막에 크고 흰 보좌 심판이 진행된다. 이 최후의 심판은 "또 내가 크고 흰 보좌와 그 위에 앉으신 이를 보니 땅과 하늘이 그 앞에서 피하여 간 데 없더라"(20:11)는 말씀으로 시작된다. 여기서 섬들과 산들이 피하여 도망치지 않지만 땅과 궁창이 사라지기 때문에 그 요지는 비슷하다. 최후의 심판이 도래함으로 말미암아 땅에서의 삶은 극적으로 바뀌었다. 요한은 "처음 하늘과 처음 땅이 없어졌고"(21:1)라고 선언함으로써 동일한 일을 증언한다.

6:15 피조 질서의 붕괴는 심판이 임박했음을 의미한다. 요한은 최후의 심판을 묘사하기 위해서 예언서에 나오는 '여호와의 날'이라는 주제를 가져와서 사용한다(예. 사 13:6, 9; 겔 13:5; 욜 1:15; 2:1; 암 5:18, 20; 옵 1:15; 습 1:7, 14; 슥 14:1). 그는 심판이 모든 사람에게 임한다는 것을 강조한다. 왕으로부터 노예에 이르기까지 이 심판을 피할 자는 아무도 없을 것이다. 심판을 받을 자들 속에 왕과 장군과 부자를 포함시킴으로써, 특별히 권력과 영향력을 지닌 사람들이 심판을 받으리라고 강조한다(참고. 계 19:18; 칠십인역 사 34:12). 심판이 임했을 때, 그들의 권력이나 부나 지위는 아무런 소용이 없을 것이며, 도리어 그들은 산으로 도망가서 동굴과 바위틈에 숨을 것이다. 요한은 이사야서 2장에 나오는 장엄한 표현을 가져와서 사용한다. 거기서 이사야는 여호와의 날에 "사람들이 암혈과 토굴로 들어가서 여호와께서 땅을 진동시키려고 일어나실 때에 그의 위엄과 그 광대하심의 영광을 피할 것이라"고 말한다(사 2:19, 참고. 사 2:10, 21). 역사 속에 있던 여호와의 날은 여기서 요한이 묘사하는 최후에 있을 여호와의 날을 미리 보여주는 것이다. 다시 말해, 역사상의 여호와의 날들은 가장 크고 절정에 이르는 여호와의 날을 기대하며 바라본다. 심판이 도래하는 그날에 피조세계는 해체될 것이

고 피조물들은 공포에 질린 채 두려워 떨 것이다.

6:16 이 세계가 흔들리고 붕괴될 때, 삶의 모든 기쁨과 좋은 여건들은 아무런 도움도 되지 못할 것이다. 산들과 바위들로 도망쳐서 피한 사람들은 결국 이 심판을 피할 수 없다는 사실을 깨닫고, 산들과 바위들에게 자신들을 덮쳐서 박살내달라고 요청할 것이다. 여기에 나오는 심판에 관한 표현들은 호세아서 10:8에서 이스라엘에게 예고된 심판을 간접적으로 인용한 것이다. "그들이 산더러 우리를 가리라 할 것이요 작은 산더러 우리 위에 무너지라 하리라." 예수님도 최후의 심판을 예고하실 때 호세아서에 나오는 표현을 가져와서 사용하셨다(눅 23:30). 이것은 역사 속에서 이뤄진 심판에 대한 호세아의 예언이 최후의 심판에 대한 전주곡이자 전조(anticipation)로 기능한다는 것을 보여주는 또 하나의 예다. 사람들이 산들과 바위들에게 죽기를 바라는 이유는 보좌에 앉아 다스리시는 하나님과 어린양의 진노를 직면하기가 두렵기 때문이다. 하나님과 어린양 앞에 설 것이라는 생각만 해도 너무나 두렵고 끔찍하기 때문에, 그들은 차라리 죽기를 바란다.

이 절에서는 그 밖에도 세 가지 요소가 두드러진다. 첫째, 하나님과 어린양이 대등한 지위에 계신다. 두 분은 최후의 심판에서 동등한 역할을 하신다. 이것은 어린양이 하나님과 동일한 지위와 본성을 가지신다는 사실을 입증하는 또 다른 증거다. 둘째, 요한은 어린양의 진노라는 아주 주목할 만한 말을 한다. 진노로 충만한 어린양을 생각하기 어렵겠지만, 이 어린양은 일반적인 양과는 다른 존재다! 셋째, 사람들은 흔히 신약의 하나님은 구약의 하나님과 다르다고 말하지만, 그러한 말은 거짓이다. 신구약성경 모두에서 하나님은 악에 대해 진노하시고, 그분의 이름을 멸시하고 악에 빠져 있는 자들을 심판하신다. 구약과 신약 모두 은혜와 심판에 관해 말한다.

6:17 이제 사람들이 공포에 떠는 이유가 추가로 설명된다. 현재의 피조 세계가 해체될 때 사람들은 보좌에 계신 하나님과 어린양의 진노를 피하

기 위해 바위들과 산들에게 그들을 덮쳐서 죽게 해달라고 간청하는데, 이 것은 "진노의 큰 날이 이르렀[기]" 때문이다. 흥미롭게도 16절은 어린양의 진노에 대해 말하는데, 17절은 보좌에 계신 하나님과 어린양 두 분 모두 진노하신다고 말한다. 실제로 이날은 "그들의 진노의 큰 날"이다. 구약의 선지자들은 여호와의 날에 대해 말할 때, 그날은 여호와께서 그분의 백성을 건지는 날인데도(예. 사 4:2; 11:11; 19:16, 18, 19; 27:12-13; 욜 3:18; 슥 13:2) 심판의 날이 되리라고 자주 강조했다(사 2:12; 22:12; 겔 30:3; 욜 2:1, 31; 3:14; 습 1:7, 14; 말 4:5). 본문에서도 초점은 심판에 맞춰져 있으며, 구약의 선지자들은 그날이 이 땅의 왕들이 벌을 받을(사 24:21) "멸망"의 날(사 13:6; 욜 1:15), "빛 없는 어둠"(암 5:18, 20), "잔혹히 분냄과 맹렬히 노하는 날"(사 13:9, 참고. 습 1:18; 2:2, 3)일 것이라고 말한다. 구약에서 여호와의 날은 대부분 역사 속에서 하나님이 그분의 백성이나 그들의 원수들을 심판하신 날들을 가리키지만, 이 여호와의 날들은 최후의 여호와의 날(요한이 여호와의 "큰 날"이라고 부르는)을 미리 보여주는 것들로 이 최후의 여호와의 날에서 절정에 도달한다.

구약을 기록한 사람들은 여호와의 진노의 날을 말할 때 누가 여호와의 "크고 두려운" 진노를 "감당할" 수 있겠느냐고 반문했다(욜 2:31). "그가 임하시는 날을 누가 능히 당하며 그가 나타나는 때에 누가 능히 서리요"(말 3:2, 참고. 시 76:7; 눅 21:36). 요한은 여기에서 비슷한 질문을 한다. 종말이 도래하고 하나님과 어린양의 진노가 부어질 때, 누가 그 진노를 견뎌낼 수 있겠는가? 요한은 다음 장에서 이 질문에 대해 대답할 것이다.

〰〰〰 **응답** 〰〰〰

예수님이 오셔서 구원을 가져다주셨다. 그렇다면 우리는 그리스도인으로서 이 땅에서 우리의 삶에 대해 어떤 기대를 해야 하는가? 메시아가 오셔서 마귀를 이기시고 우리의 죄를 사하셨기 때문에, 우리의 삶은 이전과 근본적으로 달라질 것인가? 요한은 우리가 이제는 이 땅에서 천국의 삶을 살게 될 것이라고 오해하는 것을 막아준다. 그렇다. 복음이 땅 끝까지 선포될 것이고 그리스도께서 온 세계에서 승리하실 것이며, 모든 족속과 방언에 속한 사람들이 그들을 죄로부터 해방시켜줄 메시지를 듣게 될 것이다. 그렇지만 복음은 격렬한 반대 속에서 전파될 것이고, 신자들은 예수님께 충성함으로 말미암아 죽임을 당할 것이다. 이 악한 현세가 존재하는 동안에는 우리가 신원 받지 못할 것이다. 전쟁과 다툼, 기근과 기아, 질병과 역병이 이 땅에서 사는 것의 특징일 것이다. 이 땅에서의 삶은 중요하고, 우리가 무엇을 행하는지도 중요하다(복음은 우리를 통해서 땅 끝까지 전파된다!). 우리는 이 땅에서 천국의 삶을 살지 못할지라도, 이 악한 현세가 존재하는 동안에 여전히 정의와 평화를 위해 일해야 한다. 하지만 지난 2천 년의 역사를 공부한 사람은 누구든지 분명하게 알고 있듯이, 유토피아적인 환상은 들어설 여지가 없다. 신자들에게는 현세에서 건강과 부를 누릴 것이라는 약속이 아니라, 고난과 박해와 심지어 순교까지 당할 것이라는 약속만이 주어져 있다. 그러나 머지않아 심판의 날이 도래할 것이고, 하나님과 어린양이 그분들의 진노를 악인들 위에 쏟아부으실 것이다. "어느 때까지"라는 질문이 영원히 지속되지는 않을 것이다. 계산하는 날, 즉 악인들이 벌을 받고 의인들이 영원히 신원될 날이 다가오고 있다.

1 이 일 후에 내가 네 천사가 땅 네 모퉁이에 선 것을 보니 땅의 사방의 바람을 붙잡아 바람으로 하여금 땅에나 바다에나 각종 나무에 불지 못하게 하더라 2 또 보매 다른 천사가 살아 계신 하나님의 인을 가지고 해 돋는 데로부터 올라와서 땅과 바다를 해롭게 할 권세를 받은 네 천사를 향하여 큰 소리로 외쳐 3 이르되 우리가 우리 하나님의 종들의 이마에 인치기까지 땅이나 바다나 나무들을 해하지 말라 하더라 4 내가 인침을 받은 자의 수를 들으니 이스라엘 자손의 각 지파 중에서 인침을 받은 자들이 십사만 사천이니

5 유다 지파 중에 인침을 받은 자가 일만 이천이요

르우벤 지파 중에 일만 이천이요

갓 지파 중에 일만 이천이요

6 아셀 지파 중에 일만 이천이요

납달리 지파 중에 일만 이천이요

므낫세 지파 중에 일만 이천이요

7 시므온 지파 중에 일만 이천이요

레위 지파 중에 일만 이천이요

잇사갈 지파 중에 일만 이천이요

8 스불론 지파 중에 일만 이천이요

요셉 지파 중에 일만 이천이요

베냐민 지파 중에 인침을 받은 자가 일만 이천이라

¹ After this I saw four angels standing at the four corners of the earth, holding back the four winds of the earth, that no wind might blow on earth or sea or against any tree. ² Then I saw another angel ascending from the rising of the sun, with the seal of the living God, and he called with a loud voice to the four angels who had been given power to harm earth and sea, ³ saying, "Do not harm the earth or the sea or the trees, until we have sealed the servants of our God on their foreheads." ⁴ And I heard the number of the sealed, 144,000, sealed from every tribe of the sons of Israel:

⁵ 12,000 from the tribe of Judah were sealed,

  12,000 from the tribe of Reuben,

  12,000 from the tribe of Gad,

⁶ 12,000 from the tribe of Asher,

  12,000 from the tribe of Naphtali,

  12,000 from the tribe of Manasseh,

⁷ 12,000 from the tribe of Simeon,

  12,000 from the tribe of Levi,

  12,000 from the tribe of Issachar,

⁸ 12,000 from the tribe of Zebulun,

  12,000 from the tribe of Joseph,

  12,000 from the tribe of Benjamin were sealed.

최후의 심판을 다룬 6장은 최후의 날에 누가 하나님의 심판을 견딜 수 있
겠느냐는 질문으로 끝났다. 7장은 막간의 역할을 하면서, 6장에서 제기
된 질문에 답을 제시한다. 하나님이 인치신 자들이 그 진노를 피할 것이
다. 7:9이 말하듯이, 그들은 하나님의 보좌 앞에 '서 있는' 자들이다. 지금
네 천사가 이 현재 세계를 해체시킬 심판을 불러올 "사방의 바람"을 붙잡
고 있다(계 7:1, 참고. 6:12-14). 또 다른 한 천사는 하나님의 인을 가지고 일어
나서, 하나님의 종들이 인침을 받을 때까지는 땅과 바다와 나무들을 해치
지 말라고 네 천사에게 말한다(7:2-3). 이 인침으로 말미암아 하나님의 종
들은 최후의 심판에 있을 진노에서 보호를 받을 것이고, 하나님의 소유라
고 공개적으로 인정을 받을 것이다. 4-8절은 인침을 받은 자들의 수를 기
록하고 있다. 이스라엘의 열두 지파에서 각각 일만 이천이 인침을 받아서
전체는 십사만 사천이다. 십사만 사천이라는 숫자의 의미에 대해서는 논
란이 있지만, 필자는 이 숫자가 예수 그리스도의 교회, 곧 하나님의 백성을
가리킨다는 것을 논증할 것이다. 우리는 이 단락을 다음과 같이 요약할 수
있다. 하나님의 진노와 어린양의 진노를 피할 자가 누구인가? 그들은 하나
님께서 인치시고 보호하시는 자들, 즉 참 이스라엘인 십사만 사천 곧 예수
그리스도의 교회다.

IV. 일곱 인(6:1-8:5)

   B. 막간(7:1-17)

      1. 십사만 사천이 인침을 받음(7:1-8)

〰〰〰 **주석** 〰〰〰

7:1 앞 단락(6:12-17)은 하나의 질문으로 끝난다. 누가 하나님의 진노와 어린양의 진노를 견딜 수 있는가? 요한은 이 단락에서 그 질문에 대해 대답한다. 땅의 "네 모퉁이"라는 말은 이 세계가 평평하다고 가르치려는 것이 아니다. 어떤 집의 "네 모퉁이"가 그 집 전체를 나타내고(욥 1:19) "땅 사방"이 이스라엘 땅 전체를 나타내는 것처럼(겔 7:2), 여기서 네 모퉁이는 온 세계를 가리킨다(참고. 사 11:12; 계 20:8). 따라서 네 천사는 하나님을 위하여 이 세계를 감시하는 천사들이다. "사방의 바람"(four winds)은 장차 도래하여 온 세계를 삼킬 최후의 심판을 가리킨다. 구약성경에 이것의 선례가 나온다(참고. 겔 5:10, 12). 거기서는 "하늘의 사방에서부터 사방 바람"이 엘람 온 땅에 불어댈 것이라고 말하지만(렘 49:36. 참고. 겔 37:9; 단 7:2; 8:8; 11:4; 슥 2:6; 6:5; 마 24:31; 막 13:27), 여기서 "사방의 바람"은 온 세계를 포괄한다. 성경의 다른 곳은 천사와 이 세계에 불어 닥칠 바람 사이의 밀접한 관계를 언급한다(시 104:4). 본문에서는 천사들이 바람들을 붙잡고 있어서, 바람들이 땅이나 바다나 나무에 불어 닥치지 못한다. 요한은 최후의 심판이 시작되기 전의 시간으로 우리를 데려간다.

7:2-3 또 다른 한 천사가 살아 계신 하나님의 인을 가지고 등장한다. 그리고 이제 땅과 바다에 해를 입히려고 하는 네 천사, 즉 이 세계에 최후의 심판을 내리려고 하는 천사들에게 명령한다. 그 명령의 내용은, 하나님의 종들이 이마에 인침을 받을 때까지는 이 세계에 어떤 해도 끼치지 말라는 것이다. 이마에 인침을 받는 것은 문자 그대로의 의미가 아니라, 하나님께 속한 자들이 받는 보호를 상징한다(참고 9:4). 이제 천사는 누가 하나님의 진노를 견딜 수 있는지에 관해 말한다. 그들은 바로 하나님의 인치심을 받은 자들이다. 여기서 요한은 또다시 구약성경을 사용한다. 에스겔서 9장에서 하나님은 사형집행인들로 하여금 예루살렘을 그 악행으로 말미암아 심판하게 하신다. 하나님은 악한 자들을 멸절시키실 것이지만, "그 가운데에

서 행하는 모든 가증한 일로 말미암아 탄식하며 우는 자의 이마에 표를 그리라"(겔 9:4)고 하신다. 그런 다음 남녀노소를 막론하고 심판하되, 이마에 표가 있는 자들은 건드리지 말라고 명령하신다(겔 9:6). 요한계시록에서 이마에 하나님의 인치심을 받은 자들은 짐승의 표를 받은 자들과 대비된다(계 13:6; 14:9; 20:4). 이 두 경우에 표는 상징적인 의미를 지닌다. 신자들이 불신자들과 구별되는 부분은, 그들이 하나님의 인을 지니고 있으며 "그들의 이마에는…그 아버지의 이름을 쓴 것"이 있다는 것이다(14:1, 참고. 22:4). 그들은 하나님께 보호를 받고, 그분의 백성이요 참된 종이라는 표시를 받는다.

7:4-8 인침을 받은 자들이 누구인지가 이제 밝혀진다. 요한은 그 숫자를 듣는다. 그들은 이스라엘의 각 지파에서 나온 십사만 사천이다. 그런 후에 요한은 이스라엘의 각 지파를 하나하나 열거하면서 인침을 받은 자들이 각 지파당 일만 이천임을 보인다. 하나님은 그분의 백성이 몇 명인지를 아시고 그 한 사람 한 사람을 아시며, 각 사람을 돌보신다. 하나님은 그분의 양 무리에 속한 양의 이름을 각각 아신다(요 10:3). 여기 나오는 지파 명단은 구약성경에 나오는 어떠한 지파 명단과도 일치하지 않는다. 유다 지파가 가장 먼저 언급된 이유는 하나님의 백성의 머리이신 메시아 예수께서 유다 지파에서 나오셨기 때문일 것이다. 또한 단 지파가 빠진 것이 눈에 띄는데, 아마도 그 지파가 저지른 악 때문인 것 같다(삿 18장). 그리고 단 지파 대신에 요셉 지파와 므낫세 지파가 나온다. 므낫세가 요셉의 자손이라는 점에서 이 명단은 흥미롭다. 예상대로라면, 에브라임 지파와 므낫세 지파가 나와야 한다. 이 지파 명단에서 볼 수 있는 이러한 특이점들은, 이 지파 명단을 상징적인 의미로 해석해야 함을 시사한다.

학자마다 십사만 사천의 의미에 대해 다르게 해석한다. 어떤 사람들은 이 숫자가 숫자 그대로를 의미하여, 각 지파 중에서 예수 그리스도를 믿게 된 유대인들의 숫자를 기록한 것이라고 말한다. 세대주의적인 해석자들은 이 숫자가 최후의 7년 대환난 기간 동안 구원받을 유대인들의 수를 가리킨다고 생각한다.

그러나 더 설득력이 있는 해석은, 십이만 사천이 역사 전체에 걸쳐서 유대인들과 이방인들로 이루어진 모든 그리스도인을 상징적으로 나타낸다는 견해다. 그들은 어린양에게 충성하고 박해를 견디면서 전쟁을 수행하는 하나님의 군대다. 요한이 모든 그리스도인을 이 숫자로 나타냈다고 생각할 수 있는 많은 이유가 있지만, 그 이유들 중 일부가 십사만 사천이 다시 등장하는 요한계시록 14장에 나온다. 첫째, 묵시 문학에 나오는 숫자들은 통상적으로 상징적인 의미를 지닌다. 십사만 사천은 구약성경의 열두 지파에 근거하여 하나님의 백성을 나타내는 12를 제곱한 다음 1,000을 곱한 숫자다. 따라서 이 숫자를 하나님의 백성 전체를 가리키는 상징적인 숫자로 이해하는 것이 마땅하다.

둘째, 요한은 5장에 나오는 패턴을 따르고 있다. 그는 사자에 관한 말을 듣지만(5:5) 실제로는 어린양을 보았는데(5:6), 사자와 어린양은 그 실체가 동일하다. 여기서도 마찬가지로 요한은 십사만 사천이라는 숫자를 듣지만(7:4), 실제로 그가 본 것은 헤아릴 수 없이 많은 무리였다(7:9). 또다시 동일한 실체가 두 가지 방식으로 묘사된다. 다시 말해, 십사만 사천과 헤아릴 수 없이 많은 무리는 서로 동일하며, 이것은 모든 신자를 나타낸다.

셋째, 요한이 십사만 사천이 이스라엘의 모든 지파에 속한 신자들의 수라고 말했다고 해서, 그들이 모두 반드시 유대인이라는 의미는 아니다. 요한은 이미 두 번이나 유대인들이 사탄의 회당이라고 말했다(2:9; 3:9). 그리고 믿지 않는 유대인들과 그리스도인들은 이미 그 역할이 뒤바뀌었으므로, 이제 믿지 않는 유대인들은 구약성경에서 이방인들이 맡았던 역할을 한다. 다시 말해, 그들은 그리스도인들 앞에 엎드려, 그리스도인들이 하나님의 사랑을 받는 자들이고 하나님이 택하신 자들임을 인정하게 될 것이다(3:9; 참고. 신 7:7-8; 사 41:8).

넷째, 만일 십사만 사천이 이스라엘의 각 지파에서 12,000명씩을 합한 숫자라고 한다면, 현실적인 문제가 발생한다. 오늘날 유대인들 중에서 자기가 어느 지파의 자손인지를 아는 사람은 거의 없다. 또한 요한 시대에 대부분의 유대인들이 족보상으로 누가 자신의 조상인지를 알고 있었는지도 분명하지 않다. 누군가가 하나님은 각 사람이 어떤 지파에 속해 있는지를 아시고, 각 지파마다 정확히 12,000명의 신자를 배정하신다고 말할 수도 있다. 그렇지만 이 땅에서 유대인들이 각각 어떤 지파에 속해 있는지를 아무도 알지 못하는 상황에서, 그런 말이 의미가 있다고 생각하기는 어렵다.

다섯째, 십사만 사천에 대해 14:3은 "땅에서 속량함을 받은" 자들로, 14:4은 "사람 가운데서 속량함을 받아 처음 익은 열매로 하나님과 어린양에게 속한" 자들이라고 설명한다. 여기서 속량함을 받은 자들이라는 표현이, 유대인이든 이방인이든 속량함을 받은 모든 자를 가리킨다고 해석하는 편이 가장 자연스럽다.

여섯째, 요한은 그들이 "여자와 더불어 더럽히지 아니하고 순결한 자"(ESV는 "virgins")라고 말한다(14:4). 이 표현은 분명히 상징적인 의미를 지닌다. 왜냐하면 처녀가 기혼자보다 하나님을 더 기쁘시게 하는 것이 아니기 때문이다. 또한 결혼한 부부 사이의 성관계가 사람을 더럽힌다고 말한 자들은 오히려 거짓 교사들이기 때문이다(딤전 4:1-3). 여기서 요한의 이 말은, 이스라엘에게 자주 영적인 매춘을 경고한 구약성경을 염두에 둔 것이다(참고. 계 14:4 주석). 하나님께 드려진 자는 "그리스도께" 드려진 "정결한 처녀"다(고후 11:2). 이 모든 이유를 종합해볼 때, 십사만 사천이라는 숫자는 표상이자 상징으로써 하나님의 백성 전체를 가리킨다고 타당하게 결론 내릴 수 있다.

≋≋≋≋ 응답 ≋≋≋≋

최후의 심판에서 하나님의 진노를 피할 수 있는 사람은 누구인가? 오직 하나님께 속한 자들, 하나님의 인치심을 받은 자들, 하나님이 그분의 백성의 수에 넣으신 자들만이 피할 수 있다. 우리가 하나님의 인치심을 받았다면, 하나님의 보호하심을 받고 그분의 백성으로 공인된다. 아울러 우리 중에서 하나님의 인치심을 받은 자들은 참된 이스라엘이자 새 이스라엘이고, 하나님이 택하시고 사랑하시는 백성이다. 우리도 하나님의 진노를 받아 마땅한 자들이었다. 그러나 하나님의 은혜와 자비로 말미암아 그 진노를 피하게 되었으므로, 감사와 진정한 찬송을 하나님께 드리는 것이 마땅하다. 하나님의 양 무리이자 여호와의 군대(죽임 당하시고 부활하신 어린양으로 말미암는 평화와 사랑을 전하는 군대)에 속한 자로 여김을 받는 것은 얼마나 놀랍고 경이로운 일인가!

⁹ 이 일 후에 내가 보니 각 나라와 족속과 백성과 방언에서 아무도 능히 셀 수 없는 큰 무리가 나와 흰 옷을 입고 손에 종려 가지를 들고 보좌 앞과 어린양 앞에 서서 ¹⁰ 큰 소리로 외쳐 이르되 구원하심이 보좌에 앉으신 우리 하나님과 어린양에게 있도다 하니 ¹¹ 모든 천사가 보좌와 장로들과 네 생물의 주위에 서 있다가 보좌 앞에 엎드려 얼굴을 대고 하나님께 경배하여 ¹² 이르되 아멘 찬송과 영광과 지혜와 감사와 존귀와 권능과 힘이 우리 하나님께 세세토록 있을지어다 아멘 하더라 ¹³ 장로 중 하나가 응답하여 나에게 이르되 이 흰 옷 입은 자들이 누구며 또 어디서 왔느냐 ¹⁴ 내가 말하기를 내 주여 당신이 아시나이다 하니 그가 나에게 이르되 이는 큰 환난에서 나오는 자들인데 어린양의 피에 그 옷을 씻어 희게 하였느니라

¹⁵ 그러므로 그들이 하나님의 보좌 앞에 있고

또 그의 성전에서 밤낮 하나님을 섬기매

보좌에 앉으신 이가 그들 위에 장막을 치시리니

¹⁶ 그들이 다시는 주리지도 아니하며 목마르지도 아니하고

해나 아무 뜨거운 기운에 상하지도 아니하리니

¹⁷ 이는 보좌 가운데에 계신 어린양이 그들의 목자가 되사

생명수 샘으로 인도하시고

하나님께서 그들의 눈에서 모든 눈물을 씻어 주실 것임이라

⁹ After this I looked, and behold, a great multitude that no one could number, from every nation, from all tribes and peoples and languages, standing before the throne and before the Lamb, clothed in white robes, with palm branches in their hands, ¹⁰ and crying out with a loud voice, "Salvation belongs to our God who sits on the throne, and to the Lamb!" ¹¹ And all the angels were standing around the throne and around the elders and the four living creatures, and they fell on their faces before the throne and worshiped God, ¹² saying, "Amen! Blessing and glory and wisdom and thanksgiving and honor and power and might be to our God forever and ever! Amen."

¹³ Then one of the elders addressed me, saying, "Who are these, clothed in white robes, and from where have they come?" ¹⁴ I said to him, "Sir, you know." And he said to me, "These are the ones coming out of the great tribulation. They have washed their robes and made them white in the blood of the Lamb.

¹⁵ "Therefore they are before the throne of God,

and serve him day and night in his temple;

and he who sits on the throne will shelter them with his presence.

¹⁶ They shall hunger no more, neither thirst anymore;

the sun shall not strike them,

nor any scorching heat.

¹⁷ For the Lamb in the midst of the throne will be their shepherd,

and he will guide them to springs of living water,

and God will wipe away every tear from their eyes."

〰〰〰 단락 개관 〰〰〰

요한은 십사만 사천(계 7:4)에 대해 들은 뒤, 이제 헤아릴 수 없이 많은 신자의 무리를 보게 된다. 이것은 십사만 사천이 하나님의 백성 전체에 대한 상징임을 시사한다. 이 헤아릴 수 없이 많은 무리는 흰 옷을 입고 종려나무 가지를 들고서 하나님의 보좌와 어린양 앞에 서 있다(9절). 달리 말하면, 그들은 하늘에서 하나님과 함께 있다. 이것은 하나님의 인치심을 받은 자들이 영생의 상을 받았음을 가리킨다. 이 신자들은 그들을 구원하신 하나님과 어린양께 찬송을 드리며(10절), 천사들의 무리도 그 선하심과 영광을 인하여 하나님께 찬송과 존귀를 드린다(11-12절).

그런 다음, 지금 정확히 무슨 일이 벌어지고 있는지를 독자들에게 밝히기 위해 이야기가 뒤로 물러난다. 한 천사가 요한에게 흰 옷 입은 자들의 정체가 무엇이고 어디서 왔는지를 아느냐고 묻는다(13절). 요한은 자신이 알지 못하기 때문에, 이 질문을 한 천사가 알려주어야 한다고 말한다(14절). 그러자 그 천사가 요한에게 알려준다. 그들은 "큰 환난에서 나[온]" 자들이고, 그들의 옷은 어린양의 피로써 희게 되었다. 이로써 그들이 하나님의 보좌 앞과 하늘의 성전에 있는 이유가 어린양의 피로 속량함을 받았기 때문이라는 것이 밝혀진다(15절). 15-17절에서 요한은 21:1-22:5에서 자세하게 설명할 새로운 피조세계에 대해 미리 조금 언급한다. 이를 볼 때, 그들이 이 땅에서의 삶을 끝마쳤음을 알 수 있다. 하나님의 인치심을 받은 이 헤아릴 수 없이 많은 무리에게는 이제 더 이상 굶주림이나 목마름이나 고통이 없을 것이다(7:16). 어린양이 그들의 목자가 되어서 그들을 생명수 샘으로 인도하시고, 그들의 눈에서 모든 눈물을 닦아주실 것이기 때문이다(17절).

7장은 하나님과 어린양의 진노에서 살아남을 자가 누구인지(6:17)에 관해 말해준다. 하나님의 인치심을 받은 자들, 어린양의 피로 희게 된 옷을 입은 자들이 그 진노에서 살아남아, 새로운 피조세계에서 영원토록 하나님의 임재를 누릴 것이다.

단락 개요

주석

7:9 "이 일 후에"라는 표현은 하나님이 십사만 사천을 인치신 후에 일어난 사건이 아니라, 요한이 다음으로 보게 될 환상을 가리킨다. 요한은 십사만 사천이라는 숫자에 대해 들었지만, 헤아릴 수 없이 많은 무리를 본다. 이 환상은 이스라엘의 열두 지파로부터 온 십사만 사천이 모든 족속과 방언과 나라에서 온 하나님의 백성을 상징한다는 것을 시사한다. 이 환상은 요한이 5장에서 본 환상과 동일한 패턴으로 되어 있다. 5장에서 요한은 사자라는 말을 들었으나 실제로 본 것은 어린양이며, 따라서 사자와 어린양은 동일한 존재를 가리켰다. 7장에서도 십사만 사천과 헤아릴 수 없이 많은 무리는 동일한 실체를 서로 다른 두 관점으로 묘사한 것이다. 여기서 하나님이 아브라함에게 하신 약속, 곧 모든 민족이 그로 말미암아 복을 받을 것이라고 하신 약속이 성취된 것이 제시된다(예. 창 12:3; 18:18; 22:18; 26:4; 28:14; 행 3:25; 갈 3:8, 16). 모든 민족과 족속으로부터 온 사람들이 하나님의 보좌와 어린양 앞에 서 있다. 그들은 흰 옷을 입었기 때문에 하나님의 임재 앞에 서 있을 수 있는데, 이것은 그들이 하나님 앞에서 의롭고 정결하며 승리한 자들이라는 것을 나타낸다(참고. 계 7:13-14 주석). 따라서 요한은 6:17에서 제기된 질문, 즉 장차 도래할 하나님의 진노 앞에서 누가 '설' 수 있겠느냐는 질문에 대해 이렇게 대답할 것이다. 하나님의 인치심을

받은 십사만 사천이 바로 그들이다. 즉, 예수님이 예루살렘에 입성하실 때 많은 사람이 종려나무 가지를 들고 "호산나"라고 외치며 예수님을 반기고 송축하였던 것처럼(참고. 요 12:13), 승리의 기쁨과 찬송을 나타내는 종려나무 가지를 손에 든 헤아릴 수 없이 많은 무리가 바로 그들이다. 마카베오2서 10:7도 동일한 주제를 말한다. "그들은 나뭇잎으로 엮은 화환과 아름다운 나뭇가지와 종려나무 가지를 손에 들고 성전의 정화를 성취하게 해주신 주께 감사의 찬송을 드렸다"[23](참고. 마카베오1서 13:51; 희년서 16:31). 이 무리는 심판에 대한 두려움(참고. 계 6:16-17)이 아니라 큰 기쁨을 가지고 하나님과 어린양 앞에 서 있다.

7:10 이 무리는 그들이 받은 구원 곧 하나님의 진노로부터 건짐 받은 것을 하나님과 어린양이 하신 일로 돌리며 큰 소리로 찬송한다. 하나님의 진노에서 벗어난 것에 대해 이 무리는 스스로를 찬송하고 존귀하게 여길 자격이 없었다. 그들이 구원과 관련하여 부르는 모든 찬송은 마땅히 하나님과 어린양에게 돌려져야 했다. 성경은 구원이 하나님의 일이며, 오직 하나님이 하나님의 백성을 구원하시는 분임을 반복해서 가르친다(예. 시 3:8; 37:39; 62:7; 사 43:11; 렘 3:23; 호 13:4; 욘 2:9; 계 19:1). 아울러 이 부분은 어린양과 하나님이 동일한 지위를 지니고 계신다는 것을 다시금 제시한다. 이 무리가 그들이 받은 구원을 하나님과 어린양에게 똑같이 돌리기 때문이다.

7:11-12 보좌를 둘러싸고 있던 천사들은 하나님이 모든 민족과 족속에 속한 사람들을 구원하신 일로 인해 하나님을 찬송한다. 여기서 천사들과 장로들과 네 생물이 함께 언급되는데, 이것은 장로들이 사람들과 구별되어서 다른 천사들과 동일한 역할을 수행하는 천사임을 밝히는 또 다른 증거다. 하나님이 행하신 위대한 일은 천사들에게 경외심을 불러일으키고,

---

23 *The English Standard Version Bible with Apocrypha* (New York: Oxford University Press, 2009).

그로 인해 천사들은 엎드려서 얼굴을 대고 하나님께 경배한다(참고. 4:10; 5:8, 14; 11:16; 19:4). 천사들은 헤아릴 수 없이 많은 무리의 구원에 대해 "아멘"으로 화답하면서, 하나님께 드리는 경배를 기쁨의 언어로 표현한다. 그들은 복과 영광과 지혜와 감사와 존귀와 권능이 하나님께 영원토록 있기를 기원하고서 "아멘"으로 끝마친다. 물론 하나님은 이미 복되시고 영화로우시며, 지혜로우시고 능력이 많으시며, 모든 감사와 존귀를 받기에 합당하신 분이다(참고. 4:9, 11; 5:13; 19:1). 따라서 천사들이 이 모든 속성을 하나님께 돌리는 것은, 하나님이 아직 고유하게 소유하지 못한 어떤 것을 드리는 것이 아니라 하나님이 당연히 그 속성들을 가지고 계심을 인정하는 것이다(참고. 대상 29:10-11).

7:13-14 이 내러티브는 새로운 방향으로 전개된다. 장로(즉, 천사)가 요한에게 질문하는데, 이 질문은 독자들로 하여금 그 대답의 중요성에 주의를 기울이게 한다. 질문과 대답이라는 형식은 독자들로 하여금 이 상황을 새로운 방식으로 주목하게 만들며(참고. 겔 37:3), 효과적인 문학 장치로 기능한다. 장로(즉, 천사)는 요한에게 흰 옷을 입은 자들이 어떤 사람들이고 어디에서 왔는지를 말해보라고 요청한다. "내 주여 당신이 아시나이다"라는 요한의 대답은 요한의 무지를 암묵적으로 드러내며, 진상을 드러낼 수 있는 이 천사의 지혜를 부각시킨다. 장로는 요한이 보고 있는 자들이 "큰 환난에서" 나온 자들이라고 설명해준다. "큰 환난"이라는 어구는 단일한 의미를 지닌 전문 용어가 아니다. 마태복음에서는 이 어구가 예루살렘과 그 성전이 로마인들에 의해 파괴되는 날을 가리킨다(마 24:21). 하지만 이 어구가 그리스도의 초림과 재림 사이의 기간 전체를 가리키기도 한다. 다니엘은 이 기간을 하나님의 백성이 구원 받을 "환난"의 때라고 묘사한다(단 12:1, 참고. 렘 30:7). 요한이 그리스도의 재림 이전의 기간 전체를 환난과 대환난의 기간으로 보았을 가능성이 높다. 다르게 말하자면, 이 어구는 역사의 끝에 있을 7년의 기간만을 가리키는 것이 아니다. 왜냐하면 역사가 끝나기 전에 그런 특별한 기간이 존재할 것이라는 분명한 가르침을 성경의 어디

에서도 찾을 수 없기 때문이다. 요한은 다니엘과 마찬가지로 하나님께 속한 자들이 환난에서 건짐을 받을 것이라고 가르친다. 그들이 환난에서 건짐을 받는 것은 그들의 옷이 어린양의 피로 씻겨 희게 되었기 때문이다. 이것은 그리스도께서 십자가 위에서 행하신 사역이 정결하게 하는 사역이었음을 보여준다(참고. 계 1:5; 12:11). 구속받은 자들의 옷이 흰 것은 그들이 스스로의 힘으로 의롭게 되었기 때문이 아니라, 그들의 죄에 대해 어린양이 자신을 내주어 속죄하사 그들을 정결케 하셨기 때문이다(참고. 5:6 주석). 요한계시록에서 흰 옷은 흔히 성도들의 의로움, 그들이 살아온 경건한 삶을 가리킨다(3:4, 5; 6:11; 7:9). 요한은 이 본문에서 신자들이 흰 옷을 입고 있는 근본적인 원인, 그리고 그들이 큰 환난을 감당할 수 있었던 근본적인 원인을 설명한다. 그들의 구원은 어린양의 피, 예수 그리스도의 희생제사, 오직 예수 그리스도께로부터 비롯되는 정결하게 하는 능력으로 말미암은 것이다.

7:15 "그러므로"는 이 본문과 앞에 나온 본문들을 연결한다. 큰 환난을 감당한 자들, 어린양의 피로 그 옷을 희게 씻은 자들이 이제 하나님의 보좌 앞에 있다(참고. 7:9). 하나님의 보좌 앞에 있다는 것은 하늘에 있다는, 어쩌면 더 좋은 새로운 피조세계에 있다는 의미다. 이 본문의 표현들은 새로운 피조세계에서의 영원한 삶을 상징한다. 이 헤아릴 수 없이 많은 무리는 하나님의 성전에서 밤낮으로 끊임없이 하나님을 섬기는 제사장들과 비슷하다. 보좌 앞에서 하나님을 경배하는 것은 새로운 피조세계의 특징이다 (22:3). 성전에 대한 언급은 분명히 상징적인 의미를 지닌다. 왜냐하면 새로운 피조세계에는 성전이 없고, 하나님과 어린양이 성전이시기 때문이다 (21:22). 온 세계가 하나님의 성전이기에, 하나님은 친히 자기 백성과 함께 거주하신다(21:3). 성막/성전 표상은 계속된다. 왜냐하면 보좌에 앉으신 하나님이 그분의 백성을 해악으로부터 보호하는 피난처[스케노세이(*skēnōsei*), 문자적으로는 '장막을 치다']가 되실 것이기 때문이다. 새로운 피조세계에는 그들을 해칠 수 있는 것이 아무것도 없다(참고. 사 4:5). 고난의 때는 지나갔다.

7:16 이 본문은 하나님이 그분의 백성을 보호하시고 함께 거하시는 것의 성격에 관해 더욱 상세하게 서술하며, 여기서 묘사되는 것이 새로운 피조세계에서의 삶, 부활 후의 삶임을 한층 더 분명하게 보여준다. 굶주림과 목마름의 날들은 끝이 났다. 이제 육신의 고난과 결핍의 때가 끝났기 때문에 신자들이 해의 열기를 피할 곳을 찾지 못한 채 그대로 노출되는 일은 더 이상 없을 것이다. 이제 그들은 하나님의 보호하심 아래에 있다. 그리고 하나님의 성전, 즉 하나님이 거하시는 새로운 피조세계에는 그들에게 필요한 모든 것이 갖추어져 있다(참고. 레 26:11; 겔 37:27). 이사야서 49:10은 바벨론으로부터의 두 번째 출애굽을 이것과 비슷한 관점으로 묘사한다. "그들이 주리거나 목마르지 아니할 것이며 더위와 볕이 그들을 상하지 아니하리니 이는 그들을 긍휼히 여기는 이가 그들을 이끌되 샘물 근원으로 인도할 것임이라." 하나님이 두 번째 출애굽에서 약속하신 것들은 참 이스라엘인 예수 그리스도의 교회를 위해 새로운 피조세계에서 최종적이고 궁극적으로 성취된다. 이사야서에서 하나님은 이스라엘이 광야를 건널 때에 필요한 것들을 충족시켜줄 것이라고 그들에게 약속하셨다. 그런데 요한계시록에서는 하나님이 광야에서 행하신 일들이 찬양된다. 하나님은 그분의 백성을 영원토록 해악으로부터 보호하실 것이다.

7:17 하나님의 보좌 앞에 있는 자들의 모든 필요를 충족시켜주시는 분은 그들의 목자이신 어린양이다. 요한계시록은 인상적인 표상들로 가득한데, 이 표상은 분명히 가장 두드러지는 것들 중 하나다. 실제 어린양들은 목자가 아니라 양일뿐이지만, 이 어린양은 그분의 백성의 목자이기도 하다. 시편 기자가 "여호와는 나의 목자시니"(시 23:1)라고 말하므로, 여기서 어린양을 목자라고 한 것은 예수님의 신성을 보여주는 또 하나의 증거다. 왜냐하면 아버지 하나님이 이스라엘의 목자셨듯이, 예수님은 하나님의 백성의 목자시기 때문이다. 또한 예수님을 목자로 묘사한 것의 뿌리는 요한복음에서 찾을 수 있다. 요한복음에서 예수님은 자신을 가리켜 선한 목자라고 말씀하신다(요 10:2, 11, 14, 16, 참고, 마 2:6; 히 13:20; 벧전 5:4). 목자라는 예수

님의 역할은, 다윗 가문의 왕이 그에게 속한 백성의 목자이자 주권자가 될 것이라는 구약의 기대를 성취한 것이기도 하다(삼하 5:2). 여기서 요한은 특별히 에스겔서 34:23을 가져와서 사용한다. 거기서 하나님은 "내가 한 목자를 그들 위에 세워 먹이게 하리니 그는 내 종 다윗이라 그가 그들을 먹이고 그들의 목자가 될지라"라고 약속하셨다(참고. 슥 11:4, 7, 9, 15; 13:7). 여호와께서 자기 백성을 "쉴 만한 물가로"(시 23:2) 인도하시는 것처럼, 자기 백성의 목자이신 어린양은 그들을 생명수 샘으로 인도하실 것이다. 예수님은 그분께 속한 자들의 목마름을 생수로 해결해주신다(요 4:14; 7:37-38, 참고. 렘 17:13). 예수님께 속한 자들은 "주의 복락의 강물을 마[신다]"(시 36:8, 참고. 계 22:1). 끝으로, 하나님은 그들의 눈에서 모든 눈물을 씻어주실 것이다. 요한계시록 21:4에도 동일한 약속이 나오기 때문에(참고. 사 25:8), 이 구절이 새로운 피조세계를 염두에 두고 있다는 것은 아주 분명하다. 하나님이 인치시고 보호하시는 자들은 어린양과 하나님 안에서 영원토록 즐거워할 것이다. 모든 기쁨은 그들의 것이 되고, 악한 현세에서 겪는 슬픔은 오직 과거의 기억으로만 남을 것이다.

≋≋≋≋≋ 응답 ≋≋≋≋≋

새로운 피조세계에 헤아릴 수 없이 많은 무리가 있으리라는 것에 대해 하나님을 찬송하라. 구원이 소수에게만 주어지지 않고, 하나님의 차고 넘치는 은혜로 말미암아 헤아릴 수 없이 많은 사람에게 주어질 것이기 때문이다. 그리스도의 십자가가 역사의 버팀목이요 열쇠다. 신자들이 새로운 피조세계에 들어갈 수 있는 것은 어린양이 우리를 위해 피를 흘리셨기 때문이다. 우리가 저지른 죄의 흔적은 어린양이 드린 대속의 희생제사에 의해 제거된다. 이 큰 구원의 은혜와 아름다움을 볼 때 성도들과 천사들은 찬송과 기쁨으로 차오를 수밖에 없다. 이 현세의 슬픔들과 괴로움들이 영원히 지속되지는 않을 것이다. 우주 전체가 하나님의 성전이 되고, 하나님이 우리의 눈물을 닦아주실 날이 오고 있다. 어린양이 우리의 목자가 되셔서 우리의 모든 필요를 채워주시고, 이루 말할 수 없이 큰 기쁨으로 우리를 충만하게 해주실 것이다.

Revelation
요한계시록
8:1-5

¹ 일곱째 인을 떼실 때에 하늘이 반 시간쯤 고요하더니 ² 내가 보매 하나님 앞에 일곱 천사가 서 있어 일곱 나팔을 받았더라 ³ 또 다른 천사가 와서 제단 곁에 서서 금 향로를 가지고 많은 향을 받았으니 이는 모든 성도의 기도와 합하여 보좌 앞 금 제단에 드리고자 함이라 ⁴ 향연이 성도의 기도와 함께 천사의 손으로부터 하나님 앞으로 올라가는지라 ⁵ 천사가 향로를 가지고 제단의 불을 담아다가 땅에 쏟으매 우레와 음성과 번개와 지진이 나더라

¹ When the Lamb opened the seventh seal, there was silence in heaven for about half an hour. ² Then I saw the seven angels who stand before God, and seven trumpets were given to them. ³ And another angel came and stood at the altar with a golden censer, and he was given much incense to offer with the prayers of all the saints on the golden altar before the throne, ⁴ and the smoke of the incense, with the prayers of the saints, rose before God from the hand of the angel. ⁵ Then the angel took the censer and filled it with fire from the altar and threw it on the

earth, and there were peals of thunder, rumblings,[1] flashes of lightning, and an earthquake.

1 Or *voices,* or *sounds*

8장

≈≈≈≈≈ 단락 개관 ≈≈≈≈≈

여섯째 인을 떼었을 때 최후의 심판이 도래했기 때문에(계 6:12-17), 일곱째 인을 떼는 것이 불필요한 것으로 보이기는 하다. 그러나 일곱째 인은 일곱 나팔로 옮겨가기 위한 문학적 장치다. 일곱 나팔은 다가올 심판들을 다시 요약해서 되풀이하며 좀 더 상세하게 서술하는 역할을 한다. 하늘이 30분쯤 고요했다는 것은 이제 심판이 임하리라는 것을 시사한다(8:1). 그리고 그 기간이 짧은 것은 심판이 곧 임할 것임을 나타낸다. 일곱 천사에게 일곱 나팔이 주어지고(2절), 또 다른 한 천사는 성도들의 기도와 합하여 향을 보좌 앞에 드리기 위해 금으로 된 제단 앞에 서 있다(3절). 기도와 향이 하나님 앞으로 올라가고(4절), 이 천사는 제단에 있는 불을 향로에 담아서 땅에 쏟는다(5절). 그러자 우레와 번개와 지진이 발생한다. 이 단락은 일곱 나팔 심판이 성도들의 기도에 대한 응답이라는 것을 분명하게 가르쳐준다(참고. 6:9-11). 하나님은 그분의 뜻을 완고하게 거역하는 자들을 심판하시는데, 그들이 회개하지 않은 것은 그들이 심판받아 마땅한 자들이었다는 사실을 입증한다.

≈≈≈≈≈ 단락 개요 ≈≈≈≈≈

IV. 일곱 인(6:1-8:5)

   C. 일곱째 인과 일곱 나팔(8:1-5)

〰〰〰 주석 〰〰〰

8:1 요한은 7:1-17에서 하나님의 인치심을 받은 자들이 하나님의 진노를 피하게 되리라는 것을 설명했다. 그러므로 여기서는 인들을 떼는 것으로 되돌아간다. 어린양은 일곱째 인을 떼신다. 여섯째 인을 떼었을 때 최후의 심판과 역사의 종말이 일어났기 때문에, 일곱째 인을 떼는 것은 불필요한 것으로 보인다. 그렇지만 일곱째 인을 뗌으로써 일곱 나팔의 심판이 시작된다. 일곱 나팔의 심판은 일련의 새로운 사건들을 묘사하는 것이 아니라, 처음 여섯 인과 동일한 기간을 다른 관점에서 다시 살펴보는 것이다. 요한계시록은 구약성경의 많은 본문처럼 동일한 기간을 보완적인 관점에서 반복해서 다시 살펴보는 형식으로 되어 있다. 어린양이 일곱째 인을 떼었을 때, 하늘은 반시간쯤 고요했다. 이 고요함은 무엇을 의미하는가? 구약성경에서는 하나님이 심판을 행하시기 전에 고요함이 임한다(합 2:20; 습 1:7, 참고. 지혜서 18:14-15). 이것은 자연계에서 토네이도가 갑자기 불어오기 전에 느끼게 되는 기분 나쁜 고요함 같은 것이다.

8:2 요한은 일곱 천사가 하나님의 임재 앞에 서 있는 것을 본다(참고. 토비트 12:15; 에녹1서 90:21; 에녹3서 17:1). 일곱 천사는 요한계시록에서 매우 자주 언급된다(계 8:6; 15:1, 6, 7, 8; 16:1; 17:1; 21:9). 그들은 하나님의 종들로서 하나님의 뜻을 집행한다. 이 천사들이 일곱 나팔을 받는데, 이 나팔들을 불 때 나팔 심판이 이 땅에 일어나게 된다(8:6-9:21; 11:15-19). 구약성경에서는 나팔을 부는 것이 대개 전쟁이나 심판의 신호였다(민 10:9; 수 6:4-6, 20; 삿 7:22; 렘 4:19; 6:1; 겔 33:3-6; 호 5:8; 욜 2:1; 암 3:6; 습 1:16, 참고. 마 24:31). 여리고에서는 나팔들이 그 성의 멸망을 알린 것이었듯이(수 6장), 이 본문에서는 나팔들이 하나님의 심판을 의미한다. 어린양이 나팔 심판에 앞서 일곱째 인을 떼었다고 해서, 일곱 나팔 심판이 일곱 인 심판 뒤에 오는 것은 아니다. 앞에서 보았듯이, 여섯째 인이 마지막 심판이기 때문이다. 따라서 일곱째 인은 내러티브를 이어가기 위한 문학적인 장치라고 할 수 있다.

8:3-4 또 다른 한 천사가 금향로를 가지고 나타나 제단 곁에 선다(참고. 계 14:18; 암 9:1). 이 천사는 성도들의 기도를 하나님 앞에 올려드리는 역할을 한다(참고. 에녹1서 9:3; 15:2; 99:3). 구약의 성막과 성전에서 향로는 성소에 있었다(출 30:1-10; 37:25-29; 40:5). 대속죄일에는 향로를 휘장 안으로 가지고 들어가 향연으로 속죄소를 가려서 심판을 피하였다(레 16:12-13). 요한은 여기서 이 향이 성도들의 기도와 함께 하나님의 보좌 앞에 있는 제단에 드려졌다고 말한다. 어떤 사람들은 이 말씀이 성도들의 기도는 거기에 향이 더해져야만 정결해진다는 것을 의미한다고 주장한다. 하지만 이 향이 기도들이라고 말하는 것이 더 유력해 보인다. 향이 하나님을 기쁘시게 한 것처럼, 기도들도 하나님이 기쁘게 받으시는 것이다. 구약의 용례들이 이러한 해석을 뒷받침한다. 시편 141:2은 "나의 기도가 주의 앞에 분향함과 같이 되며 나의 손드는 것이 저녁 제사 같이 되게 하소서"라고 말한다. 성도들의 기도와 향은 향로에 담겨서 하나님께 드려진다.

8:5 신자들의 기도에 대한 응답으로 이 천사는 제단에서 향로를 가져다가 제단에 있는 불을 거기에 담아서는 땅에 쏟는다. 하늘에는 문자 그대로의 제단이 없기 때문에, 이 표상들은 당연히 묵시적인 것이다. 천사가 땅에 쏟는 불은 악인들에게 내려지는 하나님의 심판을 나타낸다. 에스겔서에도 이것과 비슷한 심판 장면이 나온다. 거기서 하나님은 가는 베옷을 입은 사람에게 "너는 그룹 밑에 있는 바퀴 사이로 들어가 그 속에서 숯불을 두 손에 가득히 움켜 가지고 성읍 위에 흩으라"(겔 10:2)고 명령하신다. 여기 요한계시록에서도 나팔들을 통해 부어지는 심판들은 성도들의 기도에 대한 응답을 나타낸다. 하나님 나라가 임하고 하나님의 뜻이 이루어길 원하는 그들의 기도가 응답되고 있다(마 6:10). 성도들의 기도에 대한 응답으로 대규모의 우레와 번개와 지진이 장차 도래할 심판들의 전조로 발생한다(참고. 사 29:6). 요한계시록에서 우레와 번개와 지진은 통상적으로 최후의 심판이 다가오고 있음을 알려주며(참고. 6:12; 11:13, 19; 16:18), 심판이 하나님의 보좌로부터 오는 것임을 보여준다(4:5, 참고. 6:12 주석).

〰〰 응답 〰〰

우리의 기도가 응답되고 있지 않는 것 같고, 우리가 기도를 헛되이 드리고 있는 것처럼 보이는 때가 종종 있다. 그러나 요한계시록은 하나님이 성도들의 기도를 듣고 계신다는 것을 우리에게 확신시켜준다. 역사 전체에 걸쳐서 하나님의 백성은 하나님 나라가 임하고 하나님의 뜻이 이루어기를 기도해 왔다. 하나님 나라가 임하기를 바라는 모든 기도는 반드시 응답될 것이다. 정의를 세워달라는 순교자들의 기도는 무시되지 않는다(참고. 6:9-11). 정의는 실현될 것이고 새로운 피조세계가 도래할 것이며, 악인들은 심판을 받을 것이다. 우리의 기도는 하나님이 그분의 뜻을 이루시기 위해 정하신 수단들 중 하나이기 때문에 변화를 일으킨다. 우리는 선을 이루고자 하는 우리의 기도가 무시된다고 생각하거나 낙심해서는 안 된다. 그 대신에 우리는 우리의 지혜로운 주권자이신 하나님께 끊임없이 기도해야 한다. 우리의 기도는 정확한 때에 응답될 것이다.

⁶ 일곱 나팔을 가진 일곱 천사가 나팔 불기를 준비하더라

⁷ 첫째 천사가 나팔을 부니 피 섞인 우박과 불이 나와서 땅에 쏟아지매 땅의 삼분의 일이 타 버리고 수목의 삼분의 일도 타 버리고 각종 푸른 풀도 타 버렸더라

⁸ 둘째 천사가 나팔을 부니 불 붙는 큰 산과 같은 것이 바다에 던져지매 바다의 삼분의 일이 피가 되고 ⁹ 바다 가운데 생명 가진 피조물들의 삼분의 일이 죽고 배들의 삼분의 일이 깨지더라

¹⁰ 셋째 천사가 나팔을 부니 횃불 같이 타는 큰 별이 하늘에서 떨어져 강들의 삼분의 일과 여러 물샘에 떨어지니 ¹¹ 이 별 이름은 쓴 쑥이라 물의 삼분의 일이 쓴 쑥이 되매 그 물이 쓴 물이 되므로 많은 사람이 죽더라

¹² 넷째 천사가 나팔을 부니 해 삼분의 일과 달 삼분의 일과 별들의 삼분의 일이 타격을 받아 그 삼분의 일이 어두워지니 낮 삼분의 일은 비추임이 없고 밤도 그러하더라

¹³ 내가 또 보고 들으니 공중에 날아가는 독수리가 큰 소리로 이르되 땅에 사는 자들에게 화, 화, 화가 있으리니 이는 세 천사들이 불어야

할 나팔 소리가 남아 있음이로다 하더라

⁶ Now the seven angels who had the seven trumpets prepared to blow them.

⁷ The first angel blew his trumpet, and there followed hail and fire, mixed with blood, and these were thrown upon the earth. And a third of the earth was burned up, and a third of the trees were burned up, and all green grass was burned up.

⁸ The second angel blew his trumpet, and something like a great mountain, burning with fire, was thrown into the sea, and a third of the sea became blood. ⁹ A third of the living creatures in the sea died, and a third of the ships were destroyed.

¹⁰ The third angel blew his trumpet, and a great star fell from heaven, blazing like a torch, and it fell on a third of the rivers and on the springs of water. ¹¹ The name of the star is Wormwood.¹ A third of the waters became wormwood, and many people died from the water, because it had been made bitter.

¹² The fourth angel blew his trumpet, and a third of the sun was struck, and a third of the moon, and a third of the stars, so that a third of their light might be darkened, and a third of the day might be kept from shining, and likewise a third of the night.

¹³ Then I looked, and I heard an eagle crying with a loud voice as it flew directly overhead, "Woe, woe, woe to those who dwell on the earth, at the blasts of the other trumpets that the three angels are about to blow!"

1 Wormwood is the name of a plant and of the bitter-tasting extract derived from it

일곱 천사는 일곱 나팔을 불기 시작하고(계 8:6), 표8이 보여주듯이 본문은
일련의 나팔들을 따라 질서정연하게 구성되어 있다.

나팔 1	땅	8:7	땅에 우박과 불과 피
나팔 2	바다	8:8–9	불붙은 큰 산이 바다에 던져짐
나팔 3	강들과 샘들	8:10–11	불타는 별들이 강들과 샘들에 떨어짐
나팔 4	궁창	8:12	해와 달과 별들이 어두워짐
막간		8:13	
나팔 5	첫째 화	9:1–12	귀신들이 부서갱에서 올라옴
나팔 6	둘째 화	9:13–21	귀신들이 동방에서 옴
막간		10:1–11:14	
나팔 7	셋째 화	11:15–19	나라가 임함

표8. 일곱 나팔

처음 네 나팔과 마지막 세 나팔 사이에 막간이 있다. 마지막 세 나팔을 불
기 전에 이 세 나팔이 가져다줄 화의 공포에 대해 불신자들에게 세 번에
걸쳐 경고하는 도입부가 나온다(8:13). 그렇게 해서 요한은 마지막 세 나팔
이 초래할 공포들에 대해 준비시킨다. 나팔 심판들은 언제 일어나는가? 어
떤 사람들은 이 심판들이 마지막 때에 있을 7년 대환난 기간 동안에 일어
날 것이라고 주장한다. 그러나 성경에는 종말이 오기 전에 7년에 걸친 대
환난 기간이 있을 것이라는 분명한 증거가 없다. 따라서 이 나팔 심판들은
그리스도의 부활과 재림 사이의 기간에 일어나는 것으로 보는 것이 바람
직하다. 나팔들과 인들은 서로 겹치기 때문에, 일곱 나팔 심판은 일곱 인
심판이 일어나는 기간을 다른 관점에서 다시금 반복해서 말해주는 것이
다. 8장에 언급된 처음 네 나팔 심판은 하나님의 심판이 땅과 바다와 강들

과 궁창, 다시 말해 인간의 죄로 말미암아 더럽혀진 삶의 모든 영역에 임하는 것을 보여준다. 따라서 이 심판을 문자 그대로의 의미로 해석해서는 안 된다. 오히려 이 심판들에 관한 묘사는 온 세계를 황폐화시키는 심판들을 생생하면서도 과장되게 그려낸다. 이 악한 현세 동안에 이 땅을 강타할 심판들은 사람들을 회개로 이끌기 위한 것인데, 사람들이 회개하지 않는 것(9:20-21)은 이 심판들이 정의로운 것임을 입증한다.

≋≋≋≋≋ **단락 개요** ≋≋≋≋≋

> V. 일곱 나팔(8:6-11:19)
> A. 처음 네 나팔: 우주적 파국(8:6-13)

≋≋≋≋≋ **주석** ≋≋≋≋≋

8:6-7 성도들의 기도에 대한 응답으로 일곱 천사는 그들이 가진 나팔을 불기 시작한다. 이것은 하나님이 원수들을 심판하기 시작하셨다는 신호다. 나팔 심판들 중 일부는 애굽에 내려진 재앙들과 비슷하다. 첫째 나팔은 우박 재앙을 떠올리게 한다(참고. 출 9:23-24). 우박에 동반된 불은 번개가 치는 것이라고 볼 수 있으며, 따라서 이 묘사는 우박과 번개를 동반한 대규모의 뇌우에 대한 것이다(시 18:13; 겔 38:22; 시락서 39:29). 요한은 피 섞인 우박이라고 말함으로써, 이 묘사가 묵시적이고 상징적이라는 것을 알려준다(참고. 욜 2:30). 이 뇌우는 번개를 동반한 현실의 뇌우가 아니다! 이 뇌우로 말미암아 땅과 그 수목들의 삼분의 일이 타버리고(참고. 겔 5:2, 12), 푸른 풀도 사라진다. 만일 이 표현이 문자 그대로를 의미하는 것이라면, 그런 식으

로 황폐화시키는 심판은 역사 속에서 아직 일어나지 않았으며, 따라서 여기에 묘사된 것은 틀림없이 미래에 일어날 일이 된다. 하지만 요한이 이 악한 현세에 이 땅에서 살아가는 삶의 특징인 황폐화된 삶을 묵시적인 언어로 묘사하는 것이라고 상정하는 것이 더 적절하다. 땅이 황폐화되는 것은 하나님의 심판을 나타낸다. 이 표상이 지닌 묵시적이고 과장된 성격은 요한계시록 9:4에 의해 확증된다. 거기서 황충들은 땅의 풀을 해치지 말라는 명령을 받는데, 만일 이 본문에서 모든 풀이 문자 그대로 다 타버렸다면, 황충에게 내려진 명령이 모순되기 때문이다! 여기에서 말하고자 하는 메시지는, 이 세상에서의 삶에는 여전히 많은 은택이 있지만(이 세상의 삼분의 이는 아무런 해도 입지 않는다), 사람들의 죄로 말미암아 하나님의 심판들이 이 세상에 임한다는 것이다.

8:8-9 둘째 천사의 나팔이 울리고 불과 같이 타는 큰 산이 바다로 던져지는데(참고. 에녹1서 18:13: 21:3), 이것은 화산 폭발에 대한 묘사다. 이 묘사는 하나님이 바벨론을 "불 탄 산"(렘 51:25)이 되게 할 것이라고 말씀하신 것을 상기시킨다. 여기서도 이 심판은 문자 그대로를 의미하지 않는다. 첫째 나팔은 하나님이 땅에 대해 내린 심판의 결과를 보여주고, 둘째 나팔은 바다와 대양에 내린 심판의 결과를 보여준다. 모세 시대에 나일 강이 피로 변했듯이(출 7:20), 둘째 나팔 심판에서 바다의 삼분의 일이 피로 변한다. 나일 강은 문자 그대로 피로 변했지만, 요한은 그 표상을 바다와 대양에 내려진 심판의 결과를 묵시적으로 묘사하는 데 사용한다. 요한은 바다 생물의 삼분의 일이 죽고 배들의 삼분의 일이 파괴되었다고 말한다. 삼분의 일이라는 표현은 정확한 숫자가 아니다. 그 요지는 하나님이 그분을 거역하는 세상에 심판을 부으신다는 것이다.

8:10-11 셋째 천사가 셋째 나팔을 불자, 불타는 별 하나가 하늘로부터 떨어진다(참고. 9:1, 사 14:12: 에녹1서 86:1). 이 불타는 별은 강들과 샘들에 떨어져서, 거기에 있는 물을 쓴 물로 만들어버린다. 물의 삼분의 일이 오염되

고, 많은 사람이 그 물을 마시고 죽는다. 예레미야서도 비슷한 심판에 관해 말한다. "내가 그들 곧 이 백성에게 쑥을 먹이며 독한 물을 마시게 하고"(렘 9:15). 여기서도 이 묘사를 문자 그대로의 의미로 해석해서는 안 된다. 물의 오염은 땅이 황폐화될 것임을 나타낸다. 땅의 물은 사람들이 마셔서 기운을 차리고 활력을 되찾게 해주는 것이어야 하지만, 인간의 죄로 말미암아 이 땅에서의 삶은 오염된다. 하나님의 심판들은 땅과 대양들과 바다에서의 삶뿐만 아니라, 사람들이 생존하는 데 필요한 물에도 영향을 미친다.

8:12 넷째 천사가 나팔을 불자, 해가 하루의 삼 분의 일 동안 어두워지고, 달과 별들이 밤의 삼 분의 일 동안 어두워진다. 이 말씀을 문자 그대로의 의미로 해석한다면, 무엇을 말하는 것인지 상상하기 어려울 것이다. 왜냐하면 실제로 해가 매일의 삼 분의 일 동안 비치지 않을 경우에 땅에서의 삶은 지속되지 못할 것이기 때문이다. 이 묘사는 애굽을 삼켰던 어둠의 재앙을 떠올리게 한다(출 10:21-23). 마찬가지로 이사야는 여호와의 날을 별들이 빛을 잃고 해와 달이 빛을 내지 않는 때가 될 것이라고 묘사한다. "하늘의 별들과 별 무리가 그 빛을 내지 아니하며 해가 돋아도 어두우며 달이 그 빛을 비추지 아니할 것이로다"(사 13:10, 참고. 겔 32:7; 욜 2:31; 3:15). 선지자들이 여호와의 날의 도래와 관련해서 예고했던 천체 현상들은 문자 그대로 일어나지 않았다. 그러한 표현들은 하나님이 역사 속에서 열방에게 행하신 심판을 묘사하는 데 사용된다. 예수님도 장차 다시 오실 때에 그와 동일한 종류의 일들이 수반될 것이라고 친히 말씀하셨다(마 24:29; 막 13:24; 눅 21:25). 이 네 개의 나팔은 땅과 바다와 강과 궁창에 내려지는 하나님의 심판을 가리킨다. 현세에서의 모든 삶은 인간의 죄에 영향을 받고, 하나님이 역사 속에서 행하시는 현세적인 심판들은 장차 최후의 심판이 있을 것을 보여주는 전조들이다.

8:13 이 절은 마지막 세 나팔 심판이 처음 네 나팔의 심판보다 더 지독할 것임을 부각시키기 위한 문학적 장치 역할을 한다. 날아가는 독수리는 세

번의 "화" 선언을 통해 이제 곧 세 나팔의 심판이 시작되리라고 예고하고 (참고. 렘 4:13; 호 8:1), 황폐화가 임박했음을 경고한다. 하지만 이 황폐화는 땅에 사는 자들에게로 국한된다. 3:10에서 보았듯이, 요한계시록에서 "땅에 거하는 자들"은 언제나 불신자들을 가리킨다. 예수 그리스도를 믿는 자들은 마지막 세 나팔 심판들을 두려워할 이유가 없지만, 불신자들은 큰 공포에 사로잡히고 말 것이다.

≋≋≋≋ 응답 ≋≋≋≋

이 세상이 하나님의 주관하심과 통치에 저항할지라도, 하나님은 이 세상을 주관하시고 통치하신다(참고. 시 103:19). 하나님의 통치는 심판과 구원으로 나타난다. 여기서는 하나님의 심판이 그분을 대적하여 반기를 든 이 세상에 내려진다. 하나님의 심판들은 땅과 바다와 강물과 궁창을 비롯해서 이 세상의 모든 영역에 미친다. 이 세상은 변질되고 왜곡되었기 때문에, 마땅히 있어야 할 모습으로 있지도 않고 앞으로 되어야 할 모습으로 있지도 않다. 하나님의 심판은 비이성적인 것이 아니다. 왜냐하면 앞에서 우리는 하나님의 심판이 성도들의 기도에 대한 응답으로 임한다는 것을 보았기 때문이다(계 8:1-5). 성도들의 기도는 하나님을 대적하는 사람들의 반역에 대해 성도들이 반응한 것이다. 따라서 하나님의 심판들은 하나님이 잘못된 세계에 질서와 정의와 조화를 회복시키시는 한 가지 방식이고, 이 세계에 완전한 샬롬(평화)을 다시 세우는 과정의 한 단계다.

¹ 다섯째 천사가 나팔을 불매 내가 보니 하늘에서 땅에 떨어진 별 하나가 있는데 그가 무저갱의 열쇠를 받았더라 ² 그가 무저갱을 여니 그 구멍에서 큰 화덕의 연기 같은 연기가 올라오매 해와 공기가 그 구멍의 연기로 말미암아 어두워지며 ³ 또 황충이 연기 가운데로부터 땅 위에 나오매 그들이 땅에 있는 전갈의 권세와 같은 권세를 받았더라 ⁴ 그들에게 이르시되 땅의 풀이나 푸른 것이나 각종 수목은 해하지 말고 오직 이마에 하나님의 인침을 받지 아니한 사람들만 해하라 하시더라 ⁵ 그러나 그들을 죽이지는 못하게 하시고 다섯 달 동안 괴롭게만 하게 하시는데 그 괴롭게 함은 전갈이 사람을 쏠 때에 괴롭게 함과 같더라 ⁶ 그날에는 사람들이 죽기를 구하여도 죽지 못하고 죽고 싶으나 죽음이 그들을 피하리로다

⁷ 황충들의 모양은 전쟁을 위하여 준비한 말들 같고 그 머리에 금 같은 관 비슷한 것을 썼으며 그 얼굴은 사람의 얼굴 같고 ⁸ 또 여자의 머리털 같은 머리털이 있고 그 이빨은 사자의 이빨 같으며 ⁹ 또 철 호심경 같은 호심경이 있고 그 날개들의 소리는 병거와 많은 말들이 전쟁터로 달려 들어가는 소리 같으며 ¹⁰ 또 전갈과 같은 꼬리와 쏘는 살이

있어 그 꼬리에는 다섯 달 동안 사람들을 해하는 권세가 있더라 11 그
들에게 왕이 있으니 무저갱의 사자라 히브리어로는 그 이름이 아바돈
이요 헬라어로는 그 이름이 아볼루온이더라

12 첫째 화는 지나갔으나 보라 아직도 이 후에 화 둘이 이르리로다

1 And the fifth angel blew his trumpet, and I saw a star fallen from heaven to earth, and he was given the key to the shaft of the bottomless pit.[1] 2 He opened the shaft of the bottomless pit, and from the shaft rose smoke like the smoke of a great furnace, and the sun and the air were darkened with the smoke from the shaft. 3 Then from the smoke came locusts on the earth, and they were given power like the power of scorpions of the earth. 4 They were told not to harm the grass of the earth or any green plant or any tree, but only those people who do not have the seal of God on their foreheads. 5 They were allowed to torment them for five months, but not to kill them, and their torment was like the torment of a scorpion when it stings someone. 6 And in those days people will seek death and will not find it. They will long to die, but death will flee from them.

7 In appearance the locusts were like horses prepared for battle: on their heads were what looked like crowns of gold; their faces were like human faces, 8 their hair like women's hair, and their teeth like lions' teeth; 9 they had breastplates like breastplates of iron, and the noise of their wings was like the noise of many chariots with horses rushing into battle. 10 They have tails and stings like scorpions, and their power to hurt people for five months is in their tails. 11 They have as king over them the angel of the bottomless pit. His name in Hebrew is Abaddon, and in Greek he is called Apollyon.[2]

12 The first woe has passed; behold, two woes are still to come.

1 Greek *the abyss*; also verses 2, 11 *2 Abaddon* means *destruction*; *Apollyon* means *destroyer*

〰〰 단락 개관 〰〰

다섯째 나팔이 울리자, 더 기이한 묵시적인 표상들이 등장한다. 이 표상들은 해석하기 어렵다. 이 단락에서는 한 무리의 귀신들이 땅 위에 풀려서 사람들을 괴롭게 하는 것을 묘사한다. 하늘에서 땅으로 떨어진 별은 무저갱에 대한 권세를 받은 선한 천사로 여겨진다(계 9:1). 이 천사가 무저갱을 열자, 이 세상은 그곳에서 올라오는 연기에 의해 어두워진다(2절). 귀신들로 보이는 황충들이 연기 속에서 땅 위에 출현하는데, 전갈과 같은 권세를 받는다(3절). 4절에서 이 황충들이 풀이나 푸른 것이나 각종 수목에는 아무런 관심도 없다고 말하는 것을 볼 때, 그것들은 실제 황충이 아니다. 황충들은 이마에 하나님의 인침을 받지 않은 자들을 노린다(4절). 이 황충 같이 생긴 생물들은 하나님의 인침을 받지 않은 자들을 전갈의 침 같은 것으로 쏘아서 괴롭게 한다(5절). 그 괴로움이 너무 심해서 사람들은 차라리 죽고 싶어 하지만, 죽을 수도 없기 때문에 계속 살아가게 될 것이다(6절). 이어서 황충들의 모습이 묘사된다. 황충들은 전쟁을 위하여 준비된 말들 같이 생겼는데, 사람의 얼굴을 지니고 있다(7절). 그것들의 머리털은 여자의 머리털과 같고, 이빨은 사자의 이빨과 같다(8절). 그것들의 가슴과 복부에는 철로 된 호심경이 있고, 그것들의 날개 소리는 전쟁터로 달려가는 병거와 같다(9절). 여기서 사용된 표현들은 대부분 여호와의 날에 관한 요엘의 묘사에서 가져온 것으로, 이 "황충들"이 심판의 사자임을 보여준다. 전갈 같은 꼬리로 사람들을 쏘는 이 황충들은 불신자들을 다섯 달 동안 괴롭힌다(10절). 그들의 왕은 "무저갱의 사자"다. 그 존재는 '멸망시키는 자'라는 뜻의 "아볼루온"으로 불리는데, 아마도 사탄일 것이다(11절). 그런 후에 요한은 아직 두 가지 화가 남아 있다는 것을 독자들에게 알려준다(12절).

≋≋≋≋≋ 단락 개요 ≋≋≋≋≋

V. 일곱 나팔(8:6-11:19)
　　B. 다섯째 나팔: 황충 귀신들에 의한 재앙(9:1-12)

≋≋≋≋≋ 주석 ≋≋≋≋≋

9:1 다섯째 천사가 나팔을 불었을 때, 요한은 별 하나가 하늘에서 땅으로 떨어지는 것을 본다. 이 별은 천사를 가리키는 것으로 보인다(참고. 삿 5:20; 욥 38:7). 한편 어떤 사람들은 이 별이 사탄이나 그 밖의 다른 악한 천사라고 주장한다. 그러한 해석은 매력적이긴 하지만 요한계시록의 다른 곳에서 하나님의 지시를 수행하는 존재는 언제나 선한 천사들이기 때문에, 이 별이 사탄이나 악한 천사라고 주장하는 것은 설득력이 없다. 따라서 확실하게 말할 수는 없지만, 이 별은 선한 천사일 가능성이 높다. 이 천사는 "무저갱"을 열 수 있는 열쇠를 받는다. 여기서 이 표현이 상징적인 것임이 다시 드러난다. 왜냐하면 귀신들은 문자 그대로 땅 밑에 있는 구덩이에 갇힌 것이 아니기 때문이다. 무저갱이라는 표현은 짐승이 기원한 곳에 대해서도 사용된다(계 11:7; 17:8). 또한 나중에 사탄이 무저갱에 던져져서 천 년 동안 갇혀 있게 된다(20:3). 이 천사는 "열쇠"를 받음으로써 무저갱에 있는 존재들에 대한 권세와 통치권을 갖게 되는데(참고. 20:1), 이것은 하나님이 이 천사에게 그런 권세를 주셨음을 의미한다. 이러한 해석은 "받았더라"(에도

테)는 단어에 의해 확증된다. 왜냐하면 요한계시록에서 '받았다'(또는 그에 해당하는 어구)가 나오는 구절마다 하나님이 이 수동형 동사의 의미상 주어이기 때문이다(6:2, 4, 8, 11; 7:2; 8:3; 9:3, 5; 11:1, 2; 13:5, 7, 14, 15; 16:8; 19:8; 20:4).

9:2 이 천사가 무저갱을 열자, 거대한 풀무에서 나오는 것 같은 연기가 올라온다. 온 세상에 퍼진 이 연기로 인해 해와 공기가 어두워지는데, 이것은 심판을 나타낸다(참고. 창 19:28; 사 34:10). 요엘서에서도 황충 떼에 의해 하늘이 어두워진다(욜 2:10). 여기서 우리는 하나님의 심판이 이 세상 전체를 뒤덮는 것을 본다.

9:3 요한이 그 연기를 뚫어져라 보고 있을 때, 그 연기 가운데서 황충들이 땅 위로 출현한다. 황충들은 여호와가 애굽에 내리셨던 재앙들 중 하나이며(출 10:4), 심판을 나타낸다. 여기서 또다시 사용된 단수형 "받았더라"(에도테)는 황충들에게 주어진 권세가 사탄이 개입되어 있기는 하지만 최종적으로는 하나님께로부터 주어진 것임을 보여준다. 악에 대한 성경의 묘사는 복합적이다. 하나님은 악을 주관하시지만 악에 대하여 도덕적인 책임이 없으시다. 반면에, 사탄은 악과 관련하여 그의 동기들과 행위들로 인해 책임이 있는 것으로 여겨진다. 황충들이 받은 권세는 전갈의 권세에 비유된다. 이 부분에서 이 황충들이 실제 황충이 아니라는 중요한 단서가 제시된다. 왜냐하면 성경의 다른 곳들 및 유대 문헌들은 전갈을 마귀의 세력과 결부시키기 때문이다(눅 10:19, 참고. 신 8:15; 시락서 26:7). 또한 이 황충들의 지도자가 "아볼루온"이라는 점에서도(계 9:11), 이 황충들은 일반적인 황충이 아니다.

9:4 하나님은 황충들에게 푸른 풀이나 새롭게 자란 푸른 것이나 나무들을 해치지 말고, 이마에 하나님의 인침을 받지 않은 자들만 해치라고 지시하신다(이 명령은 이 황충들이 하나님의 심판의 사자들이라는 점을 또다시 보여준다). 십사만 사천, 즉 하나님의 백성 전체는 하나님께 인침을 받았기 때문에 그분

의 진노로부터 보호하심을 받는다(참고. 7:1-17, 참고. 겔 9:4, 6). 따라서 황충들은 불신자들을 공격하며, 불신자들은 하나님의 진노를 전면적으로 받게 된다. 이 황충들이 푸른 풀이나 식물을 먹는 데 관심이 없다는 것은, 이 황충들이 문자 그대로의 황충이 아니라는 추가적이고 결정적인 증거다. 푸른 풀과 식물을 먹지 않는 황충에 대해 들어 본 사람은 없다! 하나님이 애굽에 황충 재앙을 내리셨을 때, 황충들은 모든 식물을 다 먹어치움으로써 애굽을 황폐화시켰다(출 10:12, 참고. 지혜서 16:9). 반면에, 여기에 언급된 황충들은 사람들을 공격하는 데 관심을 가지며, 이것은 이 황충들이 기괴한 황충이라는 것을 증명한다. 사실 이 황충들은 실제 황충이 아니라 무저갱에서 올라온 귀신들이다.

9:5 하나님은 이 황충들이 하나님의 인침을 받지 않은 불신자들을 죽이는 것을 허락하지 않으시고[24], 단지 "다섯 달 동안" 괴롭히도록 하셨다. 여기에서 다섯은 상징적인 숫자로서 제한된 기간을 나타낸다. 그들이 겪는 괴로움은 전갈에게 쏘였을 때의 괴로움에 비견된다. 이것은, 맥락은 다를지라도 하나님이 사탄에게 의로운 욥을 죽이지는 못하게 하시고 괴롭히기만 허락하신 것(욥 2:4-7)을 떠올리게 한다. 본문에서도 하나님은 해를 가하는 한계를 지정하신다. 본문에는 귀신인 황충들에 관한 상징적인 표현들로 가득하기 때문에, 그것들의 침을 문자 그대로의 침으로 해석해서는 안 된다. 실제로 요한은 그 괴로움이 전갈에게 쏘일 때의 괴로움과 '같았다'(호스)고 말한다. 요한이 무엇을 염두에 두고 이렇게 말한 것인지를 확실하게 알기는 어렵다. 처음 네 나팔 심판은 궁창에서 대양들에 이르기까지 피조 세계에 관한 것이었는데, 다섯째 나팔 심판에서 요한은 인간에 대해 언급한다. 이것은 아마도 인간의 실존의 특징을 이루는 심리적인 비참함과 불행을 가리키는 것으로 보인다. 그리고 다섯 달에 대한 언급은 이 괴로움이

---

24 '받지 않았다', 개역개정은 하나님을 주어로 해서 "그들을 죽이지는 못하게 하시고"로 번역했다. (역자주)

일생 동안 지속되지는 않을 것임을 보여주는 것 같다.

9:6 인간의 삶이 비참함으로 점철되는 이유는 궁극적으로 하나님을 대적하여 반역했기 때문이다. 그래서 인간에게는 죽기를 바라는 마음도 있고 (참고. 욥 3:21; 렘 8:3) 살기를 바라는 마음도 있다. 이 둘이 인간의 마음속에서 서로 싸우기 때문에 인간의 실존은 괴로움을 겪는다. 불신자들은 죽기를 바라면서도, 동시에 죽는 것을 두려워한다. 요한은 타락한 모든 사람이 자살하려고 하거나 지독하게 불행하다고 말하고 있지 않다. 그가 말하고자 하는 요지는, 괴로워하는 것과 죽고 싶어 하는 것이 인간의 실존, 특히 불신자들의 삶의 특징이라는 것이다. 이 경험은 복잡하고 설명하기가 어렵지만, 어쨌든 이 땅에서의 삶은 일종의 죽지 못해 사는 것이다. 죽고 싶은 마음이 안에서 올라오지만, 죽음이 하나님을 대적하며 살아가는 자들을 피한다. 그들에게는 죽고 싶은 마음도 있지만, 죽는 것에 대한 큰 두려움도 있기 때문이다.

9:7 이 절부터 10절까지 요한은 황충들의 생김새를 묘사한다. 처음부터 이 묘사가 문자 그대로의 의미가 아니라는 것이 분명하게 드러난다. 왜냐하면 문자 그대로의 묘사가 아니라 직유임을 가리키는 '같다'라는 단어가 세 번이나 사용되기 때문이다. 황충들은 전쟁을 위해 준비된 말들에 비유되고(참고. 욥 39:20), 머리에는 승리를 상징하는 금관 같은 것이 있다. 황충들의 얼굴은 사람의 얼굴 같은데, 이것은 아마도 황충들이 짐승과 인간의 특징들을 함께 가지고 있어서 모든 피조물에 대한 능력을 지니고 있음을 나타내는 것 같다. 요한은 요엘서 2:4을 간접적으로 인용하는데, 요엘서 2:4은 실제 황충 떼의 습격을 묘사하면서 황충들을 군마들에 비유한다.[25] 요엘은 여호와의 날에 있을 심판을 묘사하고(참고. 욜 1:15; 2:1, 11), 요한은

---

25 요엘서 2장에 나오는 묘사가 황충에 관한 것인지, 아니면 인간 군대에 관한 것인지를 놓고 학자들 간에 논란이 있다. 필자는 거기서 묘사하고 있는 것이 실제 황충이라고 생각한다.

불신자들에 대한 하나님의 심판을 묘사하는 데 황충에 관한 표상을 사용한다. 귀신들이 풀려나서 불신자들을 공격할 때, 불신자들은 이른바 귀신들에게 포위된다. 황충들은 마치 군마를 타고 기세등등하게 공격해오는 인간 군대 같지만, 불신자들을 공격해오는 이 황충들은 어떤 인간 군대보다도 더 사납다.

9:8 황충들에 대한 묘사가 계속된다. 황충들의 머리털은 여자의 머리털 같고, 이빨은 사자의 이빨 같다. 여기서도 선지자 요엘의 예언이 간접적으로 인용된다. 요엘은 다음과 같이 말한다. "다른 한 민족이 내 땅에 올라왔음이로다 그들은 강하고 수가 많으며 그 이빨은 사자의 이빨 같고 그 어금니는 암사자의 어금니 같도다"(욜 1:6). 요엘은 황충들을 묘사하기 위해 사자의 이빨이라는 표상을 사용한다. 그리고 앞에서 언급했듯이 요한은 요엘이 사용한 표상을 가져와서 그의 묵시적 상징에 통합시킨다. 요한은 황충들이 여자의 것 같은 머리털을 갖고 있다고 말한다. 황충들이 가진 긴 머리털은 기괴하고 무시무시하며 소름끼치는 모습인데, 이것이 요한이 말하고자 하는 것이다. 황충들은 다른 세계에 속한 생물들이다. 악몽 속에서 사람을 두렵게 하는 것들이 불신자들을 벌한다. 이것은 이오시프 스탈린(Joseph Stalin)이 죽어갈 때, 늑대들이 마치 그를 덮쳐서 갈기갈기 찢어놓을 듯이 짖는 소리를 들었다는 이야기를 상기시킨다.

9:9 이 무시무시한 황충들은 "철 호심경"을 가지고 있고(이것은 이 황충들을 죽일 수 없다는 것을 나타낸다), 황충들의 날개 소리는 병거들이 질주하며 내는 요란한 소리에 비유된다. 이 표상들 역시 부분적으로 요엘서에 묘사된 황충 떼의 습격으로부터 가져온 것이다. "그들이 산꼭대기에서 뛰는 소리는 병거 소리와도 같고 불꽃이 검불을 사르는 소리와도 같으며 강한 군사가 줄을 벌이고 싸우는 것 같으니"(욜 2:5). 요한은 이 황충 군대가 공격해오고 있는데, 어느 무엇도 이 군대를 당해낼 수 없다고 말한다. 하나님의 인침을 받지 않은 사람들은 이 잔인하고 포악한 공격을 막아낼 힘이 없다.

9:10 전갈 같은 생물들에게 쏘였을 때의 괴로움이 이미 5절에서 설명되었지만 여기서 또다시 언급된다. 이 황충들은 "전갈과 같은 꼬리"를 가지고 있다. 평범한 황충들은 그런 꼬리를 가지지 않기 때문에, 우리는 이 황충들이 평범한 황충이 아니라는 것을 다시금 알게 된다. 또한 실제로 전갈에 쏘였을 때도 그 괴로움이 다섯 달 동안 지속되지는 않는다. 5절에서 설명했듯이, 전갈에 대한 언급은 하나님의 인침을 받지 않은 자들에게 괴로움과 고통과 안겨주는 이 황충들이 귀신이라는 것을 보여준다.

9:11 이 구절에서도 황충들이 귀신이라는 것이 확증된다. 황충들의 지배자이자 왕이 무저갱을 지배하는 권세를 지닌 악한 천사이기 때문이다. 실제 황충 떼는 왕이 없지만(참고. 잠 30:27), 이 황충 떼는 왕이 있다! 어떤 사람들은 이 악한 천사가 사탄으로서, 땅에 떨어져서 이 귀신들을 무저갱에서 풀어준 바로 그 천사(계 9:1)라고 생각한다. 그러나 앞에서 필자는 1절에 언급된 천사가 선한 천사이기 때문에 아볼루온과 동일시해서는 안 된다고 말했다. 이 절에 언급된 아볼루온은 사탄이다. "아볼루온"은 '멸망시키는 자' 곧 사람들을 멸하고 망치는 자를 의미하며, 황충들을 멸망의 도구로 사용한다. 히브리어 "아바돈"은 이 맥락 속에서 동일한 의미를 지니는 단어로, 사탄의 멸망시키는 능력을 나타낸다. 구약성경에서 아바돈은 흔히 스올과 병행적으로 사용되어서, 죽은 자들이 가는 곳과 죽음의 권세를 가리킨다(욥 26:6; 28:22; 31:12; 시 88:11; 잠 15:11; 27:20). 요한은 그 의미를 확장시킨다. 그는 죽음의 장소를 의인화하는데, 왜냐하면 그곳에 죽은 자들을 지배하는 왕인 사탄이 있기 때문이다(참고. 히 2:14-15). 욥은 죽음을 "공포의 왕"(욥 18:14)이라고 부른다. 사탄이 지배하는 곳에 있는 자들은 그러한 공포를 겪게 된다.

9:12 많은 괴로움과 공포를 가져다줄 첫째 화에 대한 설명은 끝났지만, 아직도 두 번의 화가 남아 있다(9:13-19; 11:15-19).

이 본문 속에서 우리는 하나님의 주권, 귀신들의 활동, 인간의 참상이 흥미롭게 결합되어 있는 것을 본다. 마귀와 귀신들의 활동에 대해서조차 하나님이 궁극적인 주권을 가지고 계신다. 마귀와 귀신들이 사람들의 삶에 가져다주는 괴로움과 고통은 마귀 세력들이 가지는 악의를 드러내 보인다. 아울러 하나님은 이 마귀의 세력이 사람들을 괴롭게 하는 것을 주관하신다. 그것은 하나님이 불신자들에게 가하시는 벌이다. 그런데 하나님은 그들을 벌하실 때 마귀와 귀신들을 사용하신다. 하지만 사람들에게 일어난 일들과 관련해서 하나님의 역할은 마귀와 귀신들의 역할과는 근본적으로 다르다. 왜냐하면 하나님은 언제나 거룩하고 정의로운 일을 하시는 반면에, 마귀와 귀신들은 증오와 앙심으로 가득하기 때문이다. 또한 우리는 이 본문을 통해 죄가 괴로움과 고통을 가져다준다는 것을 깨닫는다. 죄가 처음에는 즐거워 보일 수 있다(히 11:25). 그러나 그 꼬리에는 독침이 있기 때문에(이것은 언어유희다!), 죄의 최종적인 결과는 슬픔과 근심이다. 사람들이 자기연민, 분노, 정욕, 질투에 사로잡히고, 자신이 불행하다는 감정으로 가득해서 삶에 대해 격분하게 되는 것은 사탄의 지배 아래 있기 때문이다. 그리고 이것이 하나님의 심판의 일부다. 그들의 삶은 서서히 파탄이 나고, 얼마 안 가 완전히 무너져서 광기만이 남게 된다. 지옥에 있는 자들은 모두 실성한 자다. 왜냐하면 자기 자신을 숭배하고 하나님을 미워하는 것보다 더 미친 짓은 없기 때문이다. 그리고 이것 역시 하나님이 인류에게 내리시는 심판의 일부다.

13 여섯째 천사가 나팔을 불매 내가 들으니 하나님 앞 금 제단 네 뿔에서 한 음성이 나서 14 나팔 가진 여섯째 천사에게 말하기를 큰 강 유브라데에 결박한 네 천사를 놓아 주라 하매 15 네 천사가 놓였으니 그들은 그 년 월 일 시에 이르러 사람 삼분의 일을 죽이기로 준비된 자들이더라 16 마병대의 수는 1)이만 만이니 내가 그들의 수를 들었노라 17 이같은 환상 가운데 그 말들과 그 위에 탄 자들을 보니 불빛과 자줏빛과 유황빛 호심경이 있고 또 말들의 머리는 사자 머리 같고 그 입에서는 불과 연기와 유황이 나오더라 18 이 세 재앙 곧 자기들의 입에서 나오는 불과 연기와 유황으로 말미암아 사람 삼분의 일이 죽임을 당하니라 19 이 말들의 힘은 입과 꼬리에 있으니 꼬리는 뱀 같고 또 꼬리에 머리가 있어 이것으로 해하더라

20 이 재앙에 죽지 않고 남은 사람들은 손으로 행한 일을 회개하지 아니하고 오히려 여러 귀신과 또는 보거나 듣거나 다니거나 하지 못하는 금, 은, 동과 목석의 우상에게 절하고 21 또 그 살인과 복술과 음행과 도둑질을 회개하지 아니하더라

13 Then the sixth angel blew his trumpet, and I heard a voice from the four horns of the golden altar before God, 14 saying to the sixth angel who had the trumpet, "Release the four angels who are bound at the great river Euphrates." 15 So the four angels, who had been prepared for the hour, the day, the month, and the year, were released to kill a third of mankind. 16 The number of mounted troops was twice ten thousand times ten thousand; I heard their number. 17 And this is how I saw the horses in my vision and those who rode them: they wore breastplates the color of fire and of sapphire[1] and of sulfur, and the heads of the horses were like lions' heads, and fire and smoke and sulfur came out of their mouths. 18 By these three plagues a third of mankind was killed, by the fire and smoke and sulfur coming out of their mouths. 19 For the power of the horses is in their mouths and in their tails, for their tails are like serpents with heads, and by means of them they wound.

20 The rest of mankind, who were not killed by these plagues, did not repent of the works of their hands nor give up worshiping demons and idols of gold and silver and bronze and stone and wood, which cannot see or hear or walk, 21 nor did they repent of their murders or their sorceries or their sexual immorality or their thefts.

1) 또는 이억이니

1 Greek *hyacinth*

〰〰〰 단락 개관 〰〰〰

요한계시록 9:13-19은 둘째 화에 관해 묘사하고, 20-21절은 하나님의 심판에 대한 불신자들의 반응을 설명한다. 하나님의 심판을 보고 겪었다면 마땅히 회개해야 하는데도 사람들은 마음을 더욱 완고하게 한다. 둘째 화는 천사가 여섯째 나팔을 불면서 시작된다. 금 제단에서 나온 음성이 여섯째 나팔을 가진 천사에게 유브라데 강에 결박된 네 천사를 놓아주라고 말한다(13-14절). 이렇게 놓여난 네 천사는 인류의 삼 분의 일을 죽이는데, 이것은 이미 예정된 일이었다(15절). 요한은 마병대의 수가 2억이라는 말을 듣고(16절), 환상 가운데 말들과 기병들을 본다(17절, 참고. 5:5-6; 7:4, 9). 기병들은 붉은색과 푸른색과 유황처럼 노란색으로 된 호심경들을 지니고 있었다. 그리고 그들이 탄 말들은 여느 말들과는 달라서 머리는 사자 같고, 그 입에서는 불과 연기와 유황이 나왔다. 따라서 요한이 여기서 귀신들을 묘사하고 있는 것으로 보인다. 이 귀신들의 무리는 불과 연기와 유황으로 인류의 삼 분의 일을 죽인다(9:18). 이 말들이 이 땅에 속한 것이 아니라 귀신이라는 사실은 19절에서 한 번 더 분명하게 드러난다. 이 말들의 능력은 그것들의 입과 꼬리에 있다. 초점은 그들의 꼬리에 맞춰져 있는데, 뱀 같이 생긴 꼬리로 사람들을 해치고 죽였다. 인류의 삼 분의 일이 죽는 것(이것이 실제 숫자가 아니라는 것은 거의 분명하다)은 죽음을 피한 자들에게 주어지는 경고다(20절). 하나님의 정의로운 심판을 보고서 사람들은 마땅히 우상숭배를 회개해야 했다. 하지만 그들은 자신들이 저지른 악의 결과들을 보고서도 마음을 완고하게 하여 악을 계속 저지른다(21절).

〰〰〰 단락 개요 〰〰〰

V. 일곱 나팔(8:6-11:19)

   C. 여섯째 나팔: 귀신 마병대(9:13-21)

9:13 여섯째 천사가 나팔을 분다. 그리고 그 심판은 둘째 화에 해당한다(참고. 8:13; 9:12). 나팔 심판들은 제단에서 땅으로 던져진 향로로부터 오는데(8:1-5), 요한은 제단에 있는 네 뿔에서 나오는 음성을 듣는다(출 27:2; 30:2-3). 일반적으로는 제단의 뿔들이 말하지 않지만, 요한계시록은 묵시문학이다! 이 음성은 천사가 한 말을 가리키는 것으로 보인다. 제단과의 연관성은 이 심판들이 성도들의 기도에 대한 응답이라는 것을 상기시킨다(계 8:3-4).

9:14 제단에서 나온 음성은 여섯째 나팔을 가진 (선한) 천사에게 유브라데 강에 억류되어 있는 네 천사를 풀어주라고 지시한다. 앞에서 네 천사는 심판의 바람들이 땅에 불어 닥치지 않게 붙들고 있었다(7:1). 여기 나오는 결박된 천사들은 귀신들일 것이다. 결박이라는 표현은 성경의 다른 곳들에서 사탄에 대해 사용되며(마 12:29; 막 3:27; 계 20:2), 이 네 천사와 7:1에 묘사된 네 천사는 서로 다른 곳에 위치해 있으므로 동일한 천사일 수 없기 때문이다. 유브라데 강은 여섯째 대접 심판 때 다시 등장한다(계 16:12). 구약성경에서 유브라데 강의 발원지는 에덴 땅에 있었다(창 2:14). 이 강은 하나님이 아브라함에게 주겠다고 약속하신 땅의 경계였으며(창 15:18, 참고. 신 1:7; 수 1:4), 마침내 솔로몬이 이 강을 차지했다(왕상 4:21, 24). 하지만 하나님과 그의 백성의 원수들은 유브라데 강의 상류에 있었다. 또한 요한은 주전 53년과 주후 62년에 동방으로부터 침략해온 로마의 원수인 '바대인'(파르티아인, Parthians)을 염두에 둔 것으로 보인다. 여기서도 악인들의 무리는 유브라데 강으로부터 몰려온다.

9:15 유브라데 강에 결박된 네 천사가 풀려난 목적은 인류의 삼 분의 일을 죽이는 것이었다. 유브라데 강은 로마 제국과 바대(파르티아, Parthia) 제국의 경계였기 때문에, 로마의 원수인 바대인들은 로마를 침공하기 위

해 유브라데 강을 건너야 했다(참고. 에녹1서 56:6-57:3). "놓였으니"[엘뤼테산 (elythēsan)]라는 단어는 그들이 귀신임을 나타낸다. 사탄도 하나님에 의해 "놓인다"(뤼오, 계 20:3, 7). 선한 천사들은 놓이는 것이 아니라 임무를 부여 받고 파송되는 반면, 귀신들은 하나님에 의해 억제되어 있다가 종종 놓여 서 그분이 허용하신 특정한 활동을 수행한다. "년 월 일 시"라는 표현은 이 심판이 특정한 날에 행해졌다는 의미가 아니라 이 심판이 일어난 시기를 가리키는 것으로 보이는데, 요한은 그리스도의 부활과 재림 사이의 전 기 간을 염두에 둔 것 같다. 앞에서 말했듯이, 어떤 사람들은 이 심판이 마지 막 7년 대환난 기간에 행해질 것이라고 주장한다. 그러나 성경에는 7년 대 환난 기간에 대한 분명한 증거가 없다(참고. 7:13-14 주석). 네 천사에 의해 죽임을 당한 사람들의 수가 삼 분의 일이라는 것은 문자 그대로의 숫자가 아니고, 네 천사의 공격을 받아 무수히 많은 사람이 죽게 될 것을 의미한 다. 앞의 나팔 심판들에서도 동일하게 삼 분의 일이 강조된다(8:7-12). 귀신 들이 질병과 전염병 같은 통상적인 수단들을 사용해서 사람들을 죽인다는 점에서(참고. 6:3-8), 요한이 여기에 기록하고 있는 것은 일곱 인 심판과 일 치하며 시간적으로 서로 겹친다. 아울러 나팔 심판들은 일곱 인 심판에서 언급된 것들을 더욱 강화시키고 있다고 여겨진다. 다섯째 나팔 심판(9:1-12)에서 불신자들은 그들의 비참한 처지로 말미암아 죽기를 간절히 바란 다. 여섯째 나팔 심판과 둘째 화(9:13-21)에서 사람들은 귀신들의 활동으로 말미암아 죽어간다. 물론 귀신들은 그들의 목적을 이루기 위해 통상적인 수단들을 사용하기 때문에, 귀신의 활동이 눈에는 보이지 않는다. 특히 귀 신들은 거짓 가르침을 사용하여 사람들을 속여서 그들의 목적을 이룬다(참 고. 딤전 4:1-5). 따라서 여기에 묘사된 죽음이 영적인 죽음과 육신적인 죽음 모두를 가리킬 수 있다. 결국 영적으로 죽은 자들은 육신적으로도 죽고 영 원히 죽는다. 그들은 요한계시록이 "둘째 사망"이라고 부르는 것을 경험한 다(계 2:11; 20:6, 14; 21:8).

9:16 요한은 귀신들로 이루어진 마병대의 수를 듣는데, 그 수는 2억(개역

개정은 "이만 만")이라는 엄청난 수였다. 앞에서 요한은 십사만 사천이라는 수를 들었다(7:4). 물론 2억이라는 숫자는 문자 그대로를 의미하지 않고, 그 군대가 헤아릴 수 없이 많은 수로 이루어졌음을 가리킨다. 어쨌든 요한은 인간의 군대에 대해 말하고 있지 않다. 악한 네 천사가 풀려나자(참고. 9:14-15) 헤아릴 수 없이 많은 귀신의 군대가 몰려온다.

9:17 이 엄청난 대군은 말들과 기병들로 이루어져 있다. 기병들은 불빛과 푸른빛(개역개정은 "자줏빛")과 유황빛으로 된 호심경들을 지니고 있지만, 말들은 진정으로 '다른 세계'에 속한 존재들이다. 왜냐하면 그 말들은 머리가 사자 같았고, 입에서 불과 연기와 유황을 뿜어냈기 때문이다. 요한이 묘사하고 있는 것은, 오늘날의 현대식 무기들도 아니고 문자 그대로의 말도 아니다. 요한은 이 군대가 현실의 평범한 군대가 아니라는 것을 말하고 있다. 이 군대는 절대로 인간의 군대가 아니다. 요한은 사람들을 살육하는 귀신들의 무리를 상징적인 언어를 사용하여 묘사하고 있다. 그리고 여기서 염두에 두고 있는 죽음은 기본적으로 영적인 죽음, 곧 하나님께로부터 분리되어 육신적 죽음과 영원한 죽음에 이르는 것이다.

9:18 말들의 입에서 나오는 불과 연기와 유황은 세 가지 재앙을 나타낸다. 셋이라는 숫자는 상징적인 의미를 지니므로, 이 재앙들은 사람들을 죽이는 온갖 종류의 질병과 바이러스와 전염병을 가리킨다. 여기서도 요한은 사탄적인 가르침들을 염두에 두고 있는 것으로 보인다. 믿지 않는 애굽에 내려진 재앙들은 여기에 기록된 심판들을 미리 보여주는 역할을 한다.

9:19 이 말들은 이 세상에 있는 말들과 완전히 다르다. 왜냐하면 그들의 입과 꼬리에 사람들을 해치는 힘이 있기 때문이다. 그들의 꼬리는 뱀 같이 생겼는데, 이것은 귀신의 힘이 작용하고 있음을 보여준다. 그 표현은 묵시적이고 상징적이다. 요한은 오늘날의 현대식 무기들을 보여주는 것이 아니라, 이 재앙들이 귀신의 세력으로부터 온다는 것을 가르치고 있다. 귀신

들은 특별히 거짓 가르침을 통해 사람들을 해치는데, 이 거짓 가르침은 불신자들을 하나님으로부터 분리시킨다.

9:20 사람들에게 내려지는 심판들은 살아남은 불신자들("남은 사람들"은 불신자들이다)로 하여금 회개하게 하려는 것이다(참고. 16:9, 11). 그런 의미에서 심판들은 구속의 목적을 지닌다. 유감스럽게도 이 재앙들에 의해 죽임을 당하지 않은 자들은 회개하지 않는다. 여기서 요한은 다른 사람들이 하나님의 심판을 받고 죽는 것을 본다고 해도 불신자들은 결코 단 한 사람도 회개하지 않는다는 보편적인 명제를 제시하려는 것이 아니다. 여기서 요한이 하는 말의 과장된 성격은 묵시 문학의 전형적인 특징이다. 요한이 말하고자 한 것을 다른 식으로 표현하자면, 계속해서 불신자로 남아 있는 자들은 완고하기 때문에, 장래에 도래할 심판에 대해 듣는다고 해도 하나님께로 돌아가지 않는 것이 일반적이라는 것이다.

불신자들이 회개하지 않는 이유가 좀 더 자세하게 설명된다. 사람들은 자신들의 "손으로 행한 일"로부터 돌이키기를 원하지 않는다. 회개는 자기가 한 일이 악하다고 시인하는 것을 의미한다. 그러나 사람들은 교만해서 자기가 한 일이 잘못된 것임을 인정하려고 하지 않기 때문에 회개하지 않는다.

사람들이 회개하지 않는 또 다른 이유가 제시된다. 그 이유는 예배 및 정서와 관련되어 있다. 사람들이 귀신들(신 32:17; 시 96:5; 고전 10:20)과 우상들(참고. 렘 1:16; 단 5:4, 23)에 대하여 애착을 갖게 되는 것이 문제다. 우상들에게 애착을 갖는 것은 어리석고 허망한 것이며, 우리의 정서가 얼마나 비정상적으로 변했는지를 보여준다. 왜냐하면 우상들은 보거나 듣거나 걸을 수 없기 때문이다(참고. 시 115:4-7; 135:15-17). 요한이 여기에 기록한 내용은 구약성경을 통해 익히 알고 있는 것들이다. 이사야는 이스라엘에 대해 "그 땅에는 우상도 가득하므로 그들이 자기 손으로 짓고 자기 손가락으로 만든 것을 경배하여"(사 2:8)라고 말한다. 달리 말하면, 우상은 사람들이 그것에게 바라는 것을 주지 못하는데, 불신자들은 영적으로 눈멀어 있기 때문에 그 사실을 알지 못하지만(참고. 사 2:20) 회개하는 자들은 안다(사 17:8).

9:21 이 절은 회개를 필요로 하는 여러 가지 죄, 그 중에서도 특히 살인과 주술과 음행과 도둑질을 정면으로 겨냥한다(참고. 갈 5:20; 계 21:8; 22:15). 주목할 만한 것은 이 죄들이 모두 십계명에서 금지하고 있는 죄라는 것이다. 주술은 여호와 이외의 다른 신을 의지함으로써(참고. 왕하 9:22; 나 3:4) 하나님의 이름을 망령되게 취하는 것이다(참고. 출 20:3, 7). 살인과 도둑질은 사람들이 스스로 흉계를 꾸며서 자신의 복리를 확보하는 방법을 드러낸다. 음행은 하나님의 기준을 고수하는 대신 우리가 결정한 방식으로 즐거움을 추구하는 것이다.

≋≋≋≋≋ **응답** ≋≋≋≋≋

하나님은 악을 추구하는 자들을 벌하심으로써 자신의 주권과 정의를 나타내신다. 하지만 그러한 벌은 회개하지 않은 자들에게 하나님을 대적하고 거역하면 궁극적으로 어떠한 결과가 초래되는지를 보여주기 때문에, 구속적인 동기가 존재한다. 그런데도 많은 사람이 자신의 죄로부터 돌이키기를 거부하며 섬기던 우상을 버리려 하지 않는다. 그들은 섬기는 우상에 의해 눈이 멀어서, 우상이 그들에게 기쁨을 주고 그들이 원하는 것들을 제공할 수 있다고 생각한다. 하지만 우상숭배는 그들에게 결국 허망함과 깊은 공허함과 환멸만을 가져다줄 뿐이다. 다른 신들은 참되고 살아 계신 한 분 하나님을 결코 대체할 수 없다. 우리의 기쁨과 만족은 오직 하나님을 통해서만 온다.

Revelation
요한계시록
10:1-11

¹ 내가 또 보니 힘 센 다른 천사가 구름을 입고 하늘에서 내려오는데 그 머리 위에 무지개가 있고 그 얼굴은 해 같고 그 발은 불기둥 같으며 ² 그 손에는 펴 놓인 작은 두루마리를 들고 그 오른발은 바다를 밟고 왼발은 땅을 밟고 ³ 사자가 부르짖는 것 같이 큰 소리로 외치니 그가 외칠 때에 일곱 우레가 그 소리를 내어 말하더라 ⁴ 일곱 우레가 말을 할 때에 내가 기록하려고 하다가 곧 들으니 하늘에서 소리가 나서 말하기를 일곱 우레가 말한 것을 인봉하고 기록하지 말라 하더라 ⁵ 내가 본 바 바다와 땅을 밟고 서 있는 천사가 하늘을 향하여 오른손을 들고 ⁶ 세세토록 살아 계신 이 곧 하늘과 그 가운데에 있는 물건이며 땅과 그 가운데에 있는 물건이며 바다와 그 가운데에 있는 물건을 창조하신 이를 가리켜 맹세하여 이르되 ¹⁾지체하지 아니하리니 ⁷ 일곱째 천사가 소리 내는 날 그의 나팔을 불려고 할 때에 하나님이 그의 종 선지자들에게 전하신 복음과 같이 하나님의 그 비밀이 이루어지리라 하더라

⁸ 하늘에서 나서 내게 들리던 음성이 또 내게 말하여 이르되 네가 가서 바다와 땅을 밟고 서 있는 천사의 손에 펴 놓인 두루마리를 가지라

하기로 9 내가 천사에게 나아가 작은 두루마리를 달라 한즉 천사가 이르되 갖다 먹어 버리라 네 배에는 쓰나 네 입에는 꿀 같이 달리라 하거늘 10 내가 천사의 손에서 작은 두루마리를 갖다 먹어 버리니 내 입에는 꿀 같이 다나 먹은 후에 내 배에서는 쓰게 되더라 11 그가 내게 말하기를 네가 많은 백성과 나라와 방언과 임금에게 다시 예언하여야 하리라 하더라

1 Then I saw another mighty angel coming down from heaven, wrapped in a cloud, with a rainbow over his head, and his face was like the sun, and his legs like pillars of fire. 2 He had a little scroll open in his hand. And he set his right foot on the sea, and his left foot on the land, 3 and called out with a loud voice, like a lion roaring. When he called out, the seven thunders sounded. 4 And when the seven thunders had sounded, I was about to write, but I heard a voice from heaven saying, "Seal up what the seven thunders have said, and do not write it down." 5 And the angel whom I saw standing on the sea and on the land raised his right hand to heaven 6 and swore by him who lives forever and ever, who created heaven and what is in it, the earth and what is in it, and the sea and what is in it, that there would be no more delay, 7 but that in the days of the trumpet call to be sounded by the seventh angel, the mystery of God would be fulfilled, just as he announced to his servants the prophets.

8 Then the voice that I had heard from heaven spoke to me again, saying, "Go, take the scroll that is open in the hand of the angel who is standing on the sea and on the land." 9 So I went to the angel and told him to give me the little scroll. And he said to me, "Take and eat it; it will make your stomach bitter, but in your mouth it will be sweet as

honey." ¹⁰ And I took the little scroll from the hand of the angel and ate it. It was sweet as honey in my mouth, but when I had eaten it my stomach was made bitter. ¹¹ And I was told, "You must again prophesy about many peoples and nations and languages and kings."

1) 또는 시간이 다시 없으리니

≋≋≋ 단락 개관 ≋≋≋

여섯째 나팔 뒤에 일곱째 나팔이 올 것이라고 예상할 수 있겠지만, 요한계시록 10:1-11:14은 천사가 최후의 나팔을 불기 전에 있는 막간이다. 이 막간에서 요한은 교회의 예언 사역(하나님의 말씀을 선포하는 것)을 강조함으로써 일곱째 나팔에 대해 독자들을 준비시킨다. 10장은 힘 센 천사가 영화로운 모습을 하고서 하늘로부터 내려오는 것으로 시작된다(1절). 이 천사는 작은 두루마리를 손에 들고 있는데, 이 두루마리는 일곱 인으로 봉해진 두루마리(참고. 5:1-6:17)와는 다른 것으로 여겨진다. 이 천사가 그의 두 발로 각각 바다와 땅을 밟고 있다는 점에서, 그가 전하는 메시지는 보편적이다(10:2). 이 천사의 음성은 사자가 포효하는 소리 같았고, 일곱 우레도 함께 소리를 내어 말한다(3절). 그런데 요한은 일곱 우레가 말하는 것을 기록하지 말라는 지시를 받는다(4절). 이것은 장차 일어날 일들 중 일부가 감춰져 있음을 의미한다. 그런 후에 이 천사는 만물을 창조하신 하나님을 가리켜 맹세하기를, 종말의 때가 이르렀으며 하나님이 일곱째 나팔을 통해 예언을 이루시고 끝내실 것이라고 말한다(5-7절). 요한이 예언한 대로, 옛 피조세계는 끝나가고 있었다. 그러나 일곱 우레는 장차 일어날 모든 일이 계시된 것은 아님을 알려준다. 그렇다 해도 하나님의 비밀(mystery)은 드러날 것이며 예언된 것은 이루어질 것이다. 그런 후에 요한은 그 천사의 두루마리를 가져다가 먹으라는 말을 듣는다(8-9절). 그 두루마리를 먹자 그의 입에서는 꿀처럼 달았지만 그의 배에서는 썼다(10절). 하나님의 말씀은 꿀처럼 달지만, 하나님께로부터 등을 돌린 자들에게 내려질 멸망을 예언한다. 요한에게 두루마리를 주어서 먹게 한 것은 그가 백성과 나라들과 방언들과 임금들에게 다시 예언해야 했기 때문이다(11절). 역사는 일곱째 나팔로 끝나겠지만, 요한에게는 역사의 과정에 관해 더 할 말이 남아 있었다. 이후의 장들에서 그는 휘장을 걷어서 사탄과 짐승(12:1-14:20), 그리고 큰 음녀 바벨론(17:1-19:10)을 보여줄 것이다.

≋≋≋≋ **단락 개요** ≋≋≋≋

V. 일곱 나팔(8:6-11:19)
  D. 막간(10:1-11:14)
    1. 다시 예언하라는 부르심(10:1-11)

≋≋≋≋ **주석** ≋≋≋≋

10:1 앞에서 요한은 한 힘센 천사가 일곱 인으로 봉해진 두루마리를 열기에 누가 합당한지 묻는 것을 보았다(5:2). 이제 여기서는 또 다른 한 힘센 천사를 본다. 요한계시록의 후반부에서 다른 천사들이 하늘로부터 내려오는 것처럼(계 18:1; 20:1), 이 천사도 하늘로부터 내려온다(참고. 단 12:5). 이 천사는 영화로운 모습을 지닌 것으로 묘사된다. 이 천사는 "구름을 입고" 내려온다. 구름은 흔히 하나님의 임재를 나타내므로(참고. 출 13:21; 14:19; 16:10; 24:15; 레 16:2; 민 9:15; 신 31:15; 왕상 8:10; 느 9:12, 19; 시 99:7; 사 19:1; 겔

1:28), 이 천사는 여호와가 보내신 사자다. "그 머리 위에 무지개"가 있다는 것도 하나님의 임재와 권위를 나타낸다(참고. 겔 1:28; 계 4:3). 예수님의 얼굴이 하나님의 영광으로 빛났던 것처럼(마 17:2; 계 1:16), 이 천사의 얼굴도 해처럼 빛난다. 예수님의 발은 풀무불에 단련한 빛난 주석 같았는데(1:15), 이 천사의 발은 "불기둥" 같았다.

이 천사가 이렇게 영화로운 모습으로 묘사되기 때문에, 그가 예수님을 가리킨다고 생각할 수도 있다. 왜냐하면 천사라는 단어가 사자를 의미하며, 예수님도 하나님의 사자로 보내심을 받으실 수 있기 때문이다. 이 견해는 매력적이지만, 다음과 같은 이유들로 인해 거부되어야 한다. 첫째, 예수님은 요한계시록에서 단 한 번도 천사로 불리지 않으시며, 하나님과 예수님께 대한 경배는 천사에 대한 경배와 분명하게 구별된다(19:10; 22:8-9). 둘째, 천사도 영화로운 모습으로 묘사될 수 있다. 그 모습 중 일부는 하나님께도 해당되지만, 하나님은 천사와 엄연히 구별되신다(참고. 단 10:5-6; 계 1:13-16 주석). 셋째, 이 천사는 하나님을 가리켜 맹세하는데, 이는 이 천사가 하나님이 아님을 나타낸다(10:6). 넷째, "힘센 다른 천사"와 비슷한 표현이 5:2에 나오는데, 거기서 이 표현은 분명히 천사를 가리킨다(참고. 18:21).

10:2 천사는 작은 두루마리를 손에 들고 있다. 일부 주석가들은 이 두루마리가 일곱 인으로 봉해진 두루마리(5:1-6:17)라고 주장하지만, 여러 가지 이유로 이 둘은 서로 다른 것들로 보아야 한다. 첫째, 이 두루마리는 유다지파의 사자가 아니라 요한에게 주어졌다(10:9). 둘째, 요한이 이 두루마리를 여는 것이 아니라 먹는다(10:9-10). 셋째, 여기서 요한은 에스겔서를 인용하는데, 거기서 이 두루마리는 펼쳐져 있다. 그러나 5-6장에 언급된 두루마리는 어린양이 여실 때까지 봉인되어 있다. 넷째, 5장의 두루마리는 하나님이 갖고 계시지만, 이 본문의 두루마리는 천사가 갖고 있다.

이 천사는 한 발로는 땅을 밟고 다른 한 발로는 바다를 밟고 있다. 이는 이 천사를 실제보다 과장되게 묘사한 것인데(참고. 단 12:5), 이를 통해 요한은 이 천사의 메시지가 땅에 사는 자들과 바다에서 항해하는 자들을 비롯한 이 세상 전체를 향한 것임을 알린다.

10:3 천사는 사자처럼 포효한다. 여호와께서 포효하시는 때는 포효하는 대상을 심판하실 때다(욜 3:16; 암 1:2; 3:8). 이 본문은 천사가 하나님의 대리인으로서 하나님을 대신하여 포효하고 있음을 다시금 보여준다. 천사의 외침이 울려 퍼지자, "일곱 우레"도 소리를 내어 말한다. 일곱 우레는 우레를 동반한 뇌우가 이 땅을 휩쓰는 것을 묘사한 시편 29편을 떠올리게 한다. 여호와께서 우레 소리를 발하실 때는, 그분을 대적하는 자들을 심판하시거나(참고. 출 9:23, 28; 삼상 2:10; 7:10; 사 29:6) 그분의 두려운 거룩하심을 나타내 보이실 때다(출 19:16, 19; 20:18). 요한계시록에서 최후의 심판은 우레를 동반한다(계 8:5; 11:19; 16:18; 19:6). 일곱이라는 숫자가 상징적인 것이듯이, 일곱 우레도 하나님의 위엄과 진노가 온전히 나타나는 것에 대한 묘사로 볼 수 있다.

10:4 일곱 우레가 소리를 내어 말하자, 요한은 그가 들은 메시지를 기록하려고 한다. 그때 갑자기 하늘에서 소리가 나서, 요한에게 일곱 우레가 말한 것을 기록하지 말라고 명령한다. 요한은 그 메시지를 기록하지 말고 인봉하라는 지시를 받는다. 이것은 요한계시록의 나머지 부분과 대비된다. 왜냐하면 요한은 이 책의 끝부분에서 종말이 임박했으니 메시지를 인봉하지 말라는 명령을 받기 때문이다(22:10). 이 점에서 일곱 우레가 말한 것을 인봉하라는 명령은 다니엘이 받은 명령을 반영한 것이다. 다니엘도 그가 기록한 것이 종말의 때와 관련된 것이기 때문에 인봉하라는 명령을 받았다(단 8:26; 12:9). 요한계시록은 전체적으로 다니엘서와 구별되어야 한다. 왜냐하면 '때가 가깝기' 때문이다(계 1:3). 따라서 요한계시록의 메시지는 요한의 세대에게 계시된다. 그러할지라도 일곱 우레의 메시지의 내용이 독자들에게 계시되지 않고 인봉된다는 점에서는 다니엘에게 주어진 메시지와 비슷하다. 달리 말하면, 종말에 일어날 일들의 전모는 여전히 신자들에게 숨겨져 있고 감춰져 있다. 모든 것이 계시되어 있지는 않다. 역사가

종말을 향해 나아가는 동안 여전히 깜짝 놀랄 일들이 일어날 것이다.

10:5-7 요한은 이 천사가 하늘을 향해 손을 들고서 만물(하늘과 땅과 바다)을 지으신 하나님을 가리켜 맹세하는 것을 본다. 만물의 창조주이신 하나님은 만물을 다스리고 주관하신다(참고. 창 14:19, 22; 느 9:6; 시 146:6). 이 천사는 유예 기간이 지나갔다고 선언한다. 다니엘 시대의 천사는 하늘을 향해 손을 들고 맹세하면서, 종말이 오기까지는 아직 유예 기간이 많이 주어졌다고 말했다(단 12:6-7, 참고. 신 32:40). 그렇지만 여기서 이 천사는 종말이 도래했다고 선언한다. 이 천사의 말은 시간 속에서 살아가는 것이 끝나고 영원한 지금으로 이루어진 영원의 삶이 시작될 것이라는 뜻이 아니다. 그런 문제가 흥미로운 것이기는 하지만, 여기서 요한은 그런 철학적인 문제를 고찰하고 있지 않다. 7절이 분명하게 보여주듯이, 요한은 옛 피조세계의 때가 끝났고 요한계시록 21:1-22:5에서 예언되는 새로운 피조세계가 가까이 다가왔다고 말하고 있는 것이다. 일곱째 천사가 일곱째 나팔을 불면, 우리가 알고 있는 역사는 끝날 것이다(11:15). 하나님의 "비밀"이 이루어질 것이다. 성경에서 비밀은 일반적으로 전에는 감춰져 있다가 이제는 계시된 어떤 것을 가리킨다(예. 롬 16:25-26; 엡 1:9; 3:3-5; 골 1:26-27). 종말이 도래했을 때, 지금까지 감춰져 있던 모든 것(계 10:3-4에서 방금 언급된 일곱 우레의 말을 포함해서)이 이루어질 것이다. 하나님이 자신의 선지자들을 통해 예고하고 예언하신 모든 것이 현실이 될 것이다(참고. 암 3:7; 슥 1:6). 일부는 계시되었으나 일부는 감춰져 있는(신 29:29) 하나님의 창조 계획과 뜻들이 이루어질 것이다. 하나님의 예언들은 이루어진 예언인 동시에 계시될 비밀이다. 이 막간의 목적들 중 하나가 여기서 설명된다. 요한은 일곱째 나팔이 울려 퍼질 때 이 악한 현세가 끝날 것이고, 만물의 끝은 하나님의 비밀이 실현되고 그분의 예언들이 성취되는 것임을 강조한다.

10:8-10 하늘에서 난 음성이 또다시 요한에게 들리는데(참고. 10:4), 한 발로는 바다를 밟고 다른 한 발로는 땅을 밟고 서 있는 천사에게서 두루마리

를 가져오라고 지시한다. 요한이 두루마리를 가져오자, 이번에는 그 두루마리를 먹으라고 지시한다. 요한이 두루마리를 먹으라는 지시를 받은 것은 에스겔이 하나님께로부터 받은 두루마리를 먹으라고 명령을 받은 것(겔 2:8-3:3)을 반영한다. 또한 예레미야도 "내가 주의 말씀을 얻어먹었사오니 주의 말씀은 내게 기쁨과 내 마음의 즐거움"이라고 말한다(렘 15:16). 요한이 두루마리를 가져와서 먹은 것은 그의 예언 사역을 나타내고, 교회는 요한의 메시지를 선포함으로써 이 예언 사역에 동참한다. 천사는 요한이 두루마리를 먹으면 배에서는 쓰겠지만 입에서는 꿀처럼 달 것이라고 말한다. 이 말씀도 에스겔이 두루마리를 배에 넣으라는 지시대로 먹었더니 "내 입에서 달기가 꿀 같더라"고 말한 것을 반영한 것이다(겔 3:3). 하나님의 말씀은 언제나 즐거움이고 기쁨이다(참고. 시 19:10; 119:103). 반면에, 요한이 두루마리를 먹었을 때 그의 배가 아팠던 것은 그것이 심판의 말씀이었기 때문이다. 그러한 해석은 에스겔서와 부합한다. 왜냐하면 에스겔도 심판을 예언했고, 그가 받은 두루마리에는 "애가와 애곡과 재앙의 말"이 담겨 있었기 때문이다(겔 2:10). 하지만 어떤 사람들은 두루마리를 먹었을 때 요한의 배가 썼던 이유는 교회가 박해에 직면할 것이기 때문이고, 그 말씀이 그의 입에서 달았던 이유는 교회가 승리할 것이기 때문이라고 생각한다. 그러한 해석은 에스겔서의 예언과 잘 부합하지 않기 때문에 설득력이 덜하다. 또한 다음 절은 이 메시지가 하나님을 대적하고 경배하기를 거부하는 자들에 대한 심판과 관련이 있다는 것을 보여준다.

10:11 요한이 두루마리를 먹은 것의 의미가 이제 여기서 설명된다. 여기에는 복수형 동사가 사용되었기 때문에, 직역하면 '그들이 내게 말하기를'(NRSV)이 된다. '그들'은 요한이 먹은 선지자들의 말씀들을 나타내는 것으로 보인다. 앞에서 언급했듯이, 이 두루마리에 기록된 내용이 요한의 배를 아프게 했다는 것은 심판이 다가오고 있음을 가리킨다. 이 본문은 두루마리를 먹은 것의 의미를 추가로 설명한다. 에스겔이 예언하기 전에 두루마리를 먹은 것처럼(겔 2:8-3:3), 여기서 요한이 두루마리를 먹은 것은 그

가 백성들과 나라들과 방언들과 많은 임금을 쳐서 예언해야 한다는 것을 의미한다(참고. 렘 25:30; 겔 25:2). "하여야 하리라"는 표현은 요한의 예언 사역과 교회의 예언 사역이 하나님의 명령이기 때문에 반드시 해야 하는 일임을 나타낸다. 우리는 여섯째 나팔과 일곱째 나팔 사이의 막간에 대해 더 깊이 이해할 수 있다. 그것은 일곱째 나팔이 옛 피조세계의 종말을 알리지만, 이어지는 장들에서 역사의 과정에 관해 더 할 말이 남아 있다는 것이다. 구체적으로 말하자면, 요한은 역사의 종말 전에 있을 사탄과 짐승의 활동과(계 12:1-14:20) 큰 바벨론인 로마의 역할을 폭로할 것이다(17:1-19:5). 따라서 요한이 여기서 강조하는 것은 나라들, 방언들, 백성들, 임금들에 대해[에피(*epi*)] 내려질 심판이다.

≋≋≋≋ 응답 ≋≋≋≋

일곱 우레의 메시지는 요한계시록이 장차 일어날 일들에 대한 완전한 지도를 제시하는 것이 아님을 우리에게 상기시킨다. 복음주의 진영에서는 예언의 지도를 작성하는 것이 아주 흔한 일이고, 아주 구체적인 지도들이 많이 제시되어 왔다. 그러나 하나님은 미래의 일들에 대해 개략적인 것들만을 계시하시고, 많은 일을 여전히 우리에게서 감추고 숨겨 두셨다. 우리는 기록된 것을 넘어서서도 안 되고, 하나님이 우리에게 계시해주지 않으신 것들에 대해 단정적으로 말해서도 안 된다.

또한 우리는 이 단락에서 하나님의 말씀이 달고 즐거운 것임을 알게 된다. 하나님의 말씀은 우리의 입에서 꿀처럼 달고 우리를 기쁨으로 충만하게 한다. 그 메시지가 심판에 관한 것일지라도, 하나님의 말씀은 진리이기 때문에 달다. 반면에, 심판을 선포하는 하나님의 말씀은 고통과 괴로움을 불러일으킬 수도 있다. 우리는 예레미야가 유다에 대해 심판을 예언하면서 장차 일어날 일들을 알고 눈물을 흘린 것을 기억한다(렘 8:21; 9:1; 13:17). 예수님도 예루살렘이 멸망할 것을 미리 알고 우셨는데(마 23:37-39),

이것은 예루살렘에 임할 심판을 생각하고서 예수님이 통렬히 슬퍼하셨다는 것을 보여준다. 따라서 우리도 우리의 문화에 대한 하나님의 메시지가 심판과 멸망일 때, 눈물을 흘리고 탄식해야 한다. 우리는 우리가 목회하는 사람들이 죽기를 바라지 않는다. 우리는 에스겔서에서 여호와가 '누군가가 죽는 것을 기뻐하지 않으니 돌이켜서 살라'(겔 18:32, 개역개정은 "죽을 자가 죽는 것도 내가 기뻐하지 아니하노니 너희는 스스로 돌이키고 살지니라")고 하신 말씀에 깊이 공감한다.

¹ 또 내게 지팡이 같은 갈대를 주며 말하기를 일어나서 하나님의 성전과 제단과 그 안에서 경배하는 자들을 측량하되 ² 성전 바깥 마당은 측량하지 말고 그냥 두라 이것은 이방인에게 주었은즉 그들이 거룩한 성을 마흔두 달 동안 짓밟으리라

¹ Then I was given a measuring rod like a staff, and I was told, "Rise and measure the temple of God and the altar and those who worship there, ² but do not measure the court outside the temple; leave that out, for it is given over to the nations, and they will trample the holy city for forty-two months."

≈≈≈≈ 단락 개관 ≈≈≈≈

막간이 이어진다. 요한은 예언을 계속하면서(참고. 계 10:11), 측량용 막대기를 받아 성전과 제단과 경배하는 자들을 측량하라는 지시를 받는다(11:1).

아래에서 설명하겠지만, 이것은 하나님이 그분께 속한 성도들을 보호하신다는 것을 상징한다. 하지만 성전 바깥 마당은 보호받지 못한다(2절). 열방이 거룩한 성 예루살렘을 42개월 동안 짓밟을 것이다. 달리 말하면, 하나님이 그분의 백성을 그분의 진노로부터 보호하신다고 할지라도 그들은 여전히 박해와 환난에 직면할 것이다. 그리고 이러한 처지는 부활에서 시작해서 재림에 이르기까지 전 기간에 걸쳐 지속될 것이다.

≋≋≋≋ 단락 개요 ≋≋≋≋

V. 일곱 나팔(8:6-11:19)
  D. 막간(10:1-11:14)
    2. 성전을 보호하심(11:1-2)

≋≋≋≋ 주석 ≋≋≋≋

11:1 요한은 측량하는 막대기를 받아들고서, 성전과 제단과 성전에서 경배하는 자들을 측량하라는 지시를 받는다. 이러한 지시는 에스겔서에서 한 사람이 측량하는 줄을 받아서 성전을 측량하는 장면을 연상시킨다(겔 40:3, 5, 6). 요한계시록의 후반부에서는 땅으로 내려오는 하늘의 예루살렘도 측량된다(계 21:15-16, 참고. 슥 2:1-2). 성전과 성을 측량한다는 것은 성전이나 성이 지어져서 번성하게 되고 공격으로부터 안전하리라는 것을 의미한다. 어떤 해석자들은 이 구절에서 요한이 현재 바위 사원(Dome of the Rock)이 있는 자리에 장차 예루살렘 성전이 재건되고 제단도 다시 세워질 것을 가르친다고 이해한다. 요한이 말한 제단이 번제단인지 분향단인지(참

고, 계 6:9; 8:3, 5; 9:13; 14:18; 16:7)는 확실하게 알기 어렵지만, 하나님의 성소와 연관된 분향단을 가리키는 것일 가능성이 더 높다. 여기서 요한이 문자 그대로의 성전이나 제단의 재건을 생각하지는 않았을 것이다. 요한계시록이 속한 묵시라는 장르와 요한계시록 전체에서 나타나는 상징적인 표현들을 고려할 때, 이 본문도 문자 그대로 해석해서는 안 될 것이기 때문이다. 도리어 이 세 가지 묘사는 모두 하나님의 백성을 가리키며, 따라서 성전과 제단은 하나님을 경배하는 자들을 가리키는 것으로 보아야 한다. 신자들은 하나님의 거처이기 때문에 "성전"이라 불린다(고전 3:16; 6:19; 고후 6:16). 실제로 요한계시록 21:1-22:5(참고. 7:15)은 우주 전체를 하나님의 거처로 묘사한다. 경배하는 자들은 하나님의 백성을 이루는 개개인으로서 하나님의 성전이다. 또한 그들은 삶이 하나님께 바쳐졌기 때문에 제단으로 지칭되기도 한다. 성전과 제단과 경배하는 자들이 측량된다는 것은 하나님이 그분의 백성을 보호하고 지키신다는 것을 의미한다. 그들은 하나님의 돌보심과 주되심과 주권적인 감독 아래 있다.

11:2 요한은 성전 바깥 마당은 측량하지 말라는 지시를 받는다(참고. 겔 10:5; 40:17, 19, 20, 31). 성전 바깥 마당은 열방 즉 불신자들에게 주어질 것이고, 그들은 거룩한 성을 42개월 동안 짓밟을 것이다. 어떤 사람들은 이것을 이방인들이 문자 그대로 3년 반 동안 성전 바깥 마당을 더럽힐 것이고 그 기간에 예루살렘을 관할할 것이라는 뜻으로 해석한다. 그러한 해석은 여기에 사용된 상징을 제대로 이해하지 못한 것이기 때문에 아무런 설득력이 없다. 요한이 가르치고 있는 것은, 하나님의 백성이 하나님께 보호를 받게 되어 그분의 진노를 마주하지 않으리라는 것이다(참고. 계 11:1). 그러할지라도 그들은 불신자들이 가하는 박해를 피하지는 못할 것이다. "거룩한 성"은 일반적으로 예루살렘을 가리킨다(느 11:1, 18; 사 48:2; 52:1; 단 9:24; 마 4:5; 27:53). 요한은 다른 곳에서 이 명칭을 사용하여 장차 도래할 성을 가리킨다(계 21:2, 10; 22:19). 요한계시록 21:2이 이 성을 신부로 비유하는 것은, 이 성이 한 백성을 가리키는 것일 수 있음을 나타낸다(참고. 21:1-2 주석).

바울도 비슷한 개념을 말한다. 그는 위에 있는 예루살렘을 가리켜 신자들의 어머니라고 말한다(갈 4:26). 따라서 거룩한 성이 이방인들에 의해 42개월 동안 짓밟힐 것이라는 요한의 말(참고. 시 79:1; 사 63:18; 단 8:11-14; 슥 12:3; 눅 21:24)[26]은, 신자들이 현재에도 하늘의 성의 구성원이지만(참고. 히 12:22) 그 기간 동안 박해를 받으리라는 것을 가르친다.

이방인들은 거룩한 성을 42개월 동안 짓밟을 것이다. 어떤 사람들은 이 숫자를 문자 그대로의 의미로 이해해서, 3년 반 동안의 환난기를 가리킨다고 말한다. 여기서는 요한이 다니엘의 예언에 나오는 일흔 번째 이레를 가져와서 사용하고 있으며(단 9:24-27), 3년 반에 걸친 엘리야의 사역도 간접적으로 인용하는 것으로 보인다(눅 4:25; 약 5:17). 필자는 다니엘서에 나오는 일흔 번째 이레가 문자 그대로의 기간을 가리키는 것이 아니라 역사 속에서 최후의 시기, 즉 예수님의 부활과 재림 사이의 기간을 가리키는 것이라고 본다. 일곱이라는 숫자는 이 마지막 기간을 상징적으로 가리키고, 그러한 상징적 이해는 요한계시록과 잘 들어맞는다.

또한 상징적 해석은 다니엘서 9장의 맥락과도 부합한다. 왜냐하면 다니엘은 예레미야가 말한 70년 포로생활이 실제로는 훨씬 더 긴 기간을 가리킨다는 것을 알았기 때문이다. 다니엘서 9:24-27의 의미에 대해서는 논란이 심하지만, 지면의 제약 때문에 필자의 견해가 설득력이 있다는 것을 여기서 증명하기는 어렵다. 다니엘이 "그 이레의 절반에" 제사와 예물이 끝날 것이라고 말한 것(단 9:27)은 예수님의 죽음을 가리키는 것이라고 볼 수 있다. 예수님은 그분의 죽으심으로 신자들을 위한 최종적이고 완전한 제사를 드리셔서 모든 제사를 끝내셨다(히 8:1-10:18). 따라서 일흔 번째 이레의 처음 절반은 예수님의 죽음과 부활로 끝이 난다. 요한은 한 이레의 절반에 대한 다니엘서의 언급을 여기에 적용하여, 예수님이 죽으신 후에 한 이레의 나머지 기간에 악이 지배할 것임을 그의 독자들에게 상징적으

---

26 여기에 인용된 근거 본문들은 문자 그대로의 예루살렘 성에 대한 심판을 보여주는 것들이다. 그렇지만 요한은 상징적인 글을 쓰기 때문에 실제 예루살렘 성을 가리키고 있지 않다.

로 보여준다. 그렇기 때문에 한 이레의 절반 또는 42개월은 문자 그대로의 기간이 아니라, 예수님의 부활과 재림 사이의 전체 기간을 가리킨다. 그리고 그 기간은 다니엘서 9:27에 근거해서 한 이레의 절반으로 설명된다. 여기에 언급된 한 이레의 절반은 예수님의 죽음이나 부활, 또는 주후 70년의 예루살렘 성전의 파괴에서 시작된다. 전자일 가능성이 더 높지만, 어느 쪽이든 이 기간은 예수님이 다시 오실 때까지의 기간을 상징한다. 요한은 이 기간을 여러 가지 방식으로 언급한다. 여기서 그는 42개월이라고 말하지만(참고. 계 13:5), 다른 곳들에서는 1,260일(11:3; 12:6) 또는 "한 때와 두 때와 반 때"(12:14)라고 말하는데, 이런 표현들은 3년 반을 다른 식으로 말한 것이다. 어느 경우든 기간은 동일하다.

3년 반은 악이 지배하고 하나님의 백성이 반대와 배척을 당하는 시기다. 11:2은 신자들이 이 기간에 불신자들에 의해 짓밟히는(박해를 받는) 것을 보여준다(참고. 사 63:18; 단 8:13). 12:6은 하나님의 백성이 1,260일 동안 하나님의 돌보심과 보호하심을 받으리라는 것을 알려주는데, 11:1이 성전을 측량하는 것에 대해 말함으로써 신자들이 하나님께 보호 받을 것이라는 동일한 개념을 전달한다. 12:14은 마귀가 여자를 멸하려고 애쓰고 있다는 것을 독자들에게 말한 후에, 신자들이 박해와 죽음에 직면해 있을지라도 하나님께서 그들을 지켜보고 계신다는 동일한 메시지를 다시금 전한다. 13:5은 짐승이 42개월 동안 권세를 행사한다고 말하는데, 그 기간에 짐승은 성도들을 상대로 전쟁을 벌인다(13:7). 이 악한 현세가 전개되는 동안에 신자들은 복합적인 경험을 한다. 한편으로 하나님이 그분의 백성을 보호하시고 붙들어주시지만, 다른 한편으로 신자들이 사탄과 짐승에 의해 박해와 죽음을 당한다. 요약하자면 42개월, 1,260일, 한 때와 두 때와 반 때는 모두 동일한 기간을 가리키며, 이 기간은 예수님의 부활과 재림 사이에 사탄과 그의 졸개들이 교회를 박해하는 기간이다.

이 두 절은 현재의 악한 세계 속에서 신자들의 실존이 지닌 영광과 괴로움을 요약해서 보여준다. 한편으로 신자들은 하나님이 보호하시고 지켜주신다. 바울이 가르친 대로, 우리를 예수 그리스도 안에 있는 하나님의 사랑에서 떼어놓을 수 있는 것은 아무것도 없다(롬 8:35-39). 선한 목자는 자기 양들을 늘 돌보시고, 그 양들을 버리거나 혼자 남겨두지 않으신다(요 10:1-15). 다른 한편으로 예수 그리스도께 속한 자들은 차별과 미움과 심지어 죽음까지도 경험하게 될 것이다. 이 세상에서의 삶은 쉽지 않고, 고난과 괴로움과 배척으로 점철될 것이다. 그렇지만 하나님은 세상 끝날까지 우리와 함께 계셔서 우리를 보호하시고 인도하시며, 자양분을 공급해주시고 힘을 더해주신다.

11장

3 내가 나의 두 증인에게 권세를 주리니 그들이 굵은 베옷을 입고 천 이백육십 일을 예언하리라

4 그들은 이 땅의 주 앞에 서 있는 두 감람나무와 두 [1)]촛대니 5 만일 누구든지 그들을 해하고자 하면 그들의 입에서 불이 나와서 그들의 원수를 삼켜 버릴 것이요 누구든지 그들을 해하고자 하면 반드시 그와 같이 죽임을 당하리라 6 그들이 권능을 가지고 하늘을 닫아 그 예 언을 하는 날 동안 비가 오지 못하게 하고 또 권능을 가지고 물을 피로 변하게 하고 아무 때든지 원하는 대로 여러 가지 재앙으로 땅을 치리로다 7 그들이 그 증언을 마칠 때에 무저갱으로부터 올라오는 짐승이 그들과 더불어 전쟁을 일으켜 그들을 이기고 그들을 죽일 터인즉 8 그들의 시체가 큰 성 길에 있으리니 그 성은 영적으로 하면 소돔이라고도 하고 애굽이라고도 하니 곧 그들의 주께서 십자가에 못 박히신 곳이라 9 백성들과 족속과 방언과 나라 중에서 사람들이 그 시체를 사흘 반 동안을 보며 무덤에 장사하지 못하게 하리로다 10 이 두 선지자가 땅에 사는 자들을 괴롭게 한 고로 땅에 사는 자들이 그들의 죽음을 즐거워하고 기뻐하여 서로 예물을 보내리라 하더라 11 삼 일 반 후

에 하나님께로부터 생기가 그들 속에 들어가매 그들이 발로 일어서니 구경하는 자들이 크게 두려워하더라 12 하늘로부터 큰 음성이 있어 이리로 올라오라 함을 그들이 듣고 구름을 타고 하늘로 올라가니 그들의 원수들도 구경하더라 13 그때에 큰 지진이 나서 성 십분의 일이 무너지고 지진에 죽은 사람이 칠천이라 그 남은 자들이 두려워하여 영광을 하늘의 하나님께 돌리더라

14 둘째 화는 지나갔으나 보라 셋째 화가 속히 이르는도다

3 And I will grant authority to my two witnesses, and they will prophesy for 1,260 days, clothed in sackcloth."

4 These are the two olive trees and the two lampstands that stand before the Lord of the earth. 5 And if anyone would harm them, fire pours from their mouth and consumes their foes. If anyone would harm them, this is how he is doomed to be killed. 6 They have the power to shut the sky, that no rain may fall during the days of their prophesying, and they have power over the waters to turn them into blood and to strike the earth with every kind of plague, as often as they desire. 7 And when they have finished their testimony, the beast that rises from the bottomless pit[1] will make war on them and conquer them and kill them, 8 and their dead bodies will lie in the street of the great city that symbolically[2] is called Sodom and Egypt, where their Lord was crucified. 9 For three and a half days some from the peoples and tribes and languages and nations will gaze at their dead bodies and refuse to let them be placed in a tomb, 10 and those who dwell on the earth will rejoice over them and make merry and exchange presents, because these two prophets had been a torment to those who dwell on the earth. 11 But after the three and a half days a breath of life from God entered them, and they stood

up on their feet, and great fear fell on those who saw them. 12 Then they heard a loud voice from heaven saying to them, "Come up here!" And they went up to heaven in a cloud, and their enemies watched them. 13 And at that hour there was a great earthquake, and a tenth of the city fell. Seven thousand people were killed in the earthquake, and the rest were terrified and gave glory to the God of heaven.

14 The second woe has passed; behold, the third woe is soon to come.

1) 헬, 등잔대니
1 Or *the abyss* 2 Greek *spiritually*

≋≋≋ 단락 개관 ≋≋≋

요한계시록 11:1-2은 교회가 박해를 당할 때조차도 하나님의 보호하심을 받는다는 것을 보여준다. 11:3-14은 교회가 예수님의 부활과 재림 사이의 기간에 무엇을 하고, 그에 대해 세상이 어떤 반응을 보일 것인지를 보여준다. 이 단락은 요한계시록에서 가장 어려운 본문 중 하나여서, 이 단락의 의미를 놓고 해석자들의 견해가 서로 갈린다. 이 주석서는 여러 가지 견해를 다루기에는 지면이 부족하다. 필자는 두 증인이 십자가와 재림 사이의 기간에 예수 그리스도의 복음을 증언하는 교회를 가리킨다는 것을 논증할 것이다(3절). 그들은 성령으로 충만한 감람나무들이고 하나님의 메시지를 세상에 선포하는 촛대들이다(4절). 그들은 그들이 전하는 메시지를 배척하는 자들에 대한 하나님의 심판을 선포한다(5-6절). 이 세상은 그들이 선포하는 복음에 격분해서 그들을 죽이고 그들의 죽음을 기뻐한다(7-10절). 하지만 궁극적으로는 하나님이 예수 그리스도를 믿는 신자들을 신원하실 것이고(11-12절), 회개하기를 거부하는 자들에게 심판을 내리실 것이다(13절). 이렇게 해서 둘째 화가 끝나고, 셋째 화가 곧 선언될 것인데(14절), 15-19절이 셋째 화에 관해 설명한다.

≋≋≋≋ 단락 개요 ≋≋≋≋

V. 일곱 나팔(8:6-11:19)
　D. 막간(10:1-11:14)
　　3. 두 증인이 권세를 받고 죽임을 당한 후에 신원됨(11:3-14)

≋≋≋≋ 주석 ≋≋≋≋

11:3 하나님은 두 증인을 세우셔서, 그들로 하여금 베옷을 입고 1,260일 동안 예언하게 하신다. 이 두 증인의 정체는 논란이 되어 왔다. 이후의 절들에 설명된 두 증인의 활동들은 모세와 엘리야를 연상시킨다. 어떤 사람들은 두 증인 중 한 사람이 에녹이라고 생각하는데, 그 밖에도 다른 많은 견해가 있다. 하지만 가장 유력한 견해는 두 증인이 교회 전체를 가리킨다는 것이다. 증인이 둘인 이유는, 어떤 주장이 사실임을 증명하기 위해서는 두 사람의 증인이 필요하다는 구약성경의 규정을 반영한 것이다(신 17:6; 19:15). 다른 여러 가지 증거들도 이러한 결론을 뒷받침한다. (1) 교회 전체가 짐승의 박해를 받는 것처럼(13:7), 이 증인도 짐승의 박해를 받는다(11:7). 다니엘은 하나님의 백성이 네 번째 짐승과 그 뿔에 의해 공격을 받을 것이라고 예언했다. "이 뿔이 성도들과 더불어 싸워 그들에게 이겼더니"(단 7:21). (2) 온 세상이 두 증인의 고난과 승리를 보는데(계 11:9-13), 이

것은 두 증인이 전 세계에 있는 교회 전체를 가리키는 것일 때 가장 자연스럽다. (3) 1,260일은 그리스도의 부활과 재림 사이의 전 기간을 가리킨다. 이 기간에 교회는 하나님이 예수 그리스도 안에서 행하신 일을 세상에 증언하면서 예수 그리스도를 믿는 모든 자에게는 구원을 선포하고, 회개하고 믿기를 거부하는 자들에게는 심판을 선포한다. 두 증인에 대한 묘사처럼 교회는 1,260일 동안 예언하는데, 이것은 하나님의 말씀을 선포하는 것을 가리킨다. 요한계시록 11:10에서 두 증인은 "두 선지자"로 언급된다. 여기서도 둘이라는 숫자는 상징적인 의미를 지니지만 이곳과 10절 둘 모두에서 예언이 언급된다는 점은, 교회가 예수 그리스도 안에서 주어지는 하나님의 구원의 메시지를 선포하는 동시에 예수 그리스도를 배척하는 자들에게는 심판에 대해 경고해야 하는 특별한 책임을 지고 있음을 나타낸다. 신약성경은 예수 그리스도의 교회를 가리켜 성령에 의해 권능을 받은 예언 공동체라고 말한다(욜 2:28-32; 행 2:17-21). 필자가 요한계시록 11:2 주석에서 설명했듯이, 1,260일은 그리스도의 초림과 재림 사이의 전체 기간을 가리킨다. 주님의 재림을 기다리면서 교회는 복음 선포라는 소임을 행해야 한다. 그런데 교회는 그 일을 베옷을 입고서 한다. 베옷은 애곡할 때(창 37:34; 삼하 3:31)나 심판이 도래했을 때(왕상 21:27; 느 9:1; 사 3:24) 입는다. 교회가 베옷을 입는 이유는 다가올 심판에 대해 경고하면서 회개하라고 선포해야 하기 때문이다.

11:4 두 증인, 즉 예수 그리스도의 교회는 이 땅의 주 앞에 서 있는 두 감람나무와 두 촛대로도 묘사된다. 여기서 요한은 제사장 여호수아와 총독 스룹바벨을 두 감람나무로 묘사하는 스가랴 4장을 끌어와 사용한다(슥 4:3, 11, 12). 스가랴 4:14에 대한 병행도 분명하게 드러난다. 거기서 여호수아와 스룹바벨은 "온 세상의 주 앞에 서 있는" "기름 부음 받은 자 둘"로 불리기 때문이다. 스룹바벨과 여호수아는 왕과 제사장이었다. 따라서 요한은 기름 부음 받은 자 둘과 두 감람나무에 대해 말함으로써 제사장의 나라로서의 교회를 언급하고 있다(계 1:6; 5:10; 20:6). 교회는 제사장이요 왕으로

서 세상에 대한 하나님의 복과 은혜로운 통치를 매개한다. 왕과 제사장은 성령의 기름 부음을 받은 자들이었다(출 28:41; 29:7; 삼상 10:1; 16:12-13). 여기서 기름 부음은 교회가 제사장의 나라로서 성령에 의해 기름 부음을 받고 권능을 수여받은 것을 가리킨다. 감람유가 촛대에 채워짐으로써 촛대가 빛을 발할 수 있다는 것은 중요하다(슥 4:11-12). 이것은 감람유가 두 증인이 주의 말씀을 전함으로써 예언할 수 있게 해주는 성령의 능력이라는 것을 가리킨다(슥 4:6). 교회는 말과 행위를 통해 세상에 빛을 비추는 하나님의 촛대다(마 5:16).

11:5 두 증인을 해치려는 자들은 도리어 해를 입을 것이다. 앞에서 설명했듯이, 두 증인은 예수 그리스도의 복음을 증언하는 신자들을 상징한다. 사람들이 두 증인을 해치려고 하면, 불이 두 증인의 입에서 나와 그 원수들을 삼켜버릴 것이다. 분명히 이 표현은 상징적이고 묵시적이다. 문자 그대로 불이 실제로 사람들의 입에서 나올 리가 없기 때문이다! 불은 두 증인이 전하는 메시지를 경청하지 않으려 하는 자들에게 선언되는 심판을 가리킨다. 엘리야는 두 번이나 하늘로부터 불을 내려서 여호와의 원수들을 삼켜버렸다(왕하 1:10, 12). 예레미야서에서 여호와는 "내가 네 입에 있는 나의 말을 불이 되게 하고 이 백성을 나무가 되게 하여 불사르리라"(렘 5:14)고 말씀하신다. 마찬가지로 교회가 선포하는 복음을 배척하는 자들은 하나님의 불의 심판에 직면하여 죽고 말 것이다.

11:6 요한은 계속해서 상징적인 표현들을 사용하여 예수 그리스도의 교회가 세상에 쏟아붓는 심판을 묘사한다. 교회는 그들이 선포하는 동안에 "하늘을 닫아" 비가 오지 못하게 할 수 있고 물을 피로 변하게 할 수 있으며, 원수들에게 끔찍한 재앙들을 내릴 수 있다. 이 부분 역시 어떤 사람들은 이것을 문자 그대로 이해한다. 그러나 교회의 입에서 문자 그대로의 불이 나오지는 않기 때문에, 이러한 심판들에 관한 묘사는 상징적인 것이다. 요한은 심판에 관한 성경의 표현들을 사용해 불신자들에 대한 심판을 묘

사한다. 비가 오지 못하게 하는 것은 엘리야가 자기 말이 없으면 비가 전혀 오지 않을 것이라고 예언한 것을 떠올리게 한다(왕상 17:1). 물을 피로 변하게 하는 것은 출애굽 때 하나님이 모세를 통해 애굽에 내리신 재앙을 연상시키는데(출 7:17-21), 모세는 그 밖의 다른 많은 재앙도 애굽에 임하게 하였다. 출애굽 때 애굽에 임한 그러한 재앙들과 심판들은 장차 도래할 심판, 즉 예수 그리스도의 교회가 그의 메시지 듣기를 거부하는 자들에게 선언할 심판을 미리 보여주는 것이었다.

11:7 두 증인(교회)이 그들의 증언을 마쳤을 때, 무저갱에서 올라온 짐승이 전쟁을 일으켜 이 증인들을 이기고 죽일 것이다. 어떤 해석자들은 이 본문이, 두 증인이 문자 그대로 순교를 당할 것을 나타낸다고 주장한다. 두 증인은 이 땅에서 사는 동안 죽음을 겪지 않은 두 인물인 에녹과 엘리야를 가리키며, 그들이 장차 이 땅으로 돌아와서 증언을 하다가 죽을 것임을 말한다고 주장한다. 그러나 에녹과 엘리야가 이 땅으로 돌아와서 다시 살 가능성은 거의 없어 보인다! 묵시 장르는 상징적인 해석을 권한다. 따라서 요한은 교회가 예수 그리스도를 증언하지만(참고. 계 1:2, 9; 19:10; 20:4), 이 증언이 반대와 배척에 직면하리라는 것을 가르친다. 무저갱으로부터 올라오는 짐승은 교회와 그 증언을 대적할 것이다. 이것은 요한계시록에서 짐승에 대한 첫 번째 언급인데, 이 짐승은 13장과 17장에서 특히 집중적으로 주목을 받을 것이다(참고. 해당 본문 주석). 요한이 살던 당시에는 로마 제국이 이 짐승에 해당했는데, 로마 제국은 하나님을 대적하는 전체주의적인 정부의 상징이었다. 이 짐승은 "무저갱" 또는 '심연'(abyss)으로부터 온다(참고. 계 17:8). 귀신들도 무저갱으로부터 오고(9:1-2), 사탄은 천 년 동안 무저갱에 갇힌다(20:1, 3). 따라서 이 짐승은 그 기원이 마귀적이다(12:17-13:1). 이 짐승(로마 제국)은 무대에 등장해서 성도들과 전쟁을 벌이고(12:17; 19:19) 자기만을 예배하라고 강요하며, 다른 모든 경쟁자를 없애버린다. 짐승이 성도들을 이긴다는 요한의 말은(참고. 13:7) 짐승이 성도들을 이겨서 배교하게 만든다는 의미가 아니고(2:7, 11 등에서처럼), 성도들의 육신적인 목

숨을 빼앗는다는 의미이다. 짐승은 성도들을 죽임으로써 그들을 이긴다(참고. 단 7:21). 그러나 짐승은 궁극적인 승리를 거두지 못한다. 성도들이 죽임을 당하지만 실제로는 승리하기 때문이다. "그들은 죽기까지 자기들의 생명을 아끼지" 않는 방식으로 이긴다(계 12:11). 여기서도 요한은 모든 신자가 죽임을 당할 것이라고 가르치고 있지 않다. 교회는 전체적으로 고난 받는 교회, 순교하는 교회라는 특징을 지니게 되겠지만, 이것을 모든 신자가 실제로 순교를 당하리라는 의미로 해석해서는 안 된다.

11:8 만일 두 증인을 두 명의 개인이라고 해석한다면, 여기서 요한은 두 증인이 죽임을 당한 때에 그들의 시체가 예루살렘의 큰 길들에 있게 될 것이라고 말한 것이 된다. 따라서 두 증인은 이 세상을 향해 구원과 심판을 선포하는 교회 전체를 가리키는 것이라고 볼 수 있다. 여기에 사용된 표현들은 묵시적이고 상징적인 것으로, 문자 그대로를 의미하지 않는다. 따라서 요한이 말하고자 하는 의미는 두 증인의 시체가 문자 그대로 예루살렘의 큰 길들에 있게 되리라는 것이 아니라, 예수 그리스도의 교회가 세상으로부터 비웃음과 지독한 비난과 치욕을 받게 되리라는 것이다. 고대 세계에서 시체가 매장되지 못하는 것은 큰 모욕이자 수치였다(참고. 창 40:19; 삼상 17:44, 46; 왕상 9:10; 토비트 2:3-8). 세상의 "큰 성"은 신자들을 학대하고 죽인다(참고. 렘 22:8). 요한은 신자들을 이런 식으로 대우하는 성을 영적으로 소돔과 애굽이라 부른다고 말한다. 따라서 이 성은 인간의 성 곧 하나님을 대적하는 세상을 상징한다. 소돔의 추악한 역사를 생각해 볼 때(참고. 창 18-19장), 여기서 소돔이 언급되는 것은 놀랍지 않다. 소돔은 스스로를 악에 내어준 도시의 본보기로 자주 언급된다(신 29:23; 32:32; 사 1:9-10; 3:9; 렘 23:14; 애 4:6; 암 4:11; 습 2:9). 반면에, 하나의 성이 아니라 나라인 애굽이 언급되는 것은 매우 의외이다. 이것은 요한이 "성"이라는 단어를 문자 그대로 해석해서는 안 되고, 하나님을 대적하는 세상 전체를 가리키는 것으로 이해하라는 신호를 보낸 것이다. 달리 말하면, 요한이 말하는 성은 어거스틴이 '하나님의 성'과 반대되는 것으로서 '인간의 성'이라고 부른 것이다.

끝으로 요한은 이 성을 예수님이 십자가에 못 박히신 곳, 문자 그대로는 예루살렘이라고 말한다. 신구약성경에는 예루살렘이나 유다를 그 주민들이 자행하는 악으로 말미암아 소돔이라고 부르거나(사 1:9-10; 3:9; 렘 23:14; 애 4:6; 암 4:11; 마 10:15; 11:23-24; 눅 10:12; 롬 9:29), 심지어 소돔보다 못한 곳이라고 말하는(겔 16:46-56) 본문들이 있다. 요한의 예루살렘 언급은 예루살렘 자체를 고발하는 것이거나, 구체적으로 로마를 염두에 둔 것이 아니다. 그는 예루살렘에서 일어난 일(주를 십자가에 못 박은 것)이 세상 모든 곳에서 일어나리라고 말하고 있다. 왜냐하면 인간의 성은 하나님의 성을 배척하고 멸시하게 되어 있기 때문이다.

11:9 3일 반 동안 세상 사람들은 두 증인의 시체들을 큰 길에 방치하고서 매장하는 것을 허용하지 않는다. 여기에 나오는 표현들도 묵시적이고 상징적이기 때문에, 3일 반을 문자 그대로의 의미로 해석해서는 안 된다. 요한이 이 숫자를 사용한 목적은, 교회가 비방을 받는 것이 이 악한 현세에 국한될 뿐임을 보여주려는 것이다. 세상 전체는 교회의 증인들을 매장하는 것을 허용하지 않음으로써 그들을 욕되게 할 것이다. 우리는 그러한 정서가 다음과 같은 시편 기자의 말 속에 반영되어 있는 것을 본다. "그들이 주의 종들의 시체를 공중의 새에게 밥으로, 주의 성도들의 육체를 땅의 짐승에게 주며 그들의 피를 예루살렘 사방에 물 같이 흘렸으나 그들을 매장하는 자가 없었나이다"(시 79:2-3, 참고. 왕하 9:10; 렘 14:16). 이 말씀은 예수 그리스도로 말미암은 구원을 증언하는 교회를 세상이 비웃고 학대하는 것을 보여준다.

11:10 이 절에서 두 번 언급되는 명칭인 "땅에 사는 자들"은 요한계시록에서 불신자들을 가리키는 전문용어다(참고. 계 3:10 주석). 불신자들은 그리스도인들이 죽은 것을 보고 기쁨으로 가득해서, 축하 잔치를 열고 서로 선물을 교환할 것이다(참고. 요 16:20). 그들이 이렇게 기뻐하는 이유는 "이 두 선지자"가 불신앙 가운데서 살아가는 그들을 괴롭게 했기 때문이다. 예언

하고 증언하는 역할을 하는 교회는 세상이 가담한 악을 단죄하고, 세상은 자신들이 그런 식으로 비판받는 것을 참지 못한다.

11:11 3일 반이 지나자 하나님께로부터 온 "생기", 즉 '생명의 영'[프뉴마 조에스(*pneuma zōēs*)]이 이 시체들에 들어가고, 이 시체들은 갑자기 두 발을 딛고 일어선다. 그것을 본 불신자들은 두려움에 사로잡힌다. 3일 반은 단지 역사의 종말에 일어나게 될 일을 가리키므로, 이를 문자 그대로의 의미로 해석해서는 안 된다. 요한은 에스겔서 37장에 언급된 마른 뼈들에 관한 환상을 가져와서 사용한다. 거기서는 하나님의 생기가 마른 뼈들에게 들어가자, 그 뼈들이 살아나서 '일어나 선다'(겔 37:5, 10, 참고. 37:9, 14). 에스겔은 이스라엘과 유다가 다시 살아나서 재통일되는 것에 대해 기록했지만, 그 일이 부활의 때에 성취될 것이라고 말한다. 마찬가지로 요한도 이 본문에서 예수 그리스도를 증언한 하나님의 백성의 부활을 묘사한다. 불신자들은 증인들이 신원되는 것을 보고 심판이 가까웠다는 것을 알고서, 두려움에 사로잡힐 것이다(참고. 출 15:16; 시 105:38).

11:12 증인들이 살아나서 두 발로 섰을 때, 하나님은 그들을 하늘로 소환하신다(참고. 계 4:1). 증인들은 구름을 타고 하늘로 올라가는데, 이것은 예수님의 승천(행 1:9, 참고. 살전 4:17)과 엘리야가 하늘로 들려 올라간 것(왕하 2:11)을 떠올리게 한다. 그들의 원수들은 이 증인들이 하나님의 사람이요 하나님에 의해 신원 받았음을 깨닫는다. 이 본문은 장차 문자 그대로 일어날 일을 서술하는 것이 아니다. 요한은 장차 예수 그리스도의 교회가 하나님에 의해 공개적으로 신원될 것이고, 그것을 본 원수들은 놀라게 될 것이라고 말하고 있다. 어떤 사람들은 이 일이 신자들의 부활에 대해 말하고 있는 것일 수 없다고 생각한다. 만일 이 일이 신자들의 부활을 가리킨다면, 뒤이어 언급되는 사건들이 그 부활 이후에 일어나는 것이 되는데, 그렇게 해석할 수는 없기 때문이라는 것이다. 하지만 요한계시록이 언제나 엄격하게 시간 순으로 서술된 것이 아님을 기억하기만 한다면 이런 문제는 사

라져 버린다.

11:13 두 증인이 승천할 때 큰 지진이 일어나서, 성의 십 분의 일이 무너지고 칠천 명이 죽는다. 살아남은 자들은 두려움에 사로잡혀서 하나님께 영광을 돌린다. 요한계시록에서 지진은 통상적으로 최후의 심판을 나타내며, 여기에도 해당된다(참고. 6:12; 8:5; 11:19; 16:18). 십 분의 일과 칠천이라는 숫자는 인간의 성에 대한 심판과 불신자들의 멸망을 가리킨다. 살아남아서 하나님께 영광을 돌리는 자들은 신자들인가? 신자들을 가리키는 것일 수도 있지만, 문맥상으로 불신자들을 가리키는 것일 가능성이 더 높다. 불신자들은 심판을 받고서, 그들에 대한 하나님의 심판이 정의롭다고 인정하는 방식으로 하나님을 영화롭게 할 것이다. 따라서 많은 해석자가 그들이 하나님께 영광을 돌린다는 말씀을 심판을 가리키는 것으로 이해한다(참고. 삼상 6:5; 사 42:12). 다니엘서 4장에서 느부갓네살은 하나님께 영광을 돌리지만, 구원을 받지는 못한다(단 4:34, 참고. 계 15:4). 11:12 주석에서 이미 언급했듯이, 여기서 연대기적인 문제를 해결하는 것은 어렵다. 그렇지만 불신자들에 대한 심판이 다른 불신자들에게 자극을 주어서 하나님께로 돌아가는 일은 일어나지 않을 것으로 보인다. 도리어 그들은 더욱 완고해져서 불신앙을 고집할 것이다. 요한계시록은 어느 대목에도 종말에 많은 불신자가 회심하리라고 말하지 않는다.

11:14 둘째 화와 여섯째 나팔은 9:13-19에 기록되어 있다. 긴 막간이 끝나고, 요한은 이제 셋째 화와 일곱째 나팔에 관한 메시지를 전하려고 한다. 이후의 절들(11:15-19)은 셋째 화에 관해 보여주면서, 하나님 나라가 세워졌을 때 악인들에게 최후의 심판이 내려지리라는 사실을 가르쳐준다.

예수 그리스도의 교회는 성령의 능력을 힘입어서 복음을 증언하고 하나님의 말씀을 선포하라는 부르심을 받는다. 교회는 회개하고 믿는 자들에게는 구원을 약속하고, 하나님을 믿고 의지하기를 거부하는 자들에게는 심판을 선포한다. 이와 동시에 교회는 고난 받는 교회다. 우리는 승리하는 교회가 아니라 십자가의 그늘 아래에 있는 교회며, 우리가 전하는 메시지는 세상으로부터 멸시를 받는다. 세상은 신자들이 죽임을 당하는 것을 보고 기뻐하며, 하나님의 말씀을 전하는 우리를 비웃고 조롱한다. 하지만 우리는 장차 신원되지만 믿기를 거부한 자들은 심판을 받으리라는 것을 명심하고서 힘을 내어 계속해서 충성된 증인이 되어야 한다.

11장

¹⁵ 일곱째 천사가 나팔을 불매 하늘에 큰 음성들이 나서 이르되 세상 나라가 우리 주와 그의 그리스도의 나라가 되어 그가 세세토록 왕 노릇 하시리로다 하니 ¹⁶ 하나님 앞에서 자기 보좌에 앉아 있던 이십사 장로가 엎드려 얼굴을 땅에 대고 하나님께 경배하여 ¹⁷ 이르되

감사하옵나니 옛적에도 계셨고 지금도 계신 주 하나님

곧 전능하신 이여

친히 큰 권능을 잡으시고

왕 노릇 하시도다

¹⁸ 이방들이 분노하매

주의 진노가 내려

죽은 자를 심판하시며

종 선지자들과 성도들과

또 작은 자든지 큰 자든지

주의 이름을 경외하는 자들에게 상 주시며

또 땅을 망하게 하는 자들을 멸망시키실 때로소이다

하더라 ¹⁹ 이에 하늘에 있는 하나님의 성전이 열리니 성전 안에 하나

님의 언약궤가 보이며 또 번개와 음성들과 우레와 지진과 큰 우박이 있더라

¹⁵ Then the seventh angel blew his trumpet, and there were loud voices in heaven, saying, "The kingdom of the world has become the kingdom of our Lord and of his Christ, and he shall reign forever and ever."

¹⁶ And the twenty-four elders who sit on their thrones before God fell on their faces and worshiped God, ¹⁷ saying,

"We give thanks to you, Lord God Almighty,

who is and who was,

for you have taken your great power

and begun to reign.

¹⁸ The nations raged,

but your wrath came,

and the time for the dead to be judged,

and for rewarding your servants, the prophets and saints,

and those who fear your name,

both small and great,

and for destroying the destroyers of the earth."

¹⁹ Then God's temple in heaven was opened, and the ark of his covenant was seen within his temple. There were flashes of lightning, rumblings, *1* peals of thunder, an earthquake, and heavy hail.

1 Or *voices*, or *sounds*

일곱째 나팔이 울려 퍼질 때 역사는 끝나게 된다. 이제 세상 나라는 영원토록 하나님과 그리스도의 나라가 된다(계 11:15). 장로들이 땅에 얼굴을 대고 엎드려 경배하며(16절) 영원하신 하나님이 통치하기 시작하신 것을 감사할 때(17절), 하늘은 기쁨으로 진동한다. 그리스도의 통치는 악인들이 심판을 받고 의인들이 상을 받는 것을 의미한다(18절). 악인들에 대한 심판은 이것이 셋째 화인 이유를 설명해준다. 하늘에 있는 하나님의 성전이 열리고, 하나님의 언약궤가 보인다. 이것은 마침내 하나님 앞으로 온전히 나아갈 수 있게 되었음을 의미한다(19절). 하지만 거기에는 하나님의 통치를 거부한 자들에 대한 심판을 나타내는 번개와 우레를 동반한 뇌우도 있다.

〰〰〰〰 단락 개요 〰〰〰〰

> V. 일곱 나팔(8:6-11:19)
>
>   E. 일곱째 나팔: 나라가 임하다!(11:15-19)

〰〰〰〰 주석 〰〰〰〰

11:15 마지막 나팔이 울려 퍼진 것은 세 번째이자 마지막 화가 도래했음을 알리면서(8:13; 9:12; 11:14), 역사가 끝에 도달했고 최후의 심판이 가까웠음을 나타낸다. 이것은 악인들에게 세 번째이자 마지막 화다. 즉 마지막 심판이 도래했다. 하늘에서 큰 음성들은 약속들이 이루어질 때가 도래했다고 선언한다. 세상 나라는 이제 하나님의 나라가 되었다(욥 1:21, 참고. 시

22:29). "세상 나라"가 "우리 주와 그의 그리스도의 나라"가 되었고, 이제 하나님이 영원히 통치하실 것이다(참고. 단 2:44; 7:14, 27; 눅 1:33). 그리스도는 이미 아버지 하나님의 오른편에서 통치하고 계시지만, 일곱째 나팔에 원수들은 패배하여 그분의 발등상이 된다(고전 15:24-25). 여기서 요한계시록의 반복되는 구조가 드러난다. 6:12-17과 7:15-17에서는 이미 역사의 끝에 도달했다. 그런데 요한은 이후의 장들에서 그 이야기를 이어나가며, 동일한 주제들로 되돌아가 그 주제들을 새로운 관점에서 제시한다.

11:16 하나님 앞에 있는 보좌들에 앉아 있던 이십사 장로들은 그리스도께서 통치하기 시작하셨다는 말씀을 듣자 기쁨으로 충만해서 얼굴을 땅에 대고, 하나님을 경배한다(참고. 4:4, 10; 5:8; 7:11; 19:4). 그리스도의 통치는 하나님의 영광을 약화시키지 않고 도리어 더욱 높인다(참고. 빌 2:9-11). 그리스도의 나라가 실현될 때 그곳에서는 한 분 참 하나님이 경배를 받으시기 때문이다.

11:17 이 절은 이십사 장로가 하나님을 찬송하는 내용을 보여준다. 그들이 전능하신 하나님, "옛적에도 계셨고 지금도 계신" 분에게 감사를 드리는 이유는 이 하나님이 언제나 가지고 계셨던 그 권능을 사용하셔서 그분의 통치를 시작하셨기 때문이다(참고. 19:6). 요한계시록은 통상적으로 하나님을 "전능하신 이"라 부르며(참고. 1:8 주석), 출애굽기 3:14에 근거해서 하나님을 "옛적에도 계셨고 지금도 계신" 분으로 소개한다(참고. 계 1:4 주석). 요한은 다른 곳에서는 하나님을 장차 오실 분으로 소개하지만(1:4, 8; 4:8), 여기서는 그 언급을 생략한다. 왜냐하면 11:17에서 하나님의 오심은 더 이상 미래의 일이 아니기 때문이다. 하나님이 오셨다! 그리고 하나님의 통치가 시작되었다. 하나님은 만유의 하나님이시고 언제나 만유의 하나님이셨는데, 이제는 영원토록 다스리실 것이다(참고. 시 47:8; 93:1; 96:10; 97:1; 99:1). 우리는 그리스도의 통치가 하나님의 통치도 의미한다는 것을 본다. 하나님과 그리스도는 경쟁하지 않으시고, 한 마음과 한 뜻으로 다스리시기 때

문이다. 여기서 또다시 삼위일체의 상호내주에 관한 가르침을 볼 수 있다. 다시 말해 하나님이신 성부에게 해당하는 것들은 하나님이신 성자에게도 해당한다.

11:18 하나님 나라가 임했다는 것은 최종적인 계산이 행해지리라는 것, 즉 악인들은 처벌받고 의인들은 상을 받으리라는 것을 의미한다. 열방은 하나님이 그들을 다스리며 권위를 가지신다는 것을 미워하여(칠십인역 출 15:14; 시 98:1) 그분께 격분한다(시 2:1). 그러나 그 결과로 그들은 심판의 날에 하나님의 진노를 맞이할 것이다(참고. 계 6:16-17; 14:10, 19; 15:1, 7; 시 110:5; 렘 30:23). 죽은 자들은 각자의 행위에 대해 평가를 받고 심판을 받을 것이다(참고. 계 20:12). 두 가지 서로 다른 평가가 내려진다. 첫째, 하나님의 종들은 그들이 보여준 믿음과 인내로 말미암아 상을 받게 된다. 이 상은 선지자들과 성도들과 하나님의 이름을 경외하는 자들에게 주어진다. 여기서 얼마나 많은 집단을 염두에 두고 있는지는 알기 어렵지만, 아마도 두 집단이 고려되었을 것이다. 여기서 말하는 집단들 중 하나는 아마도 선지자들일 텐데, 이는 구약성경에서 선지자들이 흔히 하나님의 종들로 불리기 때문이다(예. 왕하 9:7; 21:10; 스 9:11; 렘 7:25; 25:4; 겔 38:17; 단 9:6, 10; 암 3:7; 슥 1:6). 성도들은 하나님의 이름을 경외하는 자들이라고 서술되며, "작은 자"와 "큰 자"는 하나님의 이름을 경외하는 성도들을 좀 더 자세하게 설명하는 단어일 것이다. 하나님은 공평하셔서, 사회적 지위가 높은 자든 낮은 자든 동일한 상을 베푸신다(참고. 롬 2:6-11; 시 115:13; 계 19:5). 반면에, 악인들은 심판을 받을 것이다. 이 땅을 멸망하게 한 자들은 스스로 멸망당할 것이다(참고. 렘 51:25; 계 19:2). 하나님 나라가 임할 때, 모든 것이 바로잡힐 것이다. 의인들은 신원을 받을 것이고, 악인들은 그들이 행한 것에 합당한 벌을 받을 것이다.

11:19 하나님 나라가 임할 때, 성도들은 자유롭게 온전히 하나님 앞으로 나아가게 될 것이고, 악인들은 무시무시한 벌을 받을 것이다. 하늘에서 하

나님의 성전이 열리고, 그 성전 안에서는 언약궤가 보인다. 새로운 피조세계에는 성전이 없기 때문에(21:22), 요한이 여기서 말하는 것은 문자 그대로의 성전이나 언약궤가 아니다. 구약성경에서 성전은 모든 사람에게 열려 있지 않았고, 대제사장만이 일 년에 한 번 지성소에 들어갈 수 있었다(참고. 레 16:1-34; 히 9:7-8). 그러나 이제 하나님 나라가 임할 때, 하나님의 성전(하나님의 임재)이 모든 성도에게 열린다. 성도들은 누구나 아무런 방해를 받지 않고 기쁜 마음으로 하나님 앞에 나아갈 수 있다(참고. 히 10:19-22). 언약궤에 대한 언급도 동일한 의미를 전한다(참고. 계 7:15; 15:5). 예레미야는 마지막 날에 사람들이 언약궤를 기억하지 않을 것이라고 예언했는데(렘 3:16), 아마도 마지막 날에 누릴 하나님과의 교제가 언약궤가 있던 시절에 이스라엘이 누렸던 하나님과의 교제를 능가할 것이기 때문이라 할 수 있다. 제2성전 시대 당시 유대교의 전승에 따르면, 예레미야가 장차 하나님이 이스라엘에게 그분의 자비를 보이시고 하나님의 임재를 가리키는 구름이 다시 돌아올 때 언약궤가 다시 나타날 것이라고 말하고는 언약궤를 동굴에 감추었다고 한다(마카베오2서 2:4-8). 앞에서 언급했듯이, 언약궤는 대제사장만이 일 년에 한 번 대속죄일에만 볼 수 있었는데(레 16:1-34), 그때조차도 언약궤는 향연에 가려져 있었다. 물론 요한계시록에서 요한은 문자 그대로의 언약궤를 언급하고 있지 않다. 하늘에 있는 성전에서 하나님의 언약궤가 보였다고 말한 것은, 이제 모든 사람이 하나님의 은혜로운 임재를 경험할 수 있게 되었음을, 하나님의 사랑의 온기와 광채가 모든 성도에게 개인적으로 나타남을 의미한다.

반면에, 하나님의 임재 앞에 나아가는 것은 결코 평범하고 일상적인 일이 아니다. 왜냐하면 하나님은 무한히 거룩하시기 때문이다. 그래서 하나님의 임재에는 큰 우박이 수반된 무시무시한 뇌우가 함께 한다(참고. 계 4:5; 16:21; 출 9:24; 사 29:6; 66:6). 악인들은 하나님의 은혜로운 임재를 경험할 수 없다. 그 대신에 하나님은 그들 위에 큰 우박을 비처럼 쏟으시고, 그들은 하나님의 종말론적인 진노의 우레와 번개를 경험하게 된다.

역사는 영원히 지속되지 않을 것이고, 악은 결국 승리하지 못할 것이다. 선이 승리할 것이고, 하나님과 그리스도께서 영원토록 다스리실 것이다. 하나님과 그리스도는 역사를 주관하셔서 의인들에게 상을 주시고 악인들을 벌하심으로써 모든 사람에게 정의를 베푸실 것이다. 지금은 많은 것이 어그러져 있으며, 악인들은 악을 저질러 자주 이득을 본다. 신자들은 절망과 낙심에 빠지고 싶은 유혹을 받는다. 그렇지만 우리는 낙관주의와 소망으로 충만해야 한다. 악의 승리는 오래가지 못할 것이기 때문이다. 끝이 다가오고 있다! 우리가 열망하는 완전한 세계, 그리스도께서 다스리시는 세계가 머지않아 현실이 될 것이다.

Revelation
요한계시록
12:1-6

1 하늘에 큰 1)이적이 보이니 해를 옷 입은 한 여자가 있는데 그 발 아래에는 달이 있고 그 머리에는 열두 별의 관을 썼더라 2 이 여자가 아이를 배어 해산하게 되매 아파서 애를 쓰며 부르짖더라 3 하늘에 또 다른 1)이적이 보이니 보라 한 큰 붉은 용이 있어 머리가 일곱이요 뿔이 열이라 그 여러 머리에 일곱 왕관이 있는데 4 그 꼬리가 하늘의 별 삼분의 일을 끌어다가 땅에 던지더라 용이 해산하려는 여자 앞에서 그가 해산하면 그 아이를 삼키고자 하더니 5 여자가 아들을 낳으니 이는 장차 철장으로 만국을 다스릴 남자라 그 아이를 하나님 앞과 그 보좌 앞으로 올려가더라 6 그 여자가 광야로 도망하매 거기서 천이백육십 일 동안 그를 양육하기 위하여 하나님께서 예비하신 곳이 있더라

1 And a great sign appeared in heaven: a woman clothed with the sun, with the moon under her feet, and on her head a crown of twelve stars. 2 She was pregnant and was crying out in birth pains and the agony of giving birth. 3 And another sign appeared in heaven: behold, a great red dragon, with seven heads and ten horns, and on his heads seven

요한계시록 12:1-6 _ 289

diadems. ⁴ His tail swept down a third of the stars of heaven and cast them to the earth. And the dragon stood before the woman who was about to give birth, so that when she bore her child he might devour it. ⁵ She gave birth to a male child, one who is to rule *1* all the nations with a rod of iron, but her child was caught up to God and to his throne, ⁶ and the woman fled into the wilderness, where she has a place prepared by God, in which she is to be nourished for 1,260 days.

1) 또는 표적

1 Greek *shepherd*

〰〰〰 단락 개관 〰〰〰

요한은 다시 예언하라는 지시를 받고서(계 10:11), 그렇게 위임받은 일을 12-14장에서 수행한다. 모든 역사는 일곱째 나팔과 세 번째 화로 끝나지만, 요한은 앞으로 거슬러 올라가 역사를 다른 관점에서 개관함으로써 독자들로 하여금 역사의 과정을 다른 시각으로 볼 수 있게 해준다. 이 관점은 우주적인 것으로 마귀와의 싸움(12:1-17), 두 짐승의 출현(13:1-18), 하늘과 땅에 관한 묵시들(14:1-20)을 포괄한다. 12장은 창세기 3장으로 소급되는 마귀와의 갈등에 초점을 맞춘다. 요한은 그의 독자들에게 그가 본 하늘에서 일어나고 있는 초월적인 일들을 열어서 보여준다. 그가 첫 번째로 본 표징은 한 여자가 세상을 다스리고 있는 것이었다. 여기서 그 여자는 하나님의 백성을 나타낸다(계 12:1). 그 여자는 아이를 해산하는 과정에서 산통을 겪는다(2절). 또 하나의 표징이 하늘에서 나타나는데, 그것은 이 여자를 대적하는 붉은 용이다(3절). 이 용은 여자에게서 아이가 세상에 태어나면 그 아이를 삼키려 하고 있다(4절). 그 아이는 다윗의 자손으로서 장차 세상을 다스릴 아이다. 여자는 그 아이를 용으로부터 구하기 위해서 하나님의 보좌 앞으로 올려간다(5절). 이것은 예수님의 부활과 승천을 가리킨다. 여자는 광야로 피신해서 1,260일 동안 하나님의 돌보심을 받는다(6절).

〰〰〰 **단락 개요** 〰〰〰

Ⅵ. 하늘과 땅에 나타난 표징들(12:1-14:20)
　 A. 여자, 아이, 용(12:1-6)

〰〰〰 **주석** 〰〰〰

12:1 이 단락은 신화적인 특징을 지니고 있다. 이는 이 단락이 말하는 바가 거짓이라는 의미가 아니라, 요한이 말하고자 하는 것을 전하기 위해 신화적인 방법을 사용하고 있다는 뜻이다. 뱀이나 용과 싸우는 신과 여신에 관한 신화들은 애굽, 우가릿, 메소포타미아, 그리스-로마 세계 등에서 발견된다. 요한은 그러한 신화들을 그대로 재현하지 않고, 그가 몸담고 있는 문화에서 일반적으로 말해지던 것들을 가져와서 그의 목적에 맞게 수정하여 성경(구약성경) 계시의 흐름 속에 집어넣는다. 그것은 요한이 경험한 환상의 성격과 상반되지 않는다. 요한계시록에는 문학적인 것과 묵시적인 것이 서로 결합되어 있다. 하늘의 표징들이 고대인들을 사로잡았듯이, 요한의 환상에도 하늘에 큰 표징이 출현한다. 그 표징은 해의 광채로 옷 입은 아름답고 고귀한 한 여자다. 달은 그녀의 발아래에 있고, 그녀의 머리에는 열두 별의 관이 있다(참고. 창 37:9). 이 모습은 세상에 영향력을 행사하는 이 여자의 통치를 드러낸다. 이 여자의 정체에 대해 논란이 있다. 이 여자

가 그리스도를 낳고(계 12:2, 5) 애굽의 광야로 도망하기 때문에, 얼핏 보면 마리아를 가리킨다고 보는 것이 적절하게 여겨질 수도 있다. 하지만 하나님의 백성에 대한 상징적인 언급으로 보는 것이 더 나아 보인다. 하나님의 백성을 그리스도의 신부로 표현한 본문은 성경의 다른 곳에서 풍부하게 확인된다(예. 사 54:5; 렘 3:8-9; 겔 16장; 23장; 호 2:16, 19-20; 계 19:7-9; 21:2, 9). 하나님은 그분의 백성을 제사장적인 왕으로 삼으셔서 그분의 복을 세상에 전하신다(계 1:6; 5:10; 20:6, 참고. 사 62:3).

12:2 여자는 아이를 임신하고 있고 산고를 겪는다. 이것은 이 여자가 하나님의 백성임을 보여주는 추가적인 증거다. 왜냐하면 구약성경에서 이스라엘은 구원이 이루어지기 전에 메시아적인 화로 인한 고통을 겪기 때문이다(사 26:17-18; 66:7-10; 미 4:10). 여기서 여자는 산고를 겪고서 아이를 낳는데, 이 아이는 구약성경에 약속된 구원을 가져다줄 다윗의 자손 메시아다(창 3:15; 삼하 7:14; 시 89:26-27; 사 7:14; 9:6-7; 미 5:2-4, 참고. 눅 1:32-33; 히 1:5). 하나님이 이스라엘에게 약속하신 통치, 아브라함 및 다윗과의 언약을 통해 이스라엘이 소유할 나라가 다윗의 자손으로 말미암아 실현될 것이다.

12:3 하늘이라고 해서 갈등으로부터 자유롭지만은 않다. 또 하나의 표징이 하늘에서 나타나기 때문이다. 그 표징은 신화에 나오는 괴물로, 머리가 일곱 개이고 뿔이 열 개이며 그 머리에 일곱 왕관이 있는 사나운 붉은 용이다. 이 괴물은 요한계시록에서 뿔들과 왕관들을 지닌 모습으로 묘사되는 예수 그리스도를 희화화한 것이다(5:6; 19:12). 이 용의 머리에 있는 일곱 왕관은 그의 통치하는 권세를 나타내고, 열 뿔은 그의 힘을 나타낸다(참고. 13:2). 다니엘서에서 열 뿔은 네 번째 짐승에게 속한 열 왕이다(단 7:7, 24, 참고. 계 17:12-14). 용과 관련된 숫자와 인간 통치자들의 수가 서로 연결되어 있다는 것은 이 용이 인간 통치자들과 당국들을 통해서 자신을 드러낸다는 것을 보여준다. 용의 통치는 한 나라나 한 기간에 국한되지 않는다. 용은 대대로 계속해서 영향력을 행사한다. 여기서 이 무시무시한 괴물이 하

나님의 백성의 대적임이 드러난다(계 12:4, 7, 9, 13, 16, 17; 13:2, 4, 11; 16:13; 20:2). 이 표상은 구약성경으로 거슬러 올라간다. 거기서 이사야는 여호와가 "날랜 뱀 리워야단 곧 꼬불꼬불한 뱀 리워야단을 벌하시며 바다에 있는 용을 죽이시리라"고 예언한다(사 27:1, 참고, 사 51:9; 겔 29:3; 32:2).

12:4 이 본문은 용의 능력과 파괴성을 분명하게 보여준다. 왜냐하면 용이 그의 꼬리로 하늘의 별들의 삼 분의 일을 휩쓸어서 땅에 던지기 때문이다. 이 별들은 천사들을 가리키는 것일 수도 있는데(참고, 욥 38:7), 어떤 사람들은 이 환상이 역사의 어느 때에 일부 천사들이 사탄을 추종해서 그의 졸개들이 된 것을 보여주는 것이라고 말하기도 한다(마 25:41). 하지만 다니엘서 8:10에서 안티오코스 4세 에피파네스가 땅에 던지고서 짓밟는 별들은 이스라엘 사람들이다. 그 본문은 안티오코스가 이스라엘을 박해하는 것을 가리킬 것이다. 요한은 그 본문을 간접적으로 인용해서 동일한 것을 표현하는 것으로 보인다. 용은 하나님의 백성을 적대해서 억압한다. 이러한 해석은 이 절을 구성하고 있는 두 부분을 한데 묶어준다. 용은 하나님의 백성을 박해했던 것처럼, 지금은 산고를 겪고 있는 여자 앞에 웅크리고 앉아서 여자가 낳을 아이, 즉 그리스도를 삼켜서 죽이려고 하고 있다. 마태복음에서 헤롯이 아기 예수를 죽이려고 하는 시도 가운데 마귀의 그러한 의도가 나타난다(마 2:1-18).

12:5 여자는 아들을 낳는데(참고, 사 66:7), 이 아들은 시편 2편에 의하면 철장으로 열방을 다스리도록 세우심을 받은(시 2:9, 참고, 계 2:27) 다윗의 자손이다(삼하 7:14). 시편 2편은 다윗 가문의 왕이 하나님의 아들로 세움을 받는 것에 대해 노래한 메시아 시편이다(시 2:6-7). 열방과 땅 끝은 그의 기업이다. 달리 말하면, 하나님이 아브라함에게 열방이 그로 말미암아 복을 받으리라고 하신 약속은 다윗 가문의 왕에 의해 실현된다(창 12:3). 용은 이 아들이 그를 죽이리라는 것을 알고서 이 아들을 죽이려고 미쳐 날뛴다. 요한이 예수님의 사역과 죽으심을 건너뛰고 있는 것은 주목할 만하다! 요한

은 이 이야기 속에서 예수님의 높아지심에 대해 말하는 대목으로 곧바로 이동해서, 이 아이가 하나님과 그의 보좌로 올려갔다고 말한다. 요한은 이 이야기의 결론부로 가서, 용에 대한 예수님의 승리를 그의 독자들에게 보여준다. 독자들은 예수님의 삶과 사역에 대해 무지하지 않다. 그들은 예수님이 죽으셨다는 것을 안다. 그러하기에 여기서 요한은, 예수님이 죽은 자들 가운데서 부활하고 승천하여 하나님의 오른편에 앉으신 것이 바로 용을 이기신 것임을 독자들에게 상기시켜준다.

12:6 하나님의 백성을 가리키는 여자는 사탄의 박해를 피해 광야로 도망한다(지금 이 이야기의 초점은 메시아의 출생과 높아지심 이후에 해당하는 예수 그리스도의 교회이다). 광야는 이 악한 현세에서 사는 삶을 나타낸다. 하나님은 광야에서 유랑하는 이스라엘을 사십 년 동안 먹이시고 보전하셨다(참고. 호 2:14). 마찬가지로 그분은 1,260일 동안, 즉 예수님의 부활과 재림 사이의 기간 동안에(참고. 계 11:1-2 주석) 교회를 먹이시고 보전하신다. 용이 교회를 대적하여 전쟁을 벌여서 일부 신자들을 죽이지만, 하나님은 그분의 백성에게 사탄의 맹공을 견딜 수 있는 영적인 힘을 주셔서 그들이 배교하지 않게 하신다.

〰〰〰 **응답** 〰〰〰

우리는 전시 상태에서 살아가고 있다는 것을 잊기 쉽다. 마귀는 하나님의 백성을 멸하기 위해 광분하고 있고, 특히 메시아이신 예수님을 없애려고 온 힘을 쏟았다. 그러나 그는 성공하지 못했고, 성공할 수도 없었다. 왜냐하면 예수님이 지금 하나님의 오른편에서 다스리고 계시기 때문이다. 우리는 부활하셔서 승리하신 그리스도를 섬기고 있기 때문에 아무것도 두려워할 필요가 없다. 우리는 고난 가운데 있을지라도 우리를 사랑하시는 분으로 말미암아 계속 이기게 될 것이다.

7 하늘에 전쟁이 있으니 미가엘과 그의 사자들이 용과 더불어 싸울새 용과 그의 사자들도 싸우나 8 이기지 못하여 다시 하늘에서 그들이 있을 곳을 얻지 못한지라 9 큰 용이 내쫓기니 옛 뱀 곧 마귀라고도 하고 사탄이라고도 하며 온 천하를 꾀는 자라 그가 땅으로 내쫓기니 그의 1)사자들도 그와 함께 내쫓기니라 10 내가 또 들으니 하늘에 큰 음성이 있어 이르되 이제 우리 하나님의 구원과 능력과 나라와 또 그의 그리스도의 권세가 나타났으니 우리 형제들을 참소하던 자 곧 우리 하나님 앞에서 밤낮 참소하던 자가 쫓겨났고 11 또 우리 형제들이 어린 양의 피와 자기들이 증언하는 말씀으로써 그를 이겼으니 그들은 죽기까지 자기들의 생명을 2)아끼지 아니하였도다 12 그러므로 하늘과 그 가운데에 거하는 자들은 즐거워하라 그러나 땅과 바다는 화 있을진저 이는 마귀가 자기의 때가 얼마 남지 않은 줄을 알므로 크게 분내어 너희에게 내려갔음이라 하더라

7 Now war arose in heaven, Michael and his angels fighting against the dragon. And the dragon and his angels fought back, 8 but he was

defeated, and there was no longer any place for them in heaven. ⁹ And
the great dragon was thrown down, that ancient serpent, who is called
the devil and Satan, the deceiver of the whole world—he was thrown
down to the earth, and his angels were thrown down with him. ¹⁰ And I
heard a loud voice in heaven, saying, "Now the salvation and the power
and the kingdom of our God and the authority of his Christ have come,
for the accuser of our brothers¹ has been thrown down, who accuses
them day and night before our God. ¹¹ And they have conquered him
by the blood of the Lamb and by the word of their testimony, for they
loved not their lives even unto death. ¹² Therefore, rejoice, O heavens
and you who dwell in them! But woe to you, O earth and sea, for the
devil has come down to you in great wrath, because he knows that his
time is short!"

1) 또는 천사들도 2) 헬, 사랑하지
1 Or brothers and sisters

≋≋≋≋ 단락 개관 ≋≋≋≋

요한은 무대 뒤에서 벌어지고 있는 일을 알려주기 위해 휘장을 열어젖히
고, 하늘에서 미가엘과 그의 천사들이 사탄과 그의 졸개들인 천사들과 벌
이는 전쟁을 보여준다(계 12:7). 용과 그의 천사들이 하늘로부터 추방되고
(8절), 하나님의 백성을 속이고 억압해 왔던 자가 땅으로 던져진다(9절). 하
나님이 약속하신 나라가 임했고 그리스도의 권세가 나타났다고 선언된다.
신자들을 참소하던 사탄이 땅으로 던져졌기 때문이다(10절). 이제 용이 패

배하여 하늘로부터 쫓겨난 이유가 알려진다. 신자들이 용을 이기는 것은 어린양이 그들을 위해 그분의 피를 흘리셨기 때문이다(11절). 또한 신자들은 예수 그리스도의 증언을 굳게 붙잡음으로 승리하고, 그 증언을 위해 기꺼이 죽고자 한다. 하늘에서는 사탄이 추방된 것에 대해 기뻐한다. 그러나 하나님 나라는 이미 시작되었지만 아직 완성되지는 않은 단계에 있다. 왜냐하면 마귀가 영원히 패배할 날이 얼마 남지 않은 것을 알고서 잔뜩 분노한 채로 땅으로 내려갔기 때문이다(12절).

≋≋≋≋ 단락 개요 ≋≋≋≋

VI. 하늘과 땅에 나타난 표징들(12:1-14:20)
    B. 하늘에서 벌어진 전쟁: 마귀가 쫓겨남(12:7-12)

≋≋≋≋ 주석 ≋≋≋≋

12:7-8 이 단락은 앞 단락에서 말한 것들에 이어서 일어날 일들을 시간 순으로 다루는 대신, 예수님이 그분의 높아지심을 통해 마귀에게 승리하신 것을 묘사함으로써 그분의 높아지심이 갖는 의미를 들여다볼 수 있는 창문을 제공한다. 예수님이 이루신 일이 지닌 초월적인 의미가 드러나고, 하늘에서 미가엘과 그의 천사들이 용과 그의 천사들을 상대로 벌인 전쟁이 있었다는 것이 알려진다(참고. 단 10:13, 21; 12:1; 마 25:41; 유 1:9).[27] 이 땅의

---

27 또한 에녹1서 20:5; 54:6; 에녹2서 22:6; 1QM(사해 사본) 9.14-15; 17.6-8도 참고하라.

역사 속에서 벌어진 사건들은 중요하다. 그런데 그 사건들은 눈에 보이는 것 이상의 의미를 담고 있다. 그 사건들이 하늘에서 일어나고 있는 일들에 의해 영향을 받기 때문이다. 하늘에서 벌어진 이 싸움에서 미가엘은 하나님의 백성을 대표한다. 그리고 하늘에서 그가 이룬 승리는 이 땅에서 용에 대한 그리스도의 승리에 기초한 것이다. 요한은 천사들 간에 벌어진 이 싸움을 자세하게 묘사하느라고 시간을 끌지 않는다. 그 대신에 그는 싸움의 결과에 초점을 맞춰서, 용과 그의 군대가 하늘로부터 영원히 쫓겨났다고 말한다. 사탄은 언제 하늘로부터 쫓겨난 것인가? 어떤 사람들은 인간이 타락하기 이전에 사탄이 하늘에서 쫓겨났다고 말하고, 다른 사람들은 이것을 역사의 종말에 있을 사건으로 본다. 인류 역사가 시작될 무렵에 사탄이 하늘로부터 쫓겨났다고 보는 것은 몇몇 유대 전승들과 부합한다(예. 아담과 하와 13:1-2; 에녹2서 29:4-5).[28] 그러나 가장 유력한 해석은 사탄의 추방이 그리스도의 죽으심과 부활을 둘러싸고 일어난 사건이라는 것이다. 예수님은 하나님의 보좌로 올려지시고(계 12:5), 성도들은 예수님의 피를 힘입어서 이긴다(12:11). "이 세상의 임금"은 예수 그리스도의 십자가로 말미암아 "쫓겨[난다]"(요 12:31-32, 참고. 눅 10:18). 왜냐하면 예수님은 십자가 위에 들리신 다음 십자가에 못 박혔다가 부활하신 분으로 하나님께 돌아가셨을 때 승리하셨기 때문이다. 사탄의 결정적인 패배는 예수님의 죽으심과 부활로 말미암아 현실이 되었다.

12:9 요한은 이 승리의 의미를 송축하고, 그의 독자들에게 각인시킨다. 하나님의 백성을 억압해 왔던 "큰 용"은 전에는 하늘로 와서 하나님 앞에서 하나님의 백성을 참소했지만(참고. 욥 1:6; 2:1; 슥 3:1-2), 이제는 예수님의 십자가와 부활로 말미암아 하늘에 올 수 없게 되었다. 구약성경은 이스라엘의 원수들을 라합(참고. 욥 26:12; 시 89:10; 사 30:7; 51:9), 리워야단(참고. 욥

---

28 에녹2서의 교열본 J.

41:1; 시 74:14; 사 27:1), 바다 괴물(시 74:13; 사 27:1; 51:9; 겔 29:3; 32:2)로 지칭한
다. 요한은 휘장을 걷어내고서, 사탄이 하나님의 원수들 배후에 있었다는
것을 보여준다.

전에는 사탄이 하나님 앞에서 신자들의 죄를 합법적으로 고소할 수
있었지만, 이제는 신자들의 죄가 십자가로 말미암아 깨끗해졌고 사해졌
기 때문에 고소할 근거가 사라져버렸다. 사탄이 하나님 앞에 설 자리가 없
어졌다. 요한계시록은 여기서 로마서 8:1을 반영한다. "그러므로 이제 그
리스도 예수 안에 있는 자에게는 결코 정죄함이 없나니." 하나님의 백성을
대적해 온 큰 원수가 "옛 뱀"으로 불린다. 이것은 그 원수가 에덴동산에서
하와를 유혹해서 죄를 짓게 한 존재임을 보여준다(창 3:1, 2, 4, 13, 14; 참고. 욥
26:13; 시 91:13; 사 27:1; 고후 11:3; 계 12:14, 15; 20:2). 또한 이 원수는 "마귀"(디
아볼로스, 마 4:1; 13:39; 요 8:44; 행 10:38; 히 2:14), 하나님의 백성을 비방하고 고
소하는 자, "사탄"(대상 21:1; 욥 1:6-9; 2:1-7; 슥 3:1-2; 마 4:10; 행 26:18) 곧 하나
님과 성도들의 큰 대적이자 고소하는 자로도 불린다. 그는 온 세상을 속이
는 자다(참고. 계 20:3, 8, 10). 여기서 "온 천하"는 믿기를 거부하는 자들을 가
리킨다(참고. 고후 4:4; 엡 2:2; 요일 5:20). 그럼에도 불구하고 용과 그의 천사들
은 그리스도의 죽으심과 부활로 말미암아 땅으로 던져져서 하늘로부터 영
원히 쫓겨난다.

12:10 하늘에서 나는 큰 음성이 하나님께서 이제 구원을 이루셨다고 선
포한다. 그리스도의 죽으심과 부활로 말미암아 하나님 나라가 도래했고
시작되었다. 죄에 대한 승리는 개인적이거나 실존적인 것에 국한되지 않
는다. 그 승리에는 하늘의 전쟁이라는 우주적인 충돌도 존재한다. 구원을
이루신 예수 그리스도로 말미암아 하나님 나라가 이 악한 현세에 침투해
들어왔다. 사탄은 전에는 "밤낮"으로 신자들을 고소했지만, 이제는 하늘로
부터 쫓겨났기 때문에 그렇게 할 수 없다. 고소하는 자라는 사탄의 역할은
오랜 역사를 지닌다(참고. 욥 1:9; 2:4-5; 슥 3:1). 그러나 하나님 나라가 임했고
하나님의 구원 역사가 예수 그리스도 안에서 나타났기 때문에, 이제는 사

탄이 더 이상 고소할 근거를 가지지 못한다. 이 본문은 단지 사탄이 문자 그대로 하늘로부터 추방되었다는 사실을 말하려는 것이 아니라, 그것보다 훨씬 더 깊은 메시지를 담고 있다. 즉, 이 그리스도께서 임하셨기 때문에 이제 사탄이 신자들을 고소할 근거를 가지지 못한다는 것이다. 어린양의 피를 통해 사람들의 죄에 대한 처벌이 이미 이루어졌기 때문에, 하나님은 사탄의 고소에 귀를 기울이실 필요가 없게 되었다(계 1:5; 7:14).

12:11 신자들이 용을 이기는 것은 어린양의 피 때문이기도 하고 그들의 증언 때문이기도 하며, 그들이 하나님을 위하여 그들의 생명을 기꺼이 드리려 하기 때문이기도 하다. 이긴다는 주제(참고. 2:7 주석)는 요한계시록에서 중요한 역할을 한다. 본문은 신자들이 용에게 승리한 원인은 그들이 지니고 있는 힘 때문이 아니라 용이 하늘로부터 추방되었기 때문이라고 말한다. 신자들은 어린양의 피로 말미암아 그들의 죄책으로부터 벗어났기 때문에, 사탄이 신자들을 고소하는 말들은 받아들여지지 않는다(1:5; 7:14). 그리스도인들이 용을 이기게 된 근본적인 원인은 예수님의 속죄 사역이지만, 그들은 "증언하는 말씀"으로 인해 용을 이긴 것이기도 하다. 요한은 "예수를 증언하였음으로 말미암아"(1:9) 밧모섬으로 유배를 당했고, 순교자들은 그들의 증언 때문에 죽임을 당했다(6:11; 20:4). 그리스도인은 예수님에 관한 증언을 굳게 붙잡는 사람이다(12:17, 참고. 1:2). 신자들이 마귀를 이기는 것은 그들이 예수님에 관한 증언, 즉 복음을 굳게 붙잡고 헌신하기 때문이다. 그들이 복음에 헌신되어 있다는 사실은 복음을 전하는 일에 목숨도 기꺼이 드리려는 것을 통해 분명하게 드러난다(참고. 계 2:13에 언급된 안디바). 그들은 죽임을 당할지라도 계속해서 예수님을 그들의 주로 시인하고 고백할 것이다.

12:12 하늘의 주민들이 즐거워하는 이유는 마귀가 하늘로부터 쫓겨났기 때문이다(참고. 신 32:43; 시 96:11; 사 44:23; 49:13). 하지만 격분한 마귀가 던져진 곳인 땅과 바다는 사정이 완전히 다르다. 마귀가 하늘에서는 설 자리

가 없지만, 하나님 나라가 온전히 도래하기 전까지 땅에서는 여전히 활발하게 활동할 수 있기 때문이다. 마귀가 원하는 것은 하나님의 백성을 해치는 것이다. 마귀는 예수님의 죽으심과 부활과 높아지심으로 말미암아 패배하였기 때문에, 자신의 때가 얼마 남아 있지 않았음을 알고 있다. 마귀에게 주어진 시간은 그리스도의 부활과 재림 사이로 제한되어 있으며, 그가 완벽하고 철저히 패배할 때는 멀지 않다. 마귀의 영향력이 완전히 끝나는 것은 단지 시간문제일 뿐이다. 그래서 마귀는 그에게 남아 있는 시간 동안 할 수 있는 대로 모든 것을 파괴하고 파멸시키기를 원한다.

≋≋≋≋ 응답 ≋≋≋≋

요한은 우리가 땅에서 보는 것들이 진실의 전부가 아니라고 우리에게 말해준다. 천사들과 귀신들, 사탄과 미가엘 간에 벌어지는 우주적 갈등, 하늘의 전쟁이 있다. 이 전쟁의 승패는 그리스도의 죽으심과 부활이라는 아주 이례적인 방식을 통해 결정되었다. 어린양의 피로 말미암아 사탄은 하늘로부터 쫓겨났다. 어린양의 피가 그리스도에게 속해 있는 자들에게는 그들의 죄책이 제거되었음을 의미한다. 이제 사탄은 더 이상 하나님 앞에서 신자들을 고소할 근거를 가지지 못한다. 우리가 우리의 죄로부터 영원히 자유롭게 되었기 때문이다. 그리스도인들은 죄책으로부터 자유롭고, 우리의 생명에 집착하는 것으로부터도 자유롭다. 그래서 우리는 예수 그리스도를 위해 목숨을 바치도록 부르심을 받은 경우에는 기꺼이 그렇게 한다.

13 용이 자기가 땅으로 내쫓긴 것을 보고 남자를 낳은 여자를 박해하는지라 14 그 여자가 큰 독수리의 두 날개를 받아 광야 자기 곳으로 날아가 거기서 그 뱀의 낯을 피하여 한 때와 두 때와 반 때를 양육 받으매 15 여자의 뒤에서 뱀이 그 입으로 물을 강 같이 토하여 여자를 물에 떠내려 가게 하려 하되 16 땅이 여자를 도와 그 입을 벌려 용의 입에서 토한 강물을 삼키니 17 용이 여자에게 분노하여 돌아가서 그 여자의 남은 자손 곧 하나님의 계명을 지키며 예수의 증거를 가진 자들과 더불어 싸우려고 바다 모래 위에 서 있더라

13 And when the dragon saw that he had been thrown down to the earth, he pursued the woman who had given birth to the male child. 14 But the woman was given the two wings of the great eagle so that she might fly from the serpent into the wilderness, to the place where she is to be nourished for a time, and times, and half a time. 15 The serpent poured water like a river out of his mouth after the woman, to sweep her away with a flood. 16 But the earth came to the help of the woman, and the

earth opened its mouth and swallowed the river that the dragon had poured from his mouth. **17** Then the dragon became furious with the woman and went off to make war on the rest of her offspring, on those who keep the commandments of God and hold to the testimony of Jesus. And he stood*1* on the sand of the sea.

1 Some manuscripts *And I stood*, connecting the sentence with 13:1

≈≈≈≈≈ 단락 개관 ≈≈≈≈≈

용의 추방과 관련된 세 번째 장면이 이제 시작된다. 본문을 엄격하게 시간 순으로 읽어서, 요한계시록 12:13-17의 사건들이 7-12절의 사건들 다음에 이어지듯이 해석하는 것은 잘못이다. 이 두 단락에 나오는 사건들은 시간상으로 서로 중복되기 때문이다. 이 단락은 용이 땅으로 쫓겨난 것을 13절에서 다시 언급하는 것으로 시작된다. 용은 그에게 주어진 그리스도의 부활과 재림 사이라는 짧은 기간에 무엇을 할 것인가? 용의 목표는 교회를 박해하고 괴롭히는 것이지만(13절), 하나님은 용의 공격을 받고 있는 그분의 백성을 광야로 데리고 가서 돌보신다(14절). 이 뱀은 교회를 멸망시키려고 애쓰지만, 그런 시도는 방해를 받아 좌절된다(15-16절). 격분한 용은 계속해서 여자의 자손들, 즉 예수 그리스도의 교회와 전쟁을 벌인다(17절).

VI. 하늘과 땅에 나타난 표징들(12:1-14:20)

   C. 여자가 박해받음과 동시에 보호받음(12:13-17)

≋≋≋≋ 주석 ≋≋≋≋

12:13 용은 자기가 하늘로부터 쫓겨나서 땅에서 활동할 수밖에 없다는 것을 깨닫는다. 이제는 성도들을 고소해도 아무 효과가 없기 때문에, 용은 승리하는 남자 아이를 낳은 여자(하나님의 백성을 상징하는)를 뒤쫓아 다니며 박해한다.

12:14 용은 여자를 완전히 멸하려고 하지만, 여자는 독수리의 두 날개를 받아서 광야로 날아가 버린다. 이 때문에 용의 정신 나간 시도는 성공하지 못한다. 하나님은 애굽에서 이스라엘을 독수리의 날개에 태워 건져내셨고(출 19:4), 그들을 그분의 날개 위에 업겠다고 약속하셨다(신 32:11). 옛적에 용인 애굽 왕 바로가 이스라엘을 멸하려고 했을 때 여호와께서 그들을 광야로 인도하셨던 것처럼, 이제 하나님은 광야에서 유배 생활을 하고 있는(참고. 사 40:27-31) 교회를 보전하신다(참고. 사 51:9; 겔 29:3; 32:2). 요한은 요한계시록 12:6에서 말한 것으로 돌아가서, 교회가 광야에서 거류민으로 살아가는 동안에 하나님이 그들을 먹이시고 보호하실 것임을 다시금 강조한다. 여기서 요한은 교회가 광야에서 지내게 될 기간을 구체적으로 "한 때와 두 때와 반 때"라고 말한다. 이 기간은 3년 반이며, 안티오코스 4세 에피파네스(주전 175-164년)가 이스라엘을 박해한 기간(단 7:25)에 해당한다. 3년 반은 1,260일을 다른 식으로 말한 것이다(계 12:6). 필자가 요한계시록

11:2 주석에서 논증했듯이, 여기에 언급된 기간은 그리스도의 부활과 재림 사이의 기간을 가리킨다. 마귀는 교회를 박해하지만, 하나님은 교회를 보호하시고 지키신다.

12:15-16 뱀은 홍수를 일으켜서 여자, 즉 하나님의 백성을 몰살시키려고 한다. 여기서도 상징적인 표현들이 사용되고 있다. 뱀은 교회를 몰살시키기 위해 박해, 속임수, 거짓 교사들, 도덕적 타락을 사용한다(참고. 시 18:4: 144:7-8, 11). 하지만 땅이 입을 벌려서 용의 입에서 뿜어져 나오는 큰물을 삼켜버린다(참고. 민 16:30, 32: 신 11:6). 달리 말하면, 하나님은 옛적에 이스라엘을 애굽과 홍해의 물로부터 건져내셨던 것처럼, 교회를 위해서 피할 길을 열어주신다. 따라서 교회는 뱀에 의해 멸망당하지 않을 것이다. 교회는 거짓 가르침과 도덕적 타협으로 인해 흔들릴 수는 있지만, 최종적으로는 똑바로 견고하게 설 것이다. 마귀는 이길 수도 없고 이기지도 못할 것이다.

12:17 이 절을 시간순으로 읽어서, 용이 그 다음으로 한 일에 대해 설명한 것으로 해석하는 것은 잘못이다. 요한은 그의 독자들로 하여금 그들이 살고 있는 세계를 이해할 수 있도록, 만화경을 이리저리 돌려서 서로 다른 각도에서 보여주고 있다. 마귀가 격분한 이유는, 하나님이 여자를 보호해 주심으로써 그가 한 일이 수포로 돌아갔기 때문이다. 그는 다시 돌아가서 여자의 자손, 곧 하나님의 명령을 충성되게 지키고 예수님의 증언을 굳게 붙들고 있는 자들(14:12)과 전쟁을 벌인다. 역사가 시작되던 때에 여자의 자손과 뱀 사이에서 벌어진 싸움은 신속하게 끝나지 않는다(참고. 창 3:15). 여기서 여자의 자손은 하나님의 백성을 가리킨다. 이 해석은 여자가 하나님의 백성을 나타낸다는 필자의 주장과 모순되는가(참고. 계 12:1)? 여자와 여자의 자손이 어떻게 동일한 대상을 가리킬 수 있는가? 이에 답하려면 요한이 쓴 글의 묵시적인 성격을 생각해야만 한다. 즉, 요한은 동일한 것을 여러 가지 다양한 관점에서 바라보고 있다. 하나의 동일한 실체를 여러 가지 표상으로 나타내는 것은 묵시 문학에서 사용하는 문학적 장치이기 때

문에 지나치게 예민하게 반응해서는 안 된다. 요한이 하나님의 백성을 여자로 지칭하기도 하고 여자의 자손으로 지칭하기도 하는 것은, 다른 곳에서 사용한 표현과도 부합한다. 예컨대, 요한이서 1:1에서 "택하심을 받은 부녀"와 "그의 자녀들"은 교회와 그 구성원들이라는 동일한 실체를 가리킨다. 마찬가지로 여기서도 여자의 자손은 하나님의 백성의 개별 구성원들을 가리킨다.

용은 쉴 새 없이 교회를 공격한다. 이 싸움은 최후의 날이 도래할 때까지 결코 끝나지 않을 것이다. 용은 교회를 이기려고 온갖 전략을 짜낸다. 용은 바닷가에 서서 바다(히브리적 사고에서 혼돈과 악의 장소, 참고. 계 21:1)를 바라보고서 (우리가 다음 장에서 보게 될) 그의 동맹군을 소환한다. 용은 여자의 자손을 공격하기 위해 바다 한가운데로부터 한 괴물을 불러낸다(참고. 11:7; 13:7).

≋≋≋≋ 응답 ≋≋≋≋

이 역사의 시대에 그리스도인들의 삶은 어떤 모습일까? 요한에 따르면, 우리는 마귀의 광분을 마주하고 있다. 하지만 우리는 너무나 자주 마귀를 무시하고, 마귀가 온 힘을 다해 우리를 전면적으로 공격하고 있다는 것을 거의 생각하지 않는다. 마르틴 루터가 썼듯이, 다행히 '우리 옆에는 의로우신 분, 하나님이 친히 택하신 분'이 계신다. 루터가 말했듯이 우리가 마귀의 광분을 감당할 수 있는 이유는 '말씀 한 마디로 그를 쓰러뜨릴 수 있기' 때문이다. 지금도 하나님은 우리를 보호하시며 지키고 계신다. 그래서 우리는 우리가 악한 자를 이길 것이라고 확신할 수 있다.

13장

¹ 내가 보니 바다에서 한 짐승이 나오는데 뿔이 열이요 머리가 일곱이
라 그 뿔에는 열 왕관이 있고 그 머리들에는 신성모독 하는 이름들이
있더라 ² 내가 본 짐승은 표범과 비슷하고 그 발은 곰의 발 같고 그 입
은 사자의 입 같은데 용이 자기의 능력과 보좌와 큰 권세를 그에게 주
었더라 ³ 그의 머리 하나가 상하여 죽게 된 것 같더니 그 죽게 되었던
상처가 나으매 온 땅이 놀랍게 여겨 짐승을 따르고 ⁴ 용이 짐승에게
권세를 주므로 용에게 경배하며 짐승에게 경배하여 이르되 누가 이
짐승과 같으냐 누가 능히 이와 더불어 싸우리요 하더라
⁵ 또 짐승이 과장되고 신성모독을 말하는 입을 받고 또 마흔두 달 동
안 일할 권세를 받으니라 ⁶ 짐승이 입을 벌려 하나님을 향하여 비방하
되 그의 이름과 그의 장막 곧 하늘에 사는 자들을 비방하더라 ⁷ 또 권
세를 받아 성도들과 싸워 이기게 되고 각 족속과 백성과 방언과 나라
를 다스리는 권세를 받으니 ⁸ 죽임을 당한 어린양의 생명책에 창세 이
후로 이름이 기록되지 못하고 이 땅에 사는 자들은 다 그 짐승에게 경
배하리라 ⁹ 누구든지 귀가 있거든 들을지어다
¹⁰ 사로잡힐 자는 사로잡혀 갈 것이요

¹⁾칼에 죽을 자는 마땅히 칼에 죽을 것이니
  성도들의 인내와 믿음이 여기 있느니라
¹¹ 내가 보매 또 다른 짐승이 땅에서 올라오니 어린양 같이 두 뿔이 있고 용처럼 말을 하더라 ¹² 그가 먼저 나온 짐승의 모든 권세를 그 앞에서 행하고 땅과 땅에 사는 자들을 처음 짐승에게 경배하게 하니 곧 죽게 되었던 상처가 나은 자니라 ¹³ 큰 이적을 행하되 심지어 사람들 앞에서 불이 하늘로부터 땅에 내려오게 하고 ¹⁴ 짐승 앞에서 받은 바 이적을 행함으로 땅에 거하는 자들을 미혹하며 땅에 거하는 자들에게 이르기를 칼에 상하였다가 살아난 짐승을 위하여 우상을 만들라 하더라 ¹⁵ 그가 권세를 받아 그 짐승의 우상에게 생기를 주어 그 짐승의 우상으로 말하게 하고 또 짐승의 우상에게 경배하지 아니하는 자는 몇이든지 다 죽이게 하더라 ¹⁶ 그가 모든 자 곧 작은 자나 큰 자나 부자나 가난한 자나 자유인이나 종들에게 그 오른손에나 이마에 표를 받게 하고 ¹⁷ 누구든지 이 표를 가진 자 외에는 매매를 못하게 하니 이 표는 곧 짐승의 이름이나 그 이름의 수라 ¹⁸ 지혜가 여기 있으니 총명한 자는 그 짐승의 수를 세어 보라 그것은 사람의 수니 그의 수는 육백육십육이니라

¹ And I saw a beast rising out of the sea, with ten horns and seven heads, with ten diadems on its horns and blasphemous names on its heads. ² And the beast that I saw was like a leopard; its feet were like a bear's, and its mouth was like a lion's mouth. And to it the dragon gave his power and his throne and great authority. ³ One of its heads seemed to have a mortal wound, but its mortal wound was healed, and the whole earth marveled as they followed the beast. ⁴ And they worshiped the dragon, for he had given his authority to the beast, and they worshiped the beast, saying, "Who is like the beast, and who can

fight against it?"

5 And the beast was given a mouth uttering haughty and blasphemous words, and it was allowed to exercise authority for forty-two months. 6 It opened its mouth to utter blasphemies against God, blaspheming his name and his dwelling,¹ that is, those who dwell in heaven. 7 Also it was allowed to make war on the saints and to conquer them.² And authority was given it over every tribe and people and language and nation, 8 and all who dwell on earth will worship it, everyone whose name has not been written before the foundation of the world in the book of life of the Lamb who was slain. 9 If anyone has an ear, let him hear:

10 If anyone is to be taken captive,

    to captivity he goes;

  if anyone is to be slain with the sword,

    with the sword must he be slain.

Here is a call for the endurance and faith of the saints.

11 Then I saw another beast rising out of the earth. It had two horns like a lamb and it spoke like a dragon. 12 It exercises all the authority of the first beast in its presence,³ and makes the earth and its inhabitants worship the first beast, whose mortal wound was healed. 13 It performs great signs, even making fire come down from heaven to earth in front of people, 14 and by the signs that it is allowed to work in the presence of⁴ the beast it deceives those who dwell on earth, telling them to make an image for the beast that was wounded by the sword and yet lived. 15 And it was allowed to give breath to the image of the beast, so that the image of the beast might even speak and might cause those who would not worship the image of the beast to be slain. 16 Also it causes all, both small and great, both rich and poor, both free and slave,⁵ to be

marked on the right hand or the forehead, [17] so that no one can buy or sell unless he has the mark, that is, the name of the beast or the number of its name. [18] This calls for wisdom: let the one who has understanding calculate the number of the beast, for it is the number of a man, and his number is 666.[6]

1) 어떤 사본에는, "칼로 죽이는 자는 마땅히 칼에 죽으리니"로 된 곳도 있음

1 Or *tabernacle* 2 Some manuscripts omit this sentence 3 Or *on its behalf*
4 Or *on behalf of* 5 For the contextual rendering of the Greek word doulos, see ESV
Preface 6 Some manuscripts *616*

≋≋≋≋ 단락 개관 ≋≋≋≋

마귀는 성도들과의 전쟁을 계속하려고 바닷가에 서서 바다로부터 짐승을 불러낸다(계 12:17-13:1). 13장은 두 부분으로 나뉜다. 한 부분은 첫 번째 짐승에 관한 것이고(13:1-10), 다른 한 부분은 두 번째 짐승에 관한 것이다(13:11-18). 이 짐승들은 용이 그의 과업을 이루어내기 위해 불러낸 심복들이다. 용과 두 짐승은 참된 삼위일체를 흉내 낸 악의 삼위일체를 이룬다. 첫 번째 짐승은 황제 숭배를 요구한 전체주의 국가였던 로마 제국을 나타낸다(1절). 이 짐승은 다니엘이 환상을 통해 보았던 네 제국이 모두 결합된 것이고(단 7장), 이 짐승의 권세와 능력은 사탄적이다(계 13:2). 이 짐승은 패배한 것처럼 보이다가 다시 출현해서 모든 사람을 놀라게 만든다(3절). 사람들은 이 짐승이 무적이라고 믿고서 용과 짐승에게 충성을 바친다("누가 이 짐승과 같으냐", 4절). 이 짐승은 그리스도의 부활과 재림 사이에 해당하는 전체 기간에 권세를 받고, 하나님과 신자들을 비방하고 모독한다(5-6절). 실제로 이 짐승은 신자들과 싸움을 벌여서 성도들을 죽인다(7절). 요한은

생명책에 이름이 기록되지 않은 자들은 이 짐승에게 경배할 테지만(8절), 신자들은 고난 받을 것을 각오하라고 말한다(9-10절).

두 번째 짐승은 하나님의 어린양을 흉내 내서 땅에서 올라온다. 그렇지만 이 짐승은 그가 하는 말을 통해 용에 속해 있다는 것을 드러낸다(11절). 이 짐승이 표적들과 기사들을 행하기 때문에, 사람들은 첫 번째 짐승에게 경배하게 된다(12-15절). 또한 이 짐승은 사람들을 경제적으로 차별해서, 사람들로 하여금 짐승의 표를 받게 하고 그들의 목숨을 그에게 바치게 만든다(16-17절). 요한은 독자들에게 수수께끼를 낸다. 이 짐승의 수는 사람의 수, 즉 육백육십육이다(18절).

≋≋≋≋ 단락 개요 ≋≋≋≋

VI. 하늘과 땅에 나타난 표징들(12:1-14:20)
  D. 두 짐승(13:1-18)

≋≋≋≋ 주석 ≋≋≋≋

13:1 요한은 용이 바닷가에 서서 부르자 한 짐승이 바다에서 올라오는 것을 본다(12:17). 바다는 히브리인들에게 혼돈과 위험과 악의 장소였다(참고. 21:1 주석). 이 묵시는 다니엘서 7:3을 가져와서 사용하고 있다. 거기서 다니엘은 "큰 짐승 넷이 바다에서" 나오는 것을 본다. 다니엘서의 짐승들은 대제국들을 나타내므로 요한 역시 하나의 대제국을 염두에 두고 있는데, 이 대제국은 거의 틀림없이 로마를 가리킬 것이다. 바다에서 올라온 나라는 인간적이거나 시민적이거나 시민들을 위하는 나라가 아닌, 시민들을 먹잇

감으로 삼는 파괴적이고 사나운 짐승 같은 나라였다. 여기에 묘사된 짐승은 아마도 다니엘이 본 네 번째 짐승일 것이다(단 7:7, 19, 23). 요한계시록에 나오는 이 짐승은 열 뿔을 지니고 있고 그 뿔마다 통치하는 권세를 상징하는 왕관이 씌워져 있는 것으로 보아, 엄청난 능력을 지니고 있다(계 17:12, 참고. 단 7:20, 24). 이 짐승이 지닌 일곱 머리도 권세와 능력을 나타낸다. 용도 일곱 머리와 열 뿔을 지니고 있었다(계 12:3). 따라서 틀림없이 용이 그의 권세를 이 짐승에게 주었을 것이다. 용이 그리스도를 희화화한 존재였듯이, 뿔들과 왕관들을 지닌 이 짐승도 그리스도를 희화화한 존재다(참고. 5:6; 19:12). 이 짐승의 일곱 머리에는 하나님을 모독하는 이름들이 있었다. 아마도 그 이름들은 로마 제국이 스스로를 신격화해서 부른 '주', '신의 아들', '구원자' 같은 칭호들일 것이다(참고. 17:3). 이 이름들은 이 짐승이 하나님 행세를 하고 있음을 다시금 나타낸다. 이 짐승은 로마 제국에 국한되지 않는다. 이 짐승은 로마를 가리키면서도, 역사 전체에 걸쳐서 모든 정부에 출현한 온갖 악에도 적용되며, 종말에 있을 최후의 싸움에도 적용된다.

13:2 바다에서 나온 이 짐승은 표범 같이 생겼는데, 발은 곰의 발 같았고, 입은 사자의 입 같았다. 다니엘이 본 네 짐승에 관한 묵시에서 첫 번째 짐승(바벨론)은 독수리의 날개를 지닌 사자와 같았고(단 7:4) 두 번째 짐승(메대-바사)은 곰과 같았으며(단 7:5), 세 번째 짐승(아마도 헬라)은 표범과 같았다(단 7:6). 요한은 이 짐승들이 다니엘이 본 네 번째 짐승에게서 완성되는 것을 보는데, 여기에 묘사된 짐승이 바로 그 네 번째 짐승이다(아마도 로마, 참고. 단 7:7, 19, 23). 이 짐승이 가진 전체주의적인 권력은 독자적인 것이 아니라 용에게서 받은 것이다. 따라서 이 짐승이 가진 통치하는 권세는 마귀적이다(참고. 살후 2:8-9).

13:3 이 짐승에게 있는 머리들 중 하나가 치명적인 상처를 입었다가 회복된다(참고. 17:8). 많은 사람은 이것이 개인을 가리킨다고 보는데, 그러한 해석도 분명히 가능하다. 네로 황제가 주후 68년에 죽은 후에 그가 바대로

부터 돌아와서 다시 다스리게 될 것이라는 전승이 생겨났으며, 요한이 그 전승을 염두에 두었을 가능성이 없지는 않다. 그러나 요한이 이 책을 90년 대에 기록했다는 견해가 가장 유력하며 그 경우에 네로는 이미 오래전에 죽은 사람이 되기 때문에, 요한이 네로에 관한 전승을 염두에 두었을 가능성은 희박하다. 그렇다면 짐승의 머리가 회복된 것은 로마 제국 전체를 가리키는 것일 가능성이 훨씬 더 크다. 치명적인 상처는 로마 제국의 폭정이 끝난 듯이 보인 것을 나타낸다. 로마의 지배는 끝났고 영원히 사라진 것처럼 보였다. 하지만 로마 제국은 멸망하지 않는다. 그 폭정이 분명히 끝난 것처럼 보였는데, 힘을 되찾는다. 치명타라는 것도 별 소용이 없었다. 그러자 이것을 본 세상은 깜짝 놀라서 이 짐승에게 충성을 맹세한다. 마귀적인 제국이 죽은 듯이 보였다가 다시 살아난 것은 일종의 부활이다. 그러므로 이 짐승은 이 점에서도 또다시 그리스도를 희화화한 것이다.

13:4 짐승과 그 제국의 능력이 건재함을 본 모든 사람은 용과 짐승을 경배하게 된다. 용은 짐승에게 권세를 주었기 때문에 경배를 받으며, 짐승은 이른바 부활하였기 때문에 경배를 받는다. 짐승은 하나님처럼 대적할 자가 없고 전능하다고 여겨진다(참고. 출 15:11; 시 89:7). 사람들은 짐승을 거역하거나 이길 수 없다고 믿고서 짐승을 경배한다. 역사 속에서 자주 보아왔듯이, 사람들은 승자를 지지한다.

13:5 이 절에는 짐승이 무엇인가를 '받았다'는 말이 두 번 나온다. 짐승은 교만하고 신성모독적인 말을 하는 "입"과 42개월 동안 활동할 "권세"를 받았다. 받았다(에도테)라는 어구는 이 장에서 네 번 더 나온다[13:7(2번), 14, 15]. 9:1 주석에서 필자는 이 수동형 동사의 의미상 주어가 하나님이라는 것을 논증했다. 용은 능동적으로 짐승에게 그의 권세를 주지만[에도켄(edōken), 13:2, 4], 짐승이 행하는 일들을 주관하시고 권세를 행사하도록 허용할지 말지를 결정하시는 분은 하나님이시다. 하나님은 짐승이 하는 일들을 주관하시지만, 사탄과 동일한 동기나 의도를 갖고 하시지는 않

는다. 하나님의 심판은 하나님께 '낯선' 일이기 때문에(사 28:21), 하나님은 악인들에게 회개하여 살라고 권하신다(겔 18:23, 32). 반면에 사탄은 사람들이 멸망하는 것을 기뻐한다. "감추어진 일"은 여호와께 속하기 때문에(신 29:29), 우리는 하나님의 주권과 인간의 책임 사이에 있는 논리적 관계를 충분히 설명하지 못한다.

짐승은 자아도취에 빠져서 하나님을 대적하여 '거만하고 신성모독적인 말들'(개역개정은 "과장되고 신성모독을")을 말한다. 안티오코스 4세 에피파네스는 역사 속에서 실제로 그런 말들을 한 인물로, 장차 올 이 짐승의 모형 역할을 한다(참고. 단 7:8, 20; 11:36). 또한 그런 행동은 스스로를 하나님으로 높이는 "불법의 사람"(살후 2:3-4)이 보이는 언행과도 일치한다. 짐승은 42개월 동안 그가 가진 권세를 사용하도록 허용된다. 어떤 사람들은 이것을 문자 그대로 예수님의 재림 직전의 3년 반의 기간을 가리키는 것으로 이해한다. 하지만 요한이 서술하는 대상은 예수님의 초림과 재림 사이의 기간 전체일 것이다(참고. 계 11:2 주석). 여기서 요한은 그의 독자들에게서 아주 먼 미래가 아니라 로마 제국이 그들에게 줄 충격에 대해 말하고 있다. 하나님의 권위를 참칭하는 모든 전체주의적인 정부가 바로 이 짐승이라는 것이다.

13:6 요한은 특히 다니엘서를 사용하여 이 짐승이 하나님을 대적하는 것을 묘사하는 데 초점을 맞춘다. 5절에서와 마찬가지로 이 짐승은 하나님과 그분의 이름을 모독하는 말을 통해 스스로를 높이는 자임을 드러낸다. 짐승은 안티오코스 4세 에피파네스의 언행을 그대로 따른다. 다니엘서 7:25은 안티오코스 4세에 대해 "그가 장차 지극히 높으신 이를 말로 대적[할]" 것이라고 말한다. 또한 다니엘서 11:36의 예언도 성취된다. "그 왕은 자기 마음대로 행하며 스스로 높여 모든 신보다 크다 하며 비상한 말로 신들의 신을 대적하며." 이 짐승은 하나님의 거처, 즉 "하늘에 사는 자들"도 비방한다(참고. 계 12:12). 이 표현은 하나님의 백성을 가리키는 것으로(21:3), 그들의 참된 본향이 하늘에 있음을 보여준다. 여기서 짐승이 보이는 행동들

은 다니엘서 7:25에서 짐승이 하나님과 그분의 백성을 대적할 것이라는 말과 일치한다. 짐승은 하나님 행세를 하면서, 살아 계신 한 분 참 하나님께 속한 모든 것과 모든 사람을 미워한다.

13:7 우리는 하나님이 짐승에게 두 가지를 더 주셨다는(에도테) 것을 알게 된다. 첫째, 하나님은 짐승이 성도들과 싸워서 그들을 이기도록 허용하셨다. 이것은 성도들이 짐승에게 굴복하여 믿음을 포기할 것이라는 의미가 아니라(참고. 11:7 주석), 하나님이 짐승에게 그들의 목숨을 빼앗도록 허용하셨다는 의미이다(참고. 2:13; 6:9-11; 16:6; 17:6; 18:24; 19:2; 20:4). 이것도 다니엘서에 나오는 패턴을 따르고 있다. 거기서도 다니엘은 안티오코스 4세 에피파네스에 대해 "이 뿔이 성도들과 더불어 싸워 그들에게 이겼더니"라고 말하기 때문이다(단 7:21, 참고. 단 7:25). 하나님이 일정 기간에 짐승이 원하는 것들을 할 수 있도록 허용하셨기 때문에, 짐승은 모든 족속과 백성과 방언과 나라에 대해 권세를 행사한다. 여기서 우리는 황제 숭배 제의가 광범위하게 행해지리라는 것과 짐승의 통치가 전체주의적인 성격을 지니게 될 것을 알게 된다.

13:8 짐승의 권세와 통치가 "이 땅에 사는 자들" 속에 두려움과 경탄을 불러일으켜서, 그들은 짐승을 경배하게 된다. 이 절은 마치 모든 사람이 예외 없이 짐승을 경배하게 될 것처럼 말하고 있지만, '땅에 거하는 모든 자'[판테스 호이 카토이쿤테스 에피 테스 게스(*pantes hoi katoikountes epi tēs gēs*)]라는 어구는 요한계시록에서 불신자들을 가리키는 전문용어다(참고. 3:10 주석). 이러한 이해는 본문이 땅에 거하는 자들을 가리켜 그 이름이 생명책에 기록되지 않은 자들이라고 말하는 것에 의해 확증된다. 생명책에는 장차 불 못에 던져지지 않을 자들의 이름이 기록되어 있다(참고. 단 12:1; 빌 4:3; 계 3:5; 17:8; 20:12, 15; 21:27; 22:19). 따라서 짐승에게 충성을 맹세하는 자들은 스스로 한 분 참 하나님께 속하지 않았음을 증명하고 있는 것이다.

대부분의 영역 성경들은 '창세 전에 생명책에 기록된' 자들이라고 말하지만, 요한은 요한계시록 17:8에서도 이 본문과 거의 동일한 표현을 사용해서 "땅에 사는 자들로서 창세 이후로 그 이름이 생명책에 기록되지 못한 자들"이라고 말한다. 13:8의 표현은 '창세로부터 죽임을 당하신 어린양'(참고. KJV, NIV)이라는 요한의 말을 반영한 것일 수 있다. 여기서 창세 이전이냐 이후냐 하는 것은 결정적인 의미를 지니지 않는다. 병행 본문들을 고려할 때, 요한은 역사가 시작되기 전에 생명책에 기록된 자들에 대해 말하고 있는 것이라 할 수 있다. 어쨌든 그리스도의 죽으심이 역사 이전에 미리 결정되어 있었을지라도, 역사가 시작되기 전에 실제로 실행되었다고는 말할 수 없다. 어린양은 이 세상이 시작되기 이전이 아니라 역사 속에서 죽임을 당하셨기 때문이다. 반면에, 하나님은 누구를 생명책에 기록할 것인지를 역사가 시작되기 전에 결정하셨다.

13:9-10 요한은 일곱 편지 모두에서 사용한 정형화된 문구를 다시 언급한다(계 2:7, 11, 17, 29; 3:6, 13, 22). 귀가 있는 자들은 귀를 열고서, 지금 여기서 그가 하고 있는 말들을 경청해야 한다는 것이다. 요한은 이 짐승의 권세와 이 짐승이 그리스도인들을 박해하고 죽일 것임을 사람들에게 미리 말해주었고, 불신자들이 이 짐승을 경배하고 찬양하리라는 것도 알려주었다. 따라서 신자들은 단단히 각오하고 있어야 한다. 어떤 신자들은 사로잡혀가게 되어 있어서 실제로 사로잡혀갈 것이다. 어떤 신자들은 칼에 의해 죽게 되어 있어서 실제로 칼에 맞아 죽을 것이다(참고. 렘 15:2; 43:11). 그런 일들이 일어난다고 해서 하나님이 그분의 백성을 버렸거나 잊어버리신 것이 아니다. 짐승이 권세를 휘두르는 것은 하나님이 이 세계에 대한 그분의 주권적 통치를 포기하셨다는 의미가 아니다. 짐승은 오직 하나님의 뜻에 의해 권세를 행사할 뿐이기 때문이다. 그래서 요한은 신자들에게 끝까지 인내로써 믿음을 지켜, 그들의 주께 계속해서 변함없이 충성하라고 촉구한다. 신자들은 박해와 난관들에도 계속해서 주께 충성해야 한다.

13:11 다음 단락(13:11-18)은 요한이 또 다른 짐승이 땅에서 올라오는 것

을 보는 장면으로 시작된다. 이 다른 짐승은 다른 곳들에서는 "거짓 선지자"로 불린다(16:13; 19:20; 20:10). 이 두 번째 짐승은 하나님의 말씀을 대언한다고 자처한다는 점에서, 하나님의 말씀 및 길들과 반대되는 종교적인 권세를 나타낸다. 첫 번째 짐승이 로마 제국이라면, 두 번째 짐승은 로마 제국의 사제단일 것이다. 두 번째 짐승의 사기성은 분명하게 드러난다. 이 짐승이 어린양처럼 두 뿔을 지니고 있다는 것은, 이 짐승이 어린양처럼 행세한다는 것을 보여준다. 그러나 이 짐승이 용처럼 말한다는 것은, 이 짐승이 전하는 메시지가 마귀적인 것임을 나타낸다. 예수님은 거짓 선지자들이 "양의 옷을 입고" 오겠지만 실상은 "노략질하는 이리"라고 친히 경고하셨다(마 7:15).

13:12 두 번째 짐승은 악의 삼위일체의 세 번째 구성원으로서 더러운 영과 같은 역할을 한다. 이 짐승은 첫 번째 짐승 앞에서 첫 번째 짐승의 권세를 행함으로써, 땅의 주민들(모든 불신자, 참고. 3:10 주석)로 하여금 첫 번째 짐승을 경배하게 한다. 그리고 불신자들은 흔쾌히 그 지시에 따른다. 왜냐하면 첫 번째 짐승이 치명상을 입고도 회복되어서 신적인 능력을 지녔다고 여겨졌기 때문이다. 다시 말해, 전체주의적 통치가 무너진 것처럼 보였다가 잿더미에서 일어나서 다시 통치하게 된 것처럼, 첫 번째 짐승이 그 나름의 부활의 권능을 보였기 때문이다.

13:13 두 번째 짐승은 큰 이적을 행함으로써 그의 권위를 더욱 강화한다(참고. 16:14). 즉, 거짓 종교는 사람들로 하여금 그들이 진짜임을 입증 받았다고 여기게 하는 데 경험을 사용한다. 엘리야가 하늘로부터 불을 내릴 수 있었듯이(왕상 18:38), 거짓 종교도 표적들과 기사들을 통해 그의 권위를 확증한다. 예수님(마 24:24)과 바울(살후 2:9)은 거짓 그리스도들과 거짓 선지자들이 이적들을 행할 것이라고 가르쳤다. 그런 이적들은 하나님에 대한 신자들의 헌신이 참된 것인지를 시험하는 역할을 한다(신 13:1-3).

13:14 이 표적들은 땅에 거하는 자들(불신자들, 참고. 3:10 주석)을 속여서, 첫 번째 짐승이 경배와 찬양을 받을 자격이 있다고 확신시킨다. 그래서 땅에 거하는 자들은 이 짐승의 신상을 만든다. 우상은 경배를 위해 만들어진 것이므로, 요한은 이 짐승이 죽은 것 같았다가 다시 살아남으로 인해 경배를 받을 것임을 다시금 상기시킨다. 짐승을 위하여 우상을 만든다는 말은 요한의 묵시적이고 상징적인 말하기 방식으로서 문자 그대로 짐승의 모습을 한 우상을 실제로 만든다는 의미가 아니라, 이 짐승이 경배를 받으리라는 의미이다. "살아난"[에제센(*ezēsen*)]이라는 말은 다른 곳에서 그리스도의 부활을 말할 때 사용된다(롬 14:9; 계 2:8). 그리고 복수형인 '그들이 살아났다'[에제산(*ezēsan*)]는 말은 다른 곳에서 신자들의 영적이거나 육신적인 부활을 가리킨다(20:4-5). 불신자들이 이 짐승을 경배하는 이유는 이 짐승이 지닌 부활의 능력 때문이며, 이 제국이 죽은 것처럼 보였으나 다시 살아났기 때문이다. 따라서 이 짐승은 그리스도를 흉내 낸 존재이자 가짜 그리스도다.

13:15 여기서도 두 번째 짐승이 성령처럼 행하는 것이 제시된다. 성령이 와서 예수님을 영화롭게 하고(요 16:14) 그분께 기름을 부어 능력을 주었듯이(눅 4:18-21), 두 번째 짐승도 첫 번째 짐승에게 능력을 수여하고 그를 존귀하게 한다. 두 번째 짐승이 첫 번째 짐승의 우상에 생기를 주었다는 요한의 말을, 우상이 문자 그대로 살아 있는 존재가 된 것처럼 생각해서는 안 된다. 여기서 요한이 말하려는 내용은 두 번째 짐승이 첫 번째 짐승에게 능력을 수여할 뿐만 아니라, 첫 번째 짐승을 지원하는 여러 가지 시도를 하리라는 것이다. 첫 번째 짐승이 하나님의 계시를 전하는 것처럼 말하기 때문에, 사람들은 그의 말이 초자연적인 힘과 영감과 권위와 설득력을 지니고 있다고 여긴다. 하지만 두 번째 짐승의 '사역'은 설득하는 것에서 그치지 않는다. 두 번째 짐승은 사람들로 하여금 첫 번째 짐승을 경배하도록 강제하며, 거부하는 자들을 죽인다. 마찬가지로 플리니우스는 트라야누스 황제(주후 98-117년)에게 그리스도인들을 어떻게 대해야 하는지에 관해 편지하면서, 그리스도인들이 신들에게 제사하면 그들을 벌하지 않아야 하

지만 거부하는 경우에는 죽여야 한다고 썼다(*Epistulae* 10.96.5 LCL). 느부갓
네살도 그리스도인들에게 그러한 절대적인 충성을 요구했다(단 3:5-6). 짐
승 앞에 엎드려 절하는 자들은 그들이 한 분 참 하나님께 속하지 않았음을
드러내는 것이다(참고. 계 14:9-11; 16:2; 19:20; 20:4).

13:16-17 또한 두 번째 짐승은 경제적인 차별 정책을 통해 첫 번째 짐승
의 권세를 강화한다. 이마나 오른손에 첫 번째 짐승에게 충성을 맹세하는
표를 받지 않은 사람은, 그가 어떤 사회적 신분이나 영향력을 지니든 상관
없이 매매를 할 수 없게 만든다. 이 숫자는 짐승의 이름을 나타낸다(참고.
14:11; 15:2). 많은 해석자가 이것을 문자 그대로의 의미로 해석해서, 장차
사람들이 이마나 오른손에 문자 그대로 어떤 표를 새기리라는 것을 의미
한다고 주장한다. 그러나 여기에 사용된 표현들은 상징적인 의미를 지니
는 것으로 보인다. 이마에 하나님의 인침을 받은 자들의 수인 십사만 사천
이 문자 그대로의 의미를 지니지 않듯이(7:3), 이 표도 문자 그대로의 의미
로 해석해서는 안 된다. 어쨌든 이 두 짐승은 음모를 꾸며서 신자들을 시
장으로부터 배제시킨다.

13:18 요한은 역사 전체에 걸쳐서 해석자들을 매료시키고 당혹하게 만든
말씀으로 이 단락을 끝마친다. 그는 독자들이 지혜로워서 이 짐승의 수를
셈할 수 있어야 하며, 그 수가 사람의 수인 육백육십육이라고 말한다. 일부
사본들에는 육백십육으로 되어 있지만, 가장 좋은 읽기는 육백육십육이다.
이 수가 특정한 개인을 가리킨다면 가장 유력한 후보로 네로 황제를 들 수
있다. '네로 카이사르'를 헬라어에서 히브리어로 음역할 때, 그 히브리어
글자들에 해당하는 수를 합하면 육백육십육이 된다. 물론 최초의 독자들
이 이 복잡한 계산법을 알았으리라고 생각되지는 않지만 말이다. 역사 전
체에 걸쳐서 이 인물의 정체를 놓고 많은 황당한 추측들이 제시되었으나,
그 추측들은 지금까지 모두 틀렸다. 이 수가 네로를 가리킨다는 견해의 이
점은 다음과 같다. 네로는 요한이 이 책을 쓴 시기와 관련된 인물이었다.

그리고 당시에 네로가 죽은 후에 바대로부터 다시 살아서 돌아올 것이라는 추측과 두려움이 유포되고 있었다. 하지만 이 수가 네로를 가리킨다고 보기 어려운 데다 분명하지도 않다. 왜냐하면 육백육십육이라는 수를 얻으려면 네로 황제의 명칭을 헬라어에서 히브리어로 음역하고 그 히브리어의 각 문자가 지닌 수를 합해야 하는데, 이것이 당시의 독자에게는 무리인 것으로 보이기 때문이다. 또한 앞에서도 언급했듯이 요한계시록이 90년대에 쓰였다고 할 때, 당시에는 네로가 다시 돌아올 것이라는 두려움이 충분히 가라앉았을 것이다. 따라서 다른 방향에서 해법을 찾는 편이 더 나아 보인다. 칠백칠십칠은 완전수를 나타내는데, 요한은 육백육십육을 사람의 수라고 말한다. 따라서 육백육십육이라는 수는 하나님과 그리스도를 대적하는 것, 한 분 참 하나님을 대적하는 모든 것을 가리킨다. 칠백칠십칠이 거룩함과 완전한 선을 나타낸다면, 육백육십육은 엄청나고 총체적인 악을 나타낸다. 따라서 요한은 여기서 어느 특정한 인물을 가리키려 하지 않았다. 도리어 짐승의 나라는 하나님의 나라가 아니라 사람의 나라이자 악의 나라라고 말하는 것이다. 하나님을 떠난 인간은 마귀적이다. 짐승의 나라는 생명과 번영을 약속하지만, 죽음과 비참함과 황폐화를 가져다줄 뿐이다.

≋≋≋≋≋   응답   ≋≋≋≋≋

전체주의적인 국가는 짐승이고 적그리스도다. 그런 국가는 절대 권력을 지향해서 시민들을 완벽하게 통제하기를 원하며, 시민들의 예배와 충성까지도 통제하려고 한다. 우리는 나폴레옹과 히틀러의 통치, 소련과 중국에서 출현한 공산주의 같이 역사 전체에 걸쳐 그런 국가가 등장한 것을 보아 왔다. 요한의 시대에 로마 제국은 그리스도인들에게 제국과 황제에게 전적으로 충성하고 예배할 것을 요구한 짐승이었다. 전체주의가 완전히 무너진 것처럼 보일 때도, 또 다른 그런 국가가 출현한다. 그리스도인들은 그런 국가에 저항하도록 명령을 받는다. 우리가 최후의 상을 얻으려면 그리스도를 위해 기꺼이 고난을 당하고 우리의 모든 것을 드리며, 끝까지 인내로써 믿음을 지켜야 한다.

¹ 또 내가 보니 보라 어린양이 시온산에 섰고 그와 함께 십사만 사천이 서 있는데 그들의 이마에는 어린양의 이름과 그 아버지의 이름을 쓴 것이 있더라 ² 내가 하늘에서 나는 소리를 들으니 많은 물소리와도 같고 큰 우렛소리와도 같은데 내가 들은 소리는 거문고 타는 자들이 그 거문고를 타는 것 같더라 ³ 그들이 보좌 앞과 네 생물과 장로들 앞에서 새 노래를 부르니 땅에서 속량함을 받은 십사만 사천 밖에는 능히 이 노래를 배울 자가 없더라 ⁴ 이 사람들은 여자와 더불어 더럽히지 아니하고 순결한 자라 어린양이 어디로 인도하든지 따라가는 자며 사람 가운데에서 속량함을 받아 처음 익은 열매로 하나님과 어린양에게 속한 자들이니 ⁵ 그 입에 거짓말이 없고 흠이 없는 자들이더라

¹ Then I looked, and behold, on Mount Zion stood the Lamb, and with him 144,000 who had his name and his Father's name written on their foreheads. ² And I heard a voice from heaven like the roar of many waters and like the sound of loud thunder. The voice I heard was like the sound of harpists playing on their harps, ³ and they were singing

a new song before the throne and before the four living creatures and before the elders. No one could learn that song except the 144,000 who had been redeemed from the earth. ⁴ It is these who have not defiled themselves with women, for they are virgins. It is these who follow the Lamb wherever he goes. These have been redeemed from mankind as firstfruits for God and the Lamb, ⁵ and in their mouth no lie was found, for they are blameless.

14장

≈≈≈≈ 단락 개관 ≈≈≈≈

이제 장면은 땅에서 하늘로, 이 땅에서 자행되는 두 짐승의 통치로부터 하늘에서 펼쳐지는 아버지 하나님과 어린양의 통치로 이동한다. 요한계시록 14:1에 묘사된 하늘의 시온산에는 이마에 어린양과 아버지의 이름이 있는 십사만 사천이 서 있다. 그들은 13:16-18에서 이마와 손에 짐승의 표를 받은 자들과 대비된다. 십사만 사천의 구속받은 신자들 십사만 사천은 그들을 속량하시고 구원하신 하나님을 찬송하는 노래를 부른다(14:2-3). 그들은 하늘의 시온산에 속한 자들이다. 왜냐하면 그들은 거짓 신들을 섬김으로써 자신을 더럽히지 않았고, 흔들림 없이 어린양을 따랐기 때문이다(4절). 그들은 거짓 종교의 거짓말에 동의하지 않았고, 짐승에게 충성을 바친 적도 없었다. 그들은 어린양과 아버지 하나님을 섬겼기 때문에 흠이 없는 자들이다(5절).

VI. 하늘과 땅에 나타난 표징들(12:1-14:20)

    E. 시온산에 선 십사만 사천(14:1-5)

≋≋≋≋≋ 주석 ≋≋≋≋≋

14:1 장면이 바뀌고, 요한은 환상을 통해 어떤 새롭고 특이한 것을 본다. 그의 시선에서 두 짐승은 사라지고, 그 대신에 시온산이 보인다. 이 시온산은 예루살렘이 위치한 역사 속의 장소가 아니라 하늘의 시온산, 즉 하늘 그 자체를 가리킨다. 구약성경에서 시온산은 장차 종말에 도래할 나라에서 중요한 역할을 한다(참고. 사 24:23; 욜 2:32; 미 4:7-8, 참고. 에스라4서 13:29-39; 에스라5서 2:42-48; 바룩2서 4:1-5). 요한은 그의 환상 가운데 땅에서 하늘로 옮겨져서, 어린양과 십사만 사천이 함께 서 있는 것을 본다. 어린양이 서 있다는 것은 그가 부활하셔서 "만왕의 왕이요 만주의 주"로서 다스리고 계심을 나타낸다(계 19:16, 참고. 17:14). 궁극적으로 짐승의 통치는 지속되지 못할 것이다. 따라서 십사만 사천의 신자는 그들에게 약속된 상을 받고 하늘의 시온산에서 살게 될 것이다. 히브리서는 하늘의 시온산을 하늘의 예루살렘이라고 말하는데(히 12:22), 요한계시록도 그와 동일하게 말하는 것으로 보인다(계 3:12; 21:2, 10). 필자는 7:4-8 주석에서 십사만 사천이 하나님의 백성, 즉 구속받은 자들 전체를 나타내는 것임을 논증했다. 이 본문은 그들의 이마에 어린양과 아버지 하나님의 이름이 새겨져 있다고 말한다(참고. 3:12; 22:4). 이 표현이 짐승의 표와 병행된다는 점은, 짐승의 표가 실제의 표를 가리킨다고 문자 그대로 이해해서는 안 된다는 것을 추가로 입증한다. 이 표는 십사만 사천이 어린양과 아버지 하나님께 속한 자들이라는

것을 나타낸다. 십사만 사천은 어린양 및 아버지 하나님과 연합되어 있는 자들이기 때문에 어린양과 아버지 하나님의 소유다.

14:2 요한은 하늘의 시온산에 십사만 사천이 서 있는 것을 보았을 뿐만 아니라, 하늘에서 많은 물이 폭포처럼 떨어지거나 우레가 내리치는 것 같은 우렁찬 소리를 듣는다(참고. 19:6). 이 소리는 하나님의 음성이 아니고(참고. 겔 1:24; 43:2; 계 1:15), 십사만 사천이 내는 소리인 것으로 보인다. 그 소리는 거문고 연주자들이 거문고를 연주하는 소리 같았다. 요한은 거문고 연주자들이 거문고들을 연주하고 있었다고 말하지 않고, 그 소리가 거문고 연주자들이 거문고들을 연주하는 것 '같았다'(호스)고 말할 뿐이다. 다시 말해, 요한의 말은 우리가 장차 천국에서 영원토록 거문고를 연주할 것이라는 의미가 아니다. 거문고와 음악은 기쁨과 즐거움을 상징하는 것으로(참고. 시 33:2; 43:4; 57:8; 98:5; 147:7), 사람의 마음 깊은 곳에서 솟아나오는 기쁨을 다른 어떤 것보다도 가장 잘 나타낼 수 있는 상징일 것이다. 따라서 여기서 울려 퍼지고 있는 우렁찬 소리는 하늘 전체를 진동시키는 기쁨의 소리다(참고. 계 19:1, 6).

14:3 십사만 사천은 보좌에 앉아 계시는 하나님과 네 생물과 장로들 앞에서 새 노래를 부르고 있다. 네 생물과 장로들을 십사만 사천과 구별하고 있는 것이 주목할 만하다. 이것은 이십사 장로들이 천사라는 것을 다시 한 번 시사한다(참고. 4:4 주석). 성경에서 새 노래는 새로운 구원 역사에 대한 화답으로 불려진다(참고. 시 33:3; 40:3; 96:1; 98:1; 144:9; 149:1; 사 42:10; 5:9 주석). 십사만 사천이 새 노래를 부르고 있는 이유는 그들이 "땅에서 속량함을 받은" 자들로서, 이 환상 가운데 몸의 부활에 앞서 그들이 하늘에 가지고 있는 미래의 거처를 종말론적으로 바라보고 있기 때문이다. 요한계시록 5:9이 보여주듯이, 이 구속은 어린양의 피에 의해 주어진 것이다. 그리고 구속받은 자들은 어린양이 그들을 위해 행하신 구속으로 말미암아 우레 같은 찬송으로 그들의 충만한 기쁨을 표현한다. 십사만 사천 이외에는

아무도 이 노래를 배울 수 없다. 오직 구속받은 자들, 구원받은 자들만이 이 노래를 배울 수 있다. 짐승의 표를 받은 자들은 악한 자들과 운명을 같이 하기로 작정한 자들이기 때문에 이 노래를 배울 수 없다. 구속받은 자들만이 이 노래를 배울 수 있다는 요한의 말은, 십사만 사천이 모든 신자를 나타낸다는 것을 강력하게 입증한다. 왜냐하면 신자들은 그 호칭의 의미대로 구속받은 자들이기 때문이다.

14:4 이 본문은 십사만 사천에 대해 세 가지로 묘사한다. 그들은 여자에 의해 더럽혀지지 않았고 어린양이 어디로 가든지 따라가며, 첫 열매로 속량함을 받은 자들이다. 첫째, 그들은 여자에 의해 더럽혀지지 않은 순결한 자들이다. 분명히 이 표현은 상징적인 의미를 지닌다. 왜냐하면 요한은 성관계가 본질적으로 사람을 더럽힌다고 말하고 있지 않기 때문이다. 혼인이 사람을 더럽힌다고 주장하는 자들은 실제로는 귀신의 가르침을 전파하는 것이다(딤전 4:1, 3). 따라서 요한이 여기서 하는 말은, 바울이 고린도 신자들에게 그들을 "정결한 처녀로 한 남편인 그리스도께 드리려고 중매한" 것이라고 말한 것과 비슷하다(고후 11:2). 구약성경에서 하나님의 백성은 여호와의 신부로 묘사되며, 그들이 다른 신들을 섬기는 것은 매춘이나 간음 행위로 비난을 받는다(참고. 렘 3:8-9; 겔 16장; 23장; 호 1:1-3:5). 하늘의 시온산에 있는 하나님의 백성인 십사만 사천은 다른 신들과 간음을 저지르지 않은 자들이다. 그들은 늘 한 분 참 하나님께 충성을 다했다. 따라서 두 번째 묘사는 첫 번째 묘사와 비슷한 의미를 지닌다. 어린양을 따른다는 것은 어린양에게 순종하는 것이다. 즉, 요한이 요한복음에서 말했듯이 선한 목자의 음성을 듣고 따르는 것(요 10:4, 8, 16, 27)을 의미한다.

끝으로, 십사만 사천은 인류 중에서 속량된 자들이다. 그들은 어린양의 피로 속전을 지불하고 건짐을 받은 자들이다(계 5:9). 요한이 그들을 하나님과 어린양의 첫 열매들이라고 부른 것은 무엇을 의미하는가? 십사만 사천 명이 처음으로 구원받은 자들이며, 앞으로도 구원받을 자들이 더 있다는 의미인가? '첫 열매'는 수확을 시작해서 마치기 전에 처음으로 거둔 곡식을 가리킨다(참고, 출 23:19; 레 2:12; 23:10; 민 18:12; 신 18:1-4; 26:2, 10; 느 10:37, 39). 그렇지만 여기서 십사만 사천 명 외에도 속량될 신자들이 더 있다는 것처럼, 이 단어가 앞으로 거둘 것이 더 있다는 의미를 전달하는 것 같지는 않다. 요한이 이미 십사만 사천을 가리켜 땅에 있는 자들 중에서 속량함을 받은 자들이라고 말했기 때문에(계 14:3), 그들은 하나님께 헌신된 자들 전체를 나타낸다. 따라서 첫 열매를 수확한 후에 이루어질 완전한 수확은 십사만 사천 명 외에 다른 사람들이 추가로 구원받음을 가리키는 것이 아니라, 모든 피조세계가 새로워지는 것을 가리킬 것이다(참고, 약 1:18). 이 십사만 사천은 속량함을 받은 모든 자 곧 모든 신자를 가리킨다(참고, 계 7:4-8 주석).

14:5 십사만 사천에 대한 마지막 묘사는, 그들은 거짓을 말하지 않고 흠이 없다는 것이다. 하나님의 백성에 속한 자들은 당연히 거짓말을 하지 않아야 하지만, 필자가 생각하기로 이 묘사의 초점은 문자 그대로 거짓말을 하지 않는 것이 아니다. 이는 4절의 여자에 의해 더럽혀지지 않은 자들이라는 요한의 말이 문자 그대로 독신 생활을 의미하는 것이 아닌 것과 같다. 구약성경은 우상들을 섬기는 것을 거짓말하는 것으로 묘사한다(참고, 시 4:2; 사 28:15, 17; 렘 3:23; 호 11:12). 이사야는 우상숭배자를 가리켜 다음과 같이 말함으로써 당시의 우상숭배를 조롱한다. "그는 재를 먹고 허탄한 마음에 미혹되어 자기의 영혼을 구원하지 못하며 나의 오른손에 거짓 것이 있지 아니하냐 하지도 못하느니라"(사 44:20). 그의 오른손에 있는 거짓 것이 우상을 가리킨다. 따라서 십사만 사천이 흠이 없는 이유는 그들이 우상과 관계 맺기를 거부했기 때문이다(참고, 엡 5:27; 골 1:22; 유 1:24). 그들은 박해를 받을 때조차도 항상 하나님께 신실하였다.

하나님은 우리에게 하늘에서 말로 표현할 수 없을 정도로 큰 기쁨을 누리게 될 것이라고 약속하신다. 우리를 황홀하게 만드는 음악을 들을 때, 우리는 지금 그 기쁨을 일부나마 내다볼 수 있다. 바울이 말했듯이(롬 8:18), 현재의 고난은 우리가 장차 영원 속에서 경험할 영광과 비교조차 되지 않는다. 그리고 그 영광, 그 찬란한 광채는 우리 안에서 기쁨이 솟아나게 하고, 우리 입에서 결코 낡아지지 않을 새 노래가 흘러나오게 만든다. 우리는 우리가 받은 속량에 대해 영원토록 노래할 것이다. 그리고 우리가 영적인 간음을 하지 않았고 우리의 선한 목자이신 어린양을 따르고 순종했으며, 다른 신들이 우리를 만족시켜줄 수 있다는 거짓말에 귀 기울이지 않았다면, 우리는 장차 하늘의 시온산 위에 서 있게 될 것이다.

6 또 보니 다른 천사가 공중에 날아가는데 땅에 거주하는 자들 곧 모든 민족과 종족과 방언과 백성에게 전할 영원한 복음을 가졌더라 7 그가 큰 음성으로 이르되 하나님을 두려워하며 그에게 영광을 돌리라 이는 그의 심판의 시간이 이르렀음이니 하늘과 땅과 바다와 물들의 근원을 만드신 이를 경배하라 하더라

8 또 다른 천사 곧 둘째가 그 뒤를 따라 말하되 무너졌도다 무너졌도다 큰 성 바벨론이여 모든 나라에게 그의 음행으로 말미암아 진노의 포도주를 먹이던 자로다 하더라

9 또 다른 천사 곧 셋째가 그 뒤를 따라 큰 음성으로 이르되 만일 누구든지 짐승과 그의 우상에게 경배하고 이마에나 손에 표를 받으면 10 그도 하나님의 진노의 포도주를 마시리니 그 진노의 잔에 섞인 것이 없이 부은 포도주라 거룩한 천사들 앞과 어린양 앞에서 불과 유황으로 고난을 받으리니 11 그 고난의 연기가 세세토록 올라가리로다 짐승과 그의 우상에게 경배하고 그의 이름 표를 받는 자는 누구든지 밤낮 쉼을 얻지 못하리라 하더라

12 성도들의 인내가 여기 있나니 그들은 하나님의 계명과 예수에 대

한 믿음을 지키는 자니라

13 또 내가 들으니 하늘에서 음성이 나서 이르되 기록하라 지금 이후로 주 안에서 죽는 자들은 복이 있도다 하시매 성령이 이르시되 그러하다 그들이 수고를 그치고 쉬리니 이는 그들의 행한 일이 따름이라 하시더라

6 Then I saw another angel flying directly overhead, with an eternal gospel to proclaim to those who dwell on earth, to every nation and tribe and language and people. 7 And he said with a loud voice, "Fear God and give him glory, because the hour of his judgment has come, and worship him who made heaven and earth, the sea and the springs of water."

8 Another angel, a second, followed, saying, "Fallen, fallen is Babylon the great, she who made all nations drink the wine of the passion[1] of her sexual immorality."

9 And another angel, a third, followed them, saying with a loud voice, "If anyone worships the beast and its image and receives a mark on his forehead or on his hand, 10 he also will drink the wine of God's wrath, poured full strength into the cup of his anger, and he will be tormented with fire and sulfur in the presence of the holy angels and in the presence of the Lamb. 11 And the smoke of their torment goes up forever and ever, and they have no rest, day or night, these worshipers of the beast and its image, and whoever receives the mark of its name."

12 Here is a call for the endurance of the saints, those who keep the commandments of God and their faith in Jesus.[2]

13 And I heard a voice from heaven saying, "Write this: Blessed are the dead who die in the Lord from now on." "Blessed indeed," says

≋≋≋≋≋ 단락 개관 ≋≋≋≋≋

이 단락에서 다시 장면이 전환되어, 요한은 세 천사가 선언하는 것을 본다. 첫째 천사는 모든 사람에게 영원한 복음을 선포하는데, 심판이 임박했기 때문에 모든 사람이 하나님을 두려워하고 그분께 영광을 돌려야 한다고 말한다(계 14:6-7). 둘째 천사는 열방에 영향력을 행사하던 바벨론이 멸망했다고 선포한다(14:8). 이 주제는 17:1-19:5에서 다시 다루어질 것이다. 셋째 천사는 짐승의 표를 받은 자들이 하나님의 진노와 영원한 괴로움을 받으리라고 경고한다(14:9-11). 이 선언들에 비추어 성도들은 그들이 죽은 후에 그들을 위해 준비된 큰 복과 놀라운 안식이 있다는 사실을 알고서(14:13), 끝까지 인내로써 믿음과 하나님의 계명들을 지키라는 요청을 받는다(14:12).

≋≋≋≋≋ 단락 개요 ≋≋≋≋≋

VI. 하늘과 땅에 나타난 표징들(12:1-14:20)

    F. 세 천사(14:6-13)

14:6 장면은 하늘에서 궁창으로 이동한다. 여기서 "공중"으로 번역된 '중간 하늘'[메스우라네마(*mesouranēma*)]이라는 단어는 땅 위의 궁창을 가리킨다 (8:13; 19:17). 세 천사 중에서 첫째 천사는 하나의 메시지, 즉 "땅에 거주하는 자들"[에피 투스 카테메누스 에피 테스 게스(*epi tous kathēmenous epi tēs gēs*)] 모두에게 선포할 영원한 복음을 가지고 무대에 등장한다. 주목할 만한 것은 이번에는 요한이 불신자들을 가리키는 전문용어인 "땅에 거하는[사는] 자들"[호이 카토이쿤테스 에피 테스 게스(*hoi katoikountes epi tēs gēs*), 참고. 3:10; 6:10; 8:13; 11:10; 13:8, 12, 14; 17:2, 8]이라는 어구를 사용하지 않는다는 것이다(참고. 3:10 주석). 여기서 이 천사가 말하는 복음은 모든 사람, 즉 모든 민족과 종족과 방언과 백성에 속한 자들을 위한 복음이기 때문이다(참고. 마 24:14). 이 "복음"은 구원의 메시지이기도 하지만, 동시에 복음을 받아들이지 않는 자들에 대한 심판의 메시지이기도 하다.

14:7 이 천사는 모든 사람에게 예외 없이 하나님을 두려워하고 그분께 영광을 돌리라고 외친다(참고. 15:4; 렘 13:16). 천지의 창조주이신 하나님께 찬송과 영광을 돌리는 것(참고. 행 4:24)은 인간에게 기본적으로 요구되는 일이다(참고. 롬 1:21). 어떤 해석자들은 여기서 하나님께 영광을 돌리는 것이 회심하지 않은 자들이 마지막 날에 하나님을 높일 수밖에 없게 되어서 섬기게 되는 것을 가리킨다고 주장한다(참고. 빌 2:9-11). 그들은 여기서는 예수 그리스도가 전혀 언급되지 않기 때문에, 요한이 복음에 대한 응답을 염두에 두고 있지 않다고 말한다. 하지만 여기서도 모든 사람에게 구원의 복음을 선포한 것으로 보는 것이 더 적절하다. 요한은 모든 본문에서 모든 것을 다 말해야 할 필요가 없었다. 그리고 그는 요한계시록의 다른 부분들에서 사람이 어린양을 섬기고 높이지 않는다면 하나님을 두려워하거나 하나님께 영광을 돌릴 수 없다는 것을 분명하게 보여준다. 또한 요한계시록은 하나님께 영광을 돌리는 것이 성도들의 행위임을 여러 차례 제시한다

(15:4; 16:9; 19:5). 이 본문은 심판의 때가 임박했기 때문에 모든 사람에게 하나님을 두려워하고 하나님께 영광을 돌릴 것을 촉구하며, 하나님을 높이고 경배하기를 거부하는 자들은 심판을 받을 것이라고 선언한다.

14:8 또 다른 천사가 나타나서 큰 성 바벨론이 무너졌다고 선포한다. 바벨론의 멸망은 이사야(사 21:9)와 예레미야(렘 51:8)에 의해 예언되었고, 주전 539년에 성취되었다. 요한은 바벨론에 관한 묘사를 로마에 적용함으로써(참고. 계 17:1-19:5에 대한 주석, 벧전 5:13), 바벨론이 장차 있을 불경건한 도시들의 선례이자 모형의 역할을 한다는 것을 보여준다. 요한이 이 천사가 선포한 말을 17:1-19:5에서 다시금 상세하게 설명하지만, 여기서는 천사기 바벨론의 멸망을 선포한다(참고. 18:2, 10, 21). 바벨론은 열방으로 하여금 그의 음행의 포도주를 마시게 했기 때문에 심판을 받는다(16:19; 17:2, 5; 18:3). 이 음행은 문자 그대로의 의미가 아니라 영적인 의미를 지니고 있으며, 성적인 죄라는 개념을 분명히 포함하지만 영적인 간음과 매춘에 초점이 맞춰져 있다(참고. 렘 3:8-9; 겔 16장; 23장; 호 1:1-3:5). 바벨론은 거짓 신들을 섬기는 것을 조장하고, 한 분 참 하나님을 대적하고 반역하는 것이 선하고 옳은 일이라는 메시지를 온 세계에 퍼뜨린 것으로 말미암아 심판을 받게 될 것이다.

14:9 이제 셋째 천사가 무대에 등장해서 큰 음성으로 어떤 메시지를 온 세계에 선포한다. 세 천사가 한 목소리로 선포하는 내용은, 거짓 신들이 아니라 참 하나님을 경배해야 한다는 것이다. 여기서 셋째 천사는 짐승(로마 제국)과 그의 우상을 경배하고 이마와 손에 짐승의 표를 받은 자들을 향해 말한다. 13:16-17에서 알 수 있는 것은, 그들이 당시 사회 속에서 윤택하게 살기 위한 경제적인 이유로 짐승의 표를 받았다는 것이다. 하지만 짐승의 표를 받기로 결정한 것은 단지 경제적인 이유와 관련되지 않는다. 그 결정은 그들이 최고의 충성을 무엇에 바치고 있는지를 반영한 것으로, 그들이 하나님보다 로마와 그 모든 눈부신 부와 권력을 중요하게 여겼다는

것을 보여준다.

14:10 여기에 나오는 경고는 현저하게 그 강도가 세다. 짐승을 경배하거나 짐승의 표를 받은 자들은 하나님의 진노의 포도주를 마시게 될 것이다(참고. 16:19). 이 표현은 일반적으로 구약성경에서 하나님이 그분을 대적하여 반역하는 자들에게 내리실 벌을 지칭하는 데 사용된다(시 75:8; 사 51:17, 22; 렘 25:15). 하나님을 대적하여 반역한 자들은 하나님의 진노를 희석되지 않은 채로 맛보게 될 것이다. 즉, 하나님은 그들을 봐주시거나 그들에게 긍휼을 베풀지 않으실 것이다. 하나님은 자신의 진노를 그들 위에 부으실 것이고, 그들은 불과 유황으로 큰 고통과 괴로움을 경험하게 될 것이다(참고. 계 19:20; 20:10; 21:8, 참고. 창 19:24; 시 11:6; 겔 38:22). 불과 유황을 문자 그대로의 의미로 해석할 필요는 없지만, 어쨌든 그들은 거룩한 천사들과 어린양 앞에서 큰 고통과 괴로움을 받을 것이다.

14:11 요한은 계속해서 그들이 받을 벌을 자세하게 설명해나간다. 그들이 큰 고통과 괴로움을 받을 때 피어오를 연기는 결코 끝나지 않을 것이다(19:3, 참고. 사 34:10). 어떤 사람들은 이 연기를 그들이 멸절되어 존재하지 않게 된다는 의미라고 해석한다. 그렇지만 그러한 해석은 10절에 나오는 그들이 받을 벌에 대한 묘사와도 모순되고, 11절 후반부에 나오는 그들이 밤낮으로 쉼을 얻지 못할 것이라는 요한의 말과도 모순된다. 다시 말해, 그들이 받을 벌로 인한 큰 고통과 괴로움이 영원토록 지속되리라는 것이다. 최후의 심판에 대한 그러한 묘사는, 마태복음 25:46에서 의인들은 "영생"에 들어가지만 악인들은 "영벌"에 들어가리라는 말씀과 부합한다(참고. 마 25:41). 독자들은 짐승과 그 우상을 경배하거나 짐승의 표를 받을 경우에 영원토록 끔찍한 고통을 겪을 것이라는 경고를 받는다.

14:12 9-11절에 나오는 현저하게 강도 높은 경고는 불신자들을 위해 기록된 것이 아니다. 이는 요한이 요한계시록을 불신자들을 위해 기록하지

않았기 때문이다. 이 경고는 신자들("성도들")을 향한 것이고, 그들로 하여금 끝까지 인내로써 믿음을 지키게 하려는 것이다. 만일 신자들이 짐승에게 충성을 바친다면, 영원토록 고통과 괴로움을 겪게 될 것이다. 따라서 9-11절의 경고와 처음 두 천사의 메시지(6-8절)는 요한의 독자들에게 인내할 것과 끝까지 믿음을 지킬 것을 요구한다(참고. 13:10). 여기서 인내에 대해 추가로 설명되는데, 하나님의 계명들을 지키고 예수님을 믿는 믿음을 계속해서 가지는 것이다(참고. 12:17). 성도들의 믿음이 참인지 거짓인지는 눈으로 볼 수 있는 구체적인 방식으로 드러날 것이다. 즉, 인내하는 자들은 계속해서 하나님의 계명들을 지키고 순종할 것이다.

14:13 그때 하늘에서 울리는 음성이 지금까지 나온 14장의 메시지를, 실제로는 요한계시록 전체의 메시지를 여러 가지 방식으로 요약해준다. 그 음성은 요한에게 이후에 주어지는 메시지가 중요하므로 기록하라고 말한 후에, 신자들에게 그들을 격렬하게 대적하는 세상 속에서 인내하라고 명령한다. 현재의 이 세상은 그들의 본향이 아니며, 주 안에서 죽는 자들은 복이 있다. 이 죽음은 신자들이 이 세상에서의 힘든 싸움들을 뒤로 하고(참고. 계 6:11; 히 4:9-10), 그들에게 준비된 최후의 상을 받으러 가는 것이기 때문이다. 성령은 신자들이 이 악한 현세의 특징인 수고를 그치고 안식하게 될 것이라고 말함으로써 죽음이 복이라는 것을 재확인해준다. 신자들은 현세의 삶 속에서 그들을 억눌렀던 압박들에서 놓여날 것이다. 신자들이 안식할 수 있음은 그들이 행한 일들이 그들을 뒤따를 것이기 때문이다. 달리 말하면, 신자들이 한 일들은 그들이 하나님께 속한 자들임을 증언하기 때문에, 그들에게 반드시 안식이 주어질 것이다.

이 단락은 심판이 다가오고 있고 우리의 삶이 평가를 받게 될 것이며, 하나님을 떠나 살아온 자들은 영원토록 괴로움을 당할 것임을 아주 강한 어조로 우리에게 상기시킨다. 따라서 그 무엇보다도 신자들은 아무리 어려운 상황 속에 있을지라도 계속해서 믿음을 굳게 붙들고 지켜야 하며, 끝까지 인내해야 한다. 이 땅에서의 삶은 힘겨운 싸움이지만, 그 싸움이 영원히 지속되지는 않을 것이다. 죽음은 마지막 원수이긴 하지만, 실제로는 친구이기도 하다. 주 안에서 죽는 자들은 복이 있기 때문이다. 우리가 죽으면 우리가 당한 고난과 압박과 괴로움은 끝나고, 우리는 하나님의 임재 안에서 기쁨을 누리게 될 것이다. 옛적 영적인 인물의 다음과 같은 고백처럼 말이다. "주여, 나의 모든 고난은 머지않아 끝날 것입니다."

¹⁴ 또 내가 보니 흰 구름이 있고 구름 위에 인자와 같은 이가 앉으셨는데 그 머리에는 금 면류관이 있고 그 손에는 예리한 낫을 가졌더라 ¹⁵ 또 다른 천사가 성전으로부터 나와 구름 위에 앉은 이를 향하여 큰 음성으로 외쳐 이르되 당신의 낫을 휘둘러 거두소서 땅의 곡식이 다 익어 거둘 때가 이르렀음이니이다 하니 ¹⁶ 구름 위에 앉으신 이가 낫을 땅에 휘두르매 땅의 곡식이 거두어지니라

¹⁷ 또 다른 천사가 하늘에 있는 성전에서 나오는데 역시 예리한 낫을 가졌더라 ¹⁸ 또 불을 다스리는 다른 천사가 제단으로부터 나와 예리한 낫 가진 자를 향하여 큰 음성으로 불러 이르되 네 예리한 낫을 휘둘러 땅의 ¹⁾포도송이를 거두라 그 포도가 익었느니라 하더라 ¹⁹ 천사가 낫을 땅에 휘둘러 땅의 포도를 거두어 하나님의 진노의 큰 포도주 틀에 던지매 ²⁰ 성 밖에서 그 틀이 밟히니 틀에서 피가 나서 말 굴레에까지 닿았고 천육백 ²⁾스다디온에 퍼졌더라

¹⁴ Then I looked, and behold, a white cloud, and seated on the cloud one like a son of man, with a golden crown on his head, and a sharp

sickle in his hand. 15 And another angel came out of the temple, calling with a loud voice to him who sat on the cloud, "Put in your sickle, and reap, for the hour to reap has come, for the harvest of the earth is fully ripe." 16 So he who sat on the cloud swung his sickle across the earth, and the earth was reaped.

17 Then another angel came out of the temple in heaven, and he too had a sharp sickle. 18 And another angel came out from the altar, the angel who has authority over the fire, and he called with a loud voice to the one who had the sharp sickle, "Put in your sickle and gather the clusters from the vine of the earth, for its grapes are ripe." 19 So the angel swung his sickle across the earth and gathered the grape harvest of the earth and threw it into the great winepress of the wrath of God. 20 And the winepress was trodden outside the city, and blood flowed from the winepress, as high as a horse's bridle, for 1,600 stadia. [1]

1) 헬, 포도나무 2) 한 스다디온은 약 192미터임
1 About 184 miles; a *stadion* was about 607 feet or 185 meters

≋≋≋≋ 단락 개관 ≋≋≋≋

12-14장의 환상들은 두 번의 추수로 끝을 맺는다. 요한은 다시금 인류를 구원받은 자들(계 14:14-16)과 심판받을 자들(17-20절)이라는 두 집단으로 구분한다. 첫 번째 수확은 이 땅에서 추수하기 위해 손에 낫을 들고 있는 인자 같은 이의 일이다(14절). 한 천사가 인자 같은 이에게 낫을 휘둘러서 추수를 완료하라고 외치고(15절), 인자 같은 이는 낫을 휘둘러서 이 땅에서

추수를 마친다(16절). 이 추수는 심판을 의미하는 것일 수도 있지만, 구원을 가리키는 것으로 볼 수 있다. 두 번째 추수를 위해서 예리한 낫을 가진 또 다른 천사가 등장하는데(17절), 이 추수는 분명히 심판의 추수다. 또 다른 천사가 그 천사에게 포도들을 수확하라고 말한다(18절). 그 천사는 낫을 휘두르고, 수확된 포도들은 하나님의 진노의 큰 포도주 틀에 던져진다(19절). 포도주 틀에서 나온 피는 너무나 많아서 말의 굴레에까지 닿는다(20절).

≈≈≈≈≈ **단락 개요** ≈≈≈≈≈

VI. 하늘과 땅에 나타난 표징들(12:1-14:20)
  G. 두 번의 추수(14:14-20)

≈≈≈≈≈ **주석** ≈≈≈≈≈

14:14 요한의 환상이 계속되는데, 그는 흰 구름이 있고 그 구름 위에 인자 같은 이가 앉아 있는 것을 본다. 인자 같은 이가 누구인지를 밝히는 것은 어려운 일이다. 여기에서 인자 같은 이를 천사로 볼 수도 있는데, 이는 그가 천사에게서 명령을 받으며(15절), 마태복음에서 천사들이 이 땅의 추수를 담당한다고 말하기(마 13:39) 때문이다. 하지만 그 명칭을 생각해보면, 요한이 천사를 염두에 둔 것 같지 않다. 만일 인자 같은 이가 천사였다면, 요한은 인자 같은 이가 천사임을 쉽게 알아보고서 이 단락에 등장하는 다른 천사들처럼 천사라고 말했을 것이다(참고. 계 14:15, 17, 18, 19). 따라서 여기에 언급된 인자 같은 이가 인자이신 예수님을 가리킬 가능성이 가장 높다. 왜냐하면 요한계시록의 처음 부분(1:12-16)에서 이 명칭이 분명

히 예수님을 가리키며, 신약성경의 다른 곳에서도 예수님이 최후의 심판을 담당하실 분이라고 설명하기 때문이다(예. 마 25:31-46). 다니엘서에서는 "인자 같은 이"가 하늘 구름을 타고 와서 옛적부터 항상 계신 이에게 나아간다(단 7:13). 인자이신 예수님은 "하늘 구름을 타고" 다시 오실 것이다(막 14:62). 이 본문에서 인자 같은 이는 흰 구름 위에 앉아 계시는데, 이것은 예수님의 통치를 나타낸다(참고. 시 110:1; 막 14:62). 인자 같은 이가 머리에 금 면류관을 쓰고 계신 것은 예수님의 통치가 순전하고 탁월함을 나타내고, 손에 든 낫은 추수를 위한 것이다.

14:15-16 한 천사가 성전으로부터 나와서 인자 같은 이에게 낫을 휘둘러 익은 곡식을 추수하라고 외친다. 여기서 성전은 하나님의 임재 자체를 상징한다. 추수가 악인들에 대한 심판을 가리킬 수도 있지만(참고. 욜 3:13; 마 13:39), 하나님께 속한 자들의 구원을 가리킨다고 보는 것이 더 적절하다. 신약성경은 추수가 후자를 의미할 수 있음을 분명하게 입증한다(마 9:37-38; 13:30; 막 4:29; 눅 10:2; 요 4:35). 만일 이 추수가 악인들에 대한 심판을 가리킨다면 본문에 추수를 심판과 연결시키는 어떤 말이 나와야 하는데, 실제로는 그런 말이 전혀 나오지 않는다. 인자 같은 이는 낫을 휘둘러서 땅의 곡식을 거두어들인다. 하나님의 백성에 대한 온전한 추수는 끝나고, 큰 무리를 구원하고자 하신 하나님의 계획은 이루어진다(참고. 계 7:9-17).

14:17 두 번째 추수를 위해 또 다른 천사가 하늘에 있는 성전에서 나온다. 여기서도 "하늘에 있는 성전"은 하나님의 임재를 가리킨다. 하늘에는 물리적인 성전이 존재하지 않기 때문이다. 이 천사도 추수를 위한 예리한 낫을 들고 있다.

14:18 "불을 다스리는" 또 다른 천사가 제단으로부터 나온다. 이 제단은 분향단을 가리킬 것이다. 불에 대한 언급은 8:5에서 한 천사가 그의 향로에 불을 담아서 땅으로 던진 것과 잘 들어맞는다. 여기서 추수는 분명히

심판을 가리킨다. 두 번째 천사가 낫을 든 첫 번째 천사에게 포도 수확을 시작하라고 외친다.

14:19-20 천사가 낫을 휘두르자 땅의 포도가 거두어진다. 이 추수는 대단히 이례적인 것이다. 왜냐하면 포도들이 하나님의 진노의 포도주 틀에 던져지기 때문이다. 구약성경에서 포도주 틀을 밟는 표상은 하나님의 심판을 나타낸다(사 63:2-3; 애 1:15; 욜 3:13). 이 본문이 그리는 최후의 심판 장면은 피로 가득하다. 심판받은 자들의 피가 흘러 강을 이룬다. 그 강의 높이는 말의 굴레에까지 닿을 정도이고, 사방으로 천육백 스다디온(약 320킬로미터)까지 펴져나간다. 이 피의 강은 용과 짐승과 거짓 선지자가 이룬 악의 삼위일체 편에 선 자들에게 부어질 심판이 어떠한 것일지를 생생하게 보여준다.

≋≋≋≋ **응답** ≋≋≋≋

하나님의 뜻은 이루어지고, 하나님 나라는 임할 것이다. 하나님은 구원하기로 하신 자들을 그 나라로 영원히 거두어들이실 것이다. 악을 추구한 악인들은 심판을 피하지 못할 것이다. 우리는 이 세상에서 살아가는 동안에는 최종적인 구원과 심판을 실감하지 못한다. 그래서 요한은 마지막 날이 다가오고 있다는 사실을 우리에게 반복해서 상기시키며, 그날을 대비할 것을 촉구한다.

1 또 하늘에 크고 이상한 다른 1)이적을 보매 일곱 천사가 일곱 재앙을 가졌으니 곧 마지막 재앙이라 하나님의 진노가 이것으로 마치리로다 2 또 내가 보니 불이 섞인 유리 바다 같은 것이 있고 짐승과 그의 우상과 그의 이름의 수를 이기고 벗어난 자들이 유리 바다 가에 서서 하나님의 거문고를 가지고 3 하나님의 종 모세의 노래, 어린양의 노래를 불러 이르되

  주 하나님 곧 전능하신 이시여

      하시는 일이 크고 놀라우시도다

2)만국의 왕이시여

      주의 길이 의롭고 참되시도다

4 주여 누가 주의 이름을

      두려워하지 아니하며 영화롭게 하지 아니하오리이까

  오직 주만 거룩하시니이다

  주의 의로우신 일이 나타났으매

      만국이 와서

      주께 경배하리이다

하더라 5 또 이 일 후에 내가 보니 하늘에 증거 장막의 성전이 열리며 6 일곱 재앙을 가진 일곱 천사가 성전으로부터 나와 맑고 빛난 ³⁾세마 포 옷을 입고 가슴에 금 띠를 띠고 7 네 생물 중의 하나가 영원토록 살 아 계신 하나님의 진노를 가득히 담은 금 대접 일곱을 그 일곱 천사들 에게 주니 8 하나님의 영광과 능력으로 말미암아 성전에 연기가 가득 차매 일곱 천사의 일곱 재앙이 마치기까지는 성전에 능히 들어갈 자 가 없더라

1 Then I saw another sign in heaven, great and amazing, seven angels with seven plagues, which are the last, for with them the wrath of God is finished.

2 And I saw what appeared to be a sea of glass mingled with fire—and also those who had conquered the beast and its image and the number of its name, standing beside the sea of glass with harps of God in their hands. 3 And they sing the song of Moses, the servant of God, and the song of the Lamb, saying,

"Great and amazing are your deeds,
 O Lord God the Almighty!
Just and true are your ways,
 O King of the nations!*1*

4 Who will not fear, O Lord,
 and glorify your name?
For you alone are holy.
 All nations will come
 and worship you,
for your righteous acts have been revealed."

5 After this I looked, and the sanctuary of the tent*2* of witness in heaven

was opened, 6 and out of the sanctuary came the seven angels with the seven plagues, clothed in pure, bright linen, with golden sashes around their chests. 7 And one of the four living creatures gave to the seven angels seven golden bowls full of the wrath of God who lives forever and ever, 8 and the sanctuary was filled with smoke from the glory of God and from his power, and no one could enter the sanctuary until the seven plagues of the seven angels were finished.

1) 또는 표적 2) 어떤 사본에, 만 대에 3) 어떤 사본에, 보석
1 Some manuscripts *the ages* *2* Or *tabernacle*

≋≋≋≋ 단락 개관 ≋≋≋≋

요한계시록 15-16장은 한 묶음으로써 독자들을 새로운 방향으로 옮겨간다. 지금까지 요한은 반복적 병행(recursive parallelism)이라 부를 수 있는 전개 방식을 통해, 역사가 종말에 이르는 과정을 다양한 장면으로 구성하여 제시하였다. 15-16장 역시, 요한이 하나님의 심판에 대해 상세하게 설명하여 독자들을 역사의 종말로 데리고 간다는 점에서 그러한 패턴과 일치한다. 하지만 이 장들은 하나님이 악인들에게 쏟아부으시는 심판과 재앙에 초점을 맞추고 있다. 그리고 애굽에 내려졌던 재앙들과 심판들은, 하나님께서 그분을 거부한 자들에게 최후에 행하실 일들을 위한 본이 된다. 15장은 요한이 하늘에서 또 다른 표징을 보는 것으로 시작된다. 일곱 천사가 하나님의 마지막 일곱 재앙을 가졌는데, 하나님은 이 재앙들을 통해 그분의 진노를 그치실 것이다(계 15:1). 장면은 구속받은 자들, 하나님의 보좌, 유리 바다로 옮겨지고 짐승에게 승리한 자들은 거문고를 가지고 찬송한다 (2절). 그들은 출애굽 때의 이스라엘 백성처럼 모세의 노래를 부른다. 왜냐

하면 그들은 옛적 이스라엘처럼 하나님의 위대한 구원 역사들로 말미암아 건짐을 받았기 때문이다(3-4절). 모세의 노래는 어린양의 노래에서 정점에 도달하는데, 어린양에 의해 구원받은 자들은 건짐을 받으나 어린양을 거부한 자들은 심판을 받는다. 이렇게 해서 하나님의 거룩하심과 의로우심을 인하여 만국이 하나님을 경배하게 될 것이다.

하늘에 있는 증거 장막의 성전이 열리고(5절), 요한은 하나님의 임재 안에 있게 된다. 일곱 천사가 일곱 재앙을 가지고서 성전으로부터 나오고 (6절) 네 생물은 그 천사들에게 하나님의 진노가 가득 담긴 일곱 대접을 주며(7절), 성전은 하나님의 영광의 연기로 가득 찬다. 천사들이 일곱 재앙을 땅에 붓기를 마칠 때까지는 아무도 성전에 들어가지 못한다(8절).

〰〰〰 **단락 개요** 〰〰〰

Ⅶ. 성전으로부터 온 일곱 대접(15:1-16:21)
 A. 성전과 노래(15:1-8)

〰〰〰 **주석** 〰〰〰

15:1 이제 요한은 하늘에서 크고 이상한 또 다른 표징을 본다(참고. 12:1. 3). 이 표징은 하나님의 성전이 불러일으키는 경이로움과 두려움으로 인해 크고 이상하다고 묘사된다. 요한은 마지막 일곱 재앙을 가진 일곱 천사를 본다. "재앙"이라는 표현은 하나님이 애굽에 내리신 심판들(출 7-12장) 및 그분께 등을 돌린 자들에게 내리신 그 밖의 다른 심판들을 반향한다(레 26:21; 민 11:33; 25:8-9; 신 28:59, 61). 이 재앙은 "마지막" 재앙이어서, 하나님

의 진노는 이 재앙을 끝으로 그칠 것이다. 따라서 대접 심판은 인 심판(계 6:1-17; 8:1-5) 및 나팔 심판(8:6-9:21; 11:15-19)과 부분적으로 겹치지만, 역사의 종말 곧 하나님이 사람들에게 부으실 최종적인 심판들에 초점이 맞춰져 있다. 이 일곱 대접 심판은 마지막 심판의 성격을 여러 가지 측면에서 묘사하는 것이라 할 수 있다.

15:2 앞에서 요한은 수정 같은 유리 바다가 하나님의 보좌 앞에 있는 것을 보았다(4:6, 참고. 겔 1:22). 여기서는 불이 섞인 유리 바다를 본다. 이것은 인간과 하나님의 간격을 나타낼 것이다. 왜냐하면 바다는 히브리적 사고에서 혼돈과 멸망을 가리키기 때문이다(참고. 계 21:1 주석). 하나님 앞에 나아가는 것은 아름다운 유리 바다 위를 걷는 것과 같지만, 그 바다는 불로 타오르고 있다! 그러한데도 성도들은 유리 바다 위에서 아무런 해도 입지 않은 채로 서 있다. 여기서 전치사 에피는 '옆에'(beside, ESV, NRSV, NIV)가 아니라 '위에'(on, NKJV, CSB)를 의미할 가능성이 높다. 성도들은 하나님의 거룩하고 두려운 임재에 의해 삼켜지지 않는다. 도리어 그들은 그들을 건지시고 구원하신 하나님을 찬송하기 위해 거문고를 들고 있다(참고. 14:2 주석). 그들이 하나님 앞에 서 있는 것은 짐승, 우상(13:14-15; 14:9, 11; 16:2; 19:20; 20:4), 짐승의 이름의 수(13:16-17)를 이겼기 때문이다. 지금까지 보아 왔듯이, 이기는 것은 요한계시록에서 중요한 주제들 중 하나다(참고. 요한 계시록 서론). 이기는 자들만이 하나님의 보좌 앞에 있는 유리 바다 위에 서 있을 수 있다. 궁극적으로 성도들은 그들을 죄로부터 깨끗하게 씻겨주신 (7:14) 어린양의 피로 말미암아(12:11) 이긴 것이다.

15:3 짐승을 이기고서 하나님의 보좌 앞의 유리 바다 위에 서 있는 자들은 거문고를 가지고서 하나님의 종 모세의 노래(민 12:7; 신 34:5; 수 1:2, 7)와 어린양의 노래를 부른다. 이스라엘은 애굽 왕 바로와 애굽으로부터 건짐을 받았을 때, 그들은 구원받고 애굽인들에게는 심판이 내려짐을 인하여 승리와 기쁨의 노래를 불렀다(참고. 출 15:1-18). 바다는 악과 혼돈을 나타

내지만(계 13:1; 21:1), 예수님은 하나님을 대적하는 세력들을 이기셨다. 모세 아래에서 이뤄진 구원은 장차 어린양이 이루실 더 큰 구속을 예표한다. 따라서 모세의 노래와 어린양의 노래는 근원적으로(genetically) 서로 연결되어 있다. 모세에게 주어진 약속들은 어린양이 이루신 구원 속에서 최종적이고 궁극적으로 성취되었기 때문이다. 마찬가지로, 애굽으로부터의 탈출(exodus)은 예수 그리스도께서 이루신 구속, 즉 죄로부터의 탈출을 예표한다.

성도들이 찬송하는 이유는, 그들의 원수들은 심판을 받고 그들은 구원을 받았기 때문이다. 성도들은 하나님이 "크고 놀라[운]" 일들을 행하신 것을 몹시 기뻐한다. '큰'이라는 단어는 흔히 하나님께서 그분의 백성을 위해 행하신 구원 사역을 말할 때 사용되는데(참고. 신 10:21; 11:7; 시 106:21; 111:2; 135:5), 하나님이 출애굽 때에 행하신 구원 사역을 반영한다. 마찬가지로, '놀라운'이나 '두려운'이라는 단어들도 하나님이 출애굽 때에 그분의 백성을 구원하신 일에 대해 사용된다(참고. 출 34:10; 시 106:22; 미 7:15). 하나님은 '영광스러운 일들로 말미암아' 진정으로 '두려우신' 분이다(출 15:11). 신자들은 새로운 출애굽 곧 예수 그리스도께서 이루신 구속 사역의 완성으로 인해 큰 소리로 찬양한다.

요한계시록 15:3과 시편 98:1이 서로 연결되어 있다는 것은 분명하다. "새 노래로 여호와께 찬송하라 그는 기이한 일을 행하사 그의 오른손과 거룩한 팔로 자기를 위하여 구원을 베푸셨음이로다"(시 98:1). 이 구절에는 노래하는 것, 하나님이 행하신 놀라운 일, 구원이라는 요한계시록 15:3과 대응되는 세 가지 주제가 나온다. 하나님이 그분의 백성을 구원하시는 것은 악인들을 심판하시고 성도들을 악인의 해로운 영향력으로부터 건지시는 것과 분리될 수 없다. 하나님이 구원과 심판을 행하실 수 있는 이유는 그분이 전능하신 하나님이시며(계 11:17. 참고. 암 3:13; 4:13), "만국의 왕"(참고. 렘 10:7)이시기 때문이다. 하나님의 "길"은 "의롭고 참되[다]." 또한 요한계시록 15:3은 신명기 32:4의 헬라어 본문도 반영하고 있다. 거기서는 하나님의 '일들은 참되고 그의 모든 길은 의롭다'(AT. 참고. 시 145:17)고 말한다.

15:4 심판과 구원을 포함해서 이 세계에 대한 하나님의 계획은 외경심을 불러일으킨다. 하나님이 구원하고 심판하시는 일들을 볼 때, 사람들은 하나님을 두려워하며 그분의 크고 두려운 이름에 영광을 돌리게 된다. 그들은 하나님께서 다른 모든 피조물과 전적으로 구별되어 유일무이하게 오직 홀로 거룩하시다는 것을 인정한다(참고. 신 32:4). 그러므로 "만국"이 와서 한 분 참 하나님 앞에 엎드려 경배하게 될 것이다(참고. 시 86:9; 렘 16:19; 말 1:11). 요한은 만국에 불신자들도 포함시키고 있는 것으로 보인다. 왜냐하면 하나님을 미워하고 거부하는 자들을 포함해서 모든 사람이, 하나님이 이 세계의 주이심을 인정하게 될 것이기 때문이다(빌 2:9-11). 사람들이 하나님의 의로우신 일들을 보고서 하나님을 인정하게 될 텐데, 그분의 의로우심은 심판과 구원에서 드러난다. 왜냐하면 하나님은 언제나 의롭고 참되며 선한 일만 행하시기 때문이다. 또는, "만국"이 모든 나라에서 온 신자들을 가리키는 것일 수도 있다. 그렇다면 만국은 예외 없이 세상의 모든 각각의 사람을 가리키는 것이 아니라, 차별 없이 모든 나라에서 온 신자들을 가리킨다.

15:5 그런 후에 요한은 하늘에서 증거 장막의 성전이 열리는 것을 본다. 여기서 증거 장막의 성전은 하늘 자체, 하나님의 임재 자체를 가리킨다. 왜냐하면 증거 장막의 성전이라는 표현이 하나님의 거처를 상징적으로 지칭하기 때문이다. 성전이 열렸다는 것은 심판이 가까우며 하나님 나라가 오고 있다는 것을 의미한다. 이는 병행 본문인 11:19을 통해 입증되는데, 거기에는 그리스도의 나라의 도래를 알리는 일곱째 나팔이 울려 퍼지는 것이 기록되어 있다. "이에 하늘에 있는 하나님의 성전이 열리니 성전 안에 하나님의 언약궤가 보이며 또 번개와 음성들과 우레와 지진과 큰 우박이 있더라." 하나님의 성전이 열렸다는 것은 심판이 가까움을 의미한다.

15:6 일곱 재앙을 가진 일곱 천사가 하나님의 성전으로부터 나온다. 이 심판들은 이스라엘이 불순종으로 말미암아 겪었던 재앙들(레 26:21)과 애

굽이 경험한 재앙들을 통해서 미리 드러났다. 이 천사들은 하나님의 임재로부터 나왔기에 영광과 능력이 가득하다. 그들은 "맑고 빛난 세마포 옷"을 입고, "가슴에 금 띠"를 두르고 있다. 이러한 묘사는 다니엘에게 나타났던 영화로운 천사(단 10:5)나 인자에 관한 환상(계 1:13)과 유사한 부분이 있다. 이러한 유사성은 이 천사들의 영광과 선함, 그리고 인자와의 연관성을 확증해준다.

15:7 일곱 천사는 일곱 재앙을 가지고 있지만, 이제 하나님의 보좌 앞에 있는 네 생물(4:6) 중 하나가 이 천사들에게 일곱 금 대접을 준다. 이 대접들은 하나님의 진노를 담은 그릇이다(참고. 14:10; 16:1; 17:1; 21:9). 일곱 재앙은 이 대접들에 있는 내용물들을 땅에 쏟아 붓는 방식으로 불신자들에게 내려질 것이다. 요한이 여기서 하나님은 영원토록 살아 계신다고 말하는 이유는, 하나님의 뜻과 계획이 반드시 이루어질 것임을 분명하게 보여주려는 것으로 보인다. 하나님은 영원토록 계시는 분이기 때문에, 악은 잠시 이기는 것처럼 보일지라도 결국에는 영원하신 하나님께 패배할 것이다.

15:8 이 심판들이 내려지기 전에, 성전이 하나님의 영광과 능력으로 말미암아 연기로 가득 찬다. 이것은 이사야서에서 하나님의 거룩하심으로 말미암아 성전이 연기로 가득 차 있었던 것을 떠올리게 한다(사 6:3-4). 구약성경에서 여호와가 처음으로 강림하셔서 성막 또는 성전에 거하셨을 때, 모세와 제사장들은 하나님의 영광의 광채와 충만함으로 인해 하나님의 임재 앞에 설 수 없었다(출 40:34-35. 참고. 왕상 8:10-11; 대하 5:13-14). 일곱 재앙이 끝날 때까지 아무도 하나님의 임재 앞에 나아갈 수 없었다는 말은 하나님의 거룩하심과 의로우심을 강조한 것이다. 요한은 이 대접들을 "마지막 재앙"(계 15:1)이라고 부르고 이 재앙들에서 하나님의 모든 심판이 끝날 것이라고 말함으로써(15:1, 8), 대접 심판이 최후의 심판임을 암시한다. 이 대접들이 부어진 후에는 이 재앙들을 통해 하나님의 정의가 충족되었으므로, 사람들이 하나님의 임재 앞으로 다시 나아갈 수 있다.

우리는 하나님, 특히 하나님의 거룩하심과 영광을 얼마나 쉽사리 잊어버리는가. 우리는 본성적으로 우리 자신, 우리의 관심사들, 우리의 필요들에 몰두하느라, 너무나 쉽사리 외경심을 불러일으키는 하나님의 거룩하심을 생각하지 못하며, 그분의 능력과 영광을 보지 못한다. 그러나 하나님이 죄를 심판하실 때, 그 심판은 하나님의 주권적인 능력과 불과 같은 거룩하심을 우리에게 상기시킨다. 하나님은 출애굽 때처럼 긍휼히 여기시는 마음으로, 그리고 자신의 영광을 위해 구원을 베푸신다. 예수 그리스도께 속한 자들을 위한 새로운 출애굽과 더 큰 해방이 있다. 그래서 우리는 어린양의 노래를 부른다. 하지만 하나님께 등을 돌린 자들에 대한 더 큰 심판도 있다. 그들은 애굽에 내려진 재앙이 아니라 하나님의 최후의 심판을 당할 것이다. 따라서 하나님은 구원과 심판 모두에서 그분의 영광과 능력과 위대하심을 드러내신다.

¹ 또 내가 들으니 성전에서 큰 음성이 나서 일곱 천사에게 말하되 너희는 가서 하나님의 진노의 일곱 대접을 땅에 쏟으라 하더라
² 첫째 천사가 가서 그 대접을 땅에 쏟으매 짐승의 표를 받은 사람들과 그 우상에게 경배하는 자들에게 악하고 독한 종기가 나더라
³ 둘째 천사가 그 대접을 바다에 쏟으매 바다가 곧 죽은 자의 피 같이 되니 바다 가운데 모든 생물이 죽더라
⁴ 셋째 천사가 그 대접을 강과 물 근원에 쏟으매 피가 되더라 ⁵ 내가 들으니 물을 차지한 천사가 이르되

　전에도 계셨고 지금도 계신 거룩하신 이여
　　　이렇게 심판하시니 의로우시도다
⁶ 그들이 성도들과 선지자들의 피를 흘렸으므로
　　　그들에게 피를 마시게 하신 것이
　합당하니이다
하더라
⁷ 또 내가 들으니 제단이 말하기를
　그러하다 주 하나님 곧 전능하신 이시여

심판하시는 것이 참되시고 의로우시도다

하더라

8 넷째 천사가 그 대접을 해에 쏟으매 해가 권세를 받아 불로 사람들을 태우니 9 사람들이 크게 태움에 태워진지라 이 재앙들을 행하는 권세를 가지신 하나님의 이름을 비방하며 또 회개하지 아니하고 주께 영광을 돌리지 아니하더라

10 또 다섯째 천사가 그 대접을 짐승의 왕좌에 쏟으니 그 나라가 곧 어두워지며 사람들이 아파서 자기 혀를 깨물고 11 아픈 것과 종기로 말미암아 하늘의 하나님을 비방하고 그들의 행위를 회개하지 아니하더라

12 또 여섯째 천사가 그 대접을 큰 강 유브라데에 쏟으매 강물이 말라서 동방에서 오는 왕들의 길이 예비되었더라 13 또 내가 보매 개구리 같은 세 더러운 영이 용의 입과 짐승의 입과 거짓 선지자의 입에서 나오니 14 그들은 귀신의 영이라 이적을 행하여 온 천하 왕들에게 가서 하나님 곧 전능하신 이의 큰 날에 있을 전쟁을 위하여 그들을 모으더라 15 보라 내가 도둑 같이 오리니 누구든지 깨어 자기 옷을 지켜 벌거벗고 다니지 아니하며 자기의 부끄러움을 보이지 아니하는 자는 복이 있도다 16 세 영이 히브리어로 아마겟돈이라 하는 곳으로 왕들을 모으더라

17 일곱째 천사가 그 대접을 공중에 쏟으매 큰 음성이 성전에서 보좌로부터 나서 이르되 되었다 하시니 18 번개와 음성들과 우렛소리가 있고 또 큰 지진이 있어 얼마나 큰지 사람이 땅에 있어 온 이래로 이같이 큰 지진이 없었더라 19 큰 성이 세 갈래로 갈라지고 만국의 성들도 무너지니 큰 성 바벨론이 하나님 앞에 기억하신 바 되어 그의 맹렬한 진노의 포도주 잔을 받으매 20 각 섬도 없어지고 산악도 간 데 없더라 21 또 무게가 한 1)달란트나 되는 큰 우박이 하늘로부터 사람들에게 내리매 사람들이 그 우박의 재앙 때문에 하나님을 비방하니 그 재앙이 심히 큼이러라

1 Then I heard a loud voice from the temple telling the seven angels, "Go and pour out on the earth the seven bowls of the wrath of God."

2 So the first angel went and poured out his bowl on the earth, and harmful and painful sores came upon the people who bore the mark of the beast and worshiped its image.

3 The second angel poured out his bowl into the sea, and it became like the blood of a corpse, and every living thing died that was in the sea.

4 The third angel poured out his bowl into the rivers and the springs of water, and they became blood. 5 And I heard the angel in charge of the waters[1] say,

"Just are you, O Holy One, who is and who was,

for you brought these judgments.

6 For they have shed the blood of saints and prophets,

and you have given them blood to drink.

It is what they deserve!"

7 And I heard the altar saying,

"Yes, Lord God the Almighty,

true and just are your judgments!"

8 The fourth angel poured out his bowl on the sun, and it was allowed to scorch people with fire. 9 They were scorched by the fierce heat, and they cursed[2] the name of God who had power over these plagues. They did not repent and give him glory.

10 The fifth angel poured out his bowl on the throne of the beast, and its kingdom was plunged into darkness. People gnawed their tongues in anguish 11 and cursed the God of heaven for their pain and sores. They did not repent of their deeds.

12 The sixth angel poured out his bowl on the great river Euphrates,

and its water was dried up, to prepare the way for the kings from the east. [13] And I saw, coming out of the mouth of the dragon and out of the mouth of the beast and out of the mouth of the false prophet, three unclean spirits like frogs. [14] For they are demonic spirits, performing signs, who go abroad to the kings of the whole world, to assemble them for battle on the great day of God the Almighty. [15] ("Behold, I am coming like a thief! Blessed is the one who stays awake, keeping his garments on, that he may not go about naked and be seen exposed!") [16] And they assembled them at the place that in Hebrew is called Armageddon.

[17] The seventh angel poured out his bowl into the air, and a loud voice came out of the temple, from the throne, saying, "It is done!" [18] And there were flashes of lightning, rumblings,[3] peals of thunder, and a great earthquake such as there had never been since man was on the earth, so great was that earthquake. [19] The great city was split into three parts, and the cities of the nations fell, and God remembered Babylon the great, to make her drain the cup of the wine of the fury of his wrath. [20] And every island fled away, and no mountains were to be found. [21] And great hailstones, about one hundred pounds[4] each, fell from heaven on people; and they cursed God for the plague of the hail, because the plague was so severe.

---

1) 약 60킬로그램

1 Greek *angel of the waters* *2* Greek *blasphemed*; also verses 11, 21 *3* Or *voices*, or *sounds* *4* Greek *a talent in weight*

15장에서 준비되고 경고된 심판들은 16장에서 실제로 이루어진다. 이 장은 일곱 대접 심판으로 구성되어 있다. 천사들은 하나님의 진노를 담은 대접 심판들을 땅에 쏟으라는 명령을 받는다(1절). 표9는 16장에 묘사된 심판들을 잘 보여준다.

대접	영역	본문	심판
대접 1	땅	2절	짐승을 경배하는 자들에게 독한 종기가 생김
대접 2	바다	3절	바다가 피로 변하고 모든 바다 생물이 죽음
대접 3	강들/샘들	4–7절	강들과 샘들이 피로 변함
대접 4	해	8–9절	사람들이 타죽음
대접 5	짐승의 왕좌	10–11절	그 나라가 어둠에 잠김
대접 6	유브라데강	12–16절	아마겟돈 전쟁
대접 7	공중	17–21절	나라가 임함

표9. 요한계시록 16장의 심판들

처음 네 대접은 자연계에 부어지고, 마지막 세 대접은 짐승의 나라에 부어진다. 대접 심판들은 그 파괴력이 모든 것에 미친다는 점에서 인 심판이나 나팔 심판과 다르며, 이 차이는 대접 심판이 역사의 끝에 부어질 것임을 시사한다. 어떤 해석자들은 이 심판들이 지닌 상징적이고 묵시적인 성격을 고려할 때, 대접 심판이 그리스도의 부활에서 역사의 종말에 이르는 전 기간에 걸쳐 일어나는 심판이라고 주장한다. 그렇게 해석하는 것도 가능하지만, 대접 심판에 관한 표현들이 급진적이고 포괄적인 성격을 지닌다는 것은 요한이 역사가 거의 끝나갈 무렵에 일어날 심판들을 묘사하고 있음을 나타낸다.

대접 심판들 사이에 삽입된 해설들과 권면들은 주목할 가치가 있다.

예컨대, 요한은 셋째 대접 심판에 이 심판받은 자들이 벌을 받아 마땅한 자들이라는 말을 삽입한다(5-7절). 넷째와 다섯째 심판 사이에서는 사람들이 하나님의 심판들을 보고서도 회개하지 않았다고 말한다(9, 11절). 여섯째 대접에 삽입된 권면에서는, 예수님이 머지않아 오실 것이기 때문에 신자들에게 계속해서 의로 옷 입고 깨어 있으라고 말한다(15절).

≈≈≈≈≈ 단락 개요 ≈≈≈≈≈

VII. 성전으로부터 온 일곱 대접(15:1-16:21)
　B. 일곱 대접(16:1-21)

≈≈≈≈≈ 주석 ≈≈≈≈≈

16:1-2 성전에서 나온 음성이 일곱 천사에게 하나님의 진노를 마치기 위해 이 땅에 내려질 하나님의 심판을 담고 있는 일곱 대접을 부으라고 명령한다(참고. 계 15:1; 렘 10:25; 겔 14:19; 습 3:8). 마찬가지로 이사야서에서도 여호와는 성전에서 그분의 원수들을 벌하신다. "떠드는 소리가 성읍에서부터 들려오며 목소리가 성전에서부터 들리니 이는 여호와께서 그의 원수에게 보응하시는 목소리로다"(사 66:6). 첫째 천사가 그의 대접을 땅에 붓자, 그 주민들(짐승의 표를 받고 그 우상을 섬긴 자들, 계 13:15-16)은 독한 종기가 생겨서 괴로워한다. 이것은 하나님이 애굽에 여섯 번째 재앙을 내리자 애굽인들에게는 악성 종기가 생긴 반면에 이스라엘 백성은 아무렇지 않았던 것을 떠올리게 한다(출 9:8-12, 참고. 신 28:27, 35). 요한계시록의 묵시적인 성격을 생각할 때, 여기서 요한이 문자 그대로의 악성 종기를 묘사했을 가능성

은 희박하다. 그러할지라도 참되고 살아 계신 하나님을 외면한 자들은 생명을 주시는 분을 거부했기 때문에 극심한 고통을 경험하게 될 것이다.

16:3 둘째 대접은 둘째 나팔처럼 바다에 대한 심판이다. 둘째 나팔 심판에서는 바다의 삼 분의 일이 피로 변해서 바다 생물의 삼 분의 일이 죽는다(계 8:8-9). 반면에, 둘째 대접 심판에서는 바다 전체가 죽은 자의 피처럼 변하고, 바다의 모든 생물이 죽는다. 이 심판의 참혹함과 격렬함은 이 사건이 이 세계 전체가 붕괴될 최후의 심판 때에 일어나리라는 것을 시사한다. 이 세계를 떠받치고 있던 모든 것이 무너져 내리기 시작한다.

16:4 셋째 대접 심판은 셋째 나팔 심판과 동일한 영역에 내려진다. 셋째 나팔 심판에서는 강들과 샘들의 삼 분의 일이 쓰게 되어서 많은 사람이 죽게 된다(8:10-11). 셋째 대접 심판에서는 모든 강과 샘이 피로 변하는데, 이것은 애굽에 내려진 첫 번째 재앙을 떠올리게 한다(출 7:17-20). 이 심판의 극심함과 격렬함 역시 다시금 종말의 때를 가리킨다. 물은 생명의 원천이기 때문에, 하나님은 이 심판을 통해서 생명에 필수적인 것을 뿌리 뽑아 버리신다.

16:5 이 절부터 7절까지는 대접 심판들에 대해 순서대로 이어지는 설명 중간에 등장하여, 이 심판들이 합당함을 설명한다. 물들을 감독하는 천사(이것은 천사들과 자연계 사이의 밀접한 관계를 보여준다. 참고. 히 1:7)는 하나님이 악인들을 심판하시는 것이 의롭고 거룩하다고 선언한다. 요한의 독자들이 이 심판들이 너무 가혹한 것이 아니냐고 의문을 제기할 수도 있기 때문에, 이 천사는 악인들에 대한 이러한 보응이 합당하고 옳다는 것을 확신시킨다. 여기서 하나님은 "전에도 계셨고 지금도 계신" 분으로 소개되고, 이것은 최후의 심판을 말하는 또 다른 본문인 11:17과 병행된다. 다른 비슷한 본문들에서도 하나님은 지금도 계시고 전에도 계셨으며, 장차 오실 분으로 지칭된다(계 1:4, 8; 4:8). 여기서 "장차 오실 이"라는 표현이 생략된 것은

대접 심판이 최후의 심판을 이루는 일련의 사건들의 일부임을 시사한다. 달리 말하면, 하나님은 이 심판들을 통해서 오고 계시며 그분의 나라가 도래하게 하신다.

16:6 하나님의 심판들이 합당하고 옳은 이유가 이제 설명된다. 하나님이 강들과 샘들을 피로 변하게 하신 것은 악인들이 성도들과 선지자들의 피를 흘렸기 때문이다(참고. 2:13; 6:9; 17:6; 18:24; 20:4). 이 심판들은 그들이 저지른 범죄에 상응하는 벌이기에 합당하다(참고. 사 49:26; 계 11:18). 따라서 이 심판은 정의에서 벗어난 것이 아니라 정의를 바르게 세우는 것이다. 신자들에게 고통을 가한 자들은 그들 자신도 고통을 당하게 될 것이다.

16:7 이제 제단이 말한다(참고. 9:13). 이것은 아마도 한 천사의 음성을 가리킬 것이다. 제단은 전능하신 주 하나님의 심판들이 참되고 의롭다고 단언하는데, 이것은 제단 아래에 있는 죽임을 당한 성도들(6:9)을 대신한 증언이다(참고. 15:3; 19:2). 요한은 이 심판들에 의문을 제기하는 자들이 있을 수 있음을 감지하고서, 이 심판들이 하나님의 정의를 입증한다는 사실을 강조한다. 이스라엘의 거룩하신 이는 언제나 정의를 행하신다. 삶이 자주 허망하고 무의미하며 불합리한 것처럼 보일지라도, 결국 하나님은 모든 것을 바로잡으실 것이다.

16:8-9 넷째 나팔 심판에서는 해와 달과 별들의 삼 분의 일이 어두워졌지만(8:12), 여기 넷째 대접 심판에서는 해가 더 뜨거워져서, 해의 열기에 타버린 사람들이 극심한 고통에 시달리게 된다. 이것은 문자 그대로 일어나는 것은 아니지만, 하나님을 배척한 자들이 겪게 될 극심한 벌을 보여준다. 이 심판을 받은 자들은 하나님이 주권적인 권세를 행사하여 그러한 재앙들을 내리셨는데도 하나님을 모독하고 비방한다. 이러한 모습을 볼 때, 그들은 틀림없이 불신자들이다. 그들은 자신들이 그런 벌을 받을 짓을 하지 않았다고 확신하고서 이 심판들이 불공평하다고 불평하고 하나님의 성

품을 의심하며, 그런 벌을 내리신 하나님을 모독하고 비방한다. 바로 앞에서 요한은 이 심판들이 정의롭다는 것을 강조했기 때문에, 그들의 그러한 반응은 불합리하고 거짓되다. 그들은 하나님이 그들에게 내리신 심판들과 재앙들을 보고서 그들이 행한 죄들을 인정하고 회개하며, 하나님께 영광을 돌려야 마땅했다. 하지만 그들은 하나님이 자신들을 벌하신 것에 분노함으로써, 역으로 그들에 대한 하나님의 심판이 옳고 의롭다는 것을 확인해준다.

16:10-11 다섯째 대접은 짐승의 왕좌와 그의 나라에 부어진다(참고. 13:2). 그의 나라는 어두워지는데, 이것은 애굽에 내려진 아홉 번째 재앙을 떠올리게 한다(출 10:21). 상징적이고 묵시적인 표현들로 인해 이 심판이 정확히 어떤 성경의 것인지는 알기 어렵다. 예컨대, 어둠에 휩싸인 사람들이 "아파서 자기 혀를 깨[무는]" 일이 실제로 일어날 것이라고 생각해서는 안 된다. 이 심판이 육신에 대한 것이든 정신에 대한 것이든 아니면 둘 모두이든, 분명한 사실은 사람들에게 극심한 고통과 괴로움을 안겨 주리라는 것이다. 지금까지 처음 네 대접 심판을 처음 네 나팔 심판과 비교해보았던 것처럼, 다섯째 대접 심판과 다섯째 나팔 심판을 비교해보는 것은 흥미롭다. 다섯째 나팔이 울리자 땅이 어두워지면서(계 9:2) 귀신들이 사람들을 괴롭게 한다(9:1-12). 다섯째 나팔 심판으로 인해 사람들이 한층 더 심한 고통을 겪는 것으로 보인다. 이것은 요한이 역사의 끝, 즉 하나님이 모든 것을 끝내실 무렵에 일어날 사건들을 묘사하고 있음을 시사한다. 넷째와 다섯째 대접 심판이 보여주듯이, 역사 속에서 이뤄진 하나님의 심판들은 장차 일어날 일들에 대한 미리보기이다. 그 심판들은 사람들을 영적인 무기력과 무감각으로부터 건져내어서, 회개하고 하나님께로 돌아오게 하려는 것이다(2:21). 하지만 하나님의 심판들로 말미암아 고통과 종기로 극심한 괴로움을 겪는 자들(참고. 16:2)은 그들에게 내려진 벌들이 전혀 근거 없는 것이라고 생각하고서 하나님을 향해 분노한다. 그래서 잠언은 "사람이 미련하므로 자기 길을 굽게 하고 마음으로 여호와를 원망하느니라"(잠

19:3)고 말한다. 그들은 하나님을 송축하는 대신에 욕하고 모독하며, 그들이 한 악한 행위들을 회개하지 않는다. 사람들의 이러한 비합리적인 반응은 하나님의 심판들이 의로운 것임을 더욱 부각시킨다.

16:12 여섯째 대접이 유브라데강에 부어지자, 강물이 말라버려서 동방으로부터 왕들이 올 수 있게 된다. 이 심판 역시 여섯째 나팔 심판과 비교해보면 그 의미가 드러난다(9:13-19). 여섯째 나팔이 울리자, 유브라데강에 결박되어 있던 네 천사가 놓여나고, 2억의 군대가 진군하여 인류의 삼 분의 일을 도륙한다. 여섯째 대접 심판에서는 유브라데강이 말라서(참고. 렘 50:38; 51:36) 동방의 왕들이 올 수 있는 길이 열린다(참고. 사 41:2, 25; 46:11). 여기서 악한 왕들이 강을 건널 수 있게 된, 일종의 거룩하지 못한 출애굽이 준비되는 것을 보게 된다(참고. 시 106:9). 아마도 요한은 로마의 철천지원수였던 바대인들을 염두에 두고 있던 것으로 보인다. 하지만 이 심판은 역사 속의 어느 특정한 사건만을 염두에 둔 것이 아니다. 더구나 바대인들은 로마를 무너뜨리는 데 성공하지 못했다. 따라서 여섯째 대접 심판은 악인들에 대한 임박한 심판을 상징적으로 미리 보여주는 것이다.

16:13 그런 후에 요한은 용(12:3, 9)과 짐승(13:1) 그리고 여기서 처음으로 거짓 선지자라 불리는 두 번째 짐승(19:20; 20:10)이 이루는 악의 삼위일체를 본다. 그것들은 입에서 어떤 끔찍하고 역겨운 것을 토해낸다. 요한은 "입"이라는 단어를 세 번이나 반복해서 말함으로써, 독자들로 하여금 이 악한 근원들에서 나온 말을 주목하게 한다. 그러한 해석은 두 번째 짐승이 거짓 선지자로 불리는 것과 잘 들어맞는다. 왜냐하면 두 번째 짐승이 하는 말은 하나님께로부터 온 말씀이 아니기 때문이다. 그것들의 입에서 나오는 것들은 "개구리들"처럼 더럽고 역겨운 것들이다. 이것은 악의 삼위일체가 하는 말들이 더럽히고 멸망시키는 것임을 보여준다(참고. 출 8:1-13). "더러운"이라는 단어도 그들의 입에서 나오는 것들이 귀신적인 성격을 지니고 있음을 나타낸다. 성경이 귀신들을 "더러운" 영들이라고 부르기 때문이

다(막 1:23; 3:11; 눅 4:33; 행 5:16).

16:14 이 본문은 그 더러운 영들이 이적을 행하는 능력을 가지고서 세상의 왕들을 속이는 귀신들이라고 명확하게 말한다(살후 2:9; 딤전 4:1). 앞에서는 거짓 선지자가 이적들을 행하여 사람들을 속이는 역할을 하였음이 나왔다(계 13:13-14). 이 장면은 열왕기상 22장에서 아합이 거짓말하는 영에게 미혹되어 전쟁에 나갔다가 죽은 사건과 비슷하다(왕상 22:20-23, 34-35). 악의 삼위일체는 전능하신 하나님의 큰 날에 있을 전쟁을 위해 온 세상의 왕들을 모으지만(계 17:14; 19:19), 실제로는 이 왕들이 악의 삼위일체에게 속아서 그들을 파멸시킬 전쟁[폴레모스(*polemos*)]으로 내몰린다. 이 마지막 전쟁이 바로 선지자들이 그토록 자주 예언했던 "여호와의 날"이다(예. 사 13:6, 9; 렘 46:10; 겔 30:3; 욜 1:15; 2:1, 11, 31; 암 5:18, 20; 옵 1:15; 습 1:7, 14; 말 4:5). 이 절에서 말하고 있는 것은 요한이 마귀에 대해 다음과 같이 말할 바로 그것이다. "땅의 사방 백성 곧 곡과 마곡을 미혹하고 모아 싸움을 붙이리니 그 수가 바다의 모래 같으리라"(계 20:8). 16:14의 전쟁과 20:8의 전쟁이 과연 동일한 것인지를 놓고 논란이 있긴 하다. 그렇지만 분명한 점은 그 왕들이 전능하신 하나님과 전쟁을 하게 될 것이며(참고. 슥 14:2), 이는 그들이 속았기 때문이라는 것이다! 왜냐하면 그 전쟁은 작고 가난한 나라가 미국과 전쟁을 벌이는 것과 조금은 비슷하기 때문이다. 어느 면으로 보나 도저히 이길 수 없고 궁극적으로 정신 나간 짓일 수밖에 없는 그런 전쟁의 배후에는 반드시 귀신들이 있다.

16:15 내러티브가 갑작스레 멈추고, 예수님의 권면이 주어진다. 예수님은 자기가 도둑 같이 올 것이라고 말씀하신다. 이 말씀은 신약성경의 나머지 부분을 반영한 것이다(마 24:42-43. 참고. 살전 5:2; 벧후 3:10). 도둑이 언제 침입할지를 알리지 않는 것처럼, 예수님의 재림도 어느 날 갑자기 일어날 것이다. 그런 후에 요한계시록에 나오는 예수님의 일곱 번의 복 선언 중 하나가 나온다(참고. 계 1:3). 예수님은 깨어서 자신의 옷을 지키는 자

들은 복이 있다고 선언하신다. 이 말씀은 도덕적으로 깨어서 의롭게 살아
가는 자들이 복이 있다는 의미이다. 이 말씀은 복음서 전승에 근거하며(참
고. 마 24:43; 눅 12:37), 신약성경의 권면에서 자주 등장한다(참고. 살전 5:1-11).
벌거벗은 자들(참고. 계 3:18; 겔 16:37, 39), 즉 악과 우상숭배에 자신을 내어준
자들은 종말에 구원이 아니라 심판을 받음으로써 수치를 맛볼 것이다. 장
차 있을 심판과 관련된 약속은 단지 불신자들을 위한 것이 아니라, 예수님
의 교회가 악인들과 어울려 악을 행해서는 안 된다는 것을 그들에게 절박
하게 일깨우는 것이기도 하다. 만일 악을 행한다면, 신자들도 악인들과 동
일한 운명을 맞이할 것이다.

16:16 요한은 15절의 권면 후에 14절에서 한 말을 이어간다. 용과 짐승
과 거짓 선지자에게 속은 열방은 하나님의 그리스도를 대적하여 싸울 최
후의 전쟁을 위해 모여든다. 이 전쟁은 짐승과 왕들과 그들의 군대가 어
린양과 전쟁을 벌이기 위해 모이는 19:11-21(특히 참고. 19:19)의 전쟁과 동
일한 것으로 보인다. 무천년설의 입장에서, 20:7-9의 전쟁은 동일한 사건
을 또 다르게 묘사한 것이다. 매우 흥미로운 점은 히브리어로 므깃도산이
라는 뜻의 "아마겟돈"을 언급하고 있다는 것이다. 왜냐하면 므깃도는 산이
아니라 평지이기 때문이다(대하 35:22; 슥 12:11). 이스라엘의 지리에 친숙한
사람이라면 누구든지 이 사실을 알 것이므로, 틀림없이 요한은 상징적인
표현을 사용하고 있는 것이다. 요한은 사람들이 평지임을 잘 알고 있는 곳
을 산이라고 부름으로써 그가 상징적인 의미로 글을 쓰고 있다는 것을 알
아차릴 수 있는 단서를 제공한다! 므깃도는 이스라엘이 대적들과 싸운 중
요한 전쟁들이 많이 일어난 곳인데(삿 5:19; 왕하 23:29), 이제는 요한이 최후
의 전쟁을 상징적으로 보여주는 무대가 된다.

16:17 일곱째 대접은 여섯째 인(6:12-17)과 일곱째 나팔(11:15-19)처럼 역
사의 끝을 나타낸다. 일곱째 천사가 공중에 대접을 쏟자, 성전 곧 하나님의
보좌로부터 음성이 나와서(참고. 사 66:6) 모든 것이 이루어졌다고 선언한다

(참고. 계 21:6). 끝이 이르렀다.

16:18 끝이 이르렀다고 선언되자, 대규모의 뇌우가 일어난다(참고. 출 9:24). 동시에 인류 역사상 유례가 없는 대규모의 지진도 일어난다(참고. 단 12:1; 욜 2:2; 마 24:21). 요한계시록에서 우레, 번개, 지진은 끝이 이르렀다는 상징으로 계속해서 사용되었다(6:12; 8:5; 11:13, 19; 19:6). 또한 그것들은 외경심을 불러일으키는 하나님의 거룩하심과 하나님의 임재 앞으로 나아가는 것의 공포를 상징하는데, 특별히 자신의 죄를 사함 받지 못한 자들에게는 더욱 그러하다(참고. 하나님의 보좌에서 내리치는 뇌우, 4:5 및 그에 대한 주석).

16:19 "큰 성"은 인간의 성을 나타낸다. 이 성은 상징적으로 하나님의 백성의 가장 큰 원수인 바벨론으로 불린다(참고. 사 13:1-14:23; 21:9; 47:1-15; 48:20; 렘 50:1-51:64; 단 4:30). 이 성이 세 갈래로 갈라진 것은 성이 붕괴되고 산산조각이 났음을 나타낸다. 이 성은 통치권을 상실했고, 이내 멸망할 것이다. 복수형인 "성들"이 단수형인 "성"과 다른 것을 가리킨다고 생각해서는 안 된다. 요한이 말하고자 하는 것은, 인간의 성들은 모두 바벨론이며 하나님의 길들에서 벗어나 있다는 것이다. 이것은 하나님이 그분의 약속들을 기억하신 것이다. 왜냐하면 바벨론에 대한 심판이 곧 시작될 것이기 때문이다(계 14:8. 바벨론에 대한 심판이라는 주제는 17:1-19:5에서 자세하게 설명된다). 하나님은 바벨론으로 하여금 그분의 진노의 잔을 마시게 함으로써 그분의 정의를 드러내 보이시고(참고. 14:10; 18:6; 렘 25:15-17), 동시에 인간의 성에서 억압받고 있던 그분의 백성을 구원하신다.

16:20 우리가 알고 있는 이 세계는 사라진다. 섬들도 없어지고, 산들도 사라진다. 요한은 통상적으로 자연의 질서 속에서 사라짐을 묘사함으로써 끝이 이르렀다는 것을 보여준다. 요한계시록의 여러 핵심 본문이 그것을 분명하게 보여준다. 예컨대, 6:14(여섯째 인 심판)은 "각 산과 섬이 제 자리에서 옮겨지매"라고, 20:11은 하나님이 "크고 흰 보좌"에 앉아 심판하실 때,

"땅과 하늘이 그 앞에서 피하여 간 데 없더라"고, 21:1은 새로운 피조세계가 생겨나자, "처음 하늘과 처음 땅이 없어졌고 바다도 다시 있지 않더라"고 말한다. 자연계의 붕괴는 끝이 다가왔음을 의미한다.

16:21 최후의 심판은 이미 뇌우와 지진이라는 측면으로 묘사되었는데, 이제 요한은 애굽을 황폐화시킨 재앙들 중 하나인 우박 재앙을 추가한다 (출 9:13-26). 다른 곳들과 마찬가지로 여기에 나오는 표현도 묵시적인 것이다. 한 달란트나 되는 큰 우박이 내리자, 인간 세상은 쑥대밭이 되어 버린다. 이상한 말처럼 들릴 수도 있겠지만, 하나님은 심판하시는 중에서도 하나님의 긍휼을 얻을 기회를 한 번 더 베푸신다. 하지만 사람들은 회개하고 하나님께로 돌이키지 않는다. 오히려 그들은 이런 큰 고통을 당할 만큼 잘못한 것이 없다고 확신하고서, 그들에게 고통을 준 하나님을 비방하고 욕한다. 그들은 그들의 죄를 인정하는 대신에 계속해서 하나님을 향해 격분하는데, 오히려 이것은 그들이 받은 벌이 정당한 것이었음을 다시금 입증한다.

〰〰〰 **응답** 〰〰〰

이 장은 세상에 자신의 진노를 쏟아 부으시는 하나님의 무시무시한 심판들로 가득하다. 오늘날의 독자들은 그런 심판들이 과연 정당한 것인지 의문을 제기하고 범죄에 비해 벌이 지나치게 심하다고 결론을 내리고서는, 성경의 하나님을 거부해버릴지도 모른다. 그러나 요한은 그러한 반론이 있을 것을 예감하고서, 이 심판들이 의로운 것임을 강조한다. 사람들은 각자가 한 행위들에 따라 합당한 심판을 받는다. 따라서 사람들은 하나님의 심판을 볼 때 마땅히 자신의 죄를 떠올리고서 회개해야 한다. 그런데도 벌을 받는 사람들은 그들이 받는 벌에 대해 격분하여 하나님을 욕한다. 하나님의 심판을 경험하면 마음이 부드러워져야 하는데도 많은 사람이 완고해져서, 자신들이 아니라 하나님을 탓한다. 그러나 이를 통해 그들은 그들이 받는 심판이 정당한 것임을 한층 더 분명하게 보여준다.

1 또 일곱 대접을 가진 일곱 천사 중 하나가 와서 내게 말하여 이르되 이리로 오라 많은 물 위에 앉은 큰 음녀가 받을 심판을 네게 보이리라 2 땅의 임금들도 그와 더불어 음행하였고 땅에 사는 자들도 그 음행의 포도주에 취하였다 하고 3 곧 성령으로 나를 데리고 광야로 가니라 내가 보니 여자가 붉은 빛 짐승을 탔는데 그 짐승의 몸에 하나님을 모독하는 이름들이 가득하고 일곱 머리와 열 뿔이 있으며 4 그 여자는 자주 빛과 붉은 빛 옷을 입고 금과 보석과 진주로 꾸미고 손에 금 잔을 가졌는데 가증한 물건과 그의 음행의 더러운 것들이 가득하더라 5 그의 이마에 이름이 기록되었으니 비밀이라, 큰 바벨론이라, 땅의 음녀들과 가증한 것들의 어미라 하였더라 6 또 내가 보매 이 여자가 성도들의 피와 예수의 증인들의 피에 취한지라

내가 그 여자를 보고 놀랍게 여기고 크게 놀랍게 여기니 7 천사가 이르되 왜 놀랍게 여기느냐 내가 여자와 그가 탄 일곱 머리와 열 뿔 가진 짐승의 비밀을 네게 이르리라 8 네가 본 짐승은 전에 있었다가 지금은 없으나 장차 무저갱으로부터 올라와 멸망으로 들어갈 자니 땅에 사는 자들로서 창세 이후로 그 이름이 생명책에 기록되지 못한 자들

이 이전에 있었다가 지금은 없으나 장차 나올 짐승을 보고 놀랍게 여기리라 ⁹ 지혜 있는 뜻이 여기 있으니 그 일곱 머리는 여자가 앉은 일곱 산이요 ¹⁰ 또 일곱 왕이라 다섯은 망하였고 하나는 있고 다른 하나는 아직 이르지 아니하였으나 이르면 반드시 잠시 동안 머무르리라

¹¹ 전에 있었다가 지금 없어진 짐승은 여덟째 왕이니 일곱 중에 속한 자라 그가 멸망으로 들어가리라 ¹² 네가 보던 열 뿔은 열 왕이니 아직 나라를 얻지 못하였으나 다만 짐승과 더불어 임금처럼 한동안 권세를 받으리라 ¹³ 그들이 한 뜻을 가지고 자기의 능력과 권세를 짐승에게 주더라 ¹⁴ 그들이 어린양과 더불어 싸우려니와 어린양은 만주의 주시요 만왕의 왕이시므로 그들을 이기실 터이요 또 그와 함께 있는 자들 곧 부르심을 받고 택하심을 받은 진실한 자들도 이기리로다

¹⁵ 또 천사가 내게 말하되 네가 본 바 음녀가 앉아 있는 물은 백성과 무리와 열국과 방언들이니라 ¹⁶ 네가 본 바 이 열 뿔과 짐승은 음녀를 미워하여 망하게 하고 벌거벗게 하고 그의 살을 먹고 불로 아주 사르리라 ¹⁷ 이는 하나님이 자기 뜻대로 할 마음을 그들에게 주사 한 뜻을 이루게 하시고 그들의 나라를 그 짐승에게 주게 하시되 하나님의 말씀이 응하기까지 하심이라 ¹⁸ 또 네가 본 그 여자는 땅의 왕들을 다스리는 큰 성이라 하더라

¹ Then one of the seven angels who had the seven bowls came and said to me, "Come, I will show you the judgment of the great prostitute who is seated on many waters, ² with whom the kings of the earth have committed sexual immorality, and with the wine of whose sexual immorality the dwellers on earth have become drunk." ³ And he carried me away in the Spirit into a wilderness, and I saw a woman sitting on a scarlet beast that was full of blasphemous names, and it had seven heads and ten horns. ⁴ The woman was arrayed in purple and scarlet,

and adorned with gold and jewels and pearls, holding in her hand a golden cup full of abominations and the impurities of her sexual immorality. 5 And on her forehead was written a name of mystery: "Babylon the great, mother of prostitutes and of earth's abominations." 6 And I saw the woman, drunk with the blood of the saints, the blood of the martyrs of Jesus.*1*

When I saw her, I marveled greatly. 7 But the angel said to me, "Why do you marvel? I will tell you the mystery of the woman, and of the beast with seven heads and ten horns that carries her. 8 The beast that you saw was, and is not, and is about to rise from the bottomless pit*2* and go to destruction. And the dwellers on earth whose names have not been written in the book of life from the foundation of the world will marvel to see the beast, because it was and is not and is to come. 9 This calls for a mind with wisdom: the seven heads are seven mountains on which the woman is seated; 10 they are also seven kings, five of whom have fallen, one is, the other has not yet come, and when he does come he must remain only a little while. 11 As for the beast that was and is not, it is an eighth but it belongs to the seven, and it goes to destruction. 12 And the ten horns that you saw are ten kings who have not yet received royal power, but they are to receive authority as kings for one hour, together with the beast. 13 These are of one mind, and they hand over their power and authority to the beast. 14 They will make war on the Lamb, and the Lamb will conquer them, for he is Lord of lords and King of kings, and those with him are called and chosen and faithful."

15 And the angel*3* said to me, "The waters that you saw, where the prostitute is seated, are peoples and multitudes and nations and languages. 16 And the ten horns that you saw, they and the beast will

hate the prostitute. They will make her desolate and naked, and devour her flesh and burn her up with fire, **17** for God has put it into their hearts to carry out his purpose by being of one mind and handing over their royal power to the beast, until the words of God are fulfilled. **18** And the woman that you saw is the great city that has dominion over the kings of the earth."

1 Greek *the witnesses to Jesus* *2* Greek *the abyss* *3* Greek *he*

〰〰〰 단락 개관 〰〰〰

역사는 일곱째 나팔로 끝났지만, 요한은 다시 처음으로 돌아가서 다른 시각에서 역사를 살펴본다. 이제 독자들은 이것이 요한이 사용하는 문학적 장치임을 아주 잘 안다. 17:1-19:10은 음녀 바벨론과 어린양의 신부라는 두 여자에 대해 고찰한다. 전자는 심판을 받고, 후자는 복을 받는다. 전자는 신실하지 못하고, 후자는 신실하다. 전자는 거짓 신들을 섬기는 창녀이고, 후자는 주께 드려진 정결한 신부다. 이 단락에서 요한은 바벨론과 그 성에 임하는 심판을 집중적으로 다룬다. 17장은 세 개의 하위단락으로 구분할 수 있다. 첫째, 한 천사가 요한에게 바벨론에 대한 심판을 보라고 말한다(1-6절a). 음녀 바벨론은 많은 물 위에 앉아 있고, 땅의 왕들과 땅에 사는 자들은 음녀 바벨론과 음행하며 거짓 신들을 섬긴다(1-2절). 요한은 광야로 옮겨져서, 한 여자가 붉은 빛 짐승 위에 앉아 있는 것을 본다. 이 여자는 부유하고 왕족처럼 차려 입었지만, 그녀가 소유한 부는 그녀의 가증스러운 죄들로 더럽혀져 있다(3-4절). 이 여자에 관한 비밀이 드러난다. 그녀는 음녀들의 어머니 바벨론이다(5절). 그리고 요한은 그녀가 성도들의 피를 마시고 취해 있는 것을 본다(6절a).

이 장면은 두 번째 하위단락으로 이어진다(6b-14절). 요한이 이 여자를 보고 놀라자, 그 천사는 왜 놀라느냐고 묻고 그녀와 그녀가 탄 짐승의 비밀을 알려주겠다고 약속한다(6b-7절). 이 짐승은 일종의 부활을 행함으로 말미암아 주목을 받고, 불신자들을 현혹시킨다(8절). 요한은 이 여자가 있는 장소에 대한 단서를 말해주고(9절), 여덟 왕에 관한 감질나는 단서들을 제공한다(10-11절). 또한 요한은 이 짐승의 흥미로운 특징에 대해 자세하게 설명해주는데, 그것은 이 짐승이 죽은 것처럼 보였다가도 언제나 다시 살아서 돌아온다는 것이다. 열 왕은 이 짐승과 연합하고, 그들의 권세를 짐승에게 준다(12-13절). 그들은 어린양에 대한 증오심으로 가득해서 어린양과 싸울 것이지만, 만주의 주요 만왕의 왕이신 어린양이 승리할 것이다(14절).

세 번째 하위단락에서는 이 여자의 운명이 드러난다(15-18절). 천사는 이 여자가 앉아 있는 물들이 이 세상의 백성들과 열국과 방언들이라고 요한에게 말해준다(15절). 짐승 및 그와 연합한 왕들이 여자를 공격하여 불로 살라버릴 것이다(16절). 하지만 그들이 한 일은 하나님의 뜻과 계획에 따른 것이다. 악이 자폭하면서 하나님의 말씀이 이루어진다(17절). 끝으로, 요한은 바벨론을 큰 성이라고 말하는데, 독자들은 거의 틀림없이 로마를 생각했을 것이다(18절).

 단락 개요

VIII. 바벨론에 대한 심판과 신부의 혼인 잔치(17:1-19:10)
　　A. 음녀 바벨론의 멸망(17:1-18)

17:1 역사는 일곱째 대접 심판으로 끝난다. 그렇지만 요한은 요한계시록에서 너무나도 자주 해온 것처럼 다시 만화경을 흔들어, 이제는 큰 음녀 바벨론의 운명을 살펴봄으로써 역사의 끝을 다시금 들여다본다. 일곱 대접을 가진 일곱 천사 중 하나가 요한에게 오라고 호출하는데, 이는 많은 물 위에 앉아 있는 큰 음녀에 대한 심판을 보여주려는 것이다. 나중에 이 동일한 천사들 중 하나가 요한에게 와서 "신부 곧 어린양의 아내"(21:9)를 보라고 초대한다. 이후 여러 장에서 이 두 여자에 대한 대조가 대부분을 차지하는데, 17-18장에서는 초점이 음녀에게 맞춰진다. 이 여자가 음녀라 불리는 이유는 문자 그대로 성적인 일탈을 행했기 때문이 아니라, 거짓 신들과 영적으로 음행하고 그 거짓 신들을 섬기기 때문이다(참고. 19:2; 렘 2:20; 나 3:4). 물론 후자는 분명히 전자로 이어진다(참고. 롬 1:18-27). 요한계시록 17:15은 "물들"을 가리켜 "백성과 무리와 열국과 방언들"이라고 말한다. 바벨론이 물들 위에 앉아 있다는 것은 그들에 대한 그녀의 주권과 통치권을 의미한다(참고. 18:7).

17:2 땅의 왕들은 바벨론과 더불어 성적인 죄를 저질러 왔다(참고. 17:18; 18:3, 9; 사 23:17). 여기서도 "음행"이라는 표현은 영적인 간음과 불륜을 상징적으로 나타낸다. 시민들 역시 이러한 죄와 무관하지 않았다(참고. 계 18:3; 나 3:4). "땅에 사는 자들"(요한계시록에서 불신자들을 지칭하는 전문용어, 참고. 계 3:10 주석)도 기꺼이 그 음행의 포도주에 취하였다. 그들도 음녀의 성적 일탈(한 분 참 하나님을 거부하는 것)이라는 달콤한 포도주를 사랑해서 잔뜩 마시고 취했다(참고. 렘 51:7). 호세아도 이스라엘이 비슷한 죄를 지었음을 다음 말과 같이 고발한다. "음행과 묵은 포도주와 새 포도주가 마음을 빼앗느니라 내 백성이 나무에게 묻고 그 막대기는 그들에게 고하나니 이는 그들이 음란한 마음에 미혹되어 하나님을 버리고 음행하였음이니라"(호 4:11-12). 호세아서에서도 볼 수 있듯이, 음행이라는 표현은 문자 그대로의 성적

일탈행위를 가리키는 것이 아니다. 요한이 말한 음행은 인간의 성이 다른 신들을 사랑하고 섬긴 것을 의미한다. 이사야가 두로를 가리켜 "다시 값을 받고 지면에 있는 열방과 음란을 행할 것"(사 23:17)이라고 말한 것처럼, 두로는 다른 신들을 섬김으로써 이득을 얻었다. 이와 마찬가지로 본문에서도 불신자들은 특히 경제적 이득을 위해 우상숭배에 참여했다.

17:3 성령이 요한을 광야로 옮겨간다. 성령이 언급된다는 것은 예언의 영이 요한에게 임하였고, 그가 성령의 감동을 따라 하나님의 말씀을 하고 있음을 의미한다(참고. 1:10 주석). 21:10과의 병행이 특히 중요하다. 왜냐하면 21:10에서도 요한은 성령에 의해 옮겨져 새 예루살렘이 내려오는 것을 보며, 새 예루살렘과 어린양의 아내인 신부가 음녀 바벨론과 생생하게 대비되기 때문이다. 광야는 구원의 장소일 수도 있고(참고. 12:6, 14) 심판의 장소일 수도 있는데(삼상 4:8; 사 21:1; 렘 50:12; 애 4:19; 5:9), 여기서는 분명히 바벨론이 심판을 받는 장소다. 요한은 한 여자가 붉은 빛 짐승 위에 앉아 있는 것을 본다. 이 짐승은 13장에서 등장한 바로 그 짐승이다. 로마를 가리키는 것이 분명한 이 여자(참고. 17:5 주석; 17:9-11 주석; 17:18 주석)는 제국과 그 군대의 지원을 받고 있다. 짐승은 일곱 머리와 열 뿔을 가지고 있는데, 이것은 이 짐승의 권세와 힘을 나타낸다(참고. 13:1 주석). 짐승은 자기가 가진 힘을 인도적이고 의로운 목적을 위해 사용해야 하는데도, 도리어 진리와 선을 배척하고 한 분 참 하나님을 욕하고 모독하는 데 사용한다.

17:4 얼핏 보면 이 여자는 아름답다. 그녀가 입고 있는 옷과 지니고 있는 보석은 놀랄 만큼 아름답다(참고. 18:16; 겔 28:13). 그녀는 자주 빛과 붉은 빛 옷을 입고, 금과 보석과 진주로 몸을 휘감고 있다. 그녀는 손에 금잔을 들고 있는데, 무엇인가가 끔찍할 정도로 잘못되었다. 왜냐하면 그 잔에 가증스럽고 더러운 것들이 가득 채워져 있기 때문이다. 이 여자는 악과 거짓 신들에게 자신을 바쳤기 때문에, 그녀의 아름다움은 흉측하게 일그러진 아름다움이었다. 이 여자는 한 분 참 하나님이 아니라 물질적인 부에 자신

을 바치고 다른 신들을 섬김으로써 부를 쌓아 왔다. 여기서 다니엘이 안티오코스 4세 에피파네스에 대해 말한 것을 생각하게 된다. "[그가] 그 대신에 강한 신을 공경할 것이요 또 그의 조상들이 알지 못하던 신에게 금 은 보석과 보물을 드려 공경할 것이며"(단 11:38).

17:5 이 여자의 이마에는 무엇인가가 새겨져 있는데, 그 기록되어 있는 것은 비밀로 불린다. 성경에서 비밀은 일반적으로 전에는 감춰져 있다가 이제는 계시된 것을 가리킨다. 여기서 로마의 진정한 본성과 성격이 드러나기 때문에, 신자들은 인간의 성에 애정을 주지 않을 것이다. 인간의 성인 로마를 가리키는 이 여자가 큰 바벨론(참고. 단 4:30), 땅을 더럽히는 음녀들과 가증한 것들의 어미라는 것이 드러난다. 구약 역사에서 아주 중심적인 역할을 한 바벨론은 역사상으로는 느부갓네살이 꿈에서 본 신상에서 금으로 된 머리(단 2:37-38)이자 다니엘이 꿈에서 받은 묵시에 등장하는 나라들 중에서 사자에 해당하는 나라(단 7:4)이다. 그렇지만 바벨론은 역사상의 그 나라를 넘어서서 일반적으로 살아 계신 하나님을 대적하고 미워하는 인간의 성, 인간의 문화와 사회를 가리킨다. 요한이 이 책을 쓴 당시에 역사상의 바벨론은 이제 더 이상 존재하지 않았지만, 인간의 성이 지닌 악은 로마라는 성을 통해서 드러났다. 따라서 볼 수 있는 눈을 지니고 있던 사람들은 바벨론이 로마라는 성으로 되살아났다는 것을 깨달을 수 있었다. 그리고 역사 전체에 걸쳐서 "바벨론"은 계속해서 반복적으로 다시 부활해 왔다. 어거스틴이 '인간의 성'이라고 불렀던 것이 하나님을 부정하는 이데올로기들과 체제들을 탄생시켜 왔다.

17:6a 이 여자의 악은 분명해진다. 왜냐하면 이제 요한은 이 여자가 실제로 취해 있는 것을 보기 때문이다. 여기서 아름다운 여자가 죄와 술 취함으로 타락해 있는 것을 보게 되는데, 이 여자는 포도주에 취해 있는 것(이러한 표현은 묵시적이다)이 아니라, 성도들의 피와 언행으로 예수님을 증언한 자들의 피에 취해 있다. ESV는 여기서 "martyrs"(순교자들)라는 단어를 사용

하는데, 실제로 그들은 순교자들이었지만(참고. 2:13; 6:9-11; 16:6; 18:24; 19:2; 20:4), 본문에 사용된 마르튀론(*martyrōn*, "증인들", 참고. 마 18:16)이라는 단어는 아직 전문용어가 아니었다. 성도들은 목숨을 걸고 예수님을 증언했고, 예수님을 증언하는 대가로 목숨을 바쳤다. 이 여자는 그리스도께 헌신된 자들은 단 한 사람도 용납할 수 없었기 때문에, 예수님께 속한 자들의 목숨을 빼앗음으로써 그들의 피를 마셨다.

17:6b-7 바벨론의 비밀에 대한 언급은 그 비밀들이 요한에게 계시되는 이 장의 두 번째 하위단락(17:6b-12)으로 이어진다. 요한은 이 여자가 성도들의 피에 취해 있는 모습을 보고서 충격을 받았고 아마도 두려움을 느꼈을 것이다. 그래서 천사는 요한에게 왜 그렇게 놀라느냐고 묻는다. 분명히 이것은 문학적 장치로써, 요한이 처음에는 그 여자를 보고 아름다운 여자라고 생각했다가 교활한 마녀임이 드러나자 매우 큰 충격을 받고 경악했음을 부각시킨다. 또한 요한은 이 여자가 심판을 받지 않고 도리어 승리하는 것을 보고서 더욱 놀라고 경악했을 것이다. 천사는 요한에게 이 여자와 관련해서 비밀이 있다는 것을 알려준다. 이미 5절에서 이 비밀의 한 면이 드러났다. 그러나 여기서는 비밀이 이 여자뿐만 아니라, 이 여자가 탄 일곱 머리와 열 뿔을 지닌 짐승과도 관련되어 있다.

17:8 이 절에서 설명하고 있는 비밀은 아주 헷갈리고 감질나는 것이어서, 해석자들은 요한이 써내려가고 있는 글을 읽으면서 계속해서 당혹하게 된다. 여기서 우리는 요한계시록 전체에서 가장 어려운 본문들 중 하나와 마주친다. 요한은 짐승이 전에는 있었지만 지금은 없고 장차 무저갱에서 올라올 것이라고 말한다. 당혹스러운 점은 요한이 이 절에서 짐승이 '지금은 없다'고 두 번이나 말하고 있다는 사실이다. 왜냐하면 짐승이 로마 제국을 가리킬 경우, 요한이 요한계시록을 기록하던 당시에 엄연히 활동하고 있던 로마 제국을 두고 '지금은 없다'고 말하는 것이 말이 되지 않기 때문이다. 따라서 아마도 요한은 네로 같은 어느 특정한 황제를 염두에 두었을

것이다. 그렇게 본다면, 당시에는 네로 황제가 죽어서 더 이상 통치하지 않았기 때문에 지금은 짐승, 즉 네로 황제가 없다고 충분히 말할 수 있다. 어떤 해석자들은 요한이 이렇게 말하는 이유에 대해 다음과 같이 주장한다. 요한이 요한계시록을 기록하던 때는 네로(주후 54-68년)와 베스파시아누스(주후 69-79년) 사이에 갈바, 오토, 비텔리우스가 차례로 짧게 권력을 잡았던 시기였으며, 이 불안정한 시기에 로마에는 통치자가 없다가 베스파시아누스가 비텔리우스를 이기고 황제로 등극했기 때문이라는 것이다(아래에 나오는 "로마 황제들"에 관한 목록에서 네로가 죽은 후에 세 명의 황제가 연달아 아주 짧은 기간에 집권했다는 것을 알 수 있다).

로마의 황제들

아우구스투스(주전 27-주후 14년)

티베리우스(주후 14-37년)

칼리굴라(주후 37-41년)

클라우디우스(주후 41-54년)

네로(주후 54-68년)

갈바(주후 68-69년)

오토(주후 69년)

비텔리우스(주후 69년)

베스파시아누스(주후 69-79년)

티투스(주후 79-81년)

도미티아누스(주후 81-96년)

완전히 만족스러운 해법은 없지만, 요한이 여기서 한 말이 네로와 베스파시아누스 사이의 1년이라는 짧은 기간을 가리키는 것으로 보이지는 않기 때문에, 필자는 또 다른 해법을 간단하게 제시하려고 한다. 필자가 제시하는 더 만족스러운 해법은, 요한이 로마 제국 전체를 염두에 두고서 그런 말을 했다는 것이다. 달리 말하면, 번성하는 시대 다음에 쇠퇴하는 시대가 온다는 것이다. 요한이 로마에 관해 한 말은 인류 역사 전반에 해당된다. 역사의 어느 한 시대에는 전체주의적인 통치가 지나간 옛날 일처럼 보일지라도, 역사는 돌고 돌아서 결국 한층 더 사납고 잔인한 전체주의적인 권력이 다시 출현하는 시대가 온다. 신자들은 상대적으로 평화로운 시대라고 해서 악이 영속적으로 패배했다고 생각해서는 안 된다.

"땅에 사는 자들"(여기서도 이 표현은 불신자들을 가리키는 전문용어다. 참고. 3:10 주석)은 짐승의 권세가 이미 끝난 것처럼 보였다가 짐승이 그리스도의 부활을 흉내 내어 다시 살아 돌아온 것을 보고 놀라게 된다. 땅의 주민들은 이 짐승이 죽음을 이겼다고 생각해서 이 짐승에게 충성을 맹세하게 될 것이다. 땅의 주민들이 짐승에게 충성을 맹세한 것은 도덕적으로는 그들 자신의 책임이긴 하지만, 동시에 그들의 불신앙은 창세전에 정해져 있었다. 다시 말해 그들은 창세전에 그 이름이 생명책에 기록되지 않은 자들이다. 이 말씀은 사람들이 태어나기도 전에 의롭다 함을 얻거나 정죄된다는 것을 의미하지도 않고, 우리의 선택이 중요하지 않음을 내비치는 것도 아니다. 도리어 이 표현은 하나님이 모든 역사를 주관하신다는 것을 의미한다. 하나님은 누구의 이름이 생명책에 있을지를 아시고 정하신다. 하나님이 미리 알지 못하시는 것은 없고, 하나님이 그분의 계획과 뜻을 이루시는 것을 그 어느 것도 가로막을 수 없다. 요한계시록에 자주 언급되는 생명책(참고. 3:5 주석)은 장차 새 예루살렘에 들어가게 될 자들, 둘째 사망과 불 못을 피하게 될 자들의 이름이 기록되어 있는 책을 가리킨다. 짐승에게 자신을 내어주는 자들이 생명책에서 배제될 것임은 지극히 확실하다.

17:9-11 여자와 짐승의 비밀이 계속해서 요한에게 계시되는 가운데 등장하는 이 세 절은 요한계시록에서 해석하기가 가장 어려운 본문 중 하나다. 따라서 어떤 해석이든 잠정적인 것일 수밖에 없다. 이 절들은 13:18을 떠올리게 한다. 거기서 요한은 숫자들을 제시하면서, 독자들에게 지혜를 발휘해보라고 말했다. 짐승의 일곱 머리는 여자가 앉아 있는 일곱 산이라는

것이 밝혀진다. 일곱 산이 인간의 성 로마가 자리 잡고 있는 산들을 가리키는 것임은 거의 확실하다.

계속해서 요한은 짐승의 일곱 머리가 일곱 왕을 나타내기도 한다고 말한다. 그 다음으로 일곱 왕의 순서를 제시하며 다음과 같이 말한다. 다섯 왕은 망해서 이제 없고, 한 왕은 지금 있어서 자신의 통치를 수행하고 있다. 아직은 지금 있는 왕의 통치가 끝나지 않았지만, 비록 기간이 제한되어 있을지라도 장차 여섯 번째 왕을 이을 또 다른 왕이 있을 것이다. 그 일곱 번째 왕은 단지 짧은 기간만 통치할 것이다. 필자는 이 짧은 기간이 예수님의 초림과 재림 사이의 전 기간을 가리킨다고 본다. 이와 동일한 표현이 마귀가 그리스도의 십자가로 말미암아 하늘에서 쫓겨난 후에 땅에서 활동하는 기간을 가리키는 데도 사용되었다(12:12). 사도 베드로 역시 신자들이 겪는 시험들과 고난들이 단지 잠깐일 뿐이라고 말하는데(벧전 1:6; 5:10), 이 잠깐은 예수님이 재림하실 때까지를 가리킨다.

요한이 여기서 하는 말은 해석하기가 아주 복잡하다. 왜냐하면 "전에 있었다가 지금 없어진" 짐승은 여덟 번째 왕을 가리키는 동시에 일곱 번째 왕이 되기 때문이다. 요한이 이 글을 쓰고 있는 동안에 로마 제국은 계속해서 자신의 권력을 사용하여 신자들을 박해하고 있었다. 그런데도 짐승이 지금 '없다'고 말한 것은 더욱 당혹스럽다. 게다가 문제를 더 헷갈리게 만드는 것은 요한이 10절에서 여섯 번째 왕이 지금 '있다'고 말한다는 것이다. 짐승은 어떤 의미에서는 '지금 없고', 어떤 의미에서는 '지금 있다'. 그 세부적인 것들이 무엇을 의미하든, 이 절들은 이 이야기의 끝을 제시한다. 짐승은 멸망으로 들어가서 결국 멸망할 것이다.

하지만 사람들은 여기에 제시된 연대기가 무슨 의미인지를 여전히 알고 싶어 한다. 많은 학자가 처음 일곱 왕이 로마 황제들을 가리키며, 일곱 왕으로부터 온 여덟 번째 왕이 네로라고 생각했다(따라서 요한은 네로의 귀환을 예상하고 있는 것이다). 율리우스 카이사르에서 시작한다면, 일곱 왕은 다음과 같을 것이다. 율리우스 카이사르(주전 44년), 아우구스투스(주전 27-주후 14년), 티베리우스(주후 14-37년), 칼리굴라(주후 37-41년), 클라우디우스(주후

41-54년), 네로(주후 54-68년). 주후 68-69년이라는 아주 짧은 기간에 통치했던 세 명의 황제(갈바, 오토, 비텔리우스)를 건너뛴다면, 일곱 번째 왕은 베스파시아누스(주후 69-79년)일 것이다. 이러한 해석의 약점은 과연 세 명의 황제를 건너뛰어도 되는 것인지가 분명하지 않다는 것이다. 또한 요한은 일곱 번째 왕이 잠시 동안 통치한다고 말한 반면에, 베스파시아누스의 통치 기간은 짧지 않았다는 점에서 요한의 말과 일치하지 않는다는 것이다. 또 다른 해석은 세 명의 황제의 통치 기간이 실제로 짧았기 때문에, 이 세 명의 통치를 하나의 통치로 보는 것이다(세 황제를 하나로 계산해도 되는지가 분명하지는 않지만). 어떤 사람들은 아우구스투스에서 시작하지만, 주후 68-69년에 통치했던 세 명의 황제를 처리하는 방법은 여전히 문제로 남는다. 필자는 이러한 접근 방법은 이 절들을 부적절하게 설명하는 것이라고 본다.

여기서 하나님의 백성을 괴롭힌 제국들을 생각해보는 것이 더 나을 것이다. 한 가지 가능성은 그 제국들이 앗수르(아시리아), 메대(메디아), 바벨론(바빌로니아), 바사(페르시아), 헬라(그리스), 옛 로마 제국, 콘스탄티누스 치하의 새 로마 제국, 그리고 적그리스도의 통치라는 것이다. 이 도식이 과연 제대로 된 것인지 의아해하는 사람들이 있을 것이다. 애굽을 제외한 이유는 무엇인가? 제국의 통치 기간을 언제나 명확하게 확정할 수는 없는데, 이 도식에 포함된 제국들은 어떤 기준으로 선택한 것인가? 게다가 옛 로마 제국과 새 로마 제국을 구별한 것은 인위적이다. 무슨 근거로 로마 제국을 두 개로 나눌 수 있는가? 또 다른 도식에서는 요한의 연대기에 해당하는 제국으로 애굽(이집트), 앗수르, 바벨론, 메대-바사, 헬라를 제시하고, 여섯 번째는 로마라고 본다. 그러나 이 도식에서는 어떻게 로마가 "일곱 중에" 속하는지(계 17:11)가 분명하지 않기 때문에, 인위적인 해법으로 보인다. 또한 요한이 짐승(거의 틀림없이 로마)이 전에 있었다가 지금은 없다고 말한 것이 무엇을 의미하는지를 알기가 어렵다. 왜냐하면 요한이 요한계시록을 기록하던 당시에 로마는 여전히 권력을 행사하고 있었기 때문이다. 또한 어떤 사람들의 주장처럼 요한이 갈바, 오토, 비텔리우스가 권력 투쟁을 하고 있던 시기에 이 글을 썼다고 보는 것도 설득력이 없다. 게다가 세 명의 황제를 마치 한 명의 황제인 것처럼 취급하는 것도 문제가 있다.

가장 좋은 해법은 요한이 말한 것을 상징적이고 일반적인 관점에서 해석하는 것이다. 요한은 이스라엘의 역사 전체에 걸쳐서 이스라엘을 괴롭혔던 제국들을 염두에 두고서 이 말을 하고 있다. 그리고 요한이 여섯 번째 제국을 언급한 것은 그 제국의 통치가 끝나가고 있었기 때문이다. 이 것은 느부갓네살이 꿈에서 본 신상을 통해 다니엘이 인류 역사의 개요를 설명한 것(단 2장), 그리고 다니엘이 본 네 짐승과 인자에 관한 환상(단 7장)과 비슷하다. 역사 전체에 걸쳐서 전체주의적인 체제들은 하나님의 백성을 박해하는 경향을 보여 왔다. 그리고 그러한 제국들이 망하고 다시는 돌아오지 않을 것처럼 보이는 시기들, 즉 짐승이 "지금은 없[는]" 시기들도 있다. 하지만 전체주의적인 권력을 가리키는 짐승은 언제나 다시 살아나서 돌아온다. 짐승은 죽은 것처럼 보일 수 있으나, 재로부터 다시 살아나서 성도들에게 또다시 해악을 가한다. 역사의 끝이 도래할 때까지 인류 역사 속에서는 언제나 이 패턴이 반복될 것이다.

17:12 짐승의 열 뿔(참고. 17:3, 7)은 이제 열 왕이라는 것이 밝혀진다. 이 왕들은 로마의 국경 밖에 있는 왕들을 가리키는 것으로 보인다. 하지만 이 왕들은 하나님을 대적하는 이 땅의 모든 권세와 통치 세력을 나타낸다. 이러한 해석은 다니엘이 본 환상과 일치한다. 다니엘서 7장에서 넷째 짐승은 열 왕을 나타내는 열 뿔을 가지고 있으며(단 7:7, 20, 24), 네 짐승 모두의 흉악하고 짐승 같은 성격을 다 가지고 있다. 뿔은 힘과 통치권을 나타내는데, 여기서도 다른 나라들을 복속시키는 정치적인 힘을 가리킨다(참고. 슥 1:18-21). 이 왕들은 아직 권세를 받지 못했지만, 역사가 끝나기 직전에 짐승과 함께 잠시 동안 통치할 것이다. 열이라는 숫자를 문자 그대로의 의미로 받아들여서는 안 된다. 여기서 요한의 말은 역사가 끝나기 전에 짐승과 이 세상의 통치자들이 심판을 받기 전까지 한동안 권력을 휘두르리라는 의미로 보인다.

17:13 자신의 권력을 마음대로 휘두르고 완고함과 교만함으로 악명이 높은 세상의 왕들은 한 데 뭉치고, 그들이 지닌 능력과 권세를 짐승에게 바치는 데 마음을 같이 한다. 나라들이 공모하여 하나님의 백성을 대적하는 일은 정확하게 예견된 것이므로 교회는 그 일 때문에 두려워해서는 안 된다. 전체주의 통치는 그 통치 아래 있는 자들에게 강제로 부과하는 세금으로 인해 끔찍하게 무섭다. 그러나 하나님의 백성은 그러한 통치에 놀라서는 안 된다.

17:14 하나님의 백성은 반대 세력의 무시무시함에 압도당할 수 있다. 실제로 요한은 그의 독자들에게 짐승과 열 왕이 어린양을 악착같이 대적할 것임을 일깨워준다. 그들은 어린양의 권세를 멸시하고서, 그들의 삶에서 그 권세를 제거하기를 열망한다. 이 왕들은 어린양과 전쟁을 벌이는데, 이 전쟁은 성도들을 죽이는 것으로 나타난다. 성도들은 어린양에게 속한 자들로서 어린양과 한 편이기 때문이다. 하지만 결국에는 성도들이 이길 것이 확실하다. 왜냐하면 어린양이 그를 대적하는 왕들을 이기실 것이기 때문이다(참고. 19:11-21). 어린양은 만주의 주시요 만왕의 왕이시기 때문에 확실하게 승리하신다(참고. 19:16). 어느 누구도 능력이나 주권이나 위엄에서 어린양과 비교할 수 없다. 여기에 나오는 어린양에 관한 묘사는 어린양이 하나님이시라는 것을 보여준다. 왜냐하면 다른 곳들에서는 하나님을 만주의 주(신 10:17; 시 136:3; 딤전 6:15)이자 만왕의 왕(딤전 6:15, 참고. 단 2:47; 마카베오3서 5:35; 에녹1서 9:4)이라고 지칭하기 때문이다. 여기서는 그러한 명칭들이 어린양에게 주어진다. 성도들은 어린양과 함께 반드시 승리하고 이길 것이기 때문에 끝까지 인내로써 믿음을 지켜야 한다.

요한은 잠시 멈추어 어린양에게 속한 자들을 묘사한다. 그들은 부르심을 받은 자들이고 택하심을 받은 자들이며, 진실한 자들이다. 처음 두 개의 묘사는 하나님의 주권적 은혜를 강조한다. 성도들은 하나님의 은혜로 말미암아 부르심을 받은 자들이기 때문에, 자신들이 어린양에게 속했다는 사실을 자신의 공로로 돌릴 수 없다. 여기서 말하는 부르심은 그들을 그 나라로 들어가게 한 유효한 부르심을 가리킨다. 마찬가지로 성도들은 하나님의 택하심을 받았기 때문에, 하나님의 기이한 자비와 은혜를 받은 자들이다. 성도들이 하나님께 속해 있는 궁극적인 원인은 그들 자신의 결정과 선택이 아니라 그들을 택하신 하나님의 은혜. 하지만 하나님의 은혜로 말미암아 그러한 은택들이 주어진다고 해서 인간이 응답해야 할 필요성이 배제되지는 않는다. 실제로 그러한 은택들은 인간이 응답하기 위한 토대이다. 그러므로 성도들은 신실하고 충성되어야 한다. 성도들은 최후의 상을 얻기 위해 끝까지 인내로써 믿음을 지켜야 한다.

17:15 여기서부터 이 장의 세 번째 하위단락이 시작된다(15-18절). 1절은 음녀가 많은 물 위에 앉아 있다고 말했는데(참고. 렘 47:2), 이제 천사가 요한에게 이 물의 의미와 중요성을 계시해준다. 물은 많은 "백성과 무리와 열국과 방언들"을 가리킨다. 처음 세 단어는 그 의미가 대체로 서로 겹치는 것들로, 음녀의 통치 범위에 주목하게 한다. 음녀는 해로운 영향력을 광범위하게 미친다.

17:16 짐승과 함께 통치하는 열 왕(12절)인 열 뿔은 음녀에 대한 증오와 적개심으로 가득하다. 이는 이 제국의 통치자들이 그들이 속한 사회의 경제적이고 종교적인 중심에 반기를 드는 것으로 보인다. 바벨론이 음녀인 이유는 거짓 신들을 섬기는 우상숭배와 다른 나라들을 착취하는 약탈 경제 체제 때문이다. 이 왕들은 증오심에 불타올라서 음녀를 멸망시킨다. 결국 음녀는 황폐화되고(참고. 겔 26:19) 벌거벗겨지며(참고. 겔 16:39; 23:29), 불에 타서 멸망한다(계 18:8, 참고. 레 21:9; 렘 34:22). 증오는 비이성적이고 마귀적이다. 악은 궁극적으로 자폭하게 되어 있고, 본질적으로 자멸하게 되어 있다. 인간의 성은 그들이 품고 있는 악과 증오의 무게에 짓눌려 와해된다.

17:17 요한은 열 왕이 큰 음녀를 공격해서 멸망시킨 것에 담긴 하나님의 계획과 뜻에 관하여 주목할 만한 해설을 제시한다. 열 왕과 짐승이 음녀를

멸망시키기로 한 것은 궁극적으로 하나님께로부터 온 것이기 때문에, 그들은 하나님의 계획과 뜻을 실행한 것이다(참고. 10:7). 그런 사건들이 하나님의 계획이었다고 해서, 인간의 선택과 결정이 진정한 것이 아니게 되는 것은 아니다. 왜냐하면 음녀에 대한 열 왕과 짐승의 증오는 거짓이 아니라 진짜이기 때문이다(17:16). 열 왕과 짐승은 하나님이 눈에 보이지 않는 실을 통해 조종하는 꼭두각시 인형들이 아니다. 이사야서에도 이와 동일한 현상(phenomenon)이 나오는데, 이사야는 앗수르가 자신이 원해서 행한 일인데도 그것이 하나님의 뜻을 이룬 것이라고 말한다(사 10:5-34). 마찬가지로 하나님은 짐승과 열 왕이 음녀에게 행한 일을 주관하셨지만, 열 왕과 짐승이 행한 악에 대해서 책임을 지거나 도덕적으로 비난받으실 수 없다. 요한계시록의 다른 곳들도 하나님이 악한 일들이 일어나도록 미리 정하셔서 그분의 뜻이 이루어지게 하시지만, 여전히 악과는 무관하신 것을 보여준다. 그것을 가장 잘 보여주는 예는 그리스도의 십자가다. 하나님은 예수님의 죽음을 미리 정하셨지만, 예수님의 죽음에 대한 책임은 그분을 실제로 죽인 자들에게 있다(행 2:23; 4:27-28). 이것은 하나님이 역사를 주관하신다는 것을, 악한 제국들과 왕들은 그들이 저지르는 끔찍한 악에 대해 책임이 있지만 결코 하나님의 주관하심과 무관하게 그런 악을 저지르는 것이 아님을 일깨워준다. 따라서 그들은 하나님의 계획 속에 있지 않은 어떤 일을 마치 자신들이 해낼 수 있는 것처럼 자랑할 수 없다.

17:18 이제 여자의 정체가 드러나는데, 이 여자를 가리켜 "큰 성"이라고 말한다. 일곱 산에 대한 언급은 이 여자가 로마일 것임을 암시했는데(9절), 18절은 이 여자가 로마를 가리킨다는 것을 확증한다. 여기서 로마는 하나님의 일들을 대적하는 인간의 성, 요한의 원 독자들이 직접 경험한 인간의 성을 나타낸다. 아울러 바벨론이라는 별명은 여기서 말한 것이 로마를 넘어서서 하나님의 일들을 대적하는 세상의 모든 문화와 성에 해당된다는 것을 나타낸다.

우리는 이 장에서 악의 세력(짐승, 열 왕, 악하고 저속하게 화려한 음녀)으로 이뤄진 삼위일체를 본다. 특히 음녀가 행한 악은 무시무시하고 충격적이다. 음녀는 성도들을 학살하면서도, 화려하고 사치스러운 삶을 살아간다. 하지만 요한은 우리에게 악은 승리하지 못할 것임을 상기시킨다. 마침내 악은 스스로를 대적하여 안에서부터 무너져 내릴 것이다. 처음에는 악을 행하기 위해 서로 연합하여 하나가 되지만, 결국에는 서로를 증오하고 비난하는 것으로 끝나게 된다. 하지만 악의 자폭은 단지 인간 사회에서만 일어나는 일이 아니다. 우리는 하나님의 세계 속에서 살아가고 있고, 하나님은 역사를 주관하셔서 그분의 뜻과 계획을 이루어 가신다. 극악무도한 악이 행해질 때조차도 하나님은 악에 의해 전혀 더럽혀지지 않으시면서 그 결과를 주관하신다. 신자들은 하나의 문화가 악으로 치닫는 것을 볼 때에도 결코 패배주의자가 되어서는 안 된다. 물론 이것은 우리 주변에서 벌어지는 악의 지배에 대하여 눈을 감아버리라는 의미는 아니다. 우리는 이 이야기의 결말을 알고 있기 때문에, 언제나 담대함과 소망으로 충만하다. 우리는 우리의 승리가 최종적인 결과라는 사실을 알고 있다.

1 이 일 후에 다른 천사가 하늘에서 내려 오는 것을 보니 큰 권세를 가
졌는데 그의 영광으로 땅이 환하여지더라 2 힘찬 음성으로 외쳐 이르되
　무너졌도다 무너졌도다 큰 성 바벨론이여

　　　귀신의 처소와

　　　각종 더러운 영이 모이는 1)곳과

　　　각종 더럽고 가증한 새들이 모이는 1)곳이 되었도다

3 그 음행의 진노의 포도주로 말미암아

　　　만국이 무너졌으며

　　땅의 왕들이 그와 더불어 음행하였으며

　　　땅의 상인들도 그 사치의 세력으로 치부하였도다 하더라

4 또 내가 들으니 하늘로부터 다른 음성이 나서 이르되

　　내 백성아, 거기서 나와

　　　그의 죄에 참여하지 말고

　　그가 받을 재앙들을 받지 말라

5 그의 죄는 하늘에 사무쳤으며

　　　하나님은 그의 불의한 일을 기억하신지라

6 그가 준 그대로 그에게 주고

그의 행위대로 갑절을 갚아 주고

그가 섞은 잔에도 갑절이나 섞어 그에게 주라

7 그가 얼마나 자기를 영화롭게 하였으며 사치하였든지

그만큼 고통과 애통함으로 갚아 주라

그가 마음에 말하기를

나는 여왕으로 앉은 자요

과부가 아니라

결단코 애통함을 당하지 아니하리라 하니

8 그러므로 하루 동안에 그 재앙들이 이르리니

곧 사망과 애통함과 흉년이라

그가 또한 불에 살라지리니

그를 심판하시는 주 하나님은 강하신 자이심이라

18장

1 After this I saw another angel coming down from heaven, having
great authority, and the earth was made bright with his glory. 2 And he
called out with a mighty voice,

"Fallen, fallen is Babylon the great!

She has become a dwelling place for demons,

a haunt for every unclean spirit,

a haunt for every unclean bird,

a haunt for every unclean and detestable beast.

3 For all nations have drunk[1]

the wine of the passion of her sexual immorality,

and the kings of the earth have committed immorality with her,

and the merchants of the earth have grown rich from the power

of her luxurious living."

⁴ Then I heard another voice from heaven saying,

"Come out of her, my people,

lest you take part in her sins,

lest you share in her plagues;

⁵ for her sins are heaped high as heaven,

and God has remembered her iniquities.

⁶ Pay her back as she herself has paid back others,

and repay her double for her deeds;

mix a double portion for her in the cup she mixed.

⁷ As she glorified herself and lived in luxury,

so give her a like measure of torment and mourning,

since in her heart she says,

'I sit as a queen,

I am no widow,

and mourning I shall never see.'

⁸ For this reason her plagues will come in a single day,

death and mourning and famine,

and she will be burned up with fire;

for mighty is the Lord God who has judged her."

1) 또는 옥

1 Some manuscripts *fallen by*

17장에서 요한은 인간의 성인 "큰 성"의 멸망이라는 주제를 다루었다. 요한계시록의 전형적인 서술 방식을 따라, 18:1-19:5에서는 "큰 성"의 멸망이라는 주제를 "바벨론"이라는 별명에 비추어 또다시 다루면서 확장하고 보충한다. 바벨론은 로마를 가리키지만, 일반적인 인간의 성을 나타내는 것이기도 하다. 요한은 바벨론에 관한 구약 본문들을 가져와서 하나님을 대적하는 인간의 성들에 적용한다. 사실 요한계시록의 나머지 부분은 인간의 성(바벨론)과 하나님의 성(새 예루살렘) 간의 대비, 음녀 바벨론과 어린양의 신부(교회)라는 두 여자 간의 대비를 특징으로 한다. 이 단락(18:1-8)은 바벨론에 대한 심판을 선언하는 두 천사의 음성으로 구성된다. 밝은 영광을 지닌 첫째 천사는 바벨론이 무너져서(18:1-3) 황폐화되어 귀신들의 처소가 되었다고 선언한다. 바벨론이 심판을 받는 것은 열방과 왕들과 상인들을 우상숭배로 타락시켰기 때문이다(3절). 또 다른 천사의 음성이 전한 메시지는 4-8절에 나온다. 거기서 천사는 바벨론이 저지른 죄가 커서 하나님이 곧 벌하실 것이기 때문에(5절) 하나님의 백성에게 바벨론을 떠나라고 권고한다(4절). 바벨론은 그녀가 행해 온 악을 그대로 되돌려 받을 것이다(6절). 그리고 바벨론이 누렸던 영광은 이제 애곡하는 이유가 될 것이다(7절). 바벨론은 하나님의 강력하고 두려운 심판으로 말미암아 하루 사이에 멸망하고 말 것이다(8절).

≋≋≋≋ 단락 개요 ≋≋≋≋

주석

18:1 요한계시록에서 천사들은 두드러진 역할을 하는데, 17장에서 다루어졌던 바벨론의 멸망이 여기서는 또 다른 시각에서 다시금 다루어진다. 요한은 또다시 역사의 끝으로 돌아가서, 그때 일어날 일들을 좀 더 깊게 살펴보고 설명을 보충한다. 17장에서 바벨론에 대한 심판을 선포하는 것으로는 충분하지 않았다. 왜냐하면 요한은 바벨론이 심판 받게 된 이유들과 그 심판이 불신자들 사이에서 불러일으킨 공포를 좀 더 자세하게 설명하고 싶어 하기 때문이다. 천사는 하늘에서 내려옴으로써 그의 초월적 권위를 드러내 보이고, 그의 영광과 광채로 땅을 환하게 밝힌다(참고. 겔 43:2). 이렇게 아름답고 능력 있는 천사의 출현은 이제 곧 무언가 아주 중요한 일이 일어나리라는 것을 시사한다.

18:2 천사는 큰 성 바벨론이 무너졌다는 것을 권세와 위엄을 가지고서 선언한다(참고. 7:2; 10:3; 14:7, 9, 15; 19:17). 요한계시록의 앞부분에서도 바벨론의 멸망이 임박했음이 선포되었는데(14:8; 16:19; 17:5), 이제 여기서는 그 멸망에 관해 좀 더 자세하게 설명한다. 바벨론의 멸망에 대한 선언은 이사야서에 나오는 말씀을 연상시킨다. "함락되었도다 함락되었도다[ESV는 "Fallen, fallen"] 바벨론이여 그들이 조각한 신상들이 다 부서져 땅에 떨어졌도다"(사 21:9). 구약성경에서 바벨론은 하나님의 백성의 큰 원수였다. 바벨론은 주전 586년에 유다를 포로로 사로잡아간 나라였고 느부갓네살의 꿈에 나온 신상에서 금으로 된 머리였으며(단 2:32, 37-38), 다니엘이 본 환상에 나오는 "사자"였다(단 7:4, 17). 구약의 선지자들은 바벨론이 그 악과 우상숭배로 말미암아 하나님의 심판을 받게 될 것이라고 선포하였다(예. 사 13:1-14:23; 47:1-15; 렘 50:1-51:64). 바벨론은 주전 539년에 심판을 받아 멸망했지만, 바벨론의 멸망은 하나님을 대적하는 나라들과 성들의 모형이자 본이 되었다.

요한계시록의 이 부분에서는 인간의 성인 로마가 바벨론으로 묘사된다. 고대 세계에서 로마가 그랬듯이, 하나님을 대적하여 일어선 성은 모두 바벨론이다. 옛 바벨론이 심판을 받았듯이, 로마도 심판을 받게 될 것이다. 여기서 요한은 또다시 성경의 표현을 사용한다(참고. 사 13:21-22; 14:23; 34:11, 14; 렘 50:39; 51:37). 인간의 성, 세상의 바벨론은 귀신들과 더러운 영들의 처소가 될 것이다. 더럽고 가증한 새들과 짐승들이 거기에 살게 될 것이다. 바벨론은 한때 사람들의 이목을 끌어당기는 번창하는 성이었지만, 주전 539년에 멸망한 후에는 결코 옛 명성을 회복하지 못했다. 이것은 인간의 성이 영원히 황폐해지고 멸망할 최후의 심판을 미리 보여주는 것이다. 로마는 결국 바벨론과 같은 운명을 맞이할 것이다.

18:3 이제 요한은 독자들에게 바벨론에 대한 심판, 그리고 로마에 대한 심판의 근본적인 이유에 대해 들려준다. 세상의 열방은 이 음녀의 음행의 포도주를 마셔 왔다(참고. 렘 25:15; 51:7). 여기서 요한은 성적인 간음을 나타내는 표현을 사용하지만, 그가 일차적으로 염두에 두고 있는 것은 성적인 죄가 아니다. 구약성경은 이스라엘이 여호와를 떠나 다른 신을 섬기는 것을 음행과 간음이라고 말한다(참고. 렘 3:8-9; 겔 16장; 23장; 호 1:1-3:5; 사 23:17). 따라서 인간의 성이 자행하는 모든 죄의 뿌리는 하나님을 버리고 다른 신들을 좇은 것이다(참고. 롬 1:21). 세상의 열방도 큰 성 바벨론의 영향을 받아서 한 분 참 하나님을 멀리해 왔다. 땅의 왕들도 동일한 길을 따랐다. 그들의 죄도 성적인 일탈이라는 관점에서 묘사되지만, 이 은유는 하나님을 그들의 주로 인정하지 않는 영적인 간음을 나타낸다. 땅의 상인들은 바벨론과 연합함으로써 얻은 사치품들을 통해서 부를 쌓았다고 고발된다. 요한은 부 자체가 심판을 불러왔다고 말하지 않으며, 바벨론이 행한 우상숭배와 악에 동참함으로써 얻은 부가 심판을 초래하였다고 말하는 것이다(참고. 겔 27:12, 18, 33).

18:4 이제 또 다른 천사의 음성이 들려온다. 이 음성도 하늘로부터 옴으로써 초월적 권위를 지니고 있음을 보여준다. 그러나 이번의 음성은 하나

님의 백성, 즉 예수 그리스도께 계속해서 충성한 자들을 위한 것이다. 바벨론처럼 하나님을 버리는 죄를 짓는 자들이 장차 올 최후의 심판을 받게 될 것이기 때문에, 그들은 바벨론의 죄에 동참하지 말고 그곳을 떠나라는 권면을 받는다. 이 천사가 하나님의 백성에게 바벨론을 떠나라고 명령한 것은 구약성경에 나오는 본문을 연상시킨다. "너희는 바벨론에서 나와서 갈대아인을 피하고 즐거운 소리로 이를 알게 하여 들려주며 땅 끝까지 반포하여 이르기를 여호와께서 그의 종 야곱을 구속하셨다 하라"(사 48:20, 참고. 렘 50:8; 51:6, 9, 45). 이스라엘은 문자 그대로 바벨론을 떠나서 유다와 예루살렘으로 돌아오라는 명령을 받았다. 반면에, 요한의 독자들이 받은 명령은 문자 그대로 로마를 떠나라는 것이 아니다(참고. 고후 6:17). 요한은 그들이 로마의 우상숭배에 동참해서는 안 되고, 예수 그리스도를 버리고 황제 숭배에 참여해서는 안 된다고 말하고 있다. 그들은 기꺼이 세상의 부와 명예를 버리고 예수 그리스도를 따라야 한다. 바벨론이 추구하는 죄들을 버려야 한다. 그런 죄들에 동참하는 자들은 바벨론에 내려질 재앙들을 함께 받을 것이기 때문이다. "재앙들"은 나팔 심판(계 9:18, 20)과 대접 심판(15:1, 6, 8; 16:9, 21) 둘 모두를 가리키며, 여기서는 최후의 심판을 지칭한다.

18:5 바벨론에 심판이 내려지는 데에는 그럴 만한 합당한 이유가 있다. 즉, 그들의 죄가 하늘에 사무쳤기 때문에 그들이 심판을 받는 것이다. 이것은 그들이 자행해 온 죄의 깊이와 너비가 매우 크다는 것을 의미한다(참고. 창 18:20; 스 9:6; 욘 1:2). 예레미야는 역사상의 바벨론에 대하여 "그 화가 하늘에 미쳤고 궁창에 달하였음이로다"(렘 51:9)라고 말했다. 죄를 지었는데도 벌을 받지 않은 채로 오랜 시간이 흐르면 영원히 심판이 없을 것처럼 생각하게 된다. 그러나 하나님은 결코 죄악들을 잊지 않으시고, 결국에는 모든 것을 바로잡으신다.

18:6 하나님은 정의로우시기 때문에 바벨론의 죄를 기억하시는데, 그분의 정의는 '죄에 상응하는 벌'(The punishment fits the crime)이라는 격언으로 표

현된다. 세상의 바벨론들은 그들이 저지른 악을 그대로 되돌려 받을 것이기 때문에 언제까지나 무사하지는 못할 것이다. 구약성경은 일반적으로 바벨론이 저지른 악행들 때문에 반드시 벌을 받을 것이라고 경고한다(참고. 시 137:8: 렘 16:18: 50:15, 29: 51:24, 49). 그런데 의외인 점은 바벨론이 저지른 악행의 갑절로 벌을 받을 것이며, 그가 사람들에게 행한 진노의 두 배가 섞인 진노의 잔을 받을 것이라는 점이다. 이것을 어떻게 이해해야 하는가? 요한의 말은 바벨론이 마땅히 받아야 할 벌보다 갑절의 벌을 받게 될 것이라는 의미는 아닐 것이다. 아마도 이 표현은 과장법으로써 바벨론이 받아야 할 벌을 꽉 채워서 다 받을 것이라는 의미로 보인다. 또는, 역으로 갑절의 벌이라는 모티프는 바벨론이 저지른 죄가 하늘에 사무칠 정도로 중대하기 때문에(계 18:5) 더 큰 벌을 받아야 마땅하다는 것을 나타낼 수 있다(참고. 시 79:12).

18:7 앞 절에 대해 제시한 해석이 여기서 확증된다. 왜냐하면 요한은 바벨론이 지은 죄에 상응하는 벌을 받으리라고 다시금 강조하기 때문이다. 인간의 성이 저지르는 근본적인 죄는 한 분 참 하나님께 영광을 돌리지 않고 자기 자신을 영화롭게 하는 것이다. 바벨론은 하나님께 감사와 찬송을 드리기를 거부하고, 창조주보다 피조물을 경배하고 섬겼다(롬 1:21, 25). 로마는 사치를 추구한 정도만큼 고통을 겪으며 애통할 것이다. 이 세상의 바벨론들은 자신들이 결코 벌을 받지 않을 것이라고 아주 굳게 확신한다. 이 음녀는 이사야서 47:7-8의 말씀을 가져와서, 자기는 여왕이지 사악하고 음흉한 창기가 아니라고 말하며 스스로를 높인다(참고 겔 28:2-8). 또한 이 음녀는 착각에 빠져 결코 과부의 심정이나 애통함을 절대로 경험하지 않을 것이라고 확신한다. 그녀는 자신이 신과 같은 존재이기 때문에, 세상 사람들이 겪는 인생의 우여곡절과 하나님의 심판을 절대로 겪지 않는다고 생각한다.

18:8 이사야가 "한 날에 갑자기 자녀를 잃으며 과부가 되는 이 두 가지

일이 네게 임할 것이라"고 예언한 것처럼(사 47:9, 참고. 렘 50:31), 이 음녀가 추구해 온 죄는 한 순간 갑자기 무너져 내릴 것이다. 여기서도 또다시 역사상의 바벨론에 내려졌던 심판이 로마에게 모형론적으로 적용된다. 재앙들이 이 음녀에게 내려서, 음녀가 믿고 의지해 왔던 것들이 하루아침에 사라져버릴 것이다. 사망과 애통함과 흉년이 그 재앙들일 것이다. 이 음녀는 불살라지는 벌을 받을 것이다(참고. 계 17:16). 이 벌은 구약성경에서 제사장의 딸이 행음한 경우에 받게 되어 있던 벌을 연상시킨다("어떤 제사장의 딸이든지 행음하여 자신을 속되게 하면 그의 아버지를 속되게 함이니 그를 불사를지니라", 레 21:9). 음녀에 대한 이러한 심판은 비인격적인 것이거나 단순한 인과응보가 아니다. 하나님은 인격적으로 이 음녀를 심판하셔서, 그분이 만물의 주로서 큰 권능을 가지시기 때문에(참고. 렘 50:34) 아무도 그분을 이길 수 없음을 보이실 것이다. 자기 자신을 악에 내어준 자는 어느 누구도 하나님의 진노의 심판을 피할 수 없다.

≋≋≋≋ 응답 ≋≋≋≋

4절이 보여주듯이, 큰 음녀에 대한 심판은 예수 그리스도의 교회를 위한 권면으로서의 역할을 한다. 우리는 인간의 성에서 빠져나와야 하고 인간의 성이 저지르는 죄들을 버려야 한다. 요한은 우리가 하나의 배타적인 모임을 이루어서 불신자들과 전혀 접촉하지 않는 공동체를 세워야 한다고 말하고 있지 않다. 요한이 말하고자 하는 요지는, 신자들이 살아 계신 참하나님을 버린 자들과 어울려서 그들과 운명을 같이 해서는 안 된다는 것이다. 신자들은 세상으로부터 물러나는 것이 아니라, 하나님께서 보시기에 순전하고 거룩한 삶을 살아감으로써 세상과 구별되어야 한다. 예수님이 우리에게 가르치셨듯이, 우리는 세상 속에 있으면서도 세상에 속해서는 안 된다(요 17:15-16). 우리가 세상의 바벨론들에 속해 있다면, 하나님의 의로우신 심판을 피하지 못할 것이다.

⁹ 그와 함께 음행하고 사치하던 땅의 왕들이 그가 불타는 연기를 보고 위하여 울고 가슴을 치며 ¹⁰ 그의 고통을 무서워하여 멀리 서서 이르되

화 있도다 화 있도다 큰 성,

견고한 성 바벨론이여

한 시간에 네 심판이 이르렀다 하리로다

¹¹ 땅의 상인들이 그를 위하여 울고 애통하는 것은 다시 그들의 상품을 사는 자가 없음이라 ¹² 그 상품은 금과 은과 보석과 진주와 세마포와 자주 옷감과 비단과 붉은 옷감이요 각종 향목과 각종 상아 그릇이요 값진 나무와 구리와 철과 대리석으로 만든 각종 그릇이요 ¹³ 계피와 향료와 향과 향유와 유향과 포도주와 감람유와 고운 밀가루와 밀이요 소와 양과 말과 수레와 종들과 사람의 영혼들이라

¹⁴ 바벨론아 네 영혼이 탐하던 과일이

네게서 떠났으며

맛있는 것들과 빛난 것들이

다 없어졌으니

사람들이 결코 이것들을 다시 보지 못하리로다

¹⁵ 바벨론으로 말미암아 치부한 이 상품의 상인들이 그의 고통을 무서워하여 멀리 서서 울고 애통하여 ¹⁶ 이르되

　화 있도다 화 있도다 큰 성이여

　　　세마포 옷과 자주 옷과

　　　　　붉은 옷을 입고

　　　금과 보석과

　　　　　진주로 꾸민 것인데

¹⁷ 그러한 부가 한 시간에 망하였도다

모든 선장과 각처를 다니는 선객들과 선원들과 바다에서 일하는 자들이 멀리 서서 ¹⁸ 그가 불타는 연기를 보고 외쳐 이르되

　이 큰 성과 같은 성이 어디 있느냐

하며 ¹⁹ 티끌을 자기 머리에 뿌리고 울며 애통하여 외쳐 이르되

　화 있도다 화 있도다 이 큰 성이여

　　　바다에서 배 부리는 모든 자들이

　　　너의 보배로운 상품으로 치부하였더니

　한 시간에 망하였도다

⁹ And the kings of the earth, who committed sexual immorality and lived in luxury with her, will weep and wail over her when they see the smoke of her burning. ¹⁰ They will stand far off, in fear of her torment, and say,

　"Alas! Alas! You great city,

　　　you mighty city, Babylon!

　For in a single hour your judgment has come."

¹¹ And the merchants of the earth weep and mourn for her, since no one buys their cargo anymore, ¹² cargo of gold, silver, jewels, pearls, fine linen, purple cloth, silk, scarlet cloth, all kinds of scented wood, all

kinds of articles of ivory, all kinds of articles of costly wood, bronze, iron and marble, 13 cinnamon, spice, incense, myrrh, frankincense, wine, oil, fine flour, wheat, cattle and sheep, horses and chariots, and slaves, that is, human souls. *1*

14 "The fruit for which your soul longed

has gone from you,

and all your delicacies and your splendors

are lost to you,

never to be found again!"

15 The merchants of these wares, who gained wealth from her, will stand far off, in fear of her torment, weeping and mourning aloud,

16 "Alas, alas, for the great city

that was clothed in fine linen,

in purple and scarlet,

adorned with gold,

with jewels, and with pearls!

17 For in a single hour all this wealth has been laid waste."

And all shipmasters and seafaring men, sailors and all whose trade is on the sea, stood far off 18 and cried out as they saw the smoke of her burning,

"What city was like the great city?"

19 And they threw dust on their heads as they wept and mourned, crying out,

"Alas, alas, for the great city

where all who had ships at sea

grew rich by her wealth!

For in a single hour she has been laid waste."

1 Or and slaves, and human lives

앞에서 큰 음녀에 대한 심판을 설명한데 이어, 이 단락은 이 음녀에 대한 심판을 본 자들이 그녀의 멸망에 대해 애통해하는 반응을 보여준다. 이 애가는 왕들의 애가(계 18:9-10), 상인들의 애가(18:11-17a), 바다에서 일하는 자들의 애가(17b-19절)의 세 부분으로 깔끔하게 나뉜다. 바벨론과 함께 음행하고 사치를 누렸던 왕들은 바벨론이 심판을 받아 멸망한 것을 애통해한다(9-10절). 상인들이 애통해하는 이유는 "다시 그들의 상품을 사는 자가 없[기]" 때문이다(11절). 상품들의 목록이 12-13절에 열거되는데, 이 목록은 상인들이 저질러온 충격적인 악을 고발하는 품목으로 끝난다. 왜냐하면 그 목록에서 그들이 사람들을 노예로 팔아왔다는 것이 드러나기 때문이다. 상인들이 누려왔던 진수성찬들과 사치품들은 이제 영원히 사라져버렸다(14절). 바벨론에 대한 심판을 보고서 상인들은 두려움과 슬픔에 사로잡히는데(15절), 그들이 다른 사람들을 착취하여 누려온 부유하고 사치스러운 삶이 한 순간에 사라져버렸기 때문이다(16-17절a). 마찬가지로 바다에서 일하는 모든 사람도 슬픔에 잠긴다(17절b). 아주 오랜 세월 동안 그들이 부를 얻어왔던 원천이 연기처럼 사라져버렸기 때문이다(18-19절). 요한은 역사상의 바벨론에 대한 심판을 로마에 적용한 것처럼, 이 부분에서는 옛적의 두로 성에 대한 심판을 로마에 적용한다. 이러한 적용은 이 심판이 로마에 국한되는 것이 아님을 보여주는 또 하나의 증거다. 요한이 구약성경을 사용하고 있다는 것은 바벨론과 두로의 길을 따르는 모든 성, 로마같이 우상숭배를 추구하는 모든 성이 인간의 성의 일부라는 것을 시사한다. 이런 이유로 요한은 예수님을 십자가에 못 박은 예루살렘에도 이와 동일한 고발을 적용할 수 있었다(11:8).

VIII. 바벨론에 대한 심판과 신부의 혼인 잔치(17:1-19:10)

    C. 바벨론의 멸망에 대한 애가(18:9-19)

≋≋≋≋   주석   ≋≋≋≋

18:9 땅의 왕들은 바벨론이 심판받은 것을 보고서는 소리 내어 울며 애곡한다. 그들과 바벨론이 이른바 동침한 사이였기 때문이다. 그들은 바벨론과 더불어서 음행을 저질렀는데, 18:3이 이미 보여줬듯이 여기에 언급된 음행은 문자 그대로 성적인 죄를 염두에 둔 것이 아니다. 음행은 바벨론과 왕들이 살아온, 하나님을 대적하는 삶의 양식을 나타낸다. 왕들과 바벨론은 하나님을 권좌에서 몰아내는 일에 힘을 합치며 밀월 관계를 이어왔다. 왕들은 로마 제국과 그 황제에게 충성을 맹세했다. 그들은 그렇게 함으로써 은행 계좌를 채워 부를 쌓았고 사치스럽게 생활했다. 그러나 사치를 누리던 시절은 이제 끝났다. 바벨론은 내던져졌다. 요한은 바벨론에 대한 심판을 묘사하는데, 바닷길을 장악하고서 배를 통해 고대 세계 전역으로 물품들을 실어 날라 크게 부를 쌓은 큰 성 두로가 역사에서 심판받은 사건을 가져온다.

> "그때에 바다의 모든 왕이 그 보좌에서 내려 조복을 벗으며 수놓은 옷을 버리고 떨림을 입듯 하고 땅에 앉아서 너로 말미암아 무시로 떨며 놀랄 것이며 그들이 너를 위하여 슬픈 노래를 불러 이르기를 항해자가 살았던 유명한 성읍이여 너와 너의 주민이 바다 가운데에 있어 견고하였도다 해변의 모든 주민을 두렵게 하였더니 어찌 그리 멸망하였는고"
>
> (겔 26:16-17, 참고, 렘 50:46).

역사 속에서 두로가 황폐해진 사건은 인간의 성(큰 음녀)의 멸망을 미리 보여주는 것이었다.

18:10 왕들은 바벨론이 심판을 받아 연기가 피어오르는 것을 보고서는 두려움과 불길한 예감에 사로잡힌다. 그들은 바벨론이 겪고 있는 고통을 보면서, 동일한 운명이 그들을 기다리고 있다는 것을 직감하고서는 감히 바벨론에 가까이 접근할 엄두를 내지 못한다. 그들은 크고 견고한 인간의 성이 하루아침에 멸망한 그 사건을 비통해하고 참담하게 여기면서도 그저 "화 있도다"라고 소리칠 뿐이다. 바벨론에 대한 심판은 한 시간 동안 집행되었다. 천하무적으로 보였던 바벨론 성이 바로 그들의 눈앞에서 사라져 버렸다.

18:11 땅의 상인들(참고. 겔 27:36)도 음녀의 죽음을 보고 비탄에 빠졌다. 하지만 그것은 바벨론을 진정으로 염려한 것이 아니라, 바벨론이 멸망함으로써 그들이 곤경에 처하게 된 것을 비통해한 것이다. 상인들이 곤혹스러워한 것은 그들의 상품을 구매해줄 자들이 없어졌다는 것이다. 악인들은 오로지 자신만을 위해 슬퍼할 뿐이다.

18:12-13 요한은 금, 은, 보석, 진주를 비롯해서 이 상인들이 취급한 상품들을 구체적으로 열거한다. 상인들은 자주색 옷감, 비단, 붉은 옷감 같은 가장 비싸고 좋은 옷감들, 상아, 비싸고 좋은 목재, 구리, 철, 대리석으로 만들어진 다양한 제품들 그리고 계피, 향료, 향, 향유, 유향, 포도주, 감람유, 밀가루, 소, 양, 말 같은 품목들을 팔았다. 교역 자체는 절대로 나쁜 것이 아니다. 인간의 삶은 그런 상품들을 거래함으로써 한층 더 윤택해지기 때문이다. 요한은 교역이나 상인들이 취급한 상품들을 단죄하고 있지 않다. 하지만 그들이 취급한 상품들 중에 근본적으로 잘못된 것이 있다. 그들은 사람까지도 상품으로 거래한 것이다. 상인들은 사람들을 노예로 팔았다. 이것은 그들이 인간으로서 지켜야 할 도리를 내팽개치고 금전적인 이득을

그들의 신으로 섬겼음을 보여준다.

18:14 상인들이 누려왔으며 그들이 존재하는 이유였던 즐거움들이 이제는 모조리 사라져버렸다. 그들은 그들이 사고팔던 아름다운 것들의 세련된 미와 정교한 기술과 예술적 기교를 즐겼었다. 그러나 이제는 그 모든 것이 과거의 일이 되어 버렸다. 음녀가 심판받는 날이 이르렀고, 이제 상인들이 할 수 있는 것은 다시는 오지 않을 과거를 회상하고 그리워하는 것뿐이다.

18:15 왕들이 그랬던 것처럼(9-10절), 상인들도 바벨론의 멸망을 보고서는 울며 애통해한다. 그들은 자신들도 바벨론에 내려진 심판을 당할까봐 겁이 나서 그 심판의 현장에 가까이 가지 못한다. 하지만 그들은 그들의 운명이 바벨론의 운명과 뗄 수 없이 얽혀있다는 사실을 알고 있다. 왜냐하면 그들의 부가 이 음녀로부터 왔기 때문이다. 음녀가 없어졌으니, 이제 그들은 부를 쌓지 못할 것이다.

18:16-17a 상인들은 이전에 아름다움으로 치장하였던 성이 심판을 당한 것을 보고서 비통해하며 운다. 바벨론은 정신을 잃을 정도로 화려한 옷을 입고 아름다운 금은보석과 진주로 꾸미고서 사람들을 유혹하던 음녀였다. 하지만 이제는 하나님의 심판으로 그 가면이 벗겨져서 사악한 마녀, 악명 높은 창기, 품격이라고는 전혀 없는 천한 여자라는 것이 밝혀졌다. 아름다움과 영광으로 치장되었던 음녀의 통치가 한순간에 무너졌고, 이 음녀의 정체가 폭로되었다.

18:17b-19 이제 선장들과 선원들과 해양산업에 종사하면서 이득을 얻었던 모든 자가 애곡하는 소리를 낸다. 그들도 바벨론에 일어난 일을 보고서 가슴을 치며 애통해하지만, 동일한 최후를 맞이할까봐 두려워하여 멀리서 비통해할 뿐이다. 여기서 또다시 요한은 수많은 사람에게 부를 안겨

주었던 두로가 당한 심판과 그 도시의 멸망을 보고 선원들이 애통해한 것을 가져와서 사용한다. 이 대목에서 에스겔서에 나오는 두로의 멸망에 대한 애가를 좀 더 길게 인용하는 것이 적절할 듯하다. 거기서 에스겔은 바다에서 일하는 자들이 두로가 멸망했다는 소식을 들었을 때 보인 반응을 이렇게 기록했다.

> "티끌을 머리에 덮어쓰며 재 가운데에 뒹굴며 그들이 다 너를 위하여 머리털을 밀고 굵은 베로 띠를 띠고 마음이 아프게 슬피 통곡하리로다 그들이 통곡할 때에 너를 위하여 슬픈 노래를 불러 애도하여 말하기를 두로와 같이 바다 가운데에서 적막한 자 누구인고 네 물품을 바다로 실어 낼 때에 네가 여러 백성을 풍족하게 하였음이여 네 재물과 무역품이 많으므로 세상 왕들을 풍부하게 하였었도다 네가 바다 깊은 데에서 파선한 때에 네 무역품과 네 승객이 다 빠졌음이여"(겔 27:30b-34).

요한은 그가 본 환상에서 바벨론에 대한 심판과 두로에 대한 심판을 한데 결합시키는데, 이 두 심판은 인간의 성에 대한 종말론적인 심판을 미리 보여주는 것들이었다. 이 성은 바다에서 일하는 자들에게 독보적인 존재였기 때문에, 그들은 이 음녀의 멸망을 보고서 이 세상에 방금 멸망한 이 성과 같은 성은 없다고 소리치면서 가슴 아파한다. 사실 바벨론보다 더 큰 성인 장차 하늘로부터 내려올 새 예루살렘이 있지만, 바벨론을 사랑하는 자들은 더 크고 탁월한 성을 보지 못한다. 바다에서 일하는 자들은 이 음녀와 사랑에 빠졌고, 그들의 삶은 음녀의 삶과 긴밀하게 얽혀있었다. 그러하기에 이 음녀가 심판받은 것은 그들의 사업이 망했음을 가리키며, 음녀가 폐허가 된 것은 그들의 생계 기반이 무너져 내렸음을 의미한다(참고. 사 34:10; 겔 26:19).

하나님은 부유하게 되는 것과 부 자체를 단죄하지는 않으신다. 그렇지만 현실에서는 부자들이 대부분 불의하게 행하며, 다른 사람들을 억압하고 착취함으로써 부를 쌓는다. 이러한 세상에서 많은 사람이 과연 그렇게 쌓은 부가 정의로운 것인지에 대해 의심을 품는다. 요한은 불의한 방식으로 부를 쌓은 자들은 으리으리한 아름다움을 자랑하지만 그들이 자랑하는 아름다움이 흉측한 모습으로 변하게 될 날이 오고 있다고 선포한다. 그날에는 값비싼 보석들로 치장하고 정신을 잃을 정도로 화려한 옷을 입은 눈부신 여자의 가면이 벗겨지고 그녀가 창기였다는 사실이 드러날 것이다. 이 여자와 함께 침대에서 뒹굴던 자들도 동일한 심판을 당할 것이다. 그런 후에 우리는 모든 것이 역전된 나라를 보게 될 것이다. 하나님께 속한 자들은 높아지지만 하나님을 거부한 자들은 낮아질 것이다. 이러한 역전이 아주 신속하게 일어날 것이기 때문에, 인간의 성에 충성을 바쳐왔던 자들은 충격을 받고 놀라서 정신이 나갈 것이다. 그들은 그들의 일생을 바쳤던 모든 것이 한순간에 사라져버리는 것을 보고서 비통함에 사로잡힐 것이다. 요한이 그의 교회들과 우리에게 음녀의 유혹에 넘어가지 말라는 메시지를 전하고 있다. 음녀의 매력들과 아름다움과 부가 우리에게 손짓하지만 그녀가 주는 기쁨들은 잠시일 뿐이며, 음녀가 심판받을 날이 다가오고 있다.

18:20 하늘과 성도들과 사도들과 선지자들아,

　　　그로 말미암아 즐거워하라

　　하나님이 너희를 위하여 그에게 심판을 행하셨음이라 하더라

21 이에 한 힘 센 천사가 큰 맷돌 같은 돌을 들어 바다에 던져 이르되

　　큰 성 바벨론이 이같이 비참하게 던져져

　　　결코 다시 보이지 아니하리로다

22 또 거문고 타는 자와 풍류하는 자와 통소 부는 자와 나팔 부는 자들의 소리가

　　　결코 다시 네 안에서 들리지 아니하고

　　어떠한 세공업자든지

　　　결코 다시 네 안에서 보이지 아니하고

　　또 맷돌 소리가

　　　결코 다시 네 안에서 들리지 아니하고

23 등불 빛이

　　　결코 다시 네 안에서 비치지 아니하고

　　신랑과 신부의 음성이

결코 다시 네 안에서 들리지 아니하리로다

너의 상인들은 땅의 왕족들이라

네 복술로 말미암아 만국이 미혹되었도다

24 선지자들과 성도들과 및 땅 위에서 죽임을 당한 모든 자의 피가

그 성 중에서 발견되었느니라 하더라

19:1 이 일 후에 내가 들으니 하늘에 허다한 무리의 큰 음성 같은 것이 있어 이르되

할렐루야

구원과 영광과 능력이 우리 하나님께 있도다

2 그의 심판은 참되고 의로운지라

음행으로 땅을 더럽게 한 큰 음녀를 심판하사

자기 종들의 피를 그 음녀의 손에 갚으셨도다 하고

3 두 번째로 할렐루야 하니

그 연기가 세세토록 올라가더라

4 또 이십사 장로와 네 생물이 엎드려 보좌에 앉으신 하나님께 경배하여 이르되 아멘 할렐루야 하니 5 보좌에서 음성이 나서 이르시되

하나님의 종들

곧 그를 경외하는 너희들아

작은 자나 큰 자나

다 우리 하나님께 찬송하라

하더라

18:20 "Rejoice over her, O heaven,

and you saints and apostles and prophets,

for God has given judgment for you against her!"

21 Then a mighty angel took up a stone like a great millstone and threw it into the sea, saying,

"So will Babylon the great city be thrown down with violence,
  and will be found no more;
22 and the sound of harpists and musicians, of flute players and
    trumpeters,
  will be heard in you no more,
  and a craftsman of any craft
  will be found in you no more,
  and the sound of the mill
  will be heard in you no more,
23 and the light of a lamp
  will shine in you no more,
  and the voice of bridegroom and bride
  will be heard in you no more,
  for your merchants were the great ones of the earth,
  and all nations were deceived by your sorcery.
24 And in her was found the blood of prophets and of saints,
  and of all who have been slain on earth."

19:1 After this I heard what seemed to be the loud voice of a great
multitude in heaven, crying out,
  "Hallelujah!
  Salvation and glory and power belong to our God,
2   for his judgments are true and just;
  for he has judged the great prostitute
    who corrupted the earth with her immorality,
  and has avenged on her the blood of his servants."
3 Once more they cried out,
  "Hallelujah!

The smoke from her goes up forever and ever."

4 And the twenty-four elders and the four living creatures fell down and worshiped God who was seated on the throne, saying, "Amen. Hallelujah!" 5 And from the throne came a voice saying,

"Praise our God,

all you his servants,

you who fear him,

small and great."

〰〰〰 단락 개관 〰〰〰

세상은 바벨론의 멸망을 보고 애통해하며 슬퍼하지만, 하늘과 성도들과 사도들은 즐거워한다. 기쁨과 찬송의 말들은 이 단락의 구조를 나누는 데 도움을 준다. 첫째, 하늘과 성도들과 사도들과 선지자들은 바벨론에 대한 심판을 즐거워한다(계 18:20). 이 세상은 오랜 세월 동안 지속해 온 모습대로 계속 이어지지 않을 것이다. 더 이상 음악회도, 장인들도, 음식을 만드는 일도, 결혼식도, 물건을 파는 일도 없을 것이다(18:21-23). 심판이 내려지는 이유는 상인들이 주술을 행하고 음녀가 하나님의 백성의 피를 흘렸기 때문이다(18:23-24). 둘째, "할렐루야"라고 크게 외치는 소리가 들려온다. 왜냐하면 하나님의 구원과 능력이 나타났으며, 하나님이 이 땅을 더럽히고 성도들을 죽인 자를 심판하셨기 때문이다(19:1-2). 셋째, "할렐루야"가 두 번 더 들려오고, 성도들과 천사들이 바벨론에서 피어오르는 연기가 영원토록 올라가는 것을 볼 때 하나님이 경배를 받으신다(19:3-4). 넷째, 하나님의 보좌에서 들리는 음성이 하나님의 종들에게 하나님을 찬송하라고 지시한다(19:5).

Ⅷ. 바벨론에 대한 심판과 신부의 혼인 잔치(17:1-19:10)
    D. 바벨론의 멸망을 즐거워함(18:20-19:5)

〜〜〜〜 주석 〜〜〜〜

18:20 이 본문에서 세상 사람들과 성도들은 극명한 차이를 보인다. 세상 사람들은 바벨론의 멸망을 보고 울며 애통해하지만, 성도들은 즐거워한다. 즐거워하라는 부름이 하늘로부터 주어진다. 성도들과 사도들과 (아마도 구약의) 선지자들도 하나님이 바벨론을 심판하셨기 때문에 즐거워하라는 부름을 받는다. 요한은 예레미야서에 나오는 말씀을 가져와서 적용한다. "하늘과 땅과 그 안에 있는 모든 것이 바벨론으로 말미암아 기뻐 노래하리니 이는 파멸시키는 자가 북쪽에서 그에게 옴이라 여호와의 말씀이니라"(렘 51:48, 참고. 신 32:43). 신자들은 삶이 지속되는 한 계속해서 모든 사람이 구원 받기를 바라고 기도해야 하지만, 하나님 나라가 임하여서 하나님의 뜻이 이루어지기를 위해서도 기도해야 한다(마 6:10). 하나님이 악인들을 심판하실 때 신자들은 하나님의 정의가 세워지는 것을 보게 되므로 즐거워한다.

18:21 바벨론에 대한 심판이 이번에는 한 힘센 천사가 큰 맷돌 같은 돌을 바다에 던진다는 묵시적인 관점에서 묘사된다. 여기서도 요한은 예레미야서의 바벨론에 관한 말씀을 가져와서 그의 환상을 설명한다. "너는 이 책 읽기를 다한 후에 책에 돌을 매어 유브라데 강 속에 던지며 말하기를 바벨론이 나의 재난 때문에 이같이 몰락하여 다시 일어서지 못하리니 그들이

피폐하리라 하라 하니라"(렘 51:63-64). 마찬가지로, 로마도 바다에 던져져서 다시는 떠오르지 못할 것이다(참고. 겔 26:12).

18:22-23 인간 사회에서 일상적으로 행해지던 일들이 이제 끝을 맺는다(참고. 렘 7:34; 16:9; 25:10; 33:11). 지금까지는 사람들이 북적이는 성안 곳곳에서 음악이 연주되었지만, 이제는 거문고와 통소와 나팔 소리가 사라졌다(참고. 사 24:8; 겔 26:13). 장인들은 그들의 창의력과 숙련된 기술을 사용해서 많은 것을 발명하여 삶의 질을 높여 왔지만, 이제 바벨론에 재앙이 닥침으로 인해 그들이 하던 일도 끝이 났다. 또한 맷돌 소리도 그쳤다. 성을 환하게 밝혀서 사람들이 밤에도 분주하게 활동하도록 해주던 등불 빛들도 꺼졌다. 신랑과 신부가 기뻐하는 소리도 이제 더 이상 들리지 않는 것을 볼 때, 모든 기쁨이 사라졌다. 심판의 날이 가까이 왔음은, 명성이 자자한 로마의 상인들이 주술로 만국을 미혹하였기 때문이다. 이 성의 중심에는 하나님을 대적하는 것이 존재하였다. 그들은 하나님의 권위를 거부하고 거짓 신들을 섬겼다(참고. 사 47:9; 나 3:4).

18:24 바벨론은 성도들과 선지자들을 죽인 살인자였기 때문에, 심판받는 것이 정당하다(6:10; 16:6; 17:6; 19:2. 참고. 렘 51:49). 바벨론이 하나님의 백성을 대적한 것은 곧 하나님의 통치를 거부하였음을 반영하는 것이다. 하나님의 통치에 대한 그러한 거부는 큰 음녀에게 반대한 자들을 죽이는 것으로 드러났다. 이 절에서 선지자들과 성도들 외에 땅 위에서 죽임을 당한 모든 자는 바벨론에 반대한 불신자들을 가리킨다. 바벨론은 신자든 불신자든 그의 길을 방해하거나 저항하는 자를 한 사람도 살려두지 않았다. 바벨론은 전체주의적인 충성과 숭배를 요구했고, 우상숭배에 참여하기를 거부하는 자들을 닥치는 대로 죽였다.

19:1 음녀들의 어머니인 큰 성 바벨론에 대한 심판이 끝났다. 요한은 하늘에서 큰 무리가 "할렐루야"라고 외치며 구원과 영광과 능력을 하나님께 돌

리는 음성을 듣는다. 이 대목의 주제는 음녀에 대한 심판인데, 여기서 요한이 구원을 언급하는 이유는 무엇인가? 아마도 하나님의 백성이 그들을 끊임없이 괴롭혔던 괴물인 저 사악한 마녀에게서 구원을 받았기 때문일 것이다. 하나님은 그분의 백성을 건지시고 그들의 큰 원수를 심판하심으로 그분의 영광과 능력을 보여주셨다.

19:2 1절에서 큰 무리가 "할렐루야"를 외친 것은 정당한가? 바벨론을 심판하신 하나님을 찬송하는 것이 정당한가? 아니면, 그러한 찬송이 실제로는 하나님의 심판에 대한 왜곡되고 뒤틀린 반응인가? 2절은 음녀가 심판을 받은 이유("for", 호티)를 제시함으로써 그러한 질문에 대해 대답한다. 요한은 하나님의 심판이 "참되고 의로운" 것임을 알려준다. 하나님이 바벨론에 내리신 심판은 자의적이거나 부당한 것이 아니다(참고. 15:3; 16:7). 정반대로, 그 심판은 정의에 부합하며 올바르게 행해진 것이다. 달리 말해서 하나님이 바벨론을 심판하지 않으셨다면, 하나님의 정의는 의심을 받았을 것이다. 성도들이 즐거워하는 이유는 하나님이 모든 것을 바로 세우셨기 때문이다. 큰 음녀의 체제는 영원히 멸망했고, 이 세계는 하나님이 처음부터 의도하셨던 평화와 조화를 누릴 수 있게 되었다. 음녀는 이 땅에 큰 해를 끼쳤기 때문에, 하나님이 음녀를 심판하신 것은 합당한 일이었다. 음녀는 음행으로 말미암아 이 땅을 더럽히고 타락시켰다. 다시 말하지만 여기서 초점은 성적인 죄가 아니다. 물론 음행이 성적인 죄를 포함하겠지만, 요한계시록에서 자주 언급되었듯이 음행은 바벨론이 한 분 참 하나님을 섬기길 거부하고 우상숭배를 자행한 것을 가리킨다. 바벨론이 온 힘을 다해 보고 싶어 한 것은 모든 사람이 어디서나 짐승을 경배하는 것이었다. 또한 바벨론의 심판이 정당한 이유는 하나님의 종들이 순교했기 때문이다. 하나님은 그들의 피에 대해 "갚으셨[다]"(참고. 신 32:43; 왕하 9:7). '갚으셨다'는 것은 바벨론이 하나님의 종들을 죽인 것에 대해 하나님이 앙심을 품고서 미친 듯이 닥치는 대로 보복하셨음을 의미하지 않는다. 도리어 그 말은 하나님이 그분의 백성을 죽인 자들이 받아 마땅한 정당한 벌을 내리셨음을

의미한다.

19:3 세상과 성도들이 보인 반응이 계속 극명한 차이를 보인다. 여기서도 또다시 신자들이 큰 소리로 "할렐루야"라고 외치기 때문이다. 그들이 이렇게 찬송하는 것은 바벨론에서 연기가 영원토록 피어오르는 것을 보기 때문이다. 그들은 하나님이 그들의 큰 원수를 심판하심으로써 정의를 세우신 것을 보고서 큰 소리로 하나님을 찬송한다. 바벨론에서 연기가 영원토록 피어오른다는 것은 이 심판이 영속적이고 되돌릴 수 없는 것임을 보여준다(참고. 사 34:10; 계 14:11; 18:9, 18). 바벨론은 다시는 일어서지 못할 것이다. 바벨론의 통치는 완전히 끝났다!

19:4 여기서도 경배는 사람들만 행하는 것이 아니다. 요한계시록에서 매우 중요한 역할을 해온 천사적인 존재들인 이십사 장로들과 네 생물이 4-5장에 묘사된 그들의 역할을 여기서도 반복한다. 그들은 보좌에 앉으신 하나님, 음녀가 저지른 악을 단죄하고 심판하신 주권자 하나님께 엎드려 경배한다. 그들은 하나님의 심판을 보고서 두려워하여 하나님께로부터 물러나는 것이 아니라, 도리어 하나님께 찬송을 드린다. 그들은 "아멘"이라고 말함으로써 하나님이 하신 일이 올바른 일이었음을 단언하고, "할렐루야"라고 외침으로써 그 심판을 기뻐한다.

19:5 보좌에서 한 음성이 들려오는데, 이 현상은 요한계시록의 다른 곳에서도 두 번 더 등장한다(16:17; 21:3). 여기서도 이 음성은 하나님이 개입하셔서 구원하신 것으로 말미암아 하나님을 찬송하라고 말한다. 하나님이 바벨론을 심판하신 것은 곧 그분의 백성을 그분의 대적들로부터 건지시고 구원하신 것이기 때문이다. 이 주제는 구약성경에 자주 등장한다. 하나님은 그분을 대적하는 애굽, 앗수르, 바벨론을 심판하시고 그분의 백성을 구원하신다. 그래서 이 세상에서 미천하든 영향력이 있든 하나님의 종들로서 하나님을 두려워하고 높이는 모든 자는 하나님을 찬송하라는 부름을

받는다(참고. 시 22:23; 113:1; 134:1; 135:1).

〰〰〰 응답 〰〰〰

하나님이 바벨론을 심판하셨을 때 하나님의 백성이 큰 소리로 "할렐루야"를 외치며 찬송한 것은 이상하게 보이며 심지어 반기독교적인 것으로 여겨질 수도 있다. 우리는 그리스도인으로서 이 반응을 오늘날 어떻게 적용해야 하는가? 첫째, 이 찬송은 심판 이전이 아니라 심판 이후에 나온다. 이것이 중요한 이유는, 불신자들이 살아 있는 동안에는 우리가 그들이 구원받을 수 있기를 바라고 기도해야 하기 때문이다. 그러나 마지막 날에 역사가 끝난 뒤에 우리는 하나님의 심판이 바르고 참되며, 정의로운 것임을 알게 될 것이다. 우리 중에서 어느 누구도 지옥에 있는 자들이 정말 그곳에 있어야 하는지에 대해 의문을 제기하지 않을 것은, 하나님의 심판이 완벽하게 올바르고 선하다는 사실을 알게 될 것이기 때문이다. 둘째, 우리는 하나님의 심판이 정의롭고 의롭다는 것을 강조해야 한다. 바벨론에 대한 심판은 히틀러 휘하의 나치를 파괴한 것과 비슷하다. 공포와 고통을 확산시킨 악한 제국이 멸망할 때, 사람들은 즐거워한다. 셋째, 악인들에 대한 심판은 의인들의 구원을 의미한다. 바벨론이 멸망할 때 성도들이 하나님을 찬송하는 것은, 바벨론의 멸망이 곧 성도들의 구원과 자유를 의미하기 때문이다.

6 또 내가 들으니 허다한 무리의 음성과도 같고 많은 물 소리와도 같고 큰 우렛소리와도 같은 소리로 이르되

　할렐루야

　주 우리 하나님

　　곧 전능하신 이가 통치하시도다

7 우리가 즐거워하고 크게 기뻐하며

　　그에게 영광을 돌리세

　어린양의 혼인 기약이 이르렀고

　　그의 아내가 자신을 준비하였으므로

8 그에게 빛나고 깨끗한 세마포 옷을 입도록 허락하셨으니

　　이 세마포 옷은 성도들의 옳은 행실이로다 하더라

9 천사가 내게 말하기를 기록하라 어린양의 혼인 잔치에 청함을 받은 자들은 복이 있도다 하고 또 내게 말하되 이것은 하나님의 참되신 말씀이라 하기로 10 내가 그 발 앞에 엎드려 경배하려 하니 그가 나에게 말하기를 나는 너와 및 예수의 증언을 받은 네 형제들과 같이 된 종이니 삼가 그리하지 말고 오직 하나님께 경배하라 예수의 증언은 예언

의 영이라 하더라

6 Then I heard what seemed to be the voice of a great multitude, like
the roar of many waters and like the sound of mighty peals of thunder,
crying out,

"Hallelujah!
For the Lord our God
the Almighty reigns.
7 Let us rejoice and exult
and give him the glory,
for the marriage of the Lamb has come,
and his Bride has made herself ready;
8 it was granted her to clothe herself
with fine linen, bright and pure"—
for the fine linen is the righteous deeds of the saints.
9 And the angel said[1] to me, "Write this: Blessed are those who are
invited to the marriage supper of the Lamb." And he said to me,
"These are the true words of God." 10 Then I fell down at his feet to
worship him, but he said to me, "You must not do that! I am a fellow
servant with you and your brothers who hold to the testimony of Jesus.
Worship God." For the testimony of Jesus is the spirit of prophecy.

1 Greek *he said*

이 단락은 두 여자와 두 성(음녀 곧 바벨론과 어린양의 신부 곧 새 예루살렘)을 대비
시킨다. 앞 단락에서 성도들은 음녀를 심판하신 하나님을 큰 소리로 찬송
했는데, 이 단락에서는 하나님의 통치와 어린양의 혼인 잔치를 찬송한다.
6절에서는 하나님이 통치를 시작하심으로 인해 허다한 무리가 큰 우렛소
리 같은 소리로 "할렐루야"라고 외친다. 7절에서는 하나님의 통치의 시작
을 다른 관점에서 바라본다. 즉, 어린양의 혼인 잔치가 가까웠고 신부가 혼
인 준비를 마쳤기 때문에 함께 즐거워하고 하나님께 영광을 돌리자고 말
한다. 신부가 준비되었다는 말은 혼인 잔치 때 사용할 합당한 예복인 아름
다운 세마포 옷을 입었다는 것을 의미한다. 세마포 옷은 성도들의 의로운
행실들을 나타낸다(8절). 그런 후에 요한은 한 걸음 뒤로 물러나서, 어린양
의 혼인 잔치에 초대를 받은 자들은 복이 있다고 선언한다(9절). 요한은 이
혼인과 혼인 잔치의 경이로움과 영광에 마음이 벅차올라서, 그 일들을 자
신에게 계시해준 천사의 발 앞에 엎드려 경배하려고 한다(10절). 하지만 그
천사는 하나님이 아니라 사람들과 똑같이 하나님의 종이기 때문에 자기
를 경배해서는 안 되고 오직 하나님만을 경배해야 한다고 충고한다. 이 본
문은 예수의 증언은 예언의 영이라고 하는 당혹스럽고 도발적인 말씀으로
끝난다. 아마도 이 말씀은 예언의 본질이 예수 그리스도에 관한 증언이자
예수 그리스도에 의해 주어진 증언이라는 의미일 것이다.

19:6 한편으로는 바벨론에 대한 심판으로 말미암아 기뻐하고 찬송하라는 부름이 있다. 다른 한편으로는 하나님 나라가 임하여 하나님이 통치하기 시작하셨음으로 말미암아 우렛소리 같은 찬송이 울린다(참고. 대상 16:31; 시 93:1; 97:1; 99:1; 118:24; 슥 14:9; 계 11:15, 17). 물론 하나님의 통치는 바벨론에 대한 심판과 분리될 수 없다. 허다한 무리의 음성과도 같고 많은 물소리와도 같으며 큰 우렛소리와도 같은 이 음성은 역사가 그 정점에 도달했음을 가리킨다(참고. 단 10:6; 계 1:15; 14:2). 외경심을 불러일으키는 이 기뻐하는 소리는, 오늘날 경기장에서 들리는 큰 무리의 함성에 빗댈 수 있다.

19:7 신자들은 어린양의 혼인 잔치가 가까웠기 때문에 즐거워하고 기뻐하며 하나님께 영광을 돌리라는 말을 듣는다(참고. 사 61:10). 이 단락의 주목할 만한 특징들 중 하나는, 본문 전체에서 터져 나오는 기쁨이다. 인간 사회에서도 혼인 잔치보다 더 기쁜 것을 생각하기란 어려운데, 어린양의 혼인 잔치는 모든 혼인 잔치 중에서 최고의 혼인 잔치다. 사실 다른 모든 혼인이 그리스도와 교회의 관계를 본뜬 것이다(엡 5:22-33, 특히 32절). 성경은 이 진리를 오래전부터 가르쳐왔는데, 여호와와 이스라엘의 관계를 신랑과 신부라는 관점에서 설명해왔다(예. 사 49:18; 50:1; 54:5; 62:4-5; 렘 2:2, 32; 3:20; 겔 16장; 호 1:1-3:5). 어린양의 혼인 잔치는 역사 속에서 하나님의 계획의 완성을 나타내며, 하나님이 인간과 어떤 관계를 맺고 싶어 하시는지를 보여준다. 신부는 어린양과 혼인할 준비가 되어 있어야 하는데, 이에 관해 다음 절이 설명을 덧붙인다.

19:8 신부는 혼인식에 사용할 예복을 입고 있기 때문에, 어린양과 혼인할 준비가 되어 있다(참고. 사 61:10). 신부는 "빛나고 깨끗한 세마포 옷"으로 치장하고 있다. 에스겔서는 여호와가 예루살렘을 돌보시며 세마포 옷과 비단으로 단장하셨다고 말하고 있는데(겔 16:10, 13), 그곳의 문맥에서 예루살

렘은 합당하지 않은 아내로 드러난다. 요한계시록의 혼인 잔치를 미리 보여주는 또 다른 본문은, 다윗 왕과 이방 신부의 혼인에 대해 말하는 시편 45편이다. 그곳에서는 신부가 아름다운 옷을 입고 다윗 왕에게로 나아간다(시 45:13-14). 여기 요한계시록 19장은 신부가 한 단장에 대해 두 가지를 말한다. 첫째, 하나님이 신부에게 세마포 옷을 주신다. 신부의 선함은 신부 자신이 지니고 있는 미덕이나 부의 결과가 아니라 하나님의 선물이다. 둘째, 신부의 단장은 신부의 삶에서 실현된 선함을 나타낸다. 요한은 요한계시록에서 신부의 세마포 옷이 "성도들의 옳은 행실"을 나타낸다고 설명한다. 여기서 신부의 옷은 사치와 방탕을 나타냈던 바벨론의 세마포 옷(18:16)과 대비된다. 신부는 거룩한 삶을 살았고 하나님이 기뻐하시는 일들을 행해 왔으며, 바벨론이 닦아놓은 길로 가지 않았기 때문에 어린양과 혼인할 준비를 마쳤다. 그렇지만 신부의 의로운 행실은 하나님이 신부의 삶 속에서 행하신 일의 결과다.

19:9 일곱 번의 복 선언 중 하나가 후대에 잊히지 않도록 여기에 기록된다(참고. 1:3 주석). 어린양의 혼인 잔치에 초대를 받는 자들은 하나님께 복을 받은 자들이다(참고. 눅 14:15). 어떤 잔치도 이 혼인 잔치와 비교할 수 없으며, 이 땅에서 누리는 어떤 기쁨도 이 혼인 잔치에서 누리는 기쁨에 비길 수 없다. 이사야서는 약속된 메시아 잔치를 통해 이 어린양의 혼인 잔치를 미리 보여주는데, 그곳 역시 부활에 대한 소망을 담고 있다.

> "만군의 여호와께서 이 산에서 만민을 위하여 기름진 것과 오래 저장하였던 포도주로 연회를 베푸시리니 곧 골수가 가득한 기름진 것과 오래 저장하였던 맑은 포도주로 하실 것이며 또 이 산에서 모든 민족의 얼굴을 가린 가리개와 열방 위에 덮인 덮개를 제하시며 사망을 영원히 멸하실 것이라 주 여호와께서 모든 얼굴에서 눈물을 씻기시며"(사 25:6-8. 참고. 마 8:11-12: 막 14:25: 눅 13:28-29).

또한 천사는 그가 하는 말이 하나님의 참되신 말씀이라고 단언한다(참고. 계 21:5; 22:6). 이 약속의 말씀은 지극히 크고 정신을 잃을 정도로 깜짝 놀랄 만한 것인 데다 슬픔과 고통이 가득한 이 땅에서의 삶과 너무도 다른 것이 었기에, 천사는 이 약속의 말씀이 참되다는 것을 보증할 필요가 있었다. 이 약속의 말씀은 장차 반드시 현실이 될 것이다.

19:10 요한은 "천사"의 말과 모습에 감명을 받아 그 반응으로 그의 발 앞에 엎드려 경배하려 한다(참고. 22:8). 하지만 천사는 요한에게 자신 역시 요한을 비롯해서 예수님의 증언을 받은 자들과 똑같은 하나님의 종일뿐이라고 말하여 요한의 그런 행동을 제지하고, 오직 하나님만을 경배하라고 명령한다. "하나님께 경배하라"는 단호하면서도 짤막한 명령은 요한계시록의 환상이 하나님을 중심으로 하고 있음을 일깨워준다. 하나님은 요한이 본 환상들의 중심이자 모든 것이시다. 그런데 그 다음에 나오는 천사의 말은 예수님을 강조하는 것이 하나님 중심성에 포함되어 있음을 가리킨다. 요한계시록 전체가 반복해서 가르치듯이, 하나님을 경배하라는 명령은 예수님에 대한 경배를 배제하지 않는다. 그러므로 뒷부분에 덧붙은 "예수의 증언은 예언의 영이라"는 말씀은 대단히 흥미롭다. 이 말씀은 그 모호함으로 인해 많은 관심을 끌고 여러 가지 서로 다른 해석을 불러일으켜 왔다. 아마도 요한의 말은, 성령의 감동으로 된 예언이 예수 그리스도께서 주신 증언이자 그분에 관한 증언에 초점을 맞춘다는 의미일 것이다. 그리스도인들은 하나님을 경배하고 하나님 중심적이어야 하지만, 예언은 예수님이 중심이 되시며 그분이 위엄있고 위대하신 분임을 가리킨다.

〰〰〰 응답 〰〰〰

장차 있을 어린양과 신부의 혼인, 그리고 어린양의 혼인 잔치에서 약속된 기쁨은 우리의 이해를 아득히 넘어선다. 우리가 하나님을 향해 가지는 열

정과 사모함은 미약하기 때문에, 요한은 우리가 하나님에 대한 우리의 기쁨이 극대화 될 그 미래를 상상해보기를 원한다. 이 땅의 모든 기쁨과 모든 혼인과 모든 잔치는, 지극히 숭고한 혼인과 지극히 훌륭한 잔치를 미리 보여주는 것이다. 우리가 장차 있을 이 혼인 잔치에 참여하여 기쁨을 누리기 위해서는, 예수님을 따르는 삶을 통해 우리 자신을 준비시켜야 한다. 그렇게 했을 때 우리는 이전에 한 번도 불러보지 못한 노래를 온 마음을 다해 부르게 될 것이고, 이전에 한 번도 경험하지 못한 웃음과 기쁨을 누리게 될 것이다. 그것은 어떤 죄나 슬픔이나 염려에도 오염되지 않은 웃음과 기쁨일 것이다. 죽음은 까마득한 오래전의 기억이 될 것이고, 우리는 영원토록 즐거워하게 될 것이다.

¹¹ 또 내가 하늘이 열린 것을 보니 보라 백마와 그것을 탄 자가 있으니 그 이름은 충신과 진실이라 그가 공의로 심판하며 싸우더라 ¹² 그 눈은 불꽃 같고 그 머리에는 많은 관들이 있고 또 이름 쓴 것 하나가 있으니 자기밖에 아는 자가 없고 ¹³ 또 그가 피 뿌린 옷을 입었는데 그 이름은 하나님의 ¹⁾말씀이라 칭하더라 ¹⁴ 하늘에 있는 군대들이 희고 깨끗한 세마포 옷을 입고 백마를 타고 그를 따르더라 ¹⁵ 그의 입에서 예리한 검이 나오니 그것으로 만국을 치겠고 친히 그들을 철장으로 다스리며 또 친히 하나님 곧 전능하신 이의 맹렬한 진노의 포도주 틀을 밟겠고 ¹⁶ 그 옷과 그 다리에 이름을 쓴 것이 있으니 만왕의 왕이요 만주의 주라 하였더라

¹⁷ 또 내가 보니 한 천사가 태양 안에 서서 공중에 나는 모든 새를 향하여 큰 음성으로 외쳐 이르되 와서 하나님의 큰 잔치에 모여 ¹⁸ 왕들의 살과 장군들의 살과 장사들의 살과 말들과 그것을 탄 자들의 살과 자유인들이나 종들이나 작은 자나 큰 자나 모든 자의 살을 먹으라 하더라 ¹⁹ 또 내가 보매 그 짐승과 땅의 임금들과 그들의 군대들이 모여 그 말 탄 자와 그의 군대와 더불어 전쟁을 일으키다가 ²⁰ 짐승이 잡히

고 그 앞에서 표적을 행하던 거짓 선지자도 함께 잡혔으니 이는 짐승의 표를 받고 그의 우상에게 경배하던 자들을 표적으로 미혹하던 자라 이 둘이 산 채로 유황불 붙는 못에 던져지고 21 그 나머지는 말 탄자의 입으로부터 나오는 검에 죽으매 모든 새가 그들의 살로 배불리더라

11 Then I saw heaven opened, and behold, a white horse! The one sitting on it is called Faithful and True, and in righteousness he judges and makes war. 12 His eyes are like a flame of fire, and on his head are many diadems, and he has a name written that no one knows but himself. 13 He is clothed in a robe dipped in[1] blood, and the name by which he is called is The Word of God. 14 And the armies of heaven, arrayed in fine linen, white and pure, were following him on white horses. 15 From his mouth comes a sharp sword with which to strike down the nations, and he will rule[2] them with a rod of iron. He will tread the winepress of the fury of the wrath of God the Almighty. 16 On his robe and on his thigh he has a name written, King of kings and Lord of lords.

17 Then I saw an angel standing in the sun, and with a loud voice he called to all the birds that fly directly overhead, "Come, gather for the great supper of God, 18 to eat the flesh of kings, the flesh of captains, the flesh of mighty men, the flesh of horses and their riders, and the flesh of all men, both free and slave,[3] both small and great." 19 And I saw the beast and the kings of the earth with their armies gathered to make war against him who was sitting on the horse and against his army. 20 And the beast was captured, and with it the false prophet who in its presence[4] had done the signs by which he deceived those who had received the mark of the beast and those who worshiped its image.

These two were thrown alive into the lake of fire that burns with sulfur.
²¹ And the rest were slain by the sword that came from the mouth of him who was sitting on the horse, and all the birds were gorged with their flesh.

1) 헬, 로고스

1 Some manuscripts *sprinkled with*　*2* Greek *shepherd*　*3* For the contextual rendering of the Greek word *doulos*, see ESV Preface　*4* Or *on its behalf*

〰〰〰 단락 개관 〰〰〰

바벨론에 대한 심판과 어린양의 혼인 잔치는 역사의 끝이다. 요한은 만화경을 흔들어 다시금 역사의 끝으로 돌아가서, 역사의 끝에 관한 또 다른 그림을 보여준다. 천년왕국 후에 예수 그리스도께서 재림할 것이라는 후천년설을 주장하는 사람들은, 이 단락을 역사 전체에 걸쳐 복음이 전파되는 것에 대해 묘사하는 것으로 본다. 그렇지만 여기에 사용된 표상들 및 종말을 언급하는 다른 본문들과의 병행(계 16:14, 16; 17:14)을 볼 때 이 단락은 예수 그리스도의 재림에 관한 극적인 묘사다. 하늘이 열리고, 예수님이 백마를 타고 계신다. 충성되고 참되신 분이 최후의 전투를 수행하기 위해 오고 계신다(19:11). 예수님의 눈은 모든 것을 보기 때문에, 그 무엇도 그분께 감춰져 있지 않다. 그리고 예수님의 머리에 있는 관들은 그분의 주권적인 통치를 나타낸다(12절). 예수님의 이름을 아는 자가 아무도 없다는 말은 그 누구도 예수님을 다스리거나 주관할 수 없다는 것을 의미한다. 예수님은 피에 담근 옷을 입고 계시는데, 이 묘사는 예수님이 심판을 위해 오고 계신다는 것을 나타낸다. 예수님은 인류를 향한 하나님의 메시지이기 때문에 하나님의 말씀이라 불린다(13절). 예수님이 오실 때, 하늘의 군대들이 흰 옷을 입고 백마를 타고서 예수님을 따른다(14절). 예수님은 심판하기 위해 오고 계신다. 예수님은 그분의 대적들을 찌를 예리한 검을 갖고 계시고 그들을 철장으로 다스리실 것이며, 그들을 하나님의 진노의 포도주 틀 속에 던져넣고 밟으실 것이다(15절). 예수님의 옷과 넓적다리에는 "만왕의 왕이요 만주의 주"라는 글귀가 새겨져 있다(16절). 따라서 예수님을 이길 대적은 존재하지 않는다.

한 천사가 나타나서 새들에게 큰 잔치가 벌어졌으니 와서 인간의 살을 먹으라고 초청한다(17-18절). 땅의 왕들과 짐승이 백마를 탄 예수님과 그분의 군대를 공격한다(19절). 그러나 그 전쟁은 싱겁게 끝난다. 예수님이 짐승과 거짓 선지자를 붙잡아서 불 못에 던지신다(20절)! 그들이 이끌던 군대의 나머지는 모두 예수님의 입에서 나온 검에 의해 죽고, 새들은 그들의 살로 배불리 먹는다(21절).

〰〰〰〰 **단락 개요** 〰〰〰〰

IX. 그리스도를 통한 하나님의 승리(19:11-20:15)
  A. 짐승, 거짓 선지자, 그 추종자들의 패배(19:11-21)

〰〰〰〰 **주석** 〰〰〰〰

19:11 바벨론에 대한 심판과 어린양의 혼인으로 역사의 끝에 도달했지만, 요한은 최후의 심판에 대해 다시금 반복해서 말하며 또 하나의 그림을 제시한다. 하늘이 열리는 것은 하나님께로부터 계시가 주어질 것임을 알려준다(참고. 겔 1:1; 행 10:11; 계 4:1). 요한은 백마를 보고(참고. 계 6:2), 백마에

타신 예수 그리스도를 충성되고 참되신 분으로 소개한다(참고. 1:5: 3:7). 백마는 위대한 전사이신 예수님의 통치와 위엄을 나타낸다. 예수님은 하나님과 하나님의 약속들에 충성된 분이기 때문에, 신자들은 예수님이 그들을 신원하시고 진리를 드러내시리라는 것을 믿을 수 있다. 예수님은 전쟁을 위해 말을 타고 오고 계신다. 많은 전쟁은 통치자가 자신만을 위한 이익을 얻으려고 광분해서 일으키는 불의한 전쟁들이다. 반면에, 예수님은 의로운 전쟁을 통해 의롭게 심판하심으로써(참고. 시 9:8: 96:13: 98:9) 시편 72편과 이사야서 11장이 묘사하는 메시아의 모습을 성취하실 것이다(시 72:2: 사 11:4). 의로운 심판은 징벌과 구원을 모두 포함한다. 예수님은 의롭고 선한 목적을 위해 심판하시고 전쟁을 수행하시기 때문에, 이 땅에서 악이 제거되며 피조세계에 약속된 샬롬(평화)이 세워진다.

19:12 예수님이 의로우신 심판과 전쟁을 수행하신다는 것을 어떻게 알 수 있는가? 예수님의 눈이 불꽃같기 때문에 그 사실을 알 수 있다(참고. 1:14: 2:18). 예수님은 그 눈으로 핵심을 꿰뚫어보시기 때문에, 그분의 심판은 피상적이지도 않고 잘못된 것일 수도 없다. 이사야서 11:3이 다윗에게서 나온 가지에 대해 말하는 것처럼, 예수님은 "그의 눈에 보이는 대로 심판하지 아니하며 그의 귀에 들리는 대로 판단하지 아니하[신다]." 예수님은 모든 것을 있는 그대로 진리를 따라 심판하신다. 또한 예수님은 왕적인 통치권과 힘을 가지고 계시기 때문에 심판하실 수 있고 승리하실 수 있다. 예수님이 머리에 쓰고 계시는 "많은 관"은 주권적인 통치권과 권위를 나타낸다. 예수님은 무엇이 옳은지를 보실 수 있을 뿐만 아니라, 주권적인 통치자로서 그 옳은 것을 시행할 수 있는 힘도 갖고 계신다. 백마를 타고 계시는 분은 주권자시다. 왜냐하면 예수님께 새겨진 이름을 예수님 외에는 아무도 알지 못하기 때문이다(참고. 잠 30:4). 고대 세계에서 다른 사람의 이름을 아는 것은 그 사람을 주관할 수 있는 권세를 갖는 것이었다. 그래서 야곱과 씨름한 이는 그의 이름을 야곱에게 알려주지 않았다(창 32:29). 마찬가지로, 여호와의 사자도 삼손의 부모에게 그의 이름을 알려주지 않고,

"기묘자"로 불린다고만 말해주었다(삿 13:18). 아무도 백마에 타신 분을 주관하거나 조종할 수 없다. 하지만 예수님을 "만왕의 왕이요 만주의 주"(계 19:16)로, 그리고 "하나님의 말씀"(13절)으로 소개하는 것은 그분의 이름을 알 수 없다는 사실과 전혀 모순되지 않는다. 왜냐하면 예수님은 어떤 의미에서는 우리에게 자신을 알리셨고, 어떤 의미에서는 우리에게 감춰져 계시기 때문이다. 예수님은 내재하시는 동시에 초월해 계시고, 우리와 가까이 계신 동시에 우리에게서 감춰져 계신다. 우리는 예수 그리스도로 말미암아 하나님을 참되게 알지만, 하나님을 하나도 빠짐없이 모두 알지도 못하고 온전히 알지도 못한다.

19:13 어떤 사람들은 예수님이 피에 닦구 옷을 입고 계신다는 묘사를 읽고서 그리스도의 속죄의 피를 연상할 것이다. 그렇지만 문맥상으로 그 묘사는 그리스도께서 악인들을 심판하시기 위해 재림하시는 것을 가리킨다. 이 묘사는 여호와께서 에돔을 심판하실 때 그 옷에 피가 튀어 물들었다고 말하는 구약의 배경과도 일치한다. "어찌하여 네 의복이 붉으며 네 옷이 포도즙 틀을 밟는 자 같으냐 만민 가운데 나와 함께 한 자가 없이 내가 홀로 포도즙 틀을 밟았는데 내가 노함으로 말미암아 무리를 밟았고 분함으로 말미암아 짓밟았으므로 그들의 선혈이 내 옷에 튀어 내 의복을 다 더럽혔음이니"(사 63:2-3). 그날은 에돔에게 "원수 갚는 날"이지만, 이스라엘에게는 "구속할 해"가 된다(사 63:4). 구약성경에서 에돔은 자주 세상의 모든 나라를 가리킨다(참고. 사 34장). 따라서 요한이 그 주제를 가져와서 사용한 것은 지극히 합당하다. 그리스도께서 그분의 옷을 피로 물들이시는 일 곧 악인에 대한 심판은, 하나님이 악인들에게 보복하시는 것인 동시에 하나님의 백성에게는 구속과 구원을 알리시는 신호다. 예수님은 그분의 대적들을 멸하고 그분의 백성을 건지시기 위하여 신적인 전사로 오고 계신다(참고. 출 15장; 신 33장; 삿 5장; 합 3장).
　예수님은 "하나님의 말씀"으로도 불리는데, "하나님의"라는 수식어가 첨가되어 있지만 이 표현은 요한복음 1:1을 반영한 것이다. 하나님의 말씀은 반드시 이루어지고 능력이 있기 때문에 이 세상에 하나님의 심판을 쏟아 붓는다(참고. 지혜서 18:15-16). 시편 33:6은 "여호와의 말씀으로 하늘이 지음이 되었으며"라고 말한다. 이사야서는 하나님의 말씀에 대해 다음과 같이 말한다. "내 입에서 나가는 말도 이와 같이 헛되이 내게로 되돌아오지 아니하고 나의 기뻐하는 뜻을 이루며 내가 보낸 일에 형통함이니라"(사 55:11). 예수님 자신이 하나님의 심판과 구원의 메시지를 이 세상에 나타내는 하나님의 말씀이요 하나님의 메시지시다.

19:14 백마를 타신 예수님은 혼자가 아니라 하늘의 군대를 거느리고 오신다. 그 군대가 입고 있는 희고 깨끗한 아름다운 세마포 옷은 의로움과 거룩함을 나타낸다(참고. 3:4; 7:9; 19:8). 이 군대는 신자들(17:14) 아니면 천사들(시 68:17; 단 7:10; 슥 14:5; 마 16:27; 막 8:38; 눅 9:26)로 이루어졌을 수도 있지만, 아마 둘 모두로 이루어진 것으로 보인다. 그들도 백마를 타고 있는데, 백마는 선함과 순전함을 나타낸다. 이 부분의 전쟁에 관한 묘사를 문자 그대로의 의미로 해석할 필요는 없지만, 선의 세력이 악의 세력에 맞서 싸운다는 핵심은 분명히 드러난다.

19:15 이 절에 나오는 세 가지 묘사는 예수님이 심판을 위해 오고 계신다는 증거를 추가로 제공한다. 첫째, 예수님의 입에서는 열방을 치는 예리한 검이 나온다. 예리한 검은 예수님의 입에서 나오는 말씀을 나타내며, 예수님의 말씀이 본래적으로 지닌 권능과 효력을 보여준다(참고. 1:16; 2:12). 이사야서 11:4도 다윗의 가지에 대해 비슷하게 말한다(참고. 사 49:2). "그의 입의 막대기로 세상을 치며 그의 입술의 기운으로 악인을 죽일 것이며." 데살로니가후서 2:8은 예수님께서 "그 입의 기운으로" 불법의 사람을 죽이실 것이라고 말한다. 둘째, 예수님은 철장으로 열방을 다스리신다(참고. 계 2:27; 12:5). 그러한 통치는 하나님께서 다윗의 자손에게 기름을 부어 왕으로 세우시고 그의 대적들을 철장으로 깨트리겠다고 약속하신 시편 2편의 예언을 성취하는 것이다(시 2:9, 참고. 솔로몬의 시편 17:23-24). 셋째, 예수님은

하나님의 진노의 포도주 틀을 밟으신다(참고. 계 14:20). 이 표상도 하나님이 그분의 진노의 포도주 틀을 밟으실 것이라고 말하는 구약성경에 뿌리를 둔 것이다(참고. 사 63:2-3; 애 1:15; 욜 3:13). 이 세 가지 표상은 모두 최후의 심판이 다가왔음을 나타낸다.

19:16 이 심판하시는 분의 옷과 넓적다리에는 그분의 이름인 "만왕의 왕이요 만주의 주"가 새겨져 있다(참고. 17:14 주석). 예수님은 다른 모든 왕과 통치자를 다스리고 주관하는 주이시기 때문에 심판하실 권세와 능력을 갖고 계신다. 궁극적으로 그 누구도 예수님의 뜻이나 계획을 좌절시키지 못한다. 예수님을 대적하는 자들은 예수님의 진노를 경험할 것이다.

19:17 그런 후에 요한은 한 천사가 태양 안에서 그 광채를 두르고 땅을 향해 서 있는 것을 본다. 그 천사는 새들에게 하나님이 그들을 위해 큰 잔치를 준비했으니 모이라고 큰 소리로 외친다. 이 환상은 에스겔서 38-39장에서 곡과 마곡에 대한 심판을 묘사한 것을 가져와서 사용한 것이다. 하나님이 준비하신 잔치가 열렸으니 와서 이스라엘의 원수들의 살을 먹고 그 피를 마시라고 새들을 초대하는 말씀이 그곳에 나온다.

> "너 인자야 너는 각종 새와 들의 각종 짐승에게 이르기를 너희는 모여 오라 내가 너희를 위한 잔치 곧 이스라엘 산 위에 예비한 큰 잔치로 너희는 사방에서 모여 살을 먹으며 피를 마실지어다 너희가 용사의 살을 먹으며 세상 왕들의 피를 마시기를 바산의 살진 짐승 곧 숫양이나 어린 양이나 염소나 수송아지를 먹듯 할지라 내가 너희를 위하여 예비한 잔치의 기름을 너희가 배불리 먹으며 그 피를 취하도록 마시되"(겔 39:17-19. 참고. 겔 39:4; 사 34:6; 렘 46:10).

에스겔서에 나오는 이 심판은 역사 속에서 이스라엘의 원수들에 대해 내려질 최후의 심판을 묘사하는 것으로, 요한계시록 19장의 이 본문에 나오는 천사의 호출과 밀접하게 병행된다.

19:18 에스겔서 39장이 보여주듯이, 새들은 사람들과 말들의 살을 배불리 먹으라는 초대를 받는다(겔 39:18, 20). 왕들, 장군들, 용사들, 말들과 그 기병들, 인류의 나머지 사람들(참고. 계 6:15)이 새들의 먹이로 주어진다. 새들이 사람들의 살을 쪼아 먹는 장면은 예수 그리스도를 배척한 자들의 최후가 어떠한 것인지를 소름 끼치게 묘사하여 보여준다. 고대에는 죽은 자의 시체가 매장되지 않고 내버려져 있는 것을 큰 수치로 여겼는데, 예수 그리스도를 배척한 자들이 바로 그러한 최후를 맞이할 것이다.

19:19 그런 후에 요한은 환상을 통해 그리스도의 원수들이 그리스도를 대적하여 전쟁을 일으키는 것을 본다. 짐승과 그와 연합한 왕들(참고. 계 17:12-14)과 그들의 군대들이 백마를 타신 분과 그분의 군대들에 맞서 싸우기 위해 모여든다. 이 전쟁은 스가랴서 14:2에 나오는 말씀의 성취다. "내가 이방 나라들을 모아 예루살렘과 싸우게 하리니." 시편 2:2에 나오는, 열방이 여호와와 그의 기름 부음 받은 자(그리스도)에게 보이는 광분함은 여기서 절정에 도달한다. 그리하여 이제 곧 요한계시록 16:14에 언급된 최후의 전쟁(폴레모스)이 일어날 것이다. 짐승과 그의 왕들은 그리스도를 향한 증오심을 그들의 동력으로 삼는다.

19:20 두 진영의 군대가 서로를 바라보고 전투 태세를 갖추지만, 이 전쟁은 터무니없이 싱겁게 끝나버린다. 예수님은 짐승과 거짓 선지자를 붙잡아서 유황불 못(참고. 단 7:11)에 산 채로 던져버리신다(참고. 민 16:33). 데살로니가후서 2:8은 다음과 같이 말한다. "그때에 불법한 자가 나타나리니 주 예수께서 그 입의 기운으로 그를 죽이시고 강림하여 나타나심으로 폐하시리라." 짐승과 거짓 선지자는 굉장한 능력과 영광을 가진 것으로 보였지만, 예수 그리스도께 상대가 되지 않는다.
　거짓 선지자(참고. 계 16:13; 20:10)는 13:11-18에 언급된 둘째 짐승과 동일한 존재이지만, "거짓 선지자"라는 명칭은 그가 표적과 기사와 거짓된 예언을 통해 사람들을 미혹하는 능력을 가지고 있음을 강조한다. 실제로 요한은 여기서 전쟁에 관한 묘사를 잠시 멈춰서, 거짓 선지자가 표적들을 행했으며 짐승의 표를 받고 짐승의 우상을 섬겼던 자들이 그 표적들에 속았다는 것을 언급한다(참고. 13:13-15). 이 언급은 잘못된 길로 가는 자들이 미혹되는 원인이 그들의 욕심에 이끌렸기 때문임을 보여준다.

요한은 짐승과 거짓 선지자가 맞이할 최후의 운명을 묘사함으로써, 그의 독자들에게 끝까지 인내하라고 격려한다. 여기서 처음으로 언급되는 불 못은 결말에 해당하는 장들에서 둘째 사망으로 지칭되는 고통의 장소로 다시금 여러 번 등장한다(20:10, 14, 15). 불은 최후의 심판을 가리키는 표상으로, 신약성경의 다른 곳에서도 등장한다(마 5:22; 13:40; 18:8-9; 25:41; 막 9:43, 48; 히 10:27; 유 1:7). 둘째 사망을 겪는 자들은 결코 다시 살아나지 못할 것이다. 그러므로 짐승과 거짓 선지자의 편에 선 모든 자는 짐승과 거짓 선지자에게 협력한 것을 영원토록 후회하게 될 것이다.

19:21 짐승과 거짓 선지자를 아주 쉽게 처리하였기 때문에, 나머지 군대들을 처리하는 것 역시 전혀 문제되지 않는다. 그들은 백마를 탄 위엄 있는 전사이신 예수님의 입에서 나오는 검에 죽임을 당한다. 다시 말해, 예수님의 말씀은 매우 강하고 효력이 있어서 대적들을 충분히 쓸어버린다(참고. 1:16; 2:12, 16; 19:5; 사 11:4; 49:2). 그들은 전쟁터에 시체로 버려졌고, 새들은 심판받은 자들의 살로 배를 불린다(참고. 계 19:17 주석, 렘 7:33; 16:4; 19:7; 34:20). 최후의 심판에 관한 묘사는 묵시적인 것이기에 최후의 심판이 어떻게 진행될지를 그대로 묘사하지 않는다. 또한 새들이 사람들의 살을 문자 그대로 쪼아 먹으며 잔치를 벌일 것이라고 생각할 필요도 없다. 이 표현들은 예수 그리스도를 대적하는 자들이 당할 최후의 심판과 영원한 멸망을 생생하게 전달하기 위한 한 가지 방식일 뿐이다.

때때로 악이 영원히 승리할 것처럼 보이지만, 그러한 생각은 사실과 맞지 않다. 예수님은 다시 오셔서, 그분을 대적하는 통치자들과 사람들을 멸하실 것이다. 악은 허구가 아니지만 선은 언제나 더 강하고 영속성을 지니기 때문에, 악은 선을 상대해서 이기지 못한다. 하나님은 오랜 세월 동안 악이 극악한 일들을 벌이도록 허용하셨지만, 악을 영원히 용납하지는 않으실 것이다. 예수님이 다시 오실 때, 우리는 최후의 전쟁을 볼 것이다. 그러나 그 전쟁은 어처구니없을 정도로 싱겁게 끝날 것이다. 왜냐하면 예수님께서 그분의 말씀만으로 원수들을 무찌르시고 불 못에 던져 넣으실 것이기 때문이다. 우리는 모두 승자 편에 서기를 원한다. 우리가 예수님께 속해 있다면, 궁극적인 승리가 분명 우리에게 있을 것이다.

¹ 또 내가 보매 천사가 무저갱의 열쇠와 큰 쇠사슬을 그의 손에 가지
고 하늘로부터 내려와서 ² 용을 잡으니 곧 옛 뱀이요 마귀요 사탄이라
잡아서 천 년 동안 결박하여 ³ 무저갱에 던져 넣어 잠그고 그 위에 인
봉하여 천 년이 차도록 다시는 만국을 미혹하지 못하게 하였는데 그
후에는 반드시 잠깐 놓이리라

⁴ 또 내가 보좌들을 보니 거기에 앉은 자들이 있어 심판하는 권세를
받았더라 또 내가 보니 예수를 증언함과 하나님의 말씀 때문에 목 베
임을 당한 자들의 영혼들과 또 짐승과 그의 우상에게 경배하지 아니
하고 그들의 이마와 손에 그의 표를 받지 아니한 자들이 살아서 그리
스도와 더불어 천 년 동안 왕 노릇 하니 ⁵ (그 나머지 죽은 자들은 그
천 년이 차기까지 살지 못하더라) 이는 첫째 부활이라 ⁶ 이 첫째 부활
에 참여하는 자들은 복이 있고 거룩하도다 둘째 사망이 그들을 다스
리는 권세가 없고 도리어 그들이 하나님과 그리스도의 제사장이 되어
천 년 동안 그리스도와 더불어 왕 노릇 하리라

¹ Then I saw an angel coming down from heaven, holding in his hand

the key to the bottomless pit*1* and a great chain. *2* And he seized the dragon, that ancient serpent, who is the devil and Satan, and bound him for a thousand years, *3* and threw him into the pit, and shut it and sealed it over him, so that he might not deceive the nations any longer, until the thousand years were ended. After that he must be released for a little while.

4 Then I saw thrones, and seated on them were those to whom the authority to judge was committed. Also I saw the souls of those who had been beheaded for the testimony of Jesus and for the word of God, and those who had not worshiped the beast or its image and had not received its mark on their foreheads or their hands. They came to life and reigned with Christ for a thousand years. *5* The rest of the dead did not come to life until the thousand years were ended. This is the first resurrection. *6* Blessed and holy is the one who shares in the first resurrection! Over such the second death has no power, but they will be priests of God and of Christ, and they will reign with him for a thousand years.

1 Greek *the abyss*; also verse 3

〰〰〰 단락 개관 〰〰〰

이 단락은 요한계시록에서 가장 논란이 되는 본문으로, 그 유명한 천년왕국에 대해 말하는 부분이다.[29] 전천년설과 무천년설은 각자 매우 탄탄한 근거들에 의해 지지된다. 필자는 무천년설이 조금 더 바르다고 생각하지만, 여기서는 이 두 견해를 모두 설명할 것이다.

이 단락은 한 천사가 무저갱의 열쇠와 큰 쇠사슬을 손에 가지고 하늘로부터 내려오는 장면으로 시작된다(계 20:1). 이 천사는 사탄을 붙잡아서 천 년 동안 무저갱에 묶어둔다(2절). 천 년 동안 무저갱이 닫히고 봉인되기 때문에 사탄은 열방을 미혹하지 못하지만, 천 년이 끝나갈 무렵에 잠시 풀려난다(3절). 그런 후에 요한은 사람들이 보좌들에 앉아 있는 것을 본다(4절a). 보좌들에 앉아 있는 사람들은 심판하는 권세를 가지고 있다. 요한은 보좌들에 앉아 있는 자들이 순교자들이라고 알려준다. 짐승에게 경배하기를 거부한 모든 사람은 부활해서 그리스도와 함께 천 년 동안 다스리고 (4절b) 첫째 부활에 참여한다(5절b). 반면에 죽은 자들 중 나머지는 천 년이 끝날 때까지 부활하지 못한다(5절a). 첫째 부활에 참여하는 자들은 복이 있다고 선언된다. 둘째 사망이 그들에게 권세를 행사하지 못하고, 그들은 하나님과 그리스도의 제사장들이 되어서 그리스도와 함께 천 년 동안 다스릴 것이기 때문이다(6절).

이 단락은 요한계시록에서 가장 논란이 되는 본문이다. 해석자들은 천년왕국과 관련해서 여러 가지 견해를 제시해왔다. 그러므로 지금까지 제시된 견해들을 간단하게 살펴보는 것이 도움이 될 것이다. 후천년주의자(postmillennialist)는 그리스도께서 이 땅에 오랫동안 복된 기간이 펼쳐진 후에 재림하실 것이라고 주장한다. 그러므로 접두사 'post'는 '~후에'를 의미한다. 그리스도는 천년왕국 '후에' 오실 것이다. 천년왕국이 끝난 다음에, 새 하늘과 새 땅이 도래할 것이다. 천 년은 문자 그대로의 천 년이 아니라

---

29 어떤 점에서 병행문의 역할을 하는 본문들로는 이사야서 24:21-22; 에녹1서 10:4-6, 11-13을 참고하라.

이 세상이 복음에 의해 변화되는 오랜 기간을 가리킨다. 어떤 후천년주의 자들은 천년왕국이 예수님의 부활 후에 역사 속에서 어느 정해지지 않은 시점에 시작된다고 믿는다. 어떤 후천년주의자들은 천년왕국이 예수님의 부활로부터 시작되었다고 믿는다. 후천년설을 지지하는 사람들에게 천년 왕국의 시점은 큰 중요성을 가지지 않는다.

무천년설(amillennialism)은 문자대로라면 '천년왕국은 없다'는 의미이다. 그러나 그러한 명칭은 이 견해를 잘 설명하지 못하며, '실현된' 천년왕국설이 더 올바른 표현이라고 할 수 있다. 이 견해에서 천 년은 문자 그대로의 천 년이 아니라 오랜 기간을 나타낸다. 무천년주의자들은 천 년이 예수님의 부활로 시작되었고 재림 때까지 지속된다고 주장한다. 이 기간에 죽은 신자들은 중간 상태로 하늘에서 그리스도와 함께 영적으로 다스리면서, 그들이 육신으로 부활하고 만물이 새로워질 날을 기다린다. 그리고 사탄은 복음이 열방에 퍼져나가는 동안 십자가에 묶여 있다는 의미에서 결박되어 있다(마 12:29). 어떤 무천년주의자들은 이 본문에서 성도들이 다시 살아났다는 말은 하늘에서 다스리는 것이 아니라 중생을 가리킨다고 생각한다(엡 2:6; 골 3:1). 따라서 무천년주의자들도 성도들이 다시 살아나서 그리스도와 함께 다스린다는 것의 의미를 두고 서로 견해가 갈라진다.

전천년주의자(premillennialist)는 천년왕국이 시작되기 전에 그리스도께서 문자 그대로 다시 오셔서(이것이 접두사 'pre'가 붙은 이유다) 이 땅에서 천 년 동안 다스리시고, 천년왕국이 끝난 후에 모든 것의 종말이 도래할 것이라고 말한다. 대부분의 전천년주의자들은 천년왕국이 문자 그대로 천 년 동안 지속될 나라를 가리킨다고 믿지만, 그들 모두가 반드시 그런 입장인 것은 아니다. 왜냐하면 그리스도께서 이 땅에서 정확히 천 년이 아니라 오랜 기간 다스리실 것이라고 믿어도 얼마든지 전천년주의자가 될 수 있기 때문이다. 전천년주의자들은 역사적 전천년주의자와 세대주의적 전천년주의자로 구분된다. 역사적 전천년주의자라고 불리는 이유는 그들이 파피아스, 순교자 저스틴, 이레니우스 같은 전천년주의자인 교부들과 견해를 같이 하기 때문이다. 19세기에 처음으로 등장한 세대주의적 전천년주의자들은, 예수님이 천년왕국을 시작하시려고 다시 오시기 전에 7년 동안의 은밀한 휴거가 있을 것이라고 주장한다는 점에서 역사적 전천년주의자들과 구별된다.[30] 세대주의적 전천년주의자들은 천년왕국 기간에 유대인들에게 주어진 약속들이 성취될 것이라고 역설한다.

여기서 필자는 역사적 전천년설과 무천년설이 가장 좋은 선택지라고 여긴다. 세대주의적 전천년설은 예수님이 재림하시기 전에 7년 동안 휴거가 있을 것이라는 주장에 의존하는데, 그런 주장이 옳을 가능성은 거의 없기 때문이다. 여기서는 지면이 부족하여 자세하게 증명할 수 없긴 하지만, 데살로니가전서 4:16이 은밀한 휴거를 말하고 있지 않다는 사실을 지적하는 것만으로 충분할 것이다. 아울러 데살로니가후서 1-2장에서 언급되는 일들 곧 악인들을 벌하고 의인들을 구원하며, 성도들을 모으는 일은 동시에 일어난다. 또한 유대인들에게 특별히 주어진 약속들이 천년왕국 기간에 성취된다는 것도 요한계시록 20장에서 전혀 언급되지 않으며, 신약성경의 나머지 부분에도 나오지 않는다. 세대주의자들은 구약의 예언들에 대한 해석들을 요한계시록 20장에 집어넣어서 읽지만, 이러한 해석은 결함이 있다. 왜냐하면 신약성경은 유대인들과 이방인들이 동등하게 하나님 백성의 구성원이라고 말하기 때문이다(예. 엡 2:11-3:13). 유대인들이 천년왕국에서 특별한 지위를 가질 것이라는 생각은 모든 신자가 아브라함의 자손이라고 말하는 신약성경의 증언과 모순된다(참고. 롬 4:9-17; 갈 3:6-9).

또한 후천년설도 여러 가지 이유로 인해 설득력이 없다. 물론 모든 그리스도인은 이 세계가 복음에 의해 점진적으로 변화될 것이라는 생각이 사실이기를 바란다. 그러나 성경은 종말 전에 악이 더욱 강해질 것임을 분명하게 보여준다(참고. 마 24:9-31; 딤전 4:1-3; 딤후 3:1-5). 또한 후천년주의자들은 요한계시록 19:11-21이 예수님의 재림을 가리키는 것이 아니라, 하나님의 원수들이 궤멸되고서 이 땅에 오랜 평화와 번영의 기간이 도래할

---

30 세대주의적 전천년설에 따르면, 휴거와 천년왕국 사이의 7년이라는 기간은 '대환난'의 기간이 될 것이다. 그러나 7:13-14 주석을 참고하라.

것임을 가리키는 것이라고 주장한다. 그러나 앞의 주석에서 필자는 이 본문이 거의 틀림없이 예수님의 재림을 가리키고 있음을 논증했다. 따라서 아래에서 필자는 이 단락을 역사적 전천년설과 무천년설에 비추어서 해석할 것이다. 필자가 이 두 견해를 똑같이 다루는 이유는 어느 쪽이 옳은지를 정하기가 어려우며, 독자들도 이러한 난점을 충분히 인식해야 하기 때문이다.

하지만 다음과 같은 이유들로 인해 필자는 무천년설을 선택했다(필자도 주석을 써내려가는 동안 확실히 단정 지을 수 없어서 여러 번 생각을 바꾸기는 했지만). 첫 번째로, 성경의 다른 곳이 천년왕국을 분명하게 가르치지 않기 때문이다. 게다가 논란이 심한 본문, 특히 상징적 표현들로 가득한 묵시적인 책을 근거로 해서 새로운 교리를 세우는 것은 합당하지 않기 때문이다. 두 번째로, 지금까지 살펴본 바에 따르면 요한계시록은 역사의 종말에 관해 묘사한 뒤 동일한 이야기를 새로운 관점에서 또 다시 말하는 반복적인 서술 방법을 사용하고 있다. 따라서 요한계시록 20장은 19:11-21에서 한 것과 동일한 이야기를 다른 관점에서 말하는 것일 수 있다. 세 번째로, 구약성경에서 천년왕국에 대해 말하고 있는 것으로 주장되는 본문들(예. 이사야서 60장과 에스겔서 40-48장) 중 다수가 요한계시록 20장에서 암시되지 않는다는 것이다. 더 주목할 만한 사실은, 구약성경의 그 장들이 요한계시록 21:1-22:5에서는 풍부하게 암시된다는 것이다. 달리 말하면, 이른바 천년왕국 본문들은 새로운 피조세계에서 성취된다! 이 사실은 구약성경에 나오는 새로워진 세계와 새로운 성전에 관한 약속들이, 천년왕국이 아니라 새로운 피조세계에서 성취되리라는 것을 시사한다. 어떤 사람들은 그 약속들이 천년왕국과 새로운 피조세계 둘 모두에서 성취될 것이라고 말하고자 하지만, 에스겔서 40-48장에 예언된 새로운 성전이 천년왕국에서 어떤 식으로 성취될 것인지는 쉽게 상상이 되지 않는다.

네 번째로, 초기의 교부들도 천년왕국을 두고 견해가 갈렸다. 종종 가장 초기의 교부들은 전천년설을 말했다는 주장이 제기되지만, 찰스 힐은 천년왕국이 교부들 사이에서 논란이 되었고 많은 교부가 무천년설의 견해를 가졌음을 증명했다.[31] 다섯 번째 이유는 역사적 전천년설은 천년왕국에 영화롭게 되지 않은 사람들이 존재한다는 것을 설명하기 어렵다는 것이다. 왜냐하면 19장의 끝에서 예수님이 재림하셔서 그분의 모든 원수를 멸하시기 때문이다. 예수님이 재림하신 후에도 원수들 중 일부가 이 땅에 여전히 남아 있을 것이라는 말은 억지다. 신약성경이 분명하게 가르치는 것은, 예수님의 재림이 모든 사람에 대해 상을 베풀고 심판하는 날이 된다는 것이다(마 25:31-46). 여섯 번째로, 성경에서 최종적인 부활, 최후의 심판, 죽음에 대한 승리, 새로운 피조세계의 도래, 그리스도의 재림이 모두 하나로 묶여 있다는 것이다. 다른 어떤 성경의 본문도 이 큰 사건들이 서로 분리되어 있다고 말하지 않는다. 끝으로, 요한계시록 20장을 전천년설에 비추어서 해석하는 것이 아주 탄탄한 근거들을 지니지만, 무천년설에 비추어서 해석하는 것도 상당한 강점들이 있다는 것을 다음 부분에서 제시할 것이다. 무천년설은 성경의 나머지 증언과 아주 잘 부합한다는 점에서도 우리가 선호해야 할 관점이다. 예수님이 다시 오실 때까지는 이 문제가 분명하게 해결되지 않으리라는 것은 안타까운 일이지만, 다행인 점은 예수님이 진정으로 다시 오실 것이라는 핵심적인 진리가 분명하게 사실이라는 것이다.

≋≋≋≋≋ 단락 개요 ≋≋≋≋≋

IX. 그리스도를 통한 하나님의 승리(19:11-20:15)
　　B. 예수님과 함께 천 년 동안 다스림(20:1-6)

31　Charles E. Hill, *Regnum Caelorum: Patterns of Millennial Thought in Early Christianity*, 2nd ed. (Grand Rapids, MI: Eerdmans, 2001).

주석

20:1-2 "또 내가 보매"[카이 에이돈(*kai eidon*)]라는 어구로 새로운 단락이 시작된다. 이 어구는 요한계시록에서 32번이나 등장하는 매우 일반적인 어구다. 전천년주의자들은 이 어구가 연대기적인 의미를 지닌다고 주장하는 반면, 무천년주의자들은 이 어구가 반드시 그런 의미를 지니는 것은 아니라고 말한다. 이 어구의 다양한 용법을 고려할 때, 이 본문에서 이 어구가 연대기적인 의미로 새로운 국면을 분명하게 보여준다고 주장하기는 어렵다. 지금까지 살펴본 바로는, 요한계시록이 종말의 때를 여러 번에 걸쳐 반복적으로 설명하고 있기 때문에, 20:1-10은 19:11-21에 기록된 사건들을 또 다른 시각에서 설명한 것일 가능성이 아주 높다.

전천년설이 지닌 한 가지 중요한 문제점은 19장의 끝부분에서 예수님이 불신자를 모두 멸하셨는데, 어떻게 영화롭게 되지 않은 몸을 지니고 천년왕국에 들어가는 자가 있을 수 있는지를 이해하기 어렵다는 것이다. 하나님을 대적하는 군대들이 예수님의 재림 때 전멸했다면, 무슨 이유로 사탄을 결박해야 하는가? 역사적 전천년주의자들은 19장에 등장하는 군대들은 모든 불신자를 가리키는 것이 아니므로, 불신자들 중 일부가 예수님의 재림 때에 죽지 않고 천년왕국에 들어가게 된다고 주장한다. 하지만 성경의 어떤 본문도 예수님의 재림 때 심판받지 않은 사람들이 남아있다고 말하지 않는다. 물론 스가랴 14장에 전천년설을 강하게 지지해 주는 근거 구절이 있을 수 있다. 왜냐하면 그곳이 여호와께서 그분을 대적하는 자들을 심판하고 죽이실 것이지만(슥 14:12) 그분께 경배하기를 거부하는 자들이 여전히 일부 남아 있으며, 그들이 완강하게 저항하기 때문에 여호와께서 비를 내리시지 않을 것이라고 말하기 때문이다(17-19절).

천사들이 하늘로부터 내려오는 장면은 요한계시록에서 자주 등장한다. 여기서 등장하는 천사는 무저갱의 열쇠와 큰 쇠사슬을 손에 들고 있다(참고. 계 9:1, 11; 11:7; 17:8; 눅 8:31; 롬 10:7). 이 천사는 하나님의 백성을 대적하는 큰 괴물인 용을 붙잡아서 무저갱에 천 년 동안 묶어둔다. 이사야서 24:21-22에는 흥미로운 병행 본문이 나온다. "그날에 여호와께서 높은 데에서 높은 군대를 벌하시며 땅에서 땅의 왕들을 벌하시리니 그들이 죄수가 깊은 옥에 모임 같이 모이게 되고 옥에 갇혔다가 여러 날 후에 형벌을 받을 것이라." 또한 이 용은 하와를 속인 옛 뱀(창 3:1, 2, 4, 13, 14, 참고. 시 91:13; 사 27:1; 고후 11:3), 마귀(하나님의 백성을 비방하는 자), 사탄(하나님의 백성을 참소하는 자)으로도 묘사된다(참고. 계 12:9).

20:3 천사는 사탄을 무저갱에 던져 넣고 가두어둔다. 이렇게 해서 사탄은 천 년 동안 만국을 미혹하지 못하게 된다. 천 년이 끝나갈 무렵에 사탄은 잠시 풀려나 큰 소란을 일으킨다. 전천년주의자들은 2-3절에 언급된 사건들이 그리스도께서 이 땅에 다시 오실 때 일어날 일들이라고 말하며, 예수님이 재림하시기 전까지는 사탄이 무저갱에 갇히지 않을 것이라고 주장한다. 이는 사탄이 지금의 악한 시대에 짐승과 거짓 선지자의 배후에서 활발하게 활동하여, 세상 사람들을 미혹하고(13:14) 부추겨서 그리스도인들을 박해하게 할 것이기(13:1-18) 때문이다. 사탄은 "이 세상의 임금"(요 12:31)이라 불리는데, 다른 곳에서 요한은 "온 세상은 악한 자 안에 처[해]" 있다고 쓴다(요일 5:19). 전천년주의자들은 사탄이 무저갱에 갇혀 있다면, 이러한 말씀들이 어떻게 사실일 수 있겠느냐고 반문한다. 요한계시록 12장에서 사탄은 하늘에서 땅으로 쫓겨난다. 이것이 상징하는 것은, 그리스도의 죽음으로 말미암아 신자들의 죄책이 제거되었기 때문에 이제 사탄은 하나님 앞에서 신자들을 참소할 근거를 잃어버렸다는 것임이 틀림없다. 그런데 여기서 요한은 한 걸음 더 나아가, 이 땅에서 이뤄지는 사탄의 활동이 절대적으로 제한되고 있다는 것을 상징적으로 표현하고 있는 것으로 보인다.

무천년주의자들은 사탄을 무저갱에 가두었다는 말을 상징적인 것으로 이해하여, 사탄이 이 땅에서 제거되었다는 의미가 아니라고 말한다. 본문은 사탄이 더 이상 만국을 미혹할 수 없게 되었다고 말한다. 어떤 사람들은 이 말씀을 사탄이 지금의 악한 시대에 세상을 속여서 아마겟돈에 모으지 못한다는 의미로 해석한다. 그러한 해석에 의하면, 이 본문은 사탄이 아무도 미혹하지 못하게 된 것이 아니라, 하나님의 백성과 맞서 최후의 전쟁을 벌이도록 열방을 미혹하지 못하게 되었다는 것만을 말하는 것이다. 무천년설적 관점으로 이 본문을 해석하면, 사탄의 속이는 활동은 복음 전파와 관련이 된다. 그리스도의 오심으로 인해 이제는 복음이 땅 끝까지 전파된다. 구약 시대에는 구원이 이스라엘에 국한되어 있었고, 세상의 나라들은 미혹을 당했다. 하지만 지금은 만민이 복음을 믿고 있고, 구약 시대와는 달리 이제 사탄은 열방을 미혹하지 못한다. 불신자들은 여전히 사탄에 의해 속고 있지만, 사탄이 구약 시대처럼 열방을 속이지 못하게 되었기 때문에, 모든 족속과 방언과 백성과 나라에 속한 자들이 복음을 믿게 되었다. 무천년주의자들은 사탄이 십자가에 의해 결박당해서(마 12:29, 참고. 요 12:31; 골 2:15; 계 12:9), 종말의 때까지는 열방을 하나로 모아서 그리스도와 그분의 백성을 대적할 수 없게 되었다고 말한다.

20:4 요한의 환상은 이제 사람들에게로 향한다. 그는 보좌들을 보고 있는데, 그 보좌들에 앉아 있는 사람들은 심판하는 권세를 받는다. 또한 그는 "예수를 증언함"과 "하나님의 말씀" 때문에 목 베임을 당한 순교자들을 본다. 예수님에 대한 증언(참고. 1:2 주석; 1:9 주석; 12:17 주석; 19:10 주석)과 하나님의 말씀(참고. 1:2, 9; 6:9)은 요한계시록에서 중요한 역할을 한다. 예수님을 위해 고난을 받은 자들, 복음의 말씀 때문에 목숨을 바친 자들에게 권세가 주어진다(참고. 단 7:22; 마 19:28; 눅 22:30; 고전 6:2; 계 3:21). 6:9에서와 마찬가지로, 요한은 그들의 "영혼들"을 본다. 이 단어 앞에는 카이(*kai*)가 있는데, 여기서 카이는 동일함('즉')을 나타내거나 더한다는 의미("also")를 가지는 것으로 보인다. 어느 경우든 요한은 모든 신자를 가리키는 것 같다. 어떤 의미로는 교회 전체가 예수 그리스도를 위해 목숨을 바친 순교자 교회다. 이 절에서 "심판하는 권세"를 받은 자들은 짐승과 타협하기를 거부하고서 신실하게 믿음을 지킨 자들이다. 그들은 짐승이나 그 우상에게 경배하지 않았고, 손이나 이마에 짐승의 표를 받지도 않았다. 앞에서 요한은 짐승이나 그 우상에게 경배하거나 표를 받은 자들은 영원히 고통을 당하게 될 것

이라고 아주 분명하게 말했다(계 14:9-11). 반면에, 성도들은 짐승과 그 우 상을 이긴다(15:2). 심판하는 권세와 상은 믿음을 지킨 신자들, 예수님께 목 숨을 드리고서 끝까지 이기는 자들에게 주어진다. 달리 말하면, 영원한 상 은 모든 참된 신자들에게 주어진다. 여기에 언급된 상은 다시 "살아서 그 리스도와 더불어 천 년 동안 왕 노릇" 하는 것이다.

전천년주의자들은 이 본문을 육신의 부활을 가리키는 것으로 이해한 다. 순교한 자들은 하나님에 의해 신원되어서 다시 살아나게 된다. 그들은 동사 자오(zaō)가 그리스도의 부활을 가리킬 때 사용되었으며(2:8, 참고. 겔 37:10; 롬 14:9), 여기서도 요한계시록 2:5의 첫째 부활과 연관되어 있기 때 문에 동일한 의미를 지닌다고 주장한다. 이 견해를 지지하는 학자들은 요 한계시록이 오직 이 본문에서만 신자들의 부활에 대해 언급하고 있음을 지적하면서, 이 본문이 부활을 가리킨다는 해석이 지금의 악한 세대 동안 성도들이 하늘에서 다스리고 있음을 가리킨다는 무천년설적인 해석보다 성도들의 승리를 보여주는 데 더 합당하다고 주장한다. 또한 본문의 영혼 들이 다시 살아났다는 말은 영혼들이 단지 중간 상태로 존재한다는 것이 아니라 더 나은 새 생명으로 부활한다는 것을 지지한다.

무천년주의자들의 견해는 다음과 같다. 이 본문의 "영혼들"에 대한 언 급은 이 영혼들이 지금의 악한 세대 동안에 다시 살아나게 될 것을 가리킨 다(참고. 계 6:9-11). 다시 말해, 이 본문의 다시 살아난다는 말은 육신의 부 활이 아니라 중간 상태로 살아있다는 의미이다. 신자들의 영혼은 지금 하 늘에서 그리스도와 함께 다스리고 있다. "보좌들"이라는 단어가 요한계 시록의 다른 곳들에서는 하늘을 가리키기 때문에, 여기서 성도들이 땅에 서 다스리는 것을 가리킨다고 해석하는 것은 합당하지 않다. 요한계시록 14:13은 신자들에게 죽음이 복이라고 말하는데, 신자들이 죽으면 끝까지 믿음을 지킨 것에 대한 상으로 생명의 면류관을 받을 것이기 때문이다. 그 밖의 다른 무천년주의자들은 이 본문의 다시 살아난다는 말이 회심을 가 리킨다고 이해한다. 회심한 자들은 지금 다시 살리심을 받아서 그리스도 와 함께 있다(엡 2:6; 골 3:1).

20:5 "나머지 죽은 자들"은 천 년이 끝날 때까지 다시 살아나지 못한다. 20:4이 오직 순교자들만이 다시 살아난다는 의미라면, "나머지 죽은 자들"은 모든 불신자와 순교자를 제외한 다른 모든 신자를 가리킨다. 하지만 20:4이 모든 신자가 다시 살아난다는 의미라면, 나머지 죽은 자들은 불신자들만을 가리키게 된다. 앞에서 논증했듯이, 교회 전체를 순교자 교회라고 할 때(모든 신자가 문자 그대로 실제로 순교를 당하지는 않지만), 후자의 견해가 옳을 가능성이 훨씬 더 크다. 요한은 여기서 잠시 멈춰, "이는 첫째 부활이라"고 말한다. 이 말이 분명하게 가리키는 바는, 4절에서 묘사된 대로 순교자들과 성도들이 다시 살아나는 것이다.

전천년주의자들은 "첫째 부활"을 육신의 부활로 이해한다. 불신자들은 그리스도께서 천 년 동안 통치하신 후에 죽은 자 가운데서 부활하지만, 그것은 4절에서 순교자들과 신자들이 육신으로 부활하는 것에 관해 묘사하는 첫째 부활과 구별된다. 전천년설의 가장 강력한 근거들 중 하나가 여기에 등장하는데, '부활'[아나스타시스(*anastasis*)]이라는 명사가 유대 사상에서 언제나 육신의 부활을 가리킨다는 것이다. 실제로 이 단어가 육신의 부활을 가리키지 않는다는 것을 보여주는 분명한 예는 하나도 없다. 또한 본문의 서술 순서도 전천년설을 지지하는 좋은 근거가 된다. 왜냐하면 천 년후에 다시 살아나는 나머지 죽은 자들이 육신의 부활과 다른 '종류'의 부활을 하는 것은 아니기 때문이다. 나머지 죽은 자들이 '육신'의 부활을 한다는 것에 거의 모두가 동의한다. 그렇지만 그것이 사실이라면, 첫째 부활도 육신의 부활일 가능성이 높다. 즉 여기서 말하고 있는 부활은, 두 '종류'의 서로 다른 부활이 아니라 죽은 자들이 '두 단계'에 걸쳐 육신으로 부활하는 것이다. 전천년설의 견해에 대한 한 가지 반론으로, 요한복음 5:28-29이 선한 자들과 악한 자들의 부활을 동시에 일어나는 것으로 말한다는 것을 들 수 있다. 이 반론에 대해 전천년주의자들은 요한계시록이 선한 자들의 부활과 악한 자들의 부활 사이에 시간 간격이 있음을 분명하게 보여주지만, 부활에 대해 말할 때마다 그 시간 간격을 반드시 언급할 필요는 없었을 것이라고 대답한다.

반면에, 무천년주의자들은 첫째 부활이 영적인 부활이라고 주장한다. 부활(아나스타시스)이라는 단어가 다른 곳에서 육신의 부활을 가리킨다고 할지라도, 묵시문학에서 상징적인 의미로 사용되는 것이 전혀 이상하지 않다는 것이다. 또한 개념상 영적인 부활에 대해 말하는 다른 본문들도 있다(엡 2:6; 골 3:1). 첫째 부활은 중간 상태(또는 회심)로 살아가는 것을 의미하는 반면에, 둘째 부활은 육신의 부활을 가리킨다. 마찬가지로, 첫째 사망은 육신의 사망인 반면에, 둘째 사망은 최후의 심판이다. 요한이 결코 첫째 사망이나 둘째 부활을 구체적으로 언급하지 않는다는 것을 유의해야 하지만(표 10을 보라), 이것은 흥미로운 주장이다.

*표시는 요한계시록에 나오지 않는 명칭들

첫째 부활: 영적인 부활/중간 상태	첫째 사망*: 육신의 죽음
둘째 부활*: 육신의 부활	둘째 사망: 영적인 죽음

표10. 요한계시록의 첫째 부활과 둘째 사망에 대한 무천년설적 견해

앞서 말했듯이, 전천년주의자들은 이 두 부활의 관계에서 두 부활이 모두 육신의 부활이라는 동일한 성격의 것임이 드러난다고 주장한다. 하지만 여기에 제시된 도식이 옳다면, 이 두 부활은 동일한 성격의 것이 아니다. 전천년설적인 해석이 분명히 가능한 데다 옳을 가능성도 매우 높지만, 첫째 부활이 영적인 부활로 육신의 부활인 둘째 부활을 미리 보여주는 것일 가능성도 있다. 무천년주의자들은 첫째[프로토스(prōtos)]와 새로운[카이노스(kainos)]이 구별되어야 한다고 말한다. '새로운'은 장차 도래할 새로운 피조세계를 가리킨다. "새 하늘과 새 땅"(계 21:1) 곧 "새 예루살렘"(21:2)이 오고 있으며, 하나님은 "만물을 새롭게" 하실 것이다(21:5). 새 하늘과 새 땅은 "처음 하늘과 처음 땅"(21:1)과 대비된다. '처음'(ESV는 "first")은 이 현세에서의 삶을 가리킨다. 왜냐하면 "처음 것들"[프로타(prōta), 이전의 것]이 다 지나갔기 때문이다(21:4). 이 패턴대로라면, 첫째 부활은 현세에서 일어나는 완성되지 않은 부활인 영적인 부활이고, 둘째 부활은 모든 신자가 내세

에서 누리게 될 최종적인 부활인 육신의 부활이다. 마찬가지로, 첫째 사망은 모든 사람이 경험하는 육신의 죽음이고, 악인들이 영원히 경험할 "둘째 [듀테로스(*deuteros*)] 사망"은 영적인 죽음이다(2:11; 20:6, 14; 21:8). 따라서 이러한 해석에 따르면, '첫째'는 이 현세를 가리키고 '둘째' 또는 '새로운'은 장차 도래할 새로운 세계를 가리킨다.

20:6 요한계시록의 일곱 번의 복 선언(참고. 1:3 주석) 중 하나가 이제 첫째 부활에 참여하는 자들에게 선언된다. 첫째 부활이 놀라운 것인 이유는 둘째 사망이 첫째 부활에 참여하는 자들에 대해 아무런 권세도 갖지 못하기 때문이다(참고. 2:11; 20:14; 21:8). 다시 말해, 첫째 부활에 참여하는 자들은 불 못을 피하게 될 것이다. 그리고 첫째 부활에 참여한 자들은 하나님과 그리스도의 제사장들이 될 것이다. 여기서 하나님과 그리스도는 동일한 지위를 함께 가지고 계시는데, 이것은 예수님이 온전히 하나님이심을 나타낸다. 만일 예수님이 천사라면 요한은 첫째 부활에 참여한 자들이 하나님과 천사의 제사장들이 될 것이라고 말한 것이 되며, 이것은 정말 황당하기 짝이 없는 일일 것이다. 요한계시록은 첫머리에서부터 줄곧 신자들을 하나님의 복을 매개하는 제사장들로 묘사해왔다(참고. 1:6과 5:10). 신자들은 에덴동산의 아담처럼 제사장이자 왕으로서 그리스도와 함께 천 년 동안 다스릴 것이다.

전천년주의자들은 여기에 언급된 부활이 신자들에게 약속된 육신의 부활을 가리킨다고 보기 때문에, 이 통치가 그리스도의 재림 후에 이 땅에서 천 년(또는 아주 오랜 기간) 동안 행하는 통치를 가리킨다고 이해한다. 무천년주의자들은 여기에 언급된 첫째 부활을 중간 상태에서 주어진 삶 즉 육신의 부활이 아니라 영적인 부활을 가리키는 것으로 보기 때문에, 이 통치를 죽은 성도들이 예수님의 초림과 재림 사이의 시기 동안 하늘에서 다스리는 것을 가리킨다고 이해한다. 그 밖의 다른 무천년주의자들은 이 통치를 신자들이 거듭난 그리스도인으로서 누리는 새 생명의 삶인 중생을 가리키는 것으로 이해한다.

거의 2천 년 동안 그리스도인들은 이 단락을 이루는 본문들의 세부적인 내용에 관해 서로 다른 견해를 보여 왔다. 하지만 한 가지는 분명하다. 신자들의 박해, 처형, 죽음은 최종적인 것이 아니다. 세상 편에서 보았을 때 '잘못된' 쪽에 섰던 사람들은 죽어서 다시 살아날 것이며, 결국 그들이 옳았다는 것이 드러나게 된다. 그들도 한 번은 죽겠지만, 두 번 죽지는 않을 것이다. 그들은 제사장과 왕으로서 다스리게 될 것이다. 그들은 하나님이 처음에 아담에게 주셨던 사명을 성취할 것이다. 하나님이 사탄의 권세를 제한하고 억제하시는 가운데, 그분의 백성에 대해 가지신 계획을 실현하실 것이다. 그래서 우리는 미래에 대한 소망으로 충만할 수 있다.

20장

⁷ 천 년이 차매 사탄이 그 옥에서 놓여 ⁸ 나와서 땅의 사방 백성 곧 곡과 마곡을 미혹하고 모아 싸움을 붙이리니 그 수가 바다의 모래 같으리라 ⁹ 그들이 지면에 널리 퍼져 성도들의 진과 사랑하시는 성을 두르매 하늘에서 불이 내려와 그들을 태워버리고 ¹⁰ 또 그들을 미혹하는 마귀가 불과 유황 못에 던져지니 거기는 그 짐승과 거짓 선지자도 있어 세세토록 밤낮 괴로움을 받으리라

⁷ And when the thousand years are ended, Satan will be released from his prison ⁸ and will come out to deceive the nations that are at the four corners of the earth, Gog and Magog, to gather them for battle; their number is like the sand of the sea. ⁹ And they marched up over the broad plain of the earth and surrounded the camp of the saints and the beloved city, but fire came down from heaven[1] and consumed them, ¹⁰ and the devil who had deceived them was thrown into the lake of fire and sulfur where the beast and the false prophet were, and they will be tormented day and night forever and ever.

1 Some manuscripts *from God, out of heaven,* or *out of heaven from God*

천 년이 끝난 후에 사탄은 잠시 풀려나 땅의 사방에 있는 나라들을 미혹한다. 요한은 에스겔서 38-39장에 나오는 "곡과 마곡"에 관한 표현들을 가져와서 사용한다. 세상 나라들은 최후의 전투를 위해 헤아릴 수 없이 많은 수의 사람을 모아서 하나님을 대적하는 군대로 조직하고 진군하여 성도들과 하나님의 성을 에워싼다. 하지만 하늘에서 불이 내려와 그들을 태워버림으로써, 이 싸움은 싱겁게 끝나고 만다. 마귀와 짐승과 거짓 선지자는 불못에 던져져 영원토록 괴로움을 겪는다.

∰∰∰∰ 단락 개요 ∰∰∰∰

20장

∰∰∰∰ 주석 ∰∰∰∰

20:7-8 천 년의 기간이 끝난 후에 사탄은 갇혔던 곳에서 풀려나 땅의 사방에 있는 나라들을 미혹한다. 에스겔서 38-39장은 이스라엘을 공격하는 열방을 "곡과 마곡"이라 부른다. 여기서 곡과 마곡은 하나님의 백성을 공격하는 세상의 모든 나라를 지칭한다. 이 나라들은 사탄에게 속아서 공격을 감행한다. 왜냐하면 하나님의 백성과 맞서 싸우는 것은 헛된 일이기 때문이다. 에스겔은 마지막 날에 곡과 그 밖의 다른 나라들이 폭풍과 구름처럼 이스라엘을 공격해올 것이지만, 하나님의 백성은 안전할 것이고 아무

렇지도 않을 것이라고 말한다(겔 38:8-9, 11-12, 16; 39:2). 그리고 요한은 이 단락에서 에스겔서의 그런 말씀을 재현한다. 요한에 따르면 이 비밀에 싸인 나라들은 하나님의 백성을 멸하기 위해 서로 공모한, 하나님을 대적하는 세력들을 나타낸다(참고. 삼상 13:5). 사탄은 열방을 미혹해서, 하나님의 백성을 상대로 최후의 전투를 치르기 위해 바다의 모래 같이 헤아릴 수 없이 많은 군대를 모은다.

　전천년주의자들은 이 단락을 이 땅에서 그리스도의 천 년 통치가 끝날 무렵에 벌어질 최후의 전투를 가리키는 것으로 이해한다. 하나님의 백성은 평화에 익숙해져 있기 때문에, 그들을 공격해오는 세력이 갑작스레 등장한 것에 놀란다(겔 38:8-11). 통상적으로 전천년주의자들은 이렇게 악의 세력이 갑자기 출현하는 것이, 인간의 마음이 죄악 됨을 드러내는 것이라고 주장한다. 거의 천 년에 걸친 낙원 같은 통치 후에도 불신자들은 여전히 악을 향하기 때문이다. 무천년주의자들은 이 전투가 19:11-21(특히 참고. 계 19:19; 16:14; 슥 14:2)에 묘사된 전쟁(폴레모스), 즉 예수님이 재림하시기 전에 악인들이 신자들을 공격하면서 벌어지는 전쟁을 또 다르게 묘사하는 것이라고 주장한다. 요한은 반복해서 최후의 전투로 돌아가서, 그 전투를 서로 다른 관점으로 묘사한다. 역사의 종말이 가까워질수록 악은 극적으로 증가할 것이다. 무천년주의자들과 전천년주의자들이 견해를 같이 하는 부분은, 새로운 피조세계가 시작되기 전인 역사의 끝에서 악이 그 추악한 머리를 치켜들 것이라는 사실이다.

20:9 성도들을 해치려는 음모가 광범위하게 퍼지고(참고. 합 1:6), 열방은 하나님의 백성을 멸하기 위해 성도들의 진영과 그들이 사랑하는 성을 에워싼다. 이 성은 예루살렘이 아니라, 하나님의 백성 전체를 가리킨다(참고. 갈 4:26; 히 12:22-23). 하나님의 원수들이 공격할 태세를 갖추었을 때, 하나님이 하늘로부터 친히 불을 내리셔서 그들을 전멸시키신다(참고. 왕하 1:10, 12). 여기서 또다시 요한은 에스겔서를 가져와서 사용한다. 에스겔서에서는 열방이 공모하여 이스라엘을 공격하지만 하나님의 진노를 불러일으켜

서(겔 38:18-19), 불과 우박(겔 38:22; 39:6)으로 심판을 받을 것이라고 말한다. 이 일이 일어나는 시점에 대해 다시금 전천년주의자들은 이 땅에서 그리스도의 천년왕국이 끝나갈 무렵이라고 보며, 무천년주의자들은 역사가 끝나기 전인 예수님의 재림 직전이라고 본다.

20:10 악의 삼위일체(참고. 16:13)는 영원히 함께 한다(비록 그들이 원하는 장소는 아니겠지만). 세상의 백성들을 미혹하여 하나님과 어린양에게 맞서는 최후의 전투를 벌이도록 부추기고 그 전투에 참여하게 한 마귀가 짐승과 거짓 선지자와 함께 불 못에 던져진다. 그들은 불 못에서 영원토록 괴로움을 당할 것이다(참고. 14:9-11; 마 25:46). 전천년주의자들은 짐승과 거짓 선지자가 불 못에 던져지고 천 년이 지난 후에 마귀도 불 못에 던져지는 벌을 받게 된다고 말한다. 무천년주의자들은 요한이 여기서도 최후의 심판을 또 다른 시각으로 묘사하고 있기 때문에, 마귀와 짐승과 거짓 선지자에 대한 심판이 동시에 일어난다고 주장한다. 이 논쟁의 일부는 영역 성경의 '있었다'(개역개정은 "있어")라는 과거형 동사 때문에 생겨났다. 이 과거형 동사는 마귀가 불 못에 던져지기 전에 짐승과 거짓 선지자가 이미 불 못에 있었음을 암시하기 때문이다. 그래서 전천년주의자들은 마귀가 짐승과 거짓 선지자가 이미 있는 불 못 속으로 던져지는 것이라고 주장한다. 반면에, 무천년주의자들은 헬라어 본문에는 그런 동사가 없다는 것을 지적한다. 영역 성경의 번역자들이 헬라어 본문에 없는 과거형 동사를 본문에 추가해야 했던 이유는 영어 문장이 성립하려면 그 동사가 필요했기 때문이다. 따라서 헬라어 본문으로는 마귀가 불 못에 짐승과 거짓 선지자와 동시에 던져졌는지, 아니면 그들보다 나중에 던져졌는지가 불분명하다. 요한이 제시하는 것은 마귀와 짐승과 거짓 선지자가 불 못에 던져지는 시간의 순서가 아니라, 단지 그들이 불 못이라는 동일한 장소에 있게 되리라는 사실이다.

〰〰〰 응답 〰〰〰

이 단락은 악이 광기라는 것을 분명하게 드러내 보인다. 악은 진정으로 선을 이기지 못하므로, 사람들의 마음을 조종하여 하나님께 반기를 들게 하려는 사탄의 시도는 헛된 일일 수밖에 없다. 사탄은 구름 같이 많은 사람을 이끌고 공격해오지만, 그날이 끝나기도 전에 완패하고 만다. 이것은 우리에게 모든 죄가 궁극적으로 일종의 광기임을 일깨워준다. 악은 아무것도 이루지 못한다. 악은 만족이나 기쁨을 제공하지 못하며, 궁극적으로 결코 성공하지 못한다. 반면에, 여호와를 믿고 의지하면서 끝까지 믿음을 지키는 자들은 지극히 큰 기쁨을 얻게 될 것이다.

¹¹ 또 내가 크고 흰 보좌와 그 위에 앉으신 이를 보니 땅과 하늘이 그 앞에서 피하여 간 데 없더라 ¹² 또 내가 보니 죽은 자들이 큰 자나 작은 자나 그 보좌 앞에 서 있는데 책들이 펴 있고 또 다른 책이 펴졌으니 곧 생명책이라 죽은 자들이 자기 행위를 따라 책들에 기록된 대로 심판을 받으니 ¹³ 바다가 그 가운데에서 죽은 자들을 내주고 또 사망과 음부도 그 가운데에서 죽은 자들을 내주매 각 사람이 자기의 행위대로 심판을 받고 ¹⁴ 사망과 음부도 불못에 던져지니 이것은 둘째 사망 곧 불못이라 ¹⁵ 누구든지 생명책에 기록되지 못한 자는 불못에 던져지더라

¹¹ Then I saw a great white throne and him who was seated on it. From his presence earth and sky fled away, and no place was found for them. ¹² And I saw the dead, great and small, standing before the throne, and books were opened. Then another book was opened, which is the book of life. And the dead were judged by what was written in the books, according to what they had done. ¹³ And the sea gave up the dead who

≋≋≋≋ 단락 개관 ≋≋≋≋

짐승과 거짓 선지자와 마귀에 대한 벌이 끝나고 최후의 심판이 이뤄지는 크고 흰 보좌가 눈앞에 펼쳐지며, 그 보좌에는 하나님이 사람들을 판결하기 위해 앉아 계신다(계 20:11a). 땅과 하늘이 사라져버린 것에서 알 수 있듯이, 우리가 알고 있는 기존의 우주는 끝이 났다(11절b). 모든 죽은 자들, 모든 사람이 하나님 앞에 서고, 하나님은 생명책을 포함한 책들을 펼치신다(12절a). 각 사람은 그의 이름이 생명책에 기록되어 있는지 여부에 따라 판단을 받는다(12절b). 바다와 사망과 음부가 그 가운데서 죽은 자들을 내어놓는다(13절). 그 무엇도 하나님을 대적하여 설 수 없기 때문에, 사망과 음부도 둘째 사망이라 불리는 불 못 속에 던져진다(14절). 생명책에 그 이름이 기록되지 않은 사람도 모두 불 못에 던져진다(15절).

≋≋≋≋ 단락 개요 ≋≋≋≋

IX. 그리스도를 통한 하나님의 승리(19:11-20:15)

    D. 최후의 심판(20:11-15)

20:11 하나님의 권세와 통치를 나타내는 하나님의 보좌는 요한계시록에서 중요한 역할을 한다. 요한계시록에서 "보좌"라는 단어는 30번 이상 하나님의 통치를 가리킨다. 특히 4장에서는 만물의 창조주이신 하나님의 주권과 통치를 나타낸다. 모든 피조물은 위엄 가운데 높이 계신 하나님 앞에 엎드려 경배한다. 하나님 나라를 나타내는 돌이 온 땅을 채우는 큰 산이 되고, 하나님을 대적하는 나라들이 더 이상 존재하지 않게 될 것이라는 다니엘서 2:35의 예언이 실현되어가고 있다. 크고 흰 보좌는 하나님이 심판하시는 장소를 가리킨다(참고. 단 7:9). 하늘과 땅은 하나님 앞에 그들이 설 자리가 없는 것을 알고서 도망친다. 이 표현은 역사가 그 끝에 다다랐음을 분명하게 나타낸다. 왜냐하면 땅과 하늘이 도망친 것은 우리가 알고 있는 기존의 세계가 더 이상 존재하지 않음을 의미하기 때문이다. 요한계시록의 다른 곳에도 비슷한 표현들이 나온다(참고. 시 114:3, 7). 예컨대, 요한계시록 6:14에서 궁창은 두루마리가 말리는 것처럼 사라지고, 모든 산과 섬이 없어진다. 마찬가지로 16:20에서 모든 섬이 도망치고, 산들은 사라진다(참고. 벧후 3:7, 10). 새 하늘과 새 땅이 도래할 때, 처음 땅은 바다와 더불어 없어진다(계 21:1). 따라서 이 본문에서 요한은 옛 피조세계가 사라지리라는 것에 대해 말하고 있다.

20:12 큰 자든 가난한 자든 모든 죽은 자가 심판을 받기 위해 하나님의 보좌 앞에 선다. 생명책을 포함한 책들이 펼쳐져 있는데(참고. 계 3:5 주석; 사 4:3), 이것은 심판의 때가 이르렀음을 의미한다(단 7:10, 참고. 계 11:18). 죽은 자들은 책들에 기록된 대로, 즉 자신의 행위를 따라 심판을 받는다. 성경은 행위에 따라 심판을 받게 된다고 반복해서 말한다(시 62:12; 잠 24:12; 렘 17:10; 32:19; 마 16:27; 롬 2:6; 14:12; 계 2:23; 22:12). 행위에 따른 심판은 구약성경에만 등장하는 것이 아닌, 신약성경에서도 부각되는 주제다. 생명책에 기록된 자들은 불 못에 던져지지 않게 해줄 행위들을 한 자들인 반면

에, 불 못에 던져지는 벌을 받는 자들은 악을 추구하고 행해 온 자들이다. 이 행위들은 생명책에 기록되기 위한 조건이 아니라, 하나님께 속해 있음을 보여주는 필수적인 증거의 역할을 한다. 다니엘이 가르쳐주었듯이, 생명책에 기록된 자들은 마지막 날에 건짐을 받아서 영생으로 부활하겠지만, 악을 행한 자들은 "수치를 당하여서 영원히 부끄러움을 당할" 것이다 (단 12:1-2).

20:13 사람들에게 공포를 주는 세상의 권세자들 중에 하나님의 음성이나 권능을 감당할 수 있는 자는 아무도 없다. 바다와 사망과 음부가 그 가운데에서 죽은 자들을 내어놓는다(참고. 에녹1서 51:1). 여기서 바다는 중립적인 존재가 아니라 혼돈과 파괴를 나타내며, 이 사실은 새로운 피조세계에 바다가 없는 이유를 설명해준다(계 21:1). 요한은 죽은 자들이 그들의 행위를 따라 심판받을 것이라고 다시금 말한다(참고. 시 28:4; 요 5:28-29; 시락서 16:12). 하나님의 심판은 편파적이지 않고 공정하며, 자의적인 것도 분풀이하는 것도 아니다. 하나님은 올바르고 참된 것을 따라 심판하시기 때문에, 그분의 심판이 정확한지에 대해 아무도 의문을 제기할 수 없다.

20:14 사망과 음부가 불 못에 던져지는 것은 역사가 끝을 맞았음을 분명하게 보여준다. 사망은 최후의 원수이고(고전 15:26), 음부는 죽음과 최후의 형벌을 받는 영역을 나타낸다. 하나님을 대적하는 모든 것이 불 못에 갇히는데(참고. 계 19:20; 20:10, 14), 이것은 둘째 사망으로 정의된다. 새로운 피조세계에는 사망 및 사망이 가져다주는 고통과 슬픔이 없다(참고. 21:4). "사망을 영원히 멸하실 것이라"는 이사야서 25:8의 약속이 드디어 실현되는 것이다. 첫째 사망은 하나님께로부터 분리되는 것으로 육신의 죽음을 불러왔다(참고. 롬 5:12; 6:23). 하지만 둘째 사망은 하나님께로부터 영원히 분리되는 것으로, 하나님의 대적들은 괴로움의 장소에 던져져서 영원토록 고통을 받게 된다(계 14:9-11).

20:15 그 이름이 생명책에 기록되어 있지 않은 자는 누구든지 불 못에 던져진다. 마태는 형벌의 장소를 "풀무 불", "울며 이를 갈[게 되는]" 장소라고 말한다(마 13:42, 50). 또한 "마귀와 그 사자들을 위하여 예비된 영원한 불"이 있다고 말한다(마 25:41). 그곳의 형벌은 일시적인 것이 아니다. 요한은 악인들이 영원토록 괴로움을 겪으며 결코 쉼을 얻지 못할 것이라고 말함으로써 그 점을 아주 분명하게 제시한다(계 14:9-11). 마태도 의인들은 "영생"에 들어가겠지만, 악인들은 "영벌"에 들어가리라고 말함으로써 그 점을 확증해준다(마 25:46). 마태복음에 나오는 병행 본문들은 의인들이 영원토록 영생을 누리듯이, 악인들이 받을 형벌도 영속적인 것임을 보여준다. 자신의 행위를 통해 자기가 진정으로 하나님께 속한 자임을 증명한 자들은 그 이름이 생명책에 기록되어 있을 것이므로, 크고 흰 보좌 심판에서 의로움을 인정받을 것이다.

≋≋≋≋ 응답 ≋≋≋≋

본문이 분명하게 가르치는 것처럼, 최후의 심판은 행위를 따라 이루어진다. 일부 신자들은 그러한 가르침을 이상하게 여길 수 있고, 심지어 오직 믿음으로 말미암아 의롭다 함을 얻는다는 은혜의 복음과 반대되는 것은 아닌지 의아해할 수도 있다. 그러나 요한계시록 20:12이 보여주듯이(참고. 고전 6:9-11; 갈 5:24; 6:8; 약 2:14-26; 벧후 1:5-11; 요일 2:3-6; 3:4-10), 최후의 상을 받는 데 선행이 필수적이라는 사실은 신약성경이 여러 곳에서 말하는 주제다. 자신을 악에 드려서 악을 행하는 자들은 영생을 얻지 못하고 불 못에 던져질 것이다. 요한이 여기서 가르치는 것은 오직 믿음으로 말미암아 의롭다 함을 얻는다는 가르침과 반대되지 않는다. 왜냐하면 그는 선행이 공로로 여겨져서 영생을 얻는다고 가르치거나 선행이 최후의 상을 위한 근거라고 주장하지 않기 때문이다. 영생의 선물은 거저 주어진다(참고. 계 21:6; 22:17). 참된 믿음은 변화된 삶(물론 완전한 삶은 아니지만)으로 표현되고, 변화된 삶은 하나님의 은혜로 말미암아 일어난 변화를 드러낸다. 회심하기 이전과 동일한 방식으로 살아가는 자들은 그들이 진정으로 하나님께 속하지 않았다는 것을 보여준다(참고. 마 7:23; 요일 2:19).

¹ 또 내가 새 하늘과 새 땅을 보니 처음 하늘과 처음 땅이 없어졌고 바다도 다시 있지 않더라 ² 또 내가 보매 거룩한 성 새 예루살렘이 하나님께로부터 하늘에서 내려오니 그 준비한 것이 신부가 남편을 위하여 단장한 것 같더라 ³ 내가 들으니 보좌에서 큰 음성이 나서 이르되 보라 하나님의 장막이 사람들과 함께 있으매 하나님이 그들과 함께 계시리니 그들은 하나님의 백성이 되고 하나님은 친히 그들과 함께 ¹⁾계셔서 ⁴ 모든 눈물을 그 눈에서 닦아 주시니 다시는 사망이 없고 애통하는 것이나 곡하는 것이나 아픈 것이 다시 있지 아니하리니 처음 것들이 다 지나갔음이러라

⁵ 보좌에 앉으신 이가 이르시되 보라 내가 만물을 새롭게 하노라 하시고 또 이르시되 이 말은 신실하고 참되니 기록하라 하시고 ⁶ 또 내게 말씀하시되 이루었도다 나는 알파와 오메가요 처음과 마지막이라 내가 생명수 샘물을 목마른 자에게 값없이 주리니 ⁷ 이기는 자는 이것들을 상속으로 받으리라 나는 그의 하나님이 되고 그는 내 아들이 되리라 ⁸ 그러나 두려워하는 자들과 믿지 아니하는 자들과 흉악한 자들과 살인자들과 음행하는 자들과 점술가들과 우상 숭배자들과 거짓말하

는 모든 자들은 불과 유황으로 타는 못에 던져지리니 이것이 둘째 사
망이라

¹ Then I saw a new heaven and a new earth, for the first heaven and
the first earth had passed away, and the sea was no more. ² And I saw
the holy city, new Jerusalem, coming down out of heaven from God,
prepared as a bride adorned for her husband. ³ And I heard a loud voice
from the throne saying, "Behold, the dwelling place¹ of God is with
man. He will dwell with them, and they will be his people,² and God
himself will be with them as their God.³ ⁴ He will wipe away every
tear from their eyes, and death shall be no more, neither shall there be
mourning, nor crying, nor pain anymore, for the former things have
passed away."

⁵ And he who was seated on the throne said, "Behold, I am making
all things new." Also he said, "Write this down, for these words are
trustworthy and true." ⁶ And he said to me, "It is done! I am the Alpha
and the Omega, the beginning and the end. To the thirsty I will give
from the spring of the water of life without payment. ⁷ The one who
conquers will have this heritage, and I will be his God and he will be
my son. ⁸ But as for the cowardly, the faithless, the detestable, as for
murderers, the sexually immoral, sorcerers, idolaters, and all liars, their
portion will be in the lake that burns with fire and sulfur, which is the
second death."

1) 어떤 사본에, "계셔서 그들의 하나님이 되시고"가 있음
1 Or *tabernacle* *2* Some manuscripts *peoples* *3* Some manuscripts omit *as their God*

요한계시록 21장에서는 무대가 완전히 바뀐다. 이제 새로운 피조세계인 새 하늘과 새 땅이 도래했기 때문이다. 1-5절은 새로운 피조세계를 알리고, 6-8절은 새로운 피조세계를 누리게 될 자들과 그곳에서 배제될 자들에 관해 설명한다. 21:9-22:5은 21:1-5에서 고지된 내용을 확대하여, 새로운 피조세계를 상상력 넘치는 묵시적인 언어로 묘사한다. 앞에서 불 못에 던져진 자들은 새로운 피조세계에서 배제되지만 생명책에 기록된 자들(20:15)은 새로운 피조세계로 들어간다는 점에서, 이 두 부류를 설명한 단락(20:11-15)은 새로운 피조세계로 나아가기 위한 다리 역할을 한다. 요한이 본 그 환상은 21:1로 이어진다. 그는 새 하늘과 새 땅을 본다. 옛 하늘과 옛 땅은 더 이상 존재하지 않는다. 새로운 피조세계는 땅에 임한 하늘을 나타내는 새 예루살렘으로도 묘사된다(2절). 또한 새 예루살렘은 남편을 위해 단장한 신부로 묘사된다. 새로운 피조세계는 하나의 백성인가, 아니면 하나의 장소인가? 새로운 피조세계는 둘 모두로서 백성인 동시에 장소이고 공동체인 동시에 새로운 피조세계이며, 신부인 동시에 신부가 거주하는 곳이다. 하나님의 보좌에서 나오는 큰 음성이, 하나님이 그분의 백성과 맺으신 언약이 성취되었다고 선언한다(3절). 하나님은 그분의 백성과 함께 계시고 그들의 하나님이 되실 것이며, 그들은 하나님의 백성이 될 것이다. 사망, 애통하는 것, 곡하는 것, 아픈 것 같이 옛 피조세계의 온갖 비참한 현실들은 이제 모두 사라졌다(4절). "처음 것들"은 지나갔고, 마지막 것들이 온전히 도래했다. 보좌에 앉으신 하나님은 자신이 만물을 새롭게 하고 있다고 선언하시고(5절), 이 말은 참되고 믿을 만한 것이라고 단언하신다. 본문은 새로운 피조세계를 누리게 될 자들로 옮겨간다. 하나님은 모든 것을 다 이루었다고 선언하신다(6절). 하나님의 계획이 처음부터 끝까지 다 실현되었다. 왜냐하면 하나님은 알파와 오메가이시기 때문이다. 목마른 자는 누구든지 값없이 생명수를 마시게 될 것이다. 이기는 자는 이것들을 상속받을 것이고, 하나님은 그의 아버지가 되실 것이다(7절). 반면에,

자신을 악에 내어준 자들은 불 못이라는 둘째 사망을 경험하게 될 것이다
(8절).

≋≋≋≋ 단락 개요 ≋≋≋≋

X. 새 하늘과 새 땅(21:1-22:5)
　A. 모든 것이 새로워짐(21:1-8)

≋≋≋≋ 주석 ≋≋≋≋

21:1 구약성경에 약속된 새로운 피조세계(참고. 벧후 3:13)가 마침내 실현되었다. 이사야는 다음의 두 본문에서 새로운 피조세계를 약속한다. "보라 내가 새 하늘과 새 땅을 창조하나니 이전 것은 기억되거나 마음에 생각나지 아니할 것이라"(사 65:17). "내가 지을 새 하늘과 새 땅이 내 앞에 항상 있는 것 같이 너희 자손과 너희 이름이 항상 있으리라 여호와의 말이니라"(사 66:22). 요한이 말한 새 하늘과 새 땅은 옛 피조세계가 완전히 소멸되었음을 의미하지 않는다. 병행 본문인 베드로후서 3:7, 10-13은 옛 피조세계가 정화되고 새롭게 된다는 의미로 해석되어야 한다. 옛 피조세계가 완전히 소멸되어서 존재 자체가 없어지는 것이 아니다. 따라서 새로운 피조세계는 옛 피조세계가 새로워지고 변화된 것이다. 처음 하늘과 처음 땅이 지나갔다는 말은 그곳에서 모든 악이 제거되고 정화되었다는 것을 의미한다(참고. 계 20:11 주석). 더 이상 바다가 없다는 요한의 말은 새로운 피조세계에 물이 모여 있는 곳이 존재하지 않는다는 의미가 아니다. 히브리 사상에서 바다는 혼돈과 악을 나타내며, 흉측한 괴물들이 나오는 곳이다(참고. 단 7:3:

사 27:1; 51:9-10; 계 11:7; 13:1). 일례로, 노아시대에는 큰 물(바다)이 육지에 있는 모든 생명을 멸하였다(참고. 시 42:7; 69:1; 욘 2:3). 더 이상 바다가 없다는 말은, 파괴하고 흉측하게 만드는 것이 새로운 피조세계에는 없을 것을 의미한다(참고. 욥 38:8; 시 74:13).

21:2 이제 막 시작된 새로운 피조세계는 하나님께 바쳐지고 성별된, 불의나 악이 없는 거룩한 성이다(참고. 사 52:1; 계 11:2). 이 성은 가증스러운 음녀인 바벨론과 뚜렷한 대조를 이룬다. 하나님의 성은 새 예루살렘으로 지칭된다. 새 예루살렘은 땅에 있는 예루살렘이 아니라, 하늘에서 하나님께로부터 내려오는 초월적인 예루살렘이다. 땅의 예루살렘은 이스라엘에 위치한 ㄱ. 장소를 훨씬 더 능가하는 하늘의 예루살렘을 미리 보여주는 것이었다. 신약의 다른 기자들도 비슷한 방식으로 예루살렘을 언급한다. 바울은 "위에 있는 예루살렘"에 대해 언급하면서 그 예루살렘을 "우리 어머니"라고 부른다(갈 4:26). 그리고 히브리서는 "하늘의 예루살렘"이라고 지칭한다(히 12:22. 참고. 계 3:12 주석). 구약성경과 제2성전 시대 문헌들도 장차 있을 하늘의 새 예루살렘에 대해 말한다(참고. 히 11:10, 13-16). 여기에 나오는 표현은 묵시적인 것이기 때문에, 이것을 문자적으로 받아들여 장차 도래할 새로운 피조세계를 있는 그대로 묘사한 것이라고 여겨서는 안 된다. 하늘의 성은 이 세계를 흉측하게 만들고 인간 사회를 비인간적인 것으로 만든 땅의 성 바벨론과 대비된다.

또한 이 성은 남편을 위해 단장한 아름다운 신부로도 묘사된다. 이사야는 요한이 이 부분에 기록한 예루살렘에 대해 다음과 같이 예견하였다.

"다시는 너를 버림 받은 자라 부르지 아니하며 다시는 네 땅을 황무지라 부르지 아니하고 오직 너를 헵시바라 하며 네 땅을 쁄라라 하리니 이는 여호와께서 너를 기뻐하실 것이며 네 땅이 결혼한 것처럼 될 것임이라 마치 청년이 처녀와 결혼함 같이 네 아들들이 너를 취하겠고 신랑이 신부를 기뻐함 같이 네 하나님이 너를 기뻐하시리라"(사 62:4-5).

여기서 제기되는 질문은, 새로운 피조세계인 새 예루살렘이 장소인가 아니면 백성인가이다. 둘 중 어느 한 쪽일 가능성을 배제할 수는 없지만, 최선의 대답은 둘 모두라는 것이다. 새로운 피조세계는 수많은 사람이 모여 있고 온갖 아름다움과 흥미진진함을 갖춘 성과 같다. 동시에 새로운 피조세계는 눈부시게 아름답고 완전한 신부로 묘사되는 한 무리의 사람들을 의미하기도 한다(참고. 계 19:7; 사 61:10; 엡 5:26-27). 장차 도래할 새로운 세계는 하나의 백성과 하나의 장소 둘 모두를 포함한다.

21:3 보좌로부터 나온 큰 음성이, 하나님이 거하시는 곳인 그분의 장막 [스케네(*skēnē*)]이 사람들과 함께 있다고 선언한다(참고. 7:15). 하나님은 그분의 백성과 함께 영원히 거주하실(스케노세이)것이다. 구약성경에서는 성막 (참고. 출 25-31, 35-40장; 레 26:11-12; 슥 2:10-11)과 성전(왕상 6:1-38; 8:12-13; 시 84편)이 하나님의 특별한 거처였지만, 그것들은 미래의 더 위대한 것을 가리키는 모형이었다(참고. 왕상 8:27). 예수님 자신이 새로운 성전이시며(요 1:14; 2:19-22), 성령께서 예수 그리스도의 교회 안에 거하신다(고전 3:16; 고후 6:16). 이제 새로운 피조세계에서는 하나님께서 새 예루살렘에 거하시며, 이 세계 즉 우주 전체가 하나님의 성전이다. 이제 곧 보게 되겠지만, 하나님과 어린양이 새로운 성전이 되실 것이다(계 21:22). 구약성경의 언약에 등장하는 정형화된 문구가 이제 온전히 실현된다(참고. 창 17:8; 출 29:45, 46; 레 26:44, 45; 삼하 7:24; 렘 31:1, 33; 32:38; 겔 11:20; 37:23, 27). 왜냐하면 구속받은 자들은 하나님의 "사람들"[라오이(*laoi*), 참고. ESV의 난외주]이 될 것이고, 하나님은 그들의 하나님이 되실 것이기 때문이다. 복수형인 "사람들"은 하나님의 백성이 가지는 다양성을 나타낸다는 점에서 중요하다. 하나님이 아브라함에게 말씀하셨듯이(창 12:3; 18:18) 하나님의 약속들은 이스라엘로 국한되지 않고, 모든 백성을 포함하여 성취된다. 새로운 피조세계의 가장 큰 복은 하나님이 그분의 백성과 함께 계신다는 것이다. 살아 계신 하나님인 성부, 성자, 성령님과 나누는 교제가 우리로 하여금 새로운 피조세계를 고대하게 만든다.

21:4 새로운 피조세계에서는 옛 피조세계의 슬픔과 죄가 계속되지 않는다(이는 요한계시록의 앞부분에서 이미 언급된 주제, 참고. 7:17 등). 사람들을 괴롭혔던 모든 괴로움과 고통이 새 예루살렘에는 존재하지 않는다(참고. 사 43:19). 모든 눈물도 제거될 것이다. 애통하는 것이나 곡하는 것이나 아픈 것도 없을 것이다. 사망은 마지막 원수로서 패배하여 쫓겨난다(참고. 고전 15:26). 사망이 불 못에 던져지게 될 이전 것들의 일부이기 때문에(계 20:14), 새 창조의 이야기는 우리가 이 세상에서 맛보았던 모든 기쁨을 능가하고 초월하는 깊고 지속적인 기쁨과 생명과 결실에 관한 이야기다. 그 미래의 기쁨에 대해 이사야가 묘사한 것이 그 어떤 묘사보다도 이를 가장 잘 나타낸다. "그들의 머리 위에 영영한 희락을 띠고 기쁨과 즐거움을 얻으리니 슬픔과 탄식이 사라지리로다"(사 35:10 참고. 51:11; 65:19).

21:5 옛 것들은 지나갔다. 그리고 보좌에 앉으셔서(참고. 4:2, 9; 5:1; 20:11) 역사를 주관하시고 역사의 끝을 정해두신 분은 그분이 모든 것을 새롭게 하고 있다고 선언하신다(참고. 사 43:19; 고후 5:17). 하나님의 말씀들은 언제나 그대로 이루어지기 때문에, 우리는 이것을 실행하는 말씀(performative statement)이라고 부를 수 있을 것이다. 결혼식 주례자가 두 사람이 남편과 아내로서 부부가 되었다고 선언함으로써 그 말이 곧 새로운 현실이 되는 것처럼, 하나님이 새롭게 하고 있다고 '선언하시면' 모든 것이 새롭게 '된다'. 하나님께 속한 자들에게 특별히 중요한 것은 하나님이 여기서 말씀하시는 것들을 믿는 것이다. 그들이 새로운 세계가 도래하고 있다는 것을 의심하게 된다면, 쉽사리 음녀와 짐승과 거짓 선지자와 마귀의 편인 옛 세상에 서게 될 것이다. 그러나 그들이 여기에 기록된 말씀들을 믿고 신뢰한다면, 모든 것을 희생해서라도 장차 도래할 새로운 세계에 들어가고자 할 것이다. 이 말씀들을 기록해서 신자들로 하여금 잊어버리지 않게 하고, 미래의 세대들을 위해 보전하는 것은 중요하다. 하나님의 모든 말씀과 마찬가지로(참고. 계 22:6), 여기에 기록된 것들은 참되고 믿을 만하다.

21:6 하나님은 요한에게 그분이 모든 것을 다 이루었다고 선언하신다. 역사는 끝을 맞이했다(참고. 10:6; 11:17). 하나님이 계획하신 모든 것이 실현되었고, 새로운 피조세계가 시작되었다. 하나님의 계획이 다 실현될 수 있는 이유는, 그분이 주권적인 하나님이시요 알파와 오메가요 시작과 끝이시기 때문이다(참고. 1:8; 22:13). 하나님은 언제나 만유의 하나님으로서 다스리시고 주관해오셨다. 무엇 하나도 하나님의 주관하심에서 벗어나 스스로 움직인 적이 단 한 번도 없었다. 하나님은 일을 시작하실 때 이미 그 결말이 어떠할지를 아시기 때문에, 그분의 의도와 계획은 결코 좌절될 수 없다(사 46:9-11).

하나님을 아는 기쁨 및 그분과 함께 하는 기쁨은 목마른 자들(사 49:10), 즉 그들 자신과 그들의 선행에 의지하는 데 지쳐서 늘 하나님을 간절히 바라며 구한 자들의 것이다(참고. 사 55:1; 슥 14:8; 요 4:10; 7:37; 계 7:16-17; 22:1, 17). 하나님은 사람들의 영적인 목마름과 갈망을 값없이 채워주신다. 생명수는 구하는 자에게 주어지는 선물이다. 사람들은 생명수를 마실 자격이 있다는 것을 보여주기 위해 애쓸 필요가 없다. 그들은 오직 생명수를 갈망하기만 하면 된다.

21:7 목마른 자들, 그래서 생명수를 값없이 받은 자들은 또한 이기고 이길 것이다. 반드시 이겨야 한다는 것은 요한계시록에서 중요한 주제다(참고. 2:7 주석). 영생은 값없이 주어지지만, 영생을 값없이 받은 자들은 또한 이긴다. 생명수를 값없이 받아서 마신 자들은 짐승과 음녀와 하나님을 대적하는 모든 것을 이길 힘을 얻는다. 그래서 그들은 "이것들을 상속으로 받[을][클레로노메세이(*klēronomēsei*)]" 것이다. 이 말은 아마도 1-6절에 언급된 새로운 피조세계의 복들을 상속받으리라는 것에 대한 언급으로 보인다. 신약성경에서 동사 클레로노메오(*klēronomeō*)는 통상적으로 종말론적인 복을 가리키는 데 사용된다. 그 복에는 땅(마 5:5), 영생(눅 10:25; 18:18), 그 나라(고전 6:9, 10; 갈 5:21), 썩지 않을 몸(고전 15:50), 구원(히 1:14), 복(벧전 3:9)을 유업으로 받는 것이 있다. 여기서 요한은 일반적으로 종말론적인 복에 대

해 말한다. 분명한 사실은, 이기는 자만이 내세에서 영생을 받아 새로운 피조세계를 누리게 되리라는 것이다. 다음 행이 이것을 확증한다. 이기는 자는 하나님의 아들이 되고, 하나님은 그의 아버지가 되실 것이다. 이 본문은 다윗의 상속자를 하나님의 아들이라고 부르는 사무엘하 7:14과 특히 유사하다. 이스라엘은 하나님의 아들이기도 했는데(참고. 출 4:22: 사 43:6: 렘 31:9: 호 1:10: 11:1), 이제는 예수 그리스도께 속한 자가 하나님의 아들이다(참고. 롬 8:14, 15: 고후 6:18: 갈 3:26: 4:6). 하나님이 이스라엘에게 약속하신 언약 관계는 이제 하나님의 백성의 구성원인 모든 사람들의 것이다.

21:8 이기는 자는 하나님의 아들로서 새로운 피조세계를 상속받을 것이다. 반면에, 이기지 못하고 자신을 악에 내어준 자들은 불과 유황으로 타는 못에 던져지게 될 것이다(19:20: 20:10, 14, 15). 다시 말해, 그런 자들은 둘째 사망을 경험할 것이다(참고. 2:11: 20:6, 14). 첫째 사망은 하나님께로부터 최초로 분리되는 것이며, 아담의 아들과 딸로서 이 세상에 태어난 모든 사람이 이를 경험한다(롬 5:12-19, 참고. 롬 6:23). 하지만 둘째 사망은 하나님께로부터 영원히 분리되는 것이며, 둘째 사망을 경험하는 자들은 구속이나 구원을 받지 못하고 영원히 고통을 당할 것이다(계 14:9-11). 불신자들은 두려워함과 불신앙으로 말미암아 새 예루살렘에 들어가지 못한다. 두려워함은 예수님께 충성하여 목숨을 버리기보다 짐승에게 순응하고 그것을 추종하는 것으로 표현된다. 불신앙 또는 신실하지 못함은 자신의 삶을 하나님께 맡기는 대신에 자신의 힘을 의지하는 것을 의미한다. 살인자들과 음행하는 자들도 하나님께로부터 영원히 분리된다. 그런 죄들을 저지른 모든 사람이 새 예루살렘에 들어가지 못하는 것은 아니다. 요지는 그런 죄에서 회개하여 돌이키지 않고 계속해서 그런 죄에 빠져 있는 자들이 새 예루살렘에 들어가지 못하리라는 것이다(참고. 고전 6:9-10: 갈 5:19-21: 엡 5:5: 딤전 1:9: 계 22:15). 주술이나 점술은 하나님을 믿고 의지하며 살려 하지 않고 상황을 조종해서 자신이 원하는 목적을 이루려는 것이다. 따라서 점술가들도 통상적으로 단죄된다(출 7:11, 22: 8:18: 사 47:9, 12: 갈 5:20: 계 18:23, 참고. 지

헤서 12:4; 18:13). 우상숭배도 주술과 마찬가지로 주님이신 하나님의 지위를 거부하는 것이다(참고. 롬 1:21-25). 거짓말하는 자들은 그들의 삶과 관련된 하나님의 섭리를 믿지 않고, 그들의 욕망과 계획을 이루기 위해 그 진리를 외면하는 자들이다.

〰〰〰 **응답** 〰〰〰

종종 우리는 그리스도를 믿고 하나님께 충성하는 것이 그럴 만한 가치가 있는 것인지에 대해 의문을 갖게 된다. 요한은 우리에게 새로운 피조세계가 진정으로 도래하고 있다는 것을 상기시켜준다. 그곳에는 이런저런 온갖 질병이 더 이상 없을 것이고, 살인도 없을 것이다. 형언할 수 없는 고독과 그로 인해 흘리는 눈물도 없을 것이고, 하나님의 원수들에 의해 목을 베이는 고통도 더 이상 없을 것이다. 그리고 하나님과 함께 살아가는 지극히 큰 기쁨과 지극히 큰 상이 있을 것이다. 우주 전체가 하나님의 성전이 되고, 하나님은 우주 전체 속에 거주하실 것이다. 우리가 온전히 누리게 될 하나님의 임재의 영광은 우리가 지금 누리고 있는 것을 훨씬 능가할 것이다. 온갖 외설적이고 더러우며 부정한 것은 지나갈 것이고, 우리는 새 예루살렘에서 영원히 거주할 것이다.

^{21:9} 일곱 대접을 가지고 마지막 일곱 재앙을 담은 일곱 천사 중 하나가 나아와서 내게 말하여 이르되 이리 오라 내가 신부 곧 어린양의 아내를 네게 보이리라 하고 ¹⁰ 성령으로 나를 데리고 크고 높은 산으로 올라가 하나님께로부터 하늘에서 내려오는 거룩한 성 예루살렘을 보이니 ¹¹ 하나님의 영광이 있어 그 성의 빛이 지극히 귀한 보석 같고 벽옥과 수정 같이 맑더라 ¹² 크고 높은 성곽이 있고 열두 문이 있는데 문에 열두 천사가 있고 그 문들 위에 이름을 썼으니 이스라엘 자손 열두 지파의 이름들이라 ¹³ 동쪽에 세 문, 북쪽에 세 문, 남쪽에 세 문, 서쪽에 세 문이니 ¹⁴ 그 성의 성곽에는 열두 기초석이 있고 그 위에는 어린양의 열두 사도의 열두 이름이 있더라

¹⁵ 내게 말하는 자가 그 성과 그 문들과 성곽을 측량하려고 금 갈대 자를 가졌더라 ¹⁶ 그 성은 네모가 반듯하여 길이와 너비가 같은지라 그 갈대 자로 그 성을 측량하니 만 이천 ¹⁾스다디온이요 길이와 너비와 높이가 같더라 ¹⁷ 그 성곽을 측량하매 백사십사 ²⁾규빗이니 사람의 측량 곧 천사의 측량이라 ¹⁸ 그 성곽은 벽옥으로 쌓였고 그 성은 정금인데 맑은 유리 같더라 ¹⁹ 그 성의 성곽의 기초석은 각색 보석으로 꾸몄

는데 첫째 기초석은 벽옥이요 둘째는 남보석이요 셋째는 옥수요 넷째는 녹보석이요 20 다섯째는 홍마노요 여섯째는 홍보석이요 일곱째는 황옥이요 여덟째는 녹옥이요 아홉째는 담황옥이요 열째는 비취옥이요 열한째는 청옥이요 열두째는 자수정이라 21 그 열두 문은 열두 진주니 각 문마다 한 개의 진주로 되어 있고 성의 길은 맑은 유리 같은 정금이더라

22 성 안에서 내가 성전을 보지 못하였으니 이는 주 하나님 곧 전능하신 이와 및 어린양이 그 성전이심이라 23 그 성은 해나 달의 비침이 쓸 데 없으니 이는 하나님의 영광이 비치고 어린양이 그 등불이 되심이라 24 만국이 그 빛 가운데로 다니고 땅의 왕들이 자기 영광을 가지고 그리로 들어가리라 25 낮에 성문들을 도무지 닫지 아니하리니 거기에는 밤이 없음이라 26 사람들이 만국의 영광과 존귀를 가지고 그리로 들어가겠고 27 무엇이든지 속된 것이나 가증한 일 또는 거짓말하는 자는 결코 그리로 들어가지 못하되 오직 어린양의 생명책에 기록된 자들만 들어가리라

22:1 또 그가 수정 같이 맑은 생명수의 강을 내게 보이니 하나님과 및 어린양의 보좌로부터 나와서 2 길 가운데로 흐르더라 강 좌우에 생명나무가 있어 열두 가지 열매를 맺되 달마다 그 열매를 맺고 그 나무 잎사귀들은 만국을 치료하기 위하여 있더라 3 다시 저주가 없으며 하나님과 그 어린양의 보좌가 그 가운데에 있으리니 그의 종들이 그를 섬기며 4 그의 얼굴을 볼 터이요 그의 이름도 그들의 이마에 있으리라 5 다시 밤이 없겠고 등불과 햇빛이 쓸 데 없으니 이는 주 하나님이 그들에게 비치심이라 그들이 세세토록 왕 노릇 하리로다

21:9 Then came one of the seven angels who had the seven bowls full of the seven last plagues and spoke to me, saying, "Come, I will show you the Bride, the wife of the Lamb." 10 And he carried me away in the

Spirit to a great, high mountain, and showed me the holy city Jerusalem coming down out of heaven from God. 11 having the glory of God, its radiance like a most rare jewel, like a jasper, clear as crystal. 12 It had a great, high wall, with twelve gates, and at the gates twelve angels, and on the gates the names of the twelve tribes of the sons of Israel were inscribed— 13 on the east three gates, on the north three gates, on the south three gates, and on the west three gates. 14 And the wall of the city had twelve foundations, and on them were the twelve names of the twelve apostles of the Lamb.

15 And the one who spoke with me had a measuring rod of gold to measure the city and its gates and walls. 16 The city lies foursquare, its length the same as its width. And he measured the city with his rod, 12,000 stadia.[1] Its length and width and height are equal. 17 He also measured its wall, 144 cubits[2] by human measurement, which is also an angel's measurement. 18 The wall was built of jasper, while the city was pure gold, like clear glass. 19 The foundations of the wall of the city were adorned with every kind of jewel. The first was jasper, the second sapphire, the third agate, the fourth emerald, 20 the fifth onyx, the sixth carnelian, the seventh chrysolite, the eighth beryl, the ninth topaz, the tenth chrysoprase, the eleventh jacinth, the twelfth amethyst. 21 And the twelve gates were twelve pearls, each of the gates made of a single pearl, and the street of the city was pure gold, like transparent glass.

22 And I saw no temple in the city, for its temple is the Lord God the Almighty and the Lamb. 23 And the city has no need of sun or moon to shine on it, for the glory of God gives it light, and its lamp is the Lamb. 24 By its light will the nations walk, and the kings of the earth will bring their glory into it, 25 and its gates will never be shut by day—and there

will be no night there. 26 They will bring into it the glory and the honor of the nations. 27 But nothing unclean will ever enter it, nor anyone who does what is detestable or false, but only those who are written in the Lamb's book of life.

22:1 Then the angel³ showed me the river of the water of life, bright as crystal, flowing from the throne of God and of the Lamb 2 through the middle of the street of the city; also, on either side of the river, the tree of life⁴ with its twelve kinds of fruit, yielding its fruit each month. The leaves of the tree were for the healing of the nations. 3 No longer will there be anything accursed, but the throne of God and of the Lamb will be in it, and his servants will worship him. 4 They will see his face, and his name will be on their foreheads. 5 And night will be no more. They will need no light of lamp or sun, for the Lord God will be their light, and they will reign forever and ever.

1) 한 스다디온은 약 192미터임 2) 헬, 페기스

1 About 1,380 miles; a *stadion* was about 607 feet or 185 meters *2* A *cubit* was about 18 inches or 45 centimeters *3* Greek *he* *4* Or *the Lamb. In the midst of the street of the city, and on either side of the river, was the tree of life*

〰〰〰 단락 개관 〰〰〰

요한은 다시 앞으로 돌아가, 이 단락의 묵시적인 성격에 걸맞은 상징적인 언어로 새 예루살렘을 묘사한다. 천사는 요한에게 어린양의 신부를 보여 주겠다고 말하지만(계 21:9), 놀랍게도 천사가 요한에게 실제로 보여준 것은 21:1-2에서와 마찬가지로 하늘로부터 내려오는 거룩한 성 예루살렘이다(21:10). 이 성의 영광이 묘사되고(21:11), 이 성의 성곽과 문들도 묘사된

다(21:12-14). 이 성은 구약 시대와 신약 시대의 하나님의 백성을 모두 포함한다. 16-17절은 이 성의 규모를 제시한다. 이 성은 성전의 지성소처럼 완전한 정육면체이고(21:16), 성곽은 144규빗이다(21:17). 18-21절은 성곽과 성의 재료들에 관해 설명한다. 성곽은 벽옥으로 만들어졌고 성은 정금으로 만들어졌으며(21:18), 아름다운 돌들이 기초석으로 놓여 있다(21:19-20). 이 성의 열두 문은 진주로 되어 있고, 길들은 정금으로 되어 있다(21:21).

22-25절은 이 성의 놀랄 만한 특징들에 관해 설명한다. 하나님과 어린양이 성전이시기 때문에, 이 성에는 성전이 없다(21:22). 또한 하나님과 어린양이 이 성을 비추고 계시기 때문에, 해나 달이 필요 없다(21:23). 만국이 이 성의 빛 가운데로 다니고, 밤이 없기 때문에 성문들을 닫지 않는다(21:24-25). 이 성은 만국의 영광으로 가득할 것이고, 더러운 것이나 악한 것은 이 성 안에 없을 것이다. 오직 생명책에 기록된 자들만이 이 성에 들어갈 것이기 때문이다(21:26-27).

요한은 22장에서도 계속해서 이 성을 묘사한다. 생명수의 강이 하나님의 보좌와 어린양으로부터 나와서 이 성 안에서 흐르며(22:1), 생명나무가 있어서 만국을 치료하는 데 사용된다(22:2). 하나님의 보좌와 어린양이 성 안에 계시기 때문에, 그 성 안에는 저주받은 것이 없고 하나님을 섬기는 백성이 있을 것이다(22:3). 우리는 하나님의 얼굴을 볼 것인데, 이것은 모든 기쁨 중에서 가장 큰 기쁨이다(22:4). 그리고 주 하나님이 우리의 빛이 되실 것이므로 다시는 밤이 없을 것이며, 성도들은 영원토록 다스릴 것이다(22:5).

〰〰〰〰 **단락 개요** 〰〰〰〰

21:9 일곱 대접을 가진 천사들(참고. 15:1-16:21) 중 하나가 요한에게 다가와서 말한다. 이 천사가 이번에는 요한에게 신부 곧 어린양의 아내를 보라고 부르며, 아름답고 황홀한 환상을 보여준다. 앞에서 요한은 이 신부와 어린양의 혼인 잔치에 대해 언급했고(19:7-8), 새 예루살렘을 남편을 위해 단장한 신부에 비유했다(21:2). 이제 그는 비할 바 없이 아름다운 신부인 교회를 본다.

21:10 에스겔이 여호와의 권능에 이끌려서 예루살렘 성과 성전을 볼 수 있는 높은 산으로 갔던 것처럼, 요한은 예언의 영(참고. 1:10 주석)에 이끌려서 크고 높은 성으로 간다. "하나님의 이상 중에 나를 데리고 이스라엘 땅에 이르러 나를 매우 높은 산 위에 내려놓으시는데 거기에서 남으로 향하여 성읍 형상 같은 것이 있더라"(겔 40:2). 하나님은 시내산에서부터 그 이후로 자주 산 위에서 그분의 종들에 나타나신다. 우리는 온 세계가 하나님의 성전이 됨으로써, 에스겔의 묵시가 요한계시록의 이 대목에서 성취되는 것을 본다. 문자 그대로의 성전은 없지만, 성전(하나님이 거하시는 우주 전체)은 하나의 성으로 묘사된다. 따라서 에스겔서 40-48장은, 나중에 문자 그대로의 성전이 건축되리라는 예언이 아님이 분명하다. 에스겔이 성전에 관해 본 환상은 대단히 상징적인 것으로서, 하나님이 그분의 백성 가운데 계시리라는 사실을 보여준 것이다. 에스겔이 성령의 이끌림을 받아서 성전에서 하나님의 영광을 본 것처럼(겔 43:5), 이제 요한도 성령의 이끌림을 받아서 새로운 성전에서 하나님의 영광을 본다. 에스겔의 예언은 그 새로운 피조세계에서 성취되는데, 그곳은 바로 하나님의 영광이 그분의 성전(우주 전체)에 있는 새로운 세상이다. 여기서 요한은 하늘로부터 내려오는 거룩한 성 예루살렘을 본다(참고. 토비트 13:9). 요한은 "하나님께로부터"라는 말을 덧붙임으로써, 이 성이 하늘에 속한 초월적인 성이라는 것을 강조한다.

요한계시록 21:2에서와 마찬가지로 새 예루살렘은 하나님의 백성과 연결되어 있다. 이 본문에서도 이 성은 하나의 백성과 하나의 장소 모두를 지칭한다. 구약성경에서 예루살렘과 시온에 관해 말한 모든 것(참고. 3:12 주석; 21:2 주석)은 하나님이 거하시는 성인 하늘의 예루살렘을 통해 성취된다. 이 성은 앞에서 요한이 성령에 이끌려서 보았던 음녀의 성 바벨론과 대비된다. 음녀였던 바벨론과 반대로, 예루살렘은 정결하고 거룩하며 놀라울 정도로 아름답고 고결한 신부다.

21:11 하늘의 예루살렘이 지닌 아름다움은 숨이 막힐 정도로 놀랍다. 이 성은 하나님의 영광으로 물결친다(사 58:8; 60:1-2, 19; 겔 43:2-5; 계 21:23; 22:5). 이 성의 찬란함과 사랑스러움은 매우 아름다운 색과 광채를 지닌 보석들에 비유된다. 이 성은 지극히 귀한 벽옥 같고, 수정처럼 빛난다.

21:12-13 요한은 계속해서 이 성을 묘사하면서, 이 성에 거대하고 높은 성곽과 열두 문이 있다고 말한다. 고대 세계에서 성곽은 성을 적으로부터 보호하는 역할을 했으므로, 높은 성곽은 성이 모든 원수로부터 안전하다는 것을 상징한다(참고. 겔 40:5). 또한 성곽에는 동서남북 각 방향에 3개씩 전부 열두 개의 문이 있다(참고. 눅 13:29). 열두 천사가 열두 문 각각에 자리하는데, 이것은 이 성을 파괴하려는 어떤 것으로부터도 성이 보호받고 있다는 것을 다시금 나타낸다. 문들에는 이스라엘의 열두 지파의 이름이 새겨져 있다. 열둘이라는 숫자는 틀림없이 상징적인 것으로, 구약 시대의 하나님 백성이 이 성 안에 있다는 의미라고 할 수 있다. 이스라엘이 회복될 것이라는 약속은 하나님의 백성인 예수 그리스도의 교회를 통해 성취되었다. 또한 이 숫자는 출애굽기 28:21과 39:14도 떠올리게 한다. 그 구절들에서 대제사장의 에봇에 있는 열두 보석은 이스라엘의 열두 지파를 상징하며, 마찬가지로 하나님의 백성이 보호받으리라는 것을 나타낸다.

21:14 요한은 다시금 이 성의 성곽에 주의를 기울인다. 성곽에는 열두 기

초석이 있고, 그 돌에는 어린양의 열두 사도의 이름이 새겨져 있다. 예수님은 그분의 사역을 위해 열두 사도를 택하셨는데(마 10:2-4; 막 3:14-19; 눅 6:13-16), 열둘이라는 숫자는 사도들이 하나님의 새로운 백성이자 새 이스라엘의 핵심이라는 것을 가리킨다. 이와 매우 유사하게 바울은 사도들과 신약 시대의 선지자들을 하나님의 새로운 성전의 터(엡 2:20), 즉 예수 그리스도의 교회의 모퉁잇돌이라고 부른다. 마찬가지로, 요한은 하나님의 한 백성이 사도적 증언에 토대를 두고 있다고 가르치고 있다. 새 언약이 온전히 실현된 지금, 하나님의 두 백성(이스라엘과 교회)은 없으며 한 백성이 있을 뿐이다. 구약성경은 신약성경을 가리키고 바라보며, 신약성경을 통해 성취되었기 때문에, 하나님의 백성은 사도적 증언을 통해 전해지는 예수 그리스도의 계시를 중심으로 한다(참고. 요일 1:1-4).

21:15-16 요한에게 말하고 있는 요한계시록 21:9의 천사는 이 성과 문들과 성곽들을 측량하기 위해 금으로 된 자를 가지고 있었다. 이 성을 측량한다는 것은 이 성이 보호받고 있으며 안전하다는 것을 나타낸다(참고. 11:1). 이 성은 네모반듯하게 지어져서, 길이와 너비가 동일하다. 이 성을 측량해 보았더니 12,000스다디온이었다. 일부 역본들은 이것을 오늘날의 도량형으로 바꾸어서 번역한다. 예컨대, NRSV는 1,500마일로 옮겨놓았다. 그러나 12,000스다디온으로 번역하지 않는 것이 잘못인 이유는, 12의 1,000배라는 숫자가 가지는 상징성을 없애버리기 때문이다. 이 성의 규모는 우리가 생각할 수 있는 인간의 그 어떤 성보다도 훨씬 크고, 이스라엘 나라보다 훨씬 크다. 달리 말하면, 요한은 이 성이 문자 그대로 1,500마일(약 2,400킬로미터)이라는 터무니없을 정도로 큰 크기라고 말하는 것이 아니라,[32] 사람들이 거주하기에 완전한 장소라고 말하고 있는 것이다. 그 다음 구절에서 이 성이 길이와 너비와 높이가 동일한 완전한 정육면체라고

---

32 이 수치가 가리키는 것이 이 성의 길이인지 둘레인지는 분명하지 않다. 어느 쪽이든 이 성의 규모는 엄청나다.

말하는 것은, 이 성의 크기가 가지는 상징적인 성격을 분명하게 보여준다 (겔 45:2). 이것은 예루살렘 성전에서 완전한 정육면체였던 지성소를 연상시킨다. "길이가 이십 규빗이요 너비가 이십 규빗이요 높이가 이십 규빗이라"(왕상 6:20). 이 묘사는 이 성이 문자 그대로 1,500마일이라는 것이 아니라, 커다란 지성소라는 것을 보여준다. 이 성은 하나님이 거하시는 곳이다! 이제 우주 전체는 성전의 지성소가 되었다.

21:17 12-14절에 언급된 이 성의 성곽이 다시 언급되고 측량된다. 144 규빗(약 65미터)이 성곽의 높이인지 너비인지를 알기는 어렵지만, 아마도 높이를 말한 것으로 여겨진다. 성곽의 크기인 144규빗은 12라는 숫자의 12배라는 점에서 분명히 상징적인 의미를 지닌다. 바로 이어지는 요한의 말은 이 수치가 상징적인 의미를 지닌다는 것을 분명히 해준다. 그는 144규빗이 인간이 사용하는 도량형이지만, 천사가 사용하는 도량형이기도 하다고 말한다. 천사들의 도량형이라는 표현은 매우 이상하다. 요한은 독자들이 "물론입니다, 당연히 천사들도 이 도량형을 사용하겠지요"라고 말하기를 기대하지는 않았을 것이다. 도리어 요한은 이 길이가 천사들이 사용하는 도량형이라고 말함으로써, 상징적인 의미를 지니고 있음을 독자들에게 신호하고 있다. 어느 누가 천사들의 도량형을 알고 있단 말인가! 성벽의 이 대단한 높이 또는 두께는 절대적인 안전과 보안을 상징한다. 아무도 이 성벽을 뚫거나 넘어올 수 없다. 이 성은 고대 세계의 대부분의 성들처럼 성곽으로 둘러싸여 있기 때문에, 아무도 이러한 높이나 두께의 성곽을 가진 이 성을 공격하여 무너뜨리지 못한다.

21:18 이 성의 성곽은 벽옥으로 지어졌고, 성은 정금으로 지어져 깨끗한 유리 같다. 이것이 왜 중요한가? 고대 세계에서 투명한 유리는 대단히 드문 것이었다. 왜냐하면 유리를 만들 수 있는 기술 자체가 매우 희귀했기 때문이다. 대부분의 유리는 불투명해서 무언가를 투과해서 보기 어려웠다. 이렇듯 성곽과 성은 둘 다 형언할 수 없을 정도로 아름답다. 이 성이 지닌

최고의 예술성과 눈을 사로잡는 찬란함은 성 안에서 살아가는 자들의 품위를 더욱 드높일 것이다. 이 성은 하나님 자신의 영광과 아름다움을 반영하고 있는 성이다.

21:19-21 앞에서 이미 보았듯이, 이 성의 성곽에는 열두 기초석과 열두 문이 있다(12-14절). 요한계시록이 반복해서 보였듯이, 열둘이라는 숫자는 상징적인 의미를 지닌다. 19-20절은 기초석들을 묘사하고, 21절은 문들을 묘사한다. 이 성의 기초석들은 열두 가지 종류의 서로 다른 아름다운 보석들로 이루어져 있다. 우리는 각각의 보석이 지닌 구체적인 의미를 캐내는 데에 마음을 빼앗겨서는 안 된다. 이 보석들은 미래의 예루살렘에 관한 이사야의 묘사를 반영하며, 이 성의 아름다움을 역설하고 있을 뿐이다. "내가 화려한 채색으로 네 돌 사이에 더하며 청옥으로 네 기초를 쌓으며 홍보석으로 네 성벽을 지으며 석류석으로 네 성문을 만들고 네 지경을 다 보석으로 꾸밀 것이며"(사 54:11-12). 또한 이 보석들은 대제사장의 흉패에 있는 열두 보석을 연상시키는데, 이 열두 보석은 이스라엘의 지파들을 상징하며 대제사장은 여호와 앞에 나아갈 때 이 흉패를 착용하였다(출 28:17-20, 참고. 겔 28:13). 이 성의 문은 각각 한 개의 진주로 만들어졌으며 이 성의 길들은 투명한 유리 같은 정금으로 되어 있다. 이것들은 새로운 피조세계의 완전함과 그 안에 거하시는 하나님의 영광 및 하나님의 백성의 순전함을 나타낸다.

21:22 요한은 새로운 피조세계의 몇 가지 놀라운 특징에 관해 전해준다. 요한이 이 성에서 성전을 보지 못한 것은 아주 특별한 일이었다. 대신 전능하신 하나님과 어린양이 성전이 되신다. 7:15에서 새로운 피조세계를 묘사할 때, 요한은 신자들이 "그의 성전에서 밤낮 하나님을 섬[긴다]"고 말했다. 요한이 그 구절에서 한 말과 이 본문에서 한 말은 서로 모순되지 않는다. 왜냐하면 새로운 피조세계 전체가 하나님의 성전이고, 그곳에서 하나님의 백성은 그들과 함께 사시는 전능하신 하나님과 어린양을 섬기기

때문이다. 또한 이렇게 하나님과 어린양을 동등하게 언급하는 것은, 어린 양이 온전한 하나님으로서 하나님의 본성을 가지신다는 사실을 말하는 것이다.

21:23 새로운 피조세계에는 해나 달 같은 광명체가 필요하지 않다(참고. 사 24:23; 에스드라2서 7:39, 42). 하나님의 영광이 계속해서 빛을 발하고(참고. 21:11; 22:5), 어린양이 이 세계를 비추는 등불이 되시기 때문이다. 이 말씀은 아마도 물리적인 조명이 아니라 하나님과 어린양께로부터 흘러나오는 참된 밝음을 가리키며, 이사야서의 말씀이 성취되는 것으로 보인다. "다시는 낮에 해가 네 빛이 되지 아니하며 달도 네게 빛을 비추지 않을 것이요 오직 여호와가 네게 영원한 빛이 되며 네 하나님이 네 영광이 되리니 다시는 네 해가 지지 아니하며 네 달이 물러가지 아니할 것은 여호와가 네 영원한 빛이 되고 네 슬픔의 날이 끝날 것임이라"(사 60:19-20). 주목해야 할 점은, 많은 사람이 일반적으로 천년왕국을 가리키는 것으로 이해하는 본문을 요한은 새 하늘과 새 땅에 적용하고 있다는 것이다. 이것은 구약성경의 예언서에서 말하고 있는 것들이 반드시 '문자적'으로가 아니라 근본적으로 새로운 피조세계에서 성취된다는 것을 시사한다. 요한이 여기서 한 말은, 반드시 새 땅에는 광명체들이 존재하지 않으리라는 의미가 아니다.

21:24 요한은 이사야 60장을 여기에 가져와 사용하며, 그 예언이 새로운 피조세계에서 성취된 것을 본다. 만국이 하나님과 어린양께로부터 쏟아져 나오는 영광과 빛 가운데서 다닐 것이다(참고. 사 60:3). 하늘의 성에 있는 모든 사람이 하나님께로부터 빛과 힘을 얻을 것이다. 시편 36:9은 "주의 빛 안에서 우리가 빛을 보리이다"라고 말한다. 생명체는 오직 하나님의 빛 안에서만 살 수 있다. 하나님은 우리의 "빛"이자 "구원"이시기 때문이다(시 27:1). 요한복음은 예수님 안에 "생명이 있었으니 이 생명은 사람들의 빛이라"(요 1:4)고 말한다. 예수님은 "세상의 빛"이시기 때문이다(요 8:12). 또한 열방의 왕들이 그들의 영광을 이 성으로 가져올 것이다(참고. 시 72:10). 이사

야서 60:5은 "이방 나라들의 재물이 네게로[예루살렘으로] 옴이라"고 말하고 (참고. 시 68:29), 이사야서 60:11은 "사람들이 네게로 이방 나라들의 재물을 가져[올]" 것이라고 선언한다. 요한의 말은, 옛 피조세계에 있던 모든 선하고 아름다운 것들이 새로운 피조세계에도 있을 것이라는 의미라고 여겨진다. 아름다운 것들은 하나도 사라지지 않을 것이며, 오히려 새로운 피조세계에서 완전하고 썩지 않는 방식으로 존재할 것이다.

21:25 앞 절은 새 예루살렘의 성곽이 뚫리거나 파괴될 수 없음을 말했다 (21:12, 17). 이제 본문은 성곽에 있는 문들이 항상 열려 있다고 말한다. 이것은 이사야서 60장의 성취 중 하나이다. "네 성문이 항상 열려 주야로 닫히지 아니하리니"(사 60:11). 이 대목에서 요한계시록의 묵시적이고 상징적인 성격이 분명하게 드러난다. 왜냐하면 성문들이 항상 열려 있다면, 높고 두꺼운 성곽은 아무런 필요가 없기 때문이다! 하늘의 성에서 살아가는 신자들은 아주 안전하기 때문에, 성문들은 닫혀 있지 않고 늘 열려 있다. 성 바깥에는 원수들이 존재하지 않는다. 원수들은 불 못에 갇혀 있기 때문이다. 성문들이 항상 열려 있는 것은 어떤 사람들의 주장과는 달리 지옥에서 오는 자들을 환영하기 위한 것이 아니다. 요한계시록은 불 못에 있던 어떤 자들이 하늘의 성으로 이주해온다는 어떤 암시도 제시하지 않는다.

또한 요한은 어둠 및 밤과 연관된 위험들에 대해서도 말한다. 왜냐하면 원수들은 아무도 눈치채지 못하게 밤을 틈타서 성으로 가까이 다가와 공격하기 때문이다. 그러나 새로운 피조세계에는 밤이 절대로 오지 않기 때문에, 그런 염려를 할 필요가 없다(참고. 계 22:5). 요한은 스가랴서 14:7을 가져와서 사용하는데, 그곳은 여호와의 날에 있을 일에 대해 다음과 같이 기록한다. "여호와께서 아시는 한 날이 있으리니 낮도 아니요 밤도 아니라 어두워 갈 때에 빛이 있으리로다." 요한은 새로운 피조세계에 어둠이 존재하는지 여부에 대해 문자적으로 말하고 있지 않다(참고. 계 22:5). 여기서 어둠은 악을 나타낸다. 즉, 새로운 피조세계에서는 악이라는 것이 전혀 존재하지 않는다. 그 무엇도 새로운 피조세계에서 신자들이 누리게 될 평화와 안전과 선함을 깨뜨리지 못한다. 왜냐하면 하나님의 영광과 어린양의 등불이 이 성에 끊임없이 빛을 비추시기 때문이다.

21:26 요한은 24절의 메시지로 되돌아가서, 만국이 그들의 영광과 존귀를 새 예루살렘으로 가져올 것이라고 말한다. 새 예루살렘에는 선하거나 기쁨을 주는 모든 것이 하나도 빠짐없이 있을 것이기 때문에, 그 중 빠진 것이 있을까봐 걱정할 필요가 전혀 없다. 오히려 그런 모든 것이 각각 최고의 형태로 그곳에 존재할 것이다. 여기서도 이 묘사를 문자적으로 해석해서, 선한 것들이 지속적으로 이 성에 들어온다거나 악한 자들이 결국 이 성에 들어올 것이라고 이해해서는 안 된다.

21:27 이 성에는 선한 것만 있을 뿐 더럽거나 속된 것, 가증한 일을 하거나 거짓말을 하는 자는 결코 존재하지 않을 것이다(참고. 22:15). 구약의 많은 예언은 하나님 나라가 임할 때 그곳에는 절대로 더러운 것이 없을 것이라고 말한다. 이사야서 35장은 포로생활로부터의 귀환과 그 나라의 도래를 내다보면서, 시온으로 가는 대로에는 더러운 것이 없으리라고 말한다(사 35:8). 할례 받지 않은 자나 더러운 자는 하나님의 성에 들어가지 못할 것이다(사 52:1). 요엘도 여호와의 날에 예루살렘은 거룩할 것이고, 이방 사람들은 들어가지 못할 것이라고 약속한다(욜 3:17, 참고. 겔 44:9). 스가랴는 "예루살렘과 유다의 모든 솥이 만군의 여호와의 성물이 될"(슥 14:21) 날을 그린다. 어린양의 생명책에 기록된 자들만이 이 성에 있을 것이다(참고. 계 17:8; 20:12, 15; 22:19, 참고. 사 4:3). 그들이 이 성의 문들로 들어갈 수 있는 이유는 그들의 옷을 어린양의 피로 씻었기 때문이다(계 7:14; 22:14).

22:1-2 스가랴(14:8)와 에스겔(47:1)은 마지막 날들에 예루살렘과 그 성전으로부터 강이 흘러나올 것이라고 예언한다. 강이라는 표상은 하나님의 백성에게 새 힘이 주어지는 것을 묘사하는 데 사용된다. 시편 46:4은 "한 시내가 있어 나뉘어 흘러 하나님의 성 곧 지존하신 이의 성소를 기쁘게 하

도다"라고 말한다. 우리는 이 예언들이 요한계시록에서 궁극적으로 성취되는 것을 본다. 이 강은 평범한 강이 아닌, "생명수"가 흐르는 강이다(참고. 요 4:10; 7:37). 이 강은 전혀 오염되지 않았으며 수정처럼 맑고 깨끗하다. 이 강은 하나님의 보좌와 어린양께로부터 나와서 이 성의 큰 "길 가운데로" 흐르는데, 이것은 생명이 하나님과 어린양께로부터 온다는 것을 나타낸다. 요한은 창세기를 연상시키는 생명나무 여러 그루가 이 강의 좌우에 있다고 말한다(창 2:9; 3:17, 22, 24, 참고. 계 2:7; 22:14, 19; 계 2:7 주석). 이 생명나무들은 열두 종류의 열매를 맺고, 그 잎사귀들은 "만국을 치료하기 위하여" 있다. 이 묘사는 에스겔서 47:12을 반영한다. "강 좌우 가에는 각종 먹을 과실나무가 자라서 그 잎이 시들지 아니하며 열매가 끊이지 아니하고 달마다 새 열매를 맺으리니 그 물이 성소를 통하여 나옴이라 그 열매는 먹을 만하고 그 잎사귀는 약 재료가 되리라"(참고. 에스드라2서 7:123). 요한이 에스겔서의 이 본문을 간접 인용한 것은 특별히 중요한데, 이는 그 본문이 에스겔서에서 새로운 성전을 묘사하는 장에 나오기 때문이다. 여기서 에스겔서에 나오는 성전 예언은, 문자 그대로의 성전이 없는 새 하늘과 새 땅에 관한 것임이 다시금 확인된다! 새로운 피조세계에는 끊임없이 새 힘을 공급해주는 것들이 차고 넘친다. 그곳에 흐르는 강은 새 힘과 생기가 넘치게 해주며, 그곳에 있는 쇠하지 않고 썩지 않는 생명나무는 하나님의 백성을 소생시키는 잎사귀들을 가지고 있다.

22:3 아담과 하와가 범죄한 후에 땅은 저주를 받았고, 그들은 동산에서 추방되어 생명나무에 접근하는 것이 금지되었다(창 3:17, 22-24). 앞 절은 생명나무가 성도들에게 주어진다고 말했다. 이제 요한은 하늘의 성에는 저주받은 것이 단 하나도 없다고 단언한다. 이 성의 모든 구성원이 어린양의 피로 구속을 받았기 때문이다(계 1:5; 7:14). 저주로부터의 해방은 스가랴가 예루살렘에 관해 본 환상과 일치한다. "사람이 그 가운데에 살며 다시는 저주가 있지 아니하리니 예루살렘이 평안히 서리로다"(슥 14:11). 하나님의 보좌를 어린양이 공유한다는 것이 주목할 만하다(참고. 렘 3:17). 어린양

은 하나님의 정체성을 함께 가지신다. 그분들의 보좌는 새 예루살렘 성에 있다. 즉, 하나님은 하늘의 성 새 예루살렘에서 영원무궁토록 다스리신다. 이것은 에스겔이 예루살렘에 세워질 성전에 관해 본 환상에서 이 성의 이름이 영원히 "여호와삼마"(여호와께서 거기에 계시다)라고 말한 것과 일치한다(겔 48:35). 이 성을 구별시키는 것은 하나님의 임재다(계 7:15; 21:3, 23). 성도들은 하나님을 있는 그대로 보고 그들의 주님으로 섬길 것이다(참고. 7:15; 19:5). 그들은 그들의 왕 앞에 엎드려 경배하며, 형언할 수 없는 기쁨과 즐거운 마음으로 하나님께 영광을 돌릴 것이다.

22:4 새로운 피조세계를 새롭게 만드는 것은 하나님의 임재며, 하나님의 종들은 상상할 수 있는 복 중에서 가장 큰 복을 누리게 될 것이다. "그의 얼굴을 볼 터이요"라는 말이 그 복을 나타내는데, 이것은 흔히 '지복직관'(beatific vision)이라 불린다. 우리 중 어느 누구도 아직 그것을 경험하지 못했기 때문에, 그것이 어떤 것일지를 설명하기란 불가능하다. 시편 17:15은 "나는 의로운 중에 주의 얼굴을 뵈오리니 깰 때에 주의 형상으로 만족하리이다"라고 말한다. 우리의 삶에서 가장 큰 괴로움은 하나님께로부터 분리되는 것이지만(시 42:3), "마음이 청결한 자는…하나님을 볼 것"이다(마 5:8, 참고. 고전 13:12; 요일 3:2). 악에 자신을 내어준 자들은 그 이마와 손에 짐승의 표가 있는 것처럼(13:17; 14:9, 11; 16:2; 19:20; 20:4), 하나님의 백성은 그 이마에 하나님의 이름이 있을 것이다(참고. 계 3:12; 7:3; 14:1). 요한의 말은 문자 그대로 하나님의 종들의 이마에 실제로 하나님의 이름이 있으리라는 것이 아니다. 그 말의 요지는, 하나님의 종들이 하나님의 백성이라는 사실을 누구나 알아볼 수 있으리라는 것이다. 그들은 하나님의 백성으로서 하나님을 영원토록 누리게 될 것이다.

22:5 요한은 빛이라는 주제로 다시 돌아가서, 이 성에는 밤이 없을 것이라고 말한다(참고. 21:25; 사 60:19). 이 성 어디에서도 악은 조금도 찾아보지 못할 것이다. 주 하나님이 그분의 백성의 빛이 되실 것이기 때문에, 등불이

나 해가 필요하지 않다(참고. 계 21:23). 그리고 하나님의 백성은 하나님이 처음에 인간에게 의도하셨던 것을 성취하게 될 것이다. 즉, 그들은 하나님이 처음에 아담에게 주셨던 사명을 이루어서, 영원토록 왕 노릇할 것이다(참고. 단 7:18, 27; 눅 22:30; 고전 6:2; 딤후 2:12). 그들은 새로운 피조세계에서 왕들과 제사장들이 될 것이다(계 1:6; 5:10, 참고. 20:4; 롬 5:17).

≋≋≋≋ 응답 ≋≋≋≋

장차 도래할 새로운 세계는 우리의 이해와 경험을 초월한다. 요한은 말로 표현할 수 없는 것들을 말로 표현하기 위해 애쓴다. 새로운 세계의 가장 중요한 특징은 우리가 하게 될 것에 있지 않고 우리가 보게 될 것에 있다. 새로운 피조세계에서 가장 큰 기쁨은 하나님 및 어린양과의 교제일 것이다. 새로운 피조세계에서 우리는 의심할 여지없이 서로를 보고 즐거워할 것이다. 그렇지만 요한은 그것에 초점을 맞추지 않고 이 성의 아름다움을, 그리고 이 성이 지극히 아름다운 이유는 여호와께서 계시기 때문임을 강조한다(겔 48:35). 우리가 하나님과 어린양을 뵐 것을 생각하여 마음에 전율을 느끼지 않는다면, 우리는 하나님을 더 잘 알아야 하고 그분을 좀 더 가깝게 따라야 하며, 하나님을 더 깊이 사랑해야 한다. 시편 기자는 인간의 마음이 공허하고 아프며 고독하다는 사실과, 오직 하나님만이 그런 것들을 메우실 수 있다는 사실을 깨달았다(참고. 시 42-43편; 62-63편; 84편). 하나님이 우리의 참된 만족이자 기쁨이시다.

⁶ 또 그가 내게 말하기를 이 말은 신실하고 참된지라 주 곧 선지자들의 영의 하나님이 그의 종들에게 반드시 속히 되어질 일을 보이시려고 그의 천사를 보내셨도다

⁷ 보라 내가 속히 오리니 이 두루마리의 예언의 말씀을 지키는 자는 복이 있으리라 하더라

⁸ 이것들을 보고 들은 자는 나 요한이니 내가 듣고 볼 때에 이 일을 내게 보이던 천사의 발 앞에 경배하려고 엎드렸더니 ⁹ 그가 내게 말하기를 나는 너와 네 형제 선지자들과 또 이 두루마리의 말을 지키는 자들과 함께 된 종이니 그리하지 말고 하나님께 경배하라 하더라

¹⁰ 또 내게 말하되 이 두루마리의 예언의 말씀을 인봉하지 말라 때가 가까우니라 ¹¹ 불의를 행하는 자는 그대로 불의를 행하고 더러운 자는 그대로 더럽고 의로운 자는 그대로 의를 행하고 거룩한 자는 그대로 거룩하게 하라

¹² 보라 내가 속히 오리니 내가 줄 ¹⁾상이 내게 있어 각 사람에게 그가 행한 대로 갚아 주리라 ¹³ 나는 알파와 오메가요 처음과 마지막이요 시작과 마침이라

¹⁴ 자기 두루마기를 빠는 자들은 복이 있으니 이는 그들이 생명나무

에 나아가며 문들을 통하여 성에 들어갈 권세를 받으려 함이로다

15 개들과 점술가들과 음행하는 자들과 살인자들과 우상 숭배자들과 및 거짓말을 좋아하며 지어내는 자는 다 성 밖에 있으리라

16 나 예수는 교회들을 위하여 내 사자를 보내어 이것들을 너희에게 증언하게 하였노라 나는 다윗의 뿌리요 자손이니 곧 광명한 새벽별이라 하시더라

17 성령과 신부가 말씀하시기를 오라 하시는도다 듣는 자도 오라 할 것이요 목마른 자도 올 것이요 또 원하는 자는 값없이 생명수를 받으라 하시더라

18 내가 이 두루마리의 예언의 말씀을 듣는 모든 사람에게 증언하노니 만일 누구든지 이것들 외에 더하면 하나님이 이 두루마리에 기록된 재앙들을 그에게 더하실 것이요 19 만일 누구든지 이 두루마리의 예언의 말씀에서 제하여 버리면 하나님이 이 두루마리에 기록된 생명 나무와 및 거룩한 성에 참여함을 제하여 버리시리라

20 이것들을 증언하신 이가 이르시되 내가 진실로 속히 오리라 하시거늘 아멘 주 예수여 오시옵소서

21 주 예수의 은혜가 2)모든 자들에게 있을지어다 아멘

6 And he said to me, "These words are trustworthy and true. And the Lord, the God of the spirits of the prophets, has sent his angel to show his servants what must soon take place."

7 "And behold, I am coming soon. Blessed is the one who keeps the words of the prophecy of this book."

8 I, John, am the one who heard and saw these things. And when I heard and saw them, I fell down to worship at the feet of the angel who showed them to me, 9 but he said to me, "You must not do that! I am a fellow servant with you and your brothers the prophets, and with those who keep the words of this book. Worship God."

¹⁰ And he said to me, "Do not seal up the words of the prophecy of this book, for the time is near. ¹¹ Let the evildoer still do evil, and the filthy still be filthy, and the righteous still do right, and the holy still be holy."

¹² "Behold, I am coming soon, bringing my recompense with me, to repay each one for what he has done. ¹³ I am the Alpha and the Omega, the first and the last, the beginning and the end."

¹⁴ Blessed are those who wash their robes,¹ so that they may have the right to the tree of life and that they may enter the city by the gates. ¹⁵ Outside are the dogs and sorcerers and the sexually immoral and murderers and idolaters, and everyone who loves and practices falsehood.

¹⁶ "I, Jesus, have sent my angel to testify to you about these things for the churches. I am the root and the descendant of David, the bright morning star."

¹⁷ The Spirit and the Bride say, "Come." And let the one who hears say, "Come." And let the one who is thirsty come; let the one who desires take the water of life without price.

¹⁸ I warn everyone who hears the words of the prophecy of this book: if anyone adds to them, God will add to him the plagues described in this book, ¹⁹ and if anyone takes away from the words of the book of this prophecy, God will take away his share in the tree of life and in the holy city, which are described in this book.

²⁰ He who testifies to these things says, "Surely I am coming soon." Amen. Come, Lord Jesus!

²¹ The grace of the Lord Jesus be with all.² Amen.

1) 헬, 내 삶 2) 어떤 사본에, 성도들에게
1 Some manuscripts *do his commandments* *2* Some manuscripts *all the saints*

〰〰〰 단락 개관 〰〰〰

요한계시록은 프롤로그(1:1-8)로 시작하여 에필로그로 끝난다. 프롤로그에서 소개된 주제들 중 다수가 에필로그에서 다시금 반복된다. 이 단락은 느슨하게 구성되어 있는 것처럼 보인다. 그렇지만 이 단락에서 요한은 여러 가지 고찰을 행하여 요한계시록에서 다룬 것들을 부각시키고 매듭짓는다. 천사의 말에서 요한에게 보여준 계시가 신뢰할 만하다는 것과 그 계시의 성취가 멀지 않았다는 것이 강조된다(22:6-7, 참고. 1:1, 3). 또한 천사는 이 예언을 지키는 자들이 복이 있을 것이라고 선언한다(22:7, 참고. 1:3). 요한은 이 일들을 그에게 계시해준 천사에게 경배하려고 하지만, 오직 하나님만을 경배하라는 말을 듣는다(22:8-9). 천사는 요한에게 이 책에 기록된 예언이 머지않아 성취될 것이기 때문에 봉인하지 말며(10절), 악이나 선을 행하는 자들은 머지않아 그들이 행한 대로 평가를 받을 것이라고 말한다(11절). 예수님이 다시 오실 때가 가까웠다는 것이 다시금 강조되는데, 그때 예수님은 각 사람에게 행한 대로 갚아주실 것이다(12절). 예수님은 그분 자신이 역사의 시작과 끝을 주관하고 계심을 분명하게 말씀하신다(13절). 자신의 옷을 씻어서 생명나무에 나아가고 성에 들어갈 수 있게 된 자들은 복이 있다고 선언되지만(14절), 악을 행하는 자들은 성에 들어가지 못한다(15절). 예수님은 천사를 보내어 이 일들을 교회들에게 증언하게 했다고 말씀하시고, 스스로를 다윗의 후계자이자 새벽 별이라고 소개하신다(16절). 이 말씀들을 읽고 듣는 모든 자는 와서 생명수를 값없이 마시라는 초대를 받는다(17절). 이 책에 기록된 예언의 말씀에 더하거나 빼는 자들은 거룩한 성에 들어가지 못할 것이고 생명나무의 열매를 먹지 못할 것이다(18-19절). 예수님은 자기가 속히 올 것이라고 다시 한 번 선언하시고, 요한은 예수님이 속히 오시기를 기도한다(20절). 요한계시록은 은혜를 기원하는 축도로 끝난다(21절).

XI. 에필로그(22:6-21)

≋≋≋≋ 주석 ≋≋≋≋

22:6 요한계시록이 끝나감에 따라, 천사는 요한이 교회들을 위해 계시하고 기록한 것들을 되돌아보면서 그것들이 신뢰할 만하고 참되다고 선언한다(참고. 21:5과 19:9). 이 계시들은 하나님이 교회에게 주신 말씀들이기 때문에, 교회들은 마땅히 듣고 믿고 순종해야 한다. 우리는 이 말씀들이 참되다는 것을 안다. 왜냐하면 선지자들의 영들을 주관하시는 하나님(참고. 민 27:16; 고전 14:32), 곧 그들을 성령으로 감동시키셔서 말하고 쓰게 하시는 바로 그 하나님(예. 단 2:28-29, 45)께서 지금 그분의 천사를 보내셔서 그분의 종들에게 장차 속히 이루어질 일들을 보여주신 것이기 때문이다. 이 말은 천사가 요한에게 전한 이 책의 첫 절을 떠올리게 한다. 그곳에서 천사는, 이 책이 하나님의 종들에게 속히 일어날 일들을 보여주기 위해 예수 그리스도로부터 왔으며 예수 그리스도에 관한 하나님의 계시라는 것을 알려주었다.

22:7 6절의 화자는 천사일 수도 있고 예수님일 수도 있다(참고. 22:1). 하지만 22:7의 화자는 분명히 예수님이다. "내가 속히 오리니"라고 말씀하기 때문이다. 예수님이 속히 오시리라는 것과 이 책에서 말하고 기록된 것이 성취되리라는 것은 이 책 전체가 강조하는 바이다(참고. 1:1, 3; 2:16; 3:11; 22:6, 12, 20). "속히"를 어떻게 이해해야 하는지에 대해서는 1:1 주석에서 더 상세하게 논의하였다. 그때로부터 2천 년이 지났다고 해서, 요한과 예

수님이 틀렸다는 것을 의미하지 않는다. 예수님이 속히 오시리라는 것은 상대적이다. 왜냐하면 베드로는 "주께는 하루가 천 년 같고 천 년이 하루 같다"(벧후 3:8)고 말하기 때문이다. 모든 세대는 주님의 재림을 준비하고 있어야 한다.

그런 후에 요한계시록에 담겨 있는 예언의 말씀들을 지키는 자들은 복이 있다고 선언된다.[33] 여기서도 이 책의 시작 부분과 이루는 두드러진 병행이 나타난다. "이 예언의 말씀을 읽는 자와 듣는 자와 그 가운데에 기록한 것을 지키는 자는 복이 있나니 때가 가까움이라"(계 1:3). 22:7에 담긴 사고의 흐름은 분명하다. 예수님이 속히 오실 것이고, 그때 이 예언의 말씀들을 지키는 자들은 영원한 상을 받게 되기 때문에 복이 있다는 것이다. 그 상을 받는 것이야말로 우리의 삶에서 가장 중요한 것이다. 이 예언들을 듣는 것만으로는 충분하지 않다. 예언들을 통해 주어진 말씀들을 지켜야 한다.

22:8-9 요한은 이 묵시들을 듣고 본 사람이 바로 자기라고 증언한다(1:1, 4, 9). 이 놀라운 일들을 보고 들은 요한은 감격해서, 이 일들을 그에게 보여 준 천사에게 경배하려고 엎드린다. 하지만 천사는 자신이 요한과 선지자들과 이 책에 기록된 명령들을 지키는 모든 사람과 마찬가지로 하나님의 종일뿐이니, 오직 하나님만을 경배하라고 말하면서 요한을 제지한다. 천사는 영화로운 존재이지만, 여기서 요한은 천사를 경배하지 말라는 명령을 두 번째로 듣는다(19:10, 참고. 행 10:25-26). 이 말씀은 어린양이신 예수님께 경배하는 것의 의미를 한층 더 극명하게 드러내준다. 왜냐하면 요한계시록 전체에 걸쳐서 예수님은 신자들과 천사들로부터 경배를 받으시기 때문이다. 그리고 예수님을 경배하는 것은 책망이 아니라 언제나 칭찬을 받는다. 예수님은 진정으로 하나님이시기 때문이다.

22:10 요한은 때가 가깝기 때문에 이 책에 기록된 예언의 말씀들을 봉인하거나 감추지 말라는 명령을 받는다. 이 명령은 요한계시록이 묵시적인 책일 뿐만 아니라 예언적인 책이라는 것을 다시금 상기시킨다(참고. 1:3; 22:7, 18-19). 다니엘은 종말의 때까지 그가 받은 예언을 봉인하라는 명령을 받지만(단 12:4, 참고. 에녹1서 82:1), 요한은 종말이 가까웠기 때문에 그가 기록한 것을 봉인하지 말라는 명령을 받는다(참고. 계 10:4 주석).

22:11 이 절의 말씀은 분명 요한계시록에서 가장 나오지 않음직한 말씀 중 하나다. 왜냐하면 이 본문이 불의한 자들과 "더러운 자"들에게 계속해서 불의와 더러운 짓을 하라고 말하는 반면에, 의인들과 거룩한 자들은 계속해서 의롭고 거룩하라고 말하기 때문이다. 분명히 이것은 사람들이 자신의 악을 회개해서는 안 된다는 의미가 아니다. 요한은 분명히 사람들이 자신의 악을 회개해야 한다고 생각하고 있기 때문이다(9:20-21; 16:9, 11). 이 말씀이 충격적인 이유는, 아모스가 "너희는 벧엘에 가서 범죄하[라]"(암 4:4)고 명령한 것처럼 이 말씀도 회개를 촉구하는 것이기 때문이다. 또한 악한 자들은 와서 생명수를 값없이 마시라는 초대도 받는다(계 21:6; 22:17).

11절의 명령은 일종의 숙명론적인 말씀이 아니다. 즉, 악한 자들은 아무리 애써도 그들의 악한 길에서 결코 벗어나지 못한다는 의미가 아니다. 다니엘서 12:10은 요한의 이 말에 담긴 의도를 파악하는 데 도움을 준다. 여기서 다니엘서 12:10을 살펴보는 것이 일리가 있는 이유는 요한이 앞 절에서 다니엘서 12장을 간접적으로 인용하고 있기 때문이다. 다니엘서 12:10은 종말의 때를 언급하면서 다음과 같이 말한다. "많은 사람이 연단을 받아 스스로 정결하게 하며 희게 할 것이나 악한 사람은 악을 행하리니 악한 자는 아무것도 깨닫지 못하되 오직 지혜 있는 자는 깨달으리라." 여기에 요한의 의도를 파악할 수 있게 해주는 단서가 나온다. 요지는 악인들 중 다수가 결코 깨닫지 못한 채 계속해서 악을 행할 것이라는 다니엘의 예언이 성취되고 있다는 것이다(참고. 사 6:9-10). 악인들이 그들의 악을 깨닫지 못하는 것을 본 의인들은 그 까닭을 알지 못해 당혹해할 수 있으며, 성도들은 하나님을 따르는 것이 과연 옳은 일인지에 대해 의심하기까지 할 수 있다. 하지만 문제는 진리가 어떤 부분에서 명료하지 않다는 것이 아니라, 악인들의 마음에 있다. 에스겔서 3:27은 "들을 자는 들을 것이요 듣기 싫은 자는 듣지 아니하리니 그들은 반역하는 족속임이니라"고 말한다. 여기서도 요한계시록과의 병행이 두드러진다. 에스겔은 악인들이 반역하고 있기 때문에 진리를 깨닫지 못한다는 것을 분명히 한다. 그래서 의인들은 다음 사실을 알아야 한다. 악인들은 그들의 더러움에서 정결해지거나 불의에서 떠나기를 원하지 않는다. 그러기에 경건한 자들은 악인들이 완고하게 저항하는 것을 보더라도 자신들이 가는 길에 대해 의심하지 말고 계속해서 의와 거룩함을 추구해야 한다. 바울은 "악한 사람들과 속이는 자들은 더욱 악하여져서 속이기도 하고 속기도 하나니"(딤후 3:13)라고 말함으로써 동일한 생각을 말한다. 의인들은 이사야서 56:1에 나오는 다음과 같은 명령을 경청해야 한다. "너희는 정의를 지키며 의를 행하라 이는 나의 구원이 가까이 왔고 나의 공의가 나타날 것임이라."

22:12 이 구절은 끝이 가까웠기 때문에 현세의 삶 속에서 우리가 행하는 것들이 중요하다고 다시금 강조하고 부각시킨다. "내가 속히 오리니"라는 말씀에서 "내"가 예수님이라는 것은 거의 확실하다. 요한계시록은 예수님이 속히 오시리라는 것을 여러 번 강조한다(참고. 1:1, 3; 3:11; 22:7, 20). 모든 세대의 그리스도인들이 그들 생전에 예수님이 오실 것이라고 믿은 것은 옳다. 따라서 이 예언은 약속이자 경고의 역할을 한다. 이 예언은 신자들로 하여금 그리스도의 재림을 대비하며 살아가게 만든다. 예수님은 다시 오셔서 모든 사람에게 각자가 행한 대로 갚아주실 것이다. 이 주제는 20:12-13(참고. 2:23)에서 이미 강조되었으며, 그곳에서 볼 수 있듯이 성경의 많은 본문과도 일치한다(예. 시 28:4; 62:12; 잠 24:12; 사 40:10; 62:11; 마 16:27; 롬 2:6 등). 요한은 생명수가 값없이 주어질 것이라고 선언하면서도(계 21:6; 22:17), 생명수를 마신 자들은 하나님이 기뻐하시는 삶을 살아야 한다는 것을 역설한다.

22:13 이 절의 화자도 여전히 예수님이다(참고. 12절). 여기서 예수님은 "나는 알파와 오메가요 처음과 마지막이요 시작과 마침이라"고 선언하신다. 다른 곳들에서는 하나님이 알파와 오메가이시지만(1:8; 21:6), 여기서는 예수님이 알파와 오메가시라고 선언된다. 특별히 이사야는 하나님이 처음과 마지막이시고 여호와는 참 하나님이자 유일하신 하나님으로서(사 41:4; 44:6-8; 48:12) 그분의 영광을 다른 이에게 주시지 않는다고 선포한다(사 48:11). 그런데 예수님도 처음과 마지막(계 1:17; 2:8)이요 시작과 마침이라고 선언하신다(참고. 사 46:10). 따라서 예수님이 하나님과 동일한 지위를 가지신다는 것은 분명하다. 흥미로운 것은 이 절이 신자들에게 장래의 상에 대해 약속하는 두 절 사이에 자리 잡고 있다는 것이다. 이 말씀들은 논리적으로 어떤 관계에 있는가? 예수님이 상과 벌을 줄 수 있는 지위와 능력을 갖고 계신다고 선언하시는 것이다. 상에 대한 약속은 헛된 약속이 아니다. 왜냐하면 역사 전체를 처음부터 끝까지 주관하시는 분이 그런 약속을 주고 계시기 때문이다. 예수님은 역사 전체를 주관하시는 분이므로 자신이 하신 약속을 반드시 지키신다.

22:14 일곱 번의 복 선언 중 마지막이 여기에 나온다(참고. 1:3 주석). 자신의 옷을 씻어서 악으로부터 벗어나 정결해진 자들은, 생명나무의 열매를 먹고 성문들을 통해 성으로 들어갈 권세를 가진다(시 118:19-20). 생명나무의 열매를 먹는 것과 성에 들어가는 것은 내세의 삶을 나타내는 두 가지 서로 다른 표상이다. 아담과 하와는 그들이 지은 죄 때문에 생명나무에 가까이 갈 수 없었다(창 2:9; 3:17, 22, 24). 그러나 이제 장차 도래할 에덴동산, 즉 하나님의 낙원에서 살아가는 자들은 생명나무에 다가갈 수 있다(계 2:7). 동산과 관련된 표상들과 성읍의 북적거리는 삶을 나란히 둔 것이 이상해 보일 수 있지만, 둘 모두 깨끗한 옷을 입은 자들을 위해 준비되어 있는 새로운 삶이 얼마나 경이로운지를 나타낸다. 신자들의 옷이 깨끗한 이유는 어린양의 피로 씻었기 때문이다(7:14). 어느 누구도 자신의 힘과 노력으로 자신의 더러움을 제거하지 못한다. 아울러 깨끗한 옷은 어린양에 의

해 깨끗함을 받은 뒤 흰 옷을 입고 행하여 이긴 자를 나타낸다(3:4-5). 진정으로 깨끗한 자들은 반드시 덕스러운 삶을 살아간다.

22:15 모든 사람이 생명나무의 열매를 먹는 것은 아니다. 이는 일부가 성 밖에 있기 때문이다. 요한계시록의 앞부분에서도 이러한 패턴이 나온다. 어떤 사람들은 생명수를 마시고 상속자들이 되는 반면에(21:6-7), 어떤 사람들은 악을 추구하다가 불 못에 던져진다(21:8). 요한은 성 밖에 있는 자들의 실례를 제시한다. 그는 가장 먼저 더러운 짐승인 "개"를 언급한다(참고. 출 22:31; 사 66:3). 그들은 떼 지어 돌아다니면서 엉망으로 만들고 쓰레기 더미를 뒤지는 자들이다(왕상 14:11; 16:4; 21:19; 시 59:6, 14; 잠 26:11). 신약 시대에 개는 하나님의 백성에 속하지 않는 사람들인 이방인들을 가리키는 데 사용되었다(마 7:6; 15:26, 27; 막 7:27, 28, 참고. 빌 3:2). 따라서 "개들"이라는 호칭은 그들의 옷을 씻지 못하여 하나님이 보시기에 더러운 자들을 가리킨다(계 22:14). 또한 요한은 하나님을 믿고 의지하는 대신에 주술로써 상황을 조종하려 하는 주술사들(개역개정은 "점술가들", 참고. 21:8 주석), 하나님의 계명들을 어기는 "음행하는 자들과 살인자들"을 언급한다(출 20:13-14). 성적인 죄에 자신을 내어주는 자들은 그들의 몸을 하나님께 드리지 않고 자신의 욕망을 따라 쾌락을 추구하는 자들이다. 살인하는 자들은 하나님의 형상으로 지음 받은 다른 사람을 해치고 자기 자신을 정의(justice)로 삼는 자들이다. 또한 우상 숭배자들도 배제된다. 그들은 하나님을 멸시하고 섬기기를 거부하므로 하나님이 거하시는 그 성에서 당연히 함께 살지 못한다. 끝으로, 거짓말을 좋아하며 행하는 자들도 성 밖에 있다. 이 부류는 그리스도인이라고 자처하지만 삶으로는 신앙고백을 부인하는 자들에 대한 고발로 여겨진다. 주목할 만한 것은 이 부류에 거짓말하는 자들뿐만 아니라 거짓말을 좋아하는 자들까지 포함된다는 것이다. 실제로 거짓말하는 것의 뿌리는 참되지 않은 것을 좋아하는 데 있다. 거짓을 사랑하고 행하는 자들은 하늘의 성 안에 있을 수 없다. 이 성은 진리가 투명하게 빛나고 거짓말이 용납되지 않는 곳이다. 하나님과 어린양이 진리의 중심이신데, 거짓말

을 좋아하는 자들은 하나님과 어린양을 미워한다.

22:16 요한계시록이 끝나가기 때문에, 이 책에 기록된 것의 중요성이 강조된다. 예수님은 자기가 천사를 보내어(참고. 1:1, 4) 이 일들을 교회에 증언하게 했다는 것을 독자들에게 친히 강조하신다. 이 책에 기록된 것들은 부활하신 예수님이 모든 교회에 주시는 절박한 말씀들이다. 여기서 강조하는 것은 이 말씀들이 메시아의 메시지라는 것이다. 예수님은 다윗의 뿌리이자 상속자이시다(참고. 사 11:1, 10; 53:2). 예수님이 지닌 메시아라는 지위는 요한에게 아주 중요했고, 그리스도의 구속 사역을 다룬 아주 결정적인 장에서 중요한 역할을 한다(계 5장, 특히 5:5). 또한 예수님은 "광명한 새벽별"이시다(참고. 2:28). 이것은 민수기 24:17을 간접 인용한 것이다. 민수기 24:17은 "한 별이 야곱에게서 나오며 한 규가 이스라엘에게서 일어[날]" 것이라고 예언한다. 이 규와 별은 하나님의 원수들을 박살낼 것인데, 이것이 요한계시록의 중요한 주제다. 하나님의 원수들이 멸망하는 것은 곧 하나님의 백성이 신원 받는 것을 의미한다. 여기서 "새벽별"이 무엇을 가리키는지는 알기 어렵다. 아마도 예수님이 아직은 완전히 통치하고 계시지는 않지만 지금도 여전히 다스리고 계신다는 사실을 의미하는 것 같다. 별이 떠오르긴 했지만, 우리는 아직 그 별이 가지고 있는 모든 광명으로 가장 밝게 비치고 있는 것을 보지 못하고 있다.

22:17 "오라"가 이 절의 핵심 단어다. 이 말이 구원을 받기 위해 예수님께로 오라고 초대하는 것인지, 아니면 예수님께 다시 오시라고 간청하는 것인지는 알기 어렵다. 둘 중 어느 쪽인지를 확실하게 결정할 수는 없지만, 많은 해석자가 처음 두 번의 초대는 예수님을 향한 것이고 세 번째 초대는 신자들을 향한 것이라고 주장한다. 그런 해석도 가능하겠지만, 필자는 세 번의 초대가 모두 사람들을 향한 것이라는 견해를 지지한다. 오는 주체가 그리스도에서 사람들에게로 바뀌는 것은 다소 부자연스럽다. 성령은 요한계시록의 말씀들과 그리스도의 신부(교회)를 통해 예수님께로 와서 그

들의 목마른 영혼을 만족시키라고 사람들을 초대한다. 또한 요한계시록의 말씀을 듣는 자들은 다른 사람들에게 오라고 초대한다. 이 초대를 세 번 반복하는 것은 이 초대가 절박한 것임을 드러낸다. 요한은 그의 독자들에게 너무 늦기 전에 예수님께로 오라고 호소한다. 누구에게 오라고 초대하고 있는 것인가? 목마른 자들, 간절히 목마름을 해결하기 원하는 사람들, 예수님이 필요하다는 것을 절실히 느끼는 사람들이다(참고. 21:6). 이사야서 55:1은 "오호라 너희 모든 목마른 자들아 물로 나아오라"고 말하며, 이어서 "와서 사 먹되 돈 없이, 값없이 와서 포도주와 젖을 사라"고 말한다. 본문도 오기를 원하는 자는 "값없이 생명수를 받[을]" 수 있다고 말한다. 오라는 초대에 응하는 것은 예수님께 자신의 삶을 드리는 것이고, 예수님을 자신의 주로 받아들이는 것이다. 그렇게 하는 자들에게는 영생이 값없이 공개적으로 주어질 것이다. 다른 것은 필요 없고 오직 원하기만 하면 된다. 오는 자는 그의 가장 깊은 갈망이 충족될 것이며 그의 마음속에 있던 목마름과 아픔이 예수님에 의해 채워질 것이다.

22:18 이 책이 끝나가면서, 예수님은 요한계시록에 기록된 것에 무언가를 더하거나 빼지 말라고 엄하게 경고하신다. 예언의 말씀들을 듣는 자들은 그 말씀에 무언가를 더해서는 안 된다. 이 부분은 또다시 요한계시록을 예언이라고 말한다(참고. 1:3; 10:11; 19:10; 22:6, 7, 9, 10). 요한계시록이 예언이라는 사실을 희석시켜서는 안 된다. 이 책에 무엇인가를 더하게 되면, 예언의 내용이 달라지고, 그 메시지도 달라진다. 그렇게 하는 것은 하나님의 말씀을 왜곡하는 것이다. 신명기 4:2은 "내가 너희에게 명령하는 말을 너희는 가감하지 말고"라고 말하며, 신명기 12:32은 "내가 너희에게 명령하는 이 모든 말을 너희는 지켜 행하고 그것에 가감하지 말지니라"는 말씀을 덧붙인다. 요한계시록에 나오는 예언의 말씀들에 무언가를 더하는 것은 정녕 중대한 범죄다. 하나님은 그렇게 하는 자들에게 이 책에 기록된 재앙들을 내리실 것이기 때문에, 그 죄에 대한 벌은 영원까지 이어진다(참고. 9:18, 20; 11:6; 15:1, 6, 8; 16:9, 21; 18:4, 8; 21:9, 참고. 신 29:19). 그 죄는 분명히 사소한

일이 아니다. 왜냐하면 그 죄를 지은 자들이 영원한 벌을 받게 되기 때문이다.

22:19 이 책에 기록된 예언의 말씀들에 무언가를 더하는 위험만 있는 것은 아니다. 이 책에 기록된 말씀들 중에서 어떤 것을 빼버림으로써 그 메시지의 중요한 요소들을 제거해버릴 위험도 존재한다. 독자들은 어떤 본문들과 주제들을 마음에 들지 않는다거나 매력적이지 않다는 이유로 잘라낼 수 있다. 하지만 독자들에게는 하나님의 말씀을 변경할 권한이 없다. 그리고 이 책의 메시지에서 무언가를 빼는 자들은 생명나무와 거룩한 성에서 제거될 것이다(참고. 2:7 주석, 3:12; 21:2, 10, 14, 15, 16, 18, 19, 21, 22, 23; 22:2, 14). 이 경고는 본문 비평이나 성경 본문에 대한 합당한 질문들에는 해당되지 않는다. 또한 이것은 독자들과 청중들에게 성경의 의미를 풀어주는 성경 강해를 금지하는 것도 아니다. 요한계시록이 말하고 있는 것들을 성경 전체로 확장하여 적용하는 것은 옳다. 반면에, 하나님의 말씀에서 의도적으로 무언가를 더하거나 빼서 그 메시지를 왜곡하는 자들은 영원한 형벌을 받으리라는 경고가 주어진다.

22:20 요한계시록에서 예수님이 하신 마지막 말씀이 여기에 기록되어 있다. 예수님은 이 책에 기록된 메시지를 증언하시고 검증하신 분으로 소개된다. 예수님은 그분의 말씀을 듣는 자들에게 지금은 종말의 때로 시간이 얼마 남지 않았다는 것을 상기시키신다. 그리고 자신이 속히 올 것이라고, 다시 말해 끝이 가까웠다고 확언하신다. 이 책의 처음에 나온 메시지가 끝에서 다시 한 번 확증된다(참고. 1:1 주석; 1:3 주석). 역사는 짧고, 예수님은 문 앞에 와 계신다. 이제 요한은 그의 목소리로("아멘") 예수님이 오실 때가 가까웠다는 것을 확인하면서 "주 예수여 오시옵소서"라고 기도를 덧붙인다. 모든 참된 신자는 이 기도를 드려야 한다. 만약 우리가 마음으로 기도를 부르짖지 않는다면, 요한계시록이나 신약성경의 메시지를 진정으로 깨닫지 못한 것이다.

22:21 요한계시록과 신약성경이 은혜에 대한 기원으로 끝나는 것은 적절하다. 좀 더 구체적으로 말해 이 은혜는 주 예수님으로부터 오는 은혜다. 이 은혜는 추상적인 능력이나 존재가 아니라, 한 인격체로부터 흘러나온다. 신약의 책들 어디서나 은혜를 기원하는 축도들이 등장한다(예. 롬 16:20; 고전 16:23; 고후 13:14; 갈 6:18; 엡 6:24; 히 13:25). 따라서 신약성경이 은혜에 관한 말씀으로 끝나는 것은 적절하다.

≋≋≋ **응답** ≋≋≋

우리는 우리가 알고 있는 삶이 영원히 지속될 것처럼 느끼곤 한다. 그렇지만 응급실을 방문할 때 또는 사랑하는 사람이나 친한 친구의 장례식에 참석할 때 진실을 깨닫게 된다. 요한은 이 마지막 단락에서 끝이 가까웠고 예수님이 속히 오실 것이라는 사실을 우리에게 일깨워준다. 불 못이 아니면 생명나무, 둘째 사망이 아니면 하늘의 성이라는 우리의 최종적인 운명이 우리를 기다리고 있다. 세상에 살아 있는 동안에 우리는 와서 생명수를 값없이 마시라는 초대를 받는다. 우리 모두는 목마르다. 우리 모두는 연약하고 공허하며 결핍되어 있다. 예수님은 그분께로 나아와 우리 자신을 낮추고 생명수를 마심으로써 영원한 만족을 얻으라고 우리를 초대하신다. "주 예수여, 오시옵소서!"

성경구절 찾아보기

창세기

1:28	73, 133, 186
2:8	107
2:9	107, 478, 489
2:10	107
2.14	249
2:15	73, 107, 133, 186
2:16	107
3장	28, 290
3:1	299, 437
3:2	299, 437
3:4	299, 437
3:13	128, 299, 437
3:14	299, 437
3:15	45, 74, 180, 182, 292, 305
3:17	478, 489
3:22	107, 478, 489
3:22–24	478
3:24	107, 169, 478, 489
12:1–3	45
12:3	73, 77, 217, 293, 460
14:19	260
14:22	260
15:18	249
17:6	46
17:8	460
17:16	46
18–19장	277
18:18	73, 217, 460
18:20	390
19:24	334
19:28	240
22:18	217
26:4	217
28:14	77, 217
32:29	422
35:11	46
37:9	291
37:34	274
40:19	277
49:8	180
49:9	181
49:10	46, 181

출애굽기

2:23–25	184
3:14	32, 68, 68주, 285
3:16	167
4:22	463
6:3–8	68
7–12장	149, 345
7:11	463
7:17–20	357
7:17–21	276
7:20	233
7:22	463
8:1–13	360
8:18	463
9:8–12	356
9:13–26	364
9:23	259
9:23–24	232
9:24	287, 363
9:28	259
10:4	240
10:12	241
10:21	359
10:21–23	234
12:3–5	182
12:6	182
13:21	257
14:19	257
15장	423
15:1–18	346
15:11	313, 347
15:14	286
15:16	279
16:10	257
16:31	120
16:33	120
16:35	120
17:14	88
19:4	35, 304
19:6	73, 186
19:7	167
19:16	168, 259
19:17–20	88
19:18–19	168
19:19	259
20:3	253
20:7	104, 151, 253
20:13–14	490
20:18	88, 168, 259
22:31	490
23:19	327
24:1	167
24:15	257
25–31장	460
25:7	90, 166
25:18–22	169
26:1	169
27:2	249
28:4	90
28:17	166
28:17–20	474
28:18	166
28:21	471
28:31	90
28:36–38	150
28:39	90
28:40	90
28:41	275
29:5	90
29:7	275
29:9	90
29:39–41	182
29:45	460
29:46	460
30:1–10	184, 227
30:2–3	249
30:3	198
32:32–33	140
33:19	151
34:5–7	151
34:10	347
35–40장	460
35:9	90, 166
35:27	166
36:8	169
37:25–29	227
39:14	471
39:29	90
40:5	227
40:34–35	349

국제제자훈련원은 건강한 교회를 꿈꾸는 목회의 동반자로서 제자 삼는 사역을 중심으로 성경적 목회 모델을 제시함으로 세계 교회를 섬기는 전문 사역 기관입니다.

ESV 성경 해설 주석

요한계시록

초판 1쇄 인쇄 2022년 2월 8일
초판 1쇄 발행 2022년 2월 18일

지은이 토머스 R. 슈라이너
편　집 이언 두기드, 제이 스클라, 제임스 해밀턴
옮긴이 박문재

펴낸이 오정현
펴낸곳 국제제자훈련원
등록번호 제2013-000170호(2013년 9월 25일)
주소 서울시 서초구 효령로68길 98(서초동)
전화 02) 3489-4300 **팩스** 02) 3489-4329
이메일 dmipress@sarang.org

ISBN 978-89-5731-851-5 94230
　　　 978-89-5731-825-6 94230(세트)